Fabian Kessl

Der Gebrauch der eigenen Kräfte

Edition Soziale Arbeit

Herausgegeben von Hans-Uwe Otto und Hans Thiersch

Fabian Kessl

Der Gebrauch der eigenen Kräfte

Eine Gouvernementalität Sozialer Arbeit

Juventa Verlag Weinheim und München 2005

Der Autor

Fabian Kessl ist wissenschaftlicher Assistent an der Universität Bielefeld, Fakultät für Pädagogik, AG Sozialarbeit/Sozialpädagogik.
Seine Arbeitsschwerpunkte sind Jugendhilfeforschung, Fragen einer politischen Theorie Sozialer Arbeit und einer sozialraumsensiblen Sozialen Arbeit.

Diese Arbeit wurde 2004 unter dem Titel „Der Gebrauch der eigenen Kräfte. Zur Regierung des Sozialen“ an der Universität Bielefeld, Fakultät für Pädagogik, als Dissertation eingereicht.

Bibliografische Information Der Deutschen Bibliothek

Die Deutsche Bibliothek verzeichnet diese Publikation in der Deutschen Nationalbibliografie; detaillierte bibliografische Daten sind im Internet über http://dnb.ddb.de abrufbar.

Umschlaggestaltung: Atelier Warminski, 63654 Büdingen
Umschlagabbildung: Johannes Sandberger, Einzelarbeit aus dem Lemgoer Feld (1998/99) (Foto: Dirk Wehmeyer)
Druck nach Typoskript
Printed in Germany

ISBN 3-7799-1220-1

Vorwort

„Kriterium kommt von Kriterium aus dem Lateinischen und erklärt sich von selbst"

(Santa, Montags in der Sonne, Spanien 2003)

Promotionsprozesse sind sowohl universitäre Qualifikationsstufen als auch Phasen wissenschaftlicher Kreativität. Das Ergebnis soll daher formalen Kriterien standhalten und dennoch phantasievolle Merkmale aufweisen. Ein höchst widersprüchliches Vorhaben, dessen Auswirkungen das betroffene soziale Netzwerk im vorliegenden Fall in den letzten vier Jahren häufig zu spüren bekam und dennoch die Realisierung dieser Arbeit bis zu den letzten orthographischen Korrekturen mitgetragen hat. Eine Solidarität, die an dieser Stelle nur durch den Signifikanten D-a-n-k-e symbolisiert werden kann.

Dissertationen sind außerdem ein Ausdruck langjähriger Beteiligungen an Kollektivstrukturen. Eine Vielzahl von Einwänden, Ergänzungen und Ermutigungen aus verschiedenen Gruppen hat die Vorbereitung, Durchführung und Dokumentation der vorliegenden Studie durchzogen. Mit ihrer kollegialen Solidarität und einer gemeinsamen intellektuellen Kreativität haben die im Folgenden namentlich aufgeführten „Produktionsgemeinschaften" entscheidende Streben dieser Arbeit mit ausgelegt.

Verschiedene Seminare im Rahmen des Studienangebots an der Fakultät für Pädagogik/Universität Bielefeld seit dem Wintersemester 2000, die Arbeitsgruppe SOZIALARBEIT/SOZIALPÄDAGOGIK (AG 8) und das FORSCHUNGSKOLLOQUIUM der AG 8 an derselben Bielefelder Fakultät, die AG KLEINER BILDUNGSGIPFEL am Erziehungswissenschaftlichen Seminar der Universität Heidelberg, das DFG-Graduiertenkolleg JUGENDHILFE IM WANDEL an den Universitäten Bielefeld und Dortmund, die Studierenden und die Steuerungsgruppe des postgraduierten Masterstudiengangs GEMEINWESENÖKONOMIE an der Evangelischen Fachhochschule des Rauhen Hauses Hamburg, die Studiengruppe SOZIALISTISCHE PÄDAGOGIK an der Universität Bielefeld, die Teilnehmerinnen der THEORIE AG 2003, die Herausgebergruppe des HANDBUCHS SOZIALRAUM und nicht zuletzt die Redaktionsgruppe der WIDERSPRÜCHE und FOUCAULT AM KÜCHENTISCH, ein Bielefelder Foucault-Lesekreis.

Bielefeld im Oktober 2004

Lesehinweis

Die folgende als diskursanalytische Studie angelegte *Gouvernementalität Sozialer Arbeit* umfasst zwei Teile: eine *genealogische Rekonstruktionsskizze* als ersten Teil und eine *Dispositiv-Rekonstruktion* im zweiten Teil. Im ersten Teil werden dominierende Denkweisen innerhalb der Debatten um Soziale Arbeit, im zweiten Teil das Regelmäßigkeitssystem aktueller Rationalitäten in den Feldern der Kinder- und Jugendhilfe analysiert. Der erste Teil basiert auf einer Analyse relevanter theorie-konzeptioneller Arbeiten, der zweite Teil auf einer Analyse praxis-konzeptioneller Materialien. Den systematischen Grundstock der Materialanalyse bilden zwei Jahrgänge von Periodika, die von den bundesrepublikanischen Landesjugendämtern herausgegeben werden.

Mit dem vorangestellten Prolog und dem abschließenden Epilog wird versucht, die Positionierung dieser Arbeit zu skizzieren und eine mögliche Deutung der vorgestellten Rekonstruktionsergebnisse anzubieten.

Terminologisch wird im Folgenden von „wohlfahrtsstaatlichen Arrangements" die Rede sein, wenn *politische Rationalitäten* im Mittelpunkt der Analyse stehen. Von einem „sozialstaatlichen Sicherungssystem" oder „sozialstaatlichen Maßnahmen" ist die Rede, wenn die *Technologien*, das heißt die institutionelle Ausprägung des wohlfahrtsstaatlichen Arrangements, in den Blick genommen wird.

Die weibliche und männliche Form wird an den Stellen, an denen die herrschende Geschlechtszuschreibung nicht von expliziter Bedeutung für die Argumentation ist, abwechselnd und damit austauschbar verwendet. Nur wenn ausdrücklich auf die zweigeschlechtliche Differenzierung hingewiesen werden soll, ist die Differenzierung auch terminologisch markiert.

Inhalt

Zweiter Teil: Aktivierende Jugendhilfe – die Rekonstruktion eines Dispositivs

Prolog: Die Veredlung des Menschen?

„Das Mißverständnis besteht darin, in der Seele des Menschen etwas wie einen Kern anzunehmen, den man ‚Ich' nennt. Man stößt auf ihn, wenn man nur konsequent genug in sich geht, und er ist es auch, der durch den ganzen Lebenslauf hindurch derselbe bleibt. (...) Das Bild vom Kern der Person hat nichts mit dem zu tun, was er empfand. Viel eher traf das Bild eines leeren Raumes zu, durch den die Gefühle zogen. Sie kamen, bleiben, gingen, wurden durch andere abgelöst. Es gab keinen Ort der Resistenz, von dem aus etwas hätte bewahrt oder unberührt gehalten werden können."

(Reemtsma, Im Keller, S. 197f.)

Das Subjekt „lernt, über sich selbst zu verfügen, seine eigenen Perspektiven zu fassen und zu verfolgen; es wird imstande, sich selbst zu erziehen". Mit diesen Worten beschreibt Michael Winkler am Ende seiner THEORIE DER SOZIALPÄDAGOGIK das Ergebnis einer gelungenen sozialpädagogischen Intervention (Winkler 1988, S. 335). Gelungene Erziehungsprozesse führen demnach zur Ausbildung *subjektiver Selbstführung*. Eine scheinbar selbstverständliche Annahme, beansprucht die neuzeitliche Pädagogik doch die Ermöglichung einer möglichst weitgehenden Persönlichkeitsentfaltung der nachwachsenden Generation als ihre Aufgabe: den Gebrauch der eigenen Kräfte (vgl. Rousseau 1995 [1762], S. 39). Lebensbewältigungsfähigkeit nennt Lothar Böhnisch das erhoffte Ergebnis sozialpädagogischer Unterstützungsleistungen: „subjektive Handlungsfähigkeit in kritischen Lebenssituationen" (Böhnisch 2002, S. 202; vgl. Böhnisch/Scheffold 1985). Hermann Nohl wusste bereits 1914: Das Ziel der „großen Pädagogen (...) ist immer die Veredlung des Menschen, (...) Entfaltung von bis dahin in ihm nicht vorhanden gewesen Kräften" (Nohl 1914[2], S. 107). Inwieweit ein solcher Gebrauch eigener Kräfte die Entfaltung bisher nicht da gewesener Kräfte voraussetzt, oder wie Rousseau im EMILE schreibt, eine Entfaltung der natürlich vorhandenen Kräfte der nachwachsenden Generation erfordert, scheint nur eine Frage der konzeptionellen Gestaltung des Weges zu einem bereits feststehenden Ziel (vgl. Rousseau 1995 [1762], S. 61): möglichst autonom handlungsfähige „Subjekte". „(D)er Mensch soll (das) Verhängtsein hinter sich lassen, das Licht wahrhaft erfahren, das in ihm ist, sinnlich, greifbar, als verwandelte Welt. Den Weg, der beleuchtet werden soll, der aus dem Dunklen in das Helle führt, hat Amos Comenius bezeichnet. Bildung ist ‚educatio', Hinaus*führung*", mit diesen erlösungsgleich gesprochenen Worten fasst der Bildungstheoretiker Joachim Heydorn am Ende seine Streitschrift ÜBER DEN WIDERSPRUCH VON BILDUNG UND HERRSCHAFT die pädagogische Übereinkunft über das Ziel ihres Interventionshandelns zusammen (Heydorn 1970, S. 337; Hervorh., F.K.). Die Selbstführung scheint dem Menschengeschlecht verheißen, so die vernunft- und subjektidealistische Botschaft, die derart unterschiedliche Positionierungen wie denjenigen Nohls und Heydorns gemeinsam ist (vgl. Bäumler 1995, S. 85). Das Ziel pädagogischer

Intervention scheint unzweifelhaft, streitbar nur der Weg dorthin. Platon fordert im Höhlengleichnis noch eine gewaltsame Herausführung des unkundigen Menschen aus der fast dunklen Höhle in das Sonnenlicht der Erkenntnis und hält dafür nur eine kleine Zahl von Auserwählten für fähig. Mit der Aufklärung wird der Mensch von Rousseau und Kant zum eigenen Gehen aufgefordert, wird jeder Mensch zur leiblich verfassten subjektiven Einheit erklärt. Allerdings scheint für diese das eigene Gehen noch immer nur unter Führung anderer erlernbar. Anfangs sind sie nicht gehfähiger als die Knaben im antiken Athen, das bestreiten nicht einmal Reform- und Anti-Pädagogen.

Doch: Ist das Ziel, subjektive Selbstführung, das „Subjekt-Werden" jemals erreichbar? Sprechen historische Erfahrungen – wie diejenigen aus den Feldern Sozialer Arbeit – nicht gegen eine derartige Hoffnung auf Erlösung aus einem Zustand andauernder Fremdführung?

Pädagogische Konzeptionen schließen mit ihrer Grundannahme eines leiblich umschlossenen Subjekts, einer substantiellen Subjekt-Figur also, an klassisch vernunfttheoretische Konzeptionen an, wie sie beispielsweise Johann G. Fichte in GRUNDLAGE DER GESAMTEN WISSENSCHAFTSLEHRE formuliert: „Das Ich *setzt sich selbst*, und es *ist*, vermöge dieses blossen Setzens durch sich selbst; und umgekehrt: das Ich *ist*, und es *setzt* sein Seyn, vermöge seines blossen Seyns. – Es ist zugleich das Handelnde, und das Product der Handlung; das Thätige, und das, was durch die Thätigkeit hervorgebracht wird" (Fichte 1971, S. 96, Hervorh. im Orig.; vgl. Winkler 1988, S. 141ff.). Die Figur des autonom handelnden Subjekts wird zum Endpunkt allen Seins erklärt. Pädagogisches Denken erweist sich in dieser Form als entwicklungsgeschichtliche Weltdeutung, es basiert auf der Vorstellung, „daß es ein grundlegendes Entwicklungsgesetz der Geschichte gäbe" oder aller Geschichte die Einheit der bestehenden Gegensätze zu Grunde liege: die Einheit und Gültigkeit subjektiver Selbstführung (Scherrer 1995, S. 462). Doch in welcher Weise wird sich die erhoffte Welt selbst Erziehender, subjektiv Handlungsfähiger, derart veredelter Menschen zeigen? Als „Jenseits" endgültiger Erlösung, wie dies Amos Comenius annahm (vgl. Heydorn 1970, S. 337)? In Gestalt eines sittlichen Gemeinwesens, das heißt als Resultat all der mobilisierten sittlichen und tugendhaften Kräfte (vgl. Natorp [1899] 1925)? In Form eines „Reichs der Freiheit" sozialer Arbeitsgemeinschaften (vgl. Mennicke [1937] 2001)? Oder etwa als freie Gesellschaft unter den Bedingungen einer neo-liberalen VERFASSUNG DER FREIHEIT (Hayek 1991)? Egal? Hauptsache selbstbestimmt?

Es reicht nicht aus, „Sittlichkeit" oder „Natur" oder einen Freiraum zur Ausbildung des „menschlichen Geistes" und „Subjektivität" anzunehmen und fachliches pädagogisches Handeln dann an dieser Annahme ausrichten zu wollen. Notwendig ist vielmehr eine Rekonstruktion und Reflexion historisch-spezifischer Gestaltungsweisen des Sozialen, um verhandelbar zu machen, welche Selbst- und Fremdführungsweisen ermöglicht und welche verhindert werden sollen. „Subjektivität" bleibt dann notwendig unbestimmt und der Subjektwerdungsprozess unabschließbar. Und eben dieser Prozess sollte in den

Untersuchungsfokus rücken: Aufgabe ist eine Analyse von Subjektivierungsweisen.

Subjekt- und vernunftkritische Einwände, verweisen seit langem darauf, dass die abendländisch-aufklärerische Vorstellung eines mit sich selbst identischen, vernünftigen „Subjekts" eine verengte Sichtweise darstelle: „Ich-Identität als Subjektform ist keineswegs Universalform, sondern vielmehr historisch spezifischer Ausdruck bürgerlich-abendländischer Gesellschaften" (Bolay/Trieb 1988, S. 31). Außerdem stellen sie die Voraus-Setzung von „Subjektivität", wie die damit häufig verbundene transzendentalphilosophische Argumentation in Frage: „Es ist zweifellos nicht möglich, den empirischen Inhalten einen transzendentalen Wert zu geben, noch, sie in Richtung auf eine konstituierende Subjektivität zu verlagern, ohne wenigstens verschwiegen einer Anthropologie Raum zu geben, das heißt einer Denkweise, in der die De-jure-Grenzen der Erkenntnis – und infolgedessen jeden empirischen Wissens – gleichzeitig die konkreten Formen der Existenz sind, so wie sie sich genau in demselben empirischen Wissen ergeben" (Foucault [1966] 1974, S. 306). Doch derartige Einwände scheinen an der Mehrheit erziehungswissenschaftlicher Vergewisserungen noch immer relativ spurlos vorbeizuziehen oder werden im Anschluss an sozialtheoretische Einwände, wie denjenigen von Jürgen Habermas, als anti-aufklärerische oder gar anti-humanistische Gegenentwürfe desavouiert (vgl. Habermas 1998, S. 313ff.). Ein Glaube an Hoffnung auf Hoffnung, ein in diesem Sinne aufklärerischer Glaube, kann allerdings im Rahmen analytischer Arbeiten nicht schlicht vorausgesetzt werden.

Der Blick auf die aktuellen Transformationen des bisher gültigen wohlfahrtsstaatlichen Arrangements des Sozialen lässt in den Feldern Sozialer Arbeit aktuell erfahrbar machen, welche immense Gefahr der Vernutzung besteht, wenn ein solcher Glaube sich nicht seiner historischen Kontingenz und damit aktueller hegemonialer politischer Rationalitäten und Technologien vergewissert und sich daran anschließend reflexiv ausweist und sichtbar wie nachvollziehbar positioniert. Denn die wachsende Zahl neo-sozialer Regierungsprogramme zur *Aktivierung subjektiver Lebensgestaltungsverantwortung* schließt semantisch fast bruchlos an vernunfttheoretische Selbstführungsprogramme an. Mehr noch: Neo-soziale Strategien geben Freiheitsversprechungen an die Bürgerinnen in bisher ungekannter Weise, wenn auch mit sehr spezifischen Konnotationen: das einzelne (individuelle wie kollektive) Subjekt wird für Voraussetzungen wie Folgen des eigenen Handelns allein verantwortlich erklärt. Macht- und Herrschaftszusammenhänge, die sich für die Nutzerinnen Sozialer Arbeit häufig als eine Destabilisierung von Lebenslagen, als Beschränkung sozialer Teilhabemöglichkeiten oder als Prozess symbolischer Einschließung darstellen, bleiben systematisch unberücksichtigt. Ein uraltes Problem innerhalb theorie-konzeptioneller Vergewisserungen um sozialpädagogische Interventionsstrategien. Bereits sozialpädagogische Frühdenker, wie Johann Heinrich Pestalozzi 1777 im ersten Brief an Niklaus Emanuel Tscharner ÜBER DIE ERZIEHUNG DER ARMEN LANDJUGEND, gehen von der Annahme aus: „Diese Lehren oder vielmehr Fertigkeiten sollen ihm *Ersatz* seiner Armut sein" (Pestalozzi [1777] 1979, S. 20; Hervorh, F.K.).

Den nachfolgenden Überlegungen liegt demgegenüber die Überzeugung zu Grunde, dass erst eine Inblicknahme der Prozesse ambivalenter Gleichzeitigkeit von Fremd- und Selbstführung, sichtbarer und thematisierbarer historisch-spezifischer Subjektivierungsweisen also, ein pädagogisch-professionelles Handeln im Glauben an eine *unbestimmte Qualität des Menschlichen* ermöglicht. Erst mit der Dechiffrierung herrschender Markierungen kann ein Blick in deren Schatten gelingen, die pädagogische Aufgabe des permanenten Auslotens realer Ambivalenzen, realisiert werden. Diese Widersprüchlichkeiten kennzeichnen auch die aktuellen neo-sozialen Transformationen bisheriger wohlfahrtsstaatlicher Arrangements des Sozialen. Analysen historisch-spezifischer Subjektivierungsweisen ermöglichen insofern eine offensive politische Auseinandersetzung über Hoffnungen, Strategien und Maßnahmen, nicht dermaßen regiert zu werden (vgl. Foucault 1992, S. 12). Subjektidealistische Synthetisierungshoffnungen helfen für derartige Vergewisser ungen nicht weiter. Analysen von Subjektivierungsweisen, wie sie im Folgenden im Anschluss an Arbeiten Michel Foucaults in Form *einer Gouvernementalität Sozialer Arbeit* vorgeschlagen werden, plädieren damit nicht für ein Ende des Aufklärungsprojekts, sondern für dessen radikalisierte, nämlich skeptische und achtsame, Fortführung. Denn: Wir finden „die *Qualität des Menschlichen* nicht in irgendeinem definierten Zustand, sondern in dem notwendig unentschiedenen Kampf, in dem derjenige begriffen ist, der *das Gegebene*, was immer es sein mag, zurückweist, weil es *das Gegebene* ist" (Bataille 1997, S. 55; Hervorh. im Orig.).

Erster Teil

—

Zur Dechiffrierung einer Objektivität Sozialer Arbeit

1 Das Soziale

„Cher Maître,
nein, ich schöpfe selten direkt aus meinen eigenen Erinnerungen.
Dennoch bestimmt meine Vergangenheit die Grenzen,
in denen sich meine Phantasie bewegt.
Unsere Kindheit, die jeweilige Vorgeschichte,
die uns in den Knochen steckt,
ist nicht die Zwangsjacke, für die wir sie halten“
(Patricia Dunker, Die Germanistin, S. 80)

„Der Verurteilte wird nirgends eingesperrt.
Ihm wird lediglich ein Stützgeflecht um den Körper geheftet,
eine Art Schnürleib aus schmiegsamen, aber starken Stäben.
Dieses Skelettmäntelchen unterliegt ständiger Kontrolle
von seiten eines in die Kleidung eingenähten Compjuristers,
d.h. eines mikrominiaturisierten Gerichtsbarkeits-Computers.
Der Mensch steht also unter dauernder Aufsicht,
die ihn von vielen Tätigkeiten
und von mancherlei Lebensgenüssen abhält“
(Stanislaw Lem, Der futurologische Kongreß, S. 72)

1.1 Wohlfahrtsstaatliche Arrangements des Sozialen

Das 18. Jahrhundert hat dem „liberalen Optimismus“ gehört (Castel 2000, S. 203; 151ff.): „Das Eigentum, das jeder Mensch an seiner Arbeit besitzt, ist in höchstem Maße heilig und unverletzlich, weil es im Ursprung alles andere Eigentum begründet. Das Erbe eines armen Mannes liegt in der Kraft und in dem Geschick seiner Hände, und ihn daran hindern, beides so einzusetzen, wie er es für richtig hält, ohne dabei seinen Nachbarn zu schädigen, ist eine offene Verletzung dieses heiligsten Eigentums, offenkundig ein Übergriff in die wohlbegründete Freiheit des Arbeiters und aller anderen, die bereit sein mögen, ihn zu beschäftigen“ (Smith [1776] 1998, S. 106).

Mit der Universalisierung des Lohnarbeiterprinzips zum hegemonialen Vergesellschaftungsprinzip wird im 19. Jahrhundert deutlich, dass diese „Freiheit der Arbeit“, die Adam Smith für das entscheidende Instrument der Wohlstandsproduktion hält, keine Überwindung sozialer Ungleichheit leistet. Soziale Stratifikationsmuster, wie sie sich in der Ständegesellschaft ausbilden, werden in verblüffender Gestaltpermanenz trotz aller (markt)gesellschaftlichen Transformationsprozesse ins 19. Jahrhundert überführt (vgl. Wehler 1995, S. 704ff.). Gleichzeitig prägt sich die klassengesellschaftliche Stratifikation als Nachfolgerin der ständegesellschaftlichen sozialen Polarisierung bis zum Beginn des 1. Weltkriegs weiter aus.

Defensive Regierungsstrategien, wie sie ein Marktliberalismus á la Smith vorsieht, scheinen einer wachsenden Zahl von politischen Denkern wie politischen Aktivisten im 19. Jahrhundert zunehmend unzureichend. Vorstellungen eines starken Staats werden vor allem von den rechtshegelianischen KATHEDERSOZIALISTEN gepredigt und setzen sich seit Mitte dieses Jahrhunderts auch durch: „Immer ist ihnen der Staat das großartigste sittliche Institut zur Erziehung des Menschengeschlechts" (Schmoller 1872, zit. nach Böhnisch/-Schröer 1999, S. 33). Mit der Reichseinigung wurden in einer „Revolution von oben" die Streben eines solchen etatistischen Arrangements des Sozialen eingezogen (Wehler 1995, S. 329). Den wohl radikalsten etatistischen Entwurf hat Robert von Mohl vorgestellt (vgl. Mohl 1844): „Keiner traut dem bürokratischen Staatsapparat mehr zu als er: Mittels gezielter Strategien (...) läßt sich die ‚gehörige Volkszahl' produzieren (...); Leben und Gesundheit jedes einzelnen Bürgers werden von Staats wegen besorgt (...); weiter schreiten Beamte ein, wenn die Befriedung der nothwendigen Lebensbedürfnisse' stockt (...;...) zu guter Letzt kümmern sich kompetente Beamte um religiöse und sogar ästhetische Erziehung" (Fach 2003, S. 122).

Vor dem Hintergrund dieser herrschaftsdominierten Einigungskonstruktion von 1871[1], und einer wachsenden Angst der Mächtigen vor einer erstarkenden Sozialdemokratie, die das Bürgertum durch eine Einforderung demokratischer Grundrechte für alle Bürgerinnen und Bürger mit seinen eigenen Waffen zu schlagen droht (vgl. Wehler 1995, S. 770), entsteht eine Gemengelage, in der die Bismarckschen Pläne einer staatlichen Sozialversicherung immer einflussreicher werden (vgl. Schmidt 1998, S. 25).[2] Es sind Jahre eines heftigen soziokulturellen Transformationsprozesses. In welcher Weise nicht zuletzt die Arbeiterschaft in diesen Jahren mit diesen Umstellungen konfrontiert ist, illustriert ein rasanter Urbanisierungsprozess, der die Verhältnisse zwischen Stadt und Land im Deutschen Reich seit 1871 nicht nur quantitativ umkehrt, sondern auch qualitativ neue Stadtkulturen für formal freie Staatsbürger hervorbringt. Eine immense Binnenwanderung, nicht zuletzt der arbeitssuchenden

1 Hans-Ulrich Wehler beschreibt in seiner DEUTSCHEN GESELLSCHAFTSGESCHICHTE diesen „verfehlten Start" der vereinigten deutschen bürgerlichen Gesellschaft folgendermaßen: „Da die Einigungsverhandlungen ohne einen einzigen formellen Vertreter der tonangebenden politischen Parteien allein zwischen Monarchen und Diplomaten, Bürokraten und Bismarck geführt wurden, gelang es Bismarck auch in dieser Phase wiederum, sich von einer direkten, verfassungsrechtlich sanktionierten Abhängigkeit von der liberalen Nationalbewegung freizuhalten" (Wehler 1995, S. 327).

2 Bismarck plante die Einführung einer staatlichen Sozialversicherung. Mit diesem Plan konnte er sich zwar nicht durchsetzen, beeinflusste damit aber in entscheidender Weise die Errichtung einer „korporatistischen Sonderverwaltungsbehörde"und konnte eine privatrechtliche Konstruktion abwehren (Schmidt 1998, S. 25).

Bevölkerungsanteile, prägt vor allem die zweite Hälfte des 19. Jahrhunderts: Lebten zur Reichsgründung noch etwa 2/3 der Bevölkerung in Landgemeinden, sinkt deren Anteil bis 1910 auf die Hälfte. 60% der Staatsbürger leben Anfang des 20. Jahrhunderts in den Städten des Deutschen Reiches (vgl. Wehler 1995, S. 510ff.). Arbeitern ist der neue städtische und damit verbunden zumeist von industriellen Produktionsrhythmen bestimmte Alltag fremd, was dem Aufbau eines Klassenbewusstseins auch ohne einheitliche soziale Lage durchaus dienlich war.[3]

Häufig wird die soziale Lage der arbeitenden Land- wie Stadtbevölkerung in der nachrevolutionären Phase und den Jahren nach der Reichseinigung denn auch als entscheidender Auslöser für den Aufbau einer staatlichen Sozialpolitik und einer staatlichen Sozialfürsorge und Jugendpflege genannt. Die Implementierung eines Wohlfahrtsstaats, so heißt es, stelle primär eine staatliche Reaktion auf den Pauperismus der entstehenden industriellen Gesellschaft dar (vgl. Hering/Münchmeier 2000, S. 19ff.). Bereits Hans-Ulrich Wehlers Hinweis auf die Permanenz sozialer Ungleichheitsstrukturen auf dem späteren Gebiet des Deutschen Kaiserreichs lässt aber Zweifel an einer derartigen Einschätzung aufkommen. Damit stellt sich allerdings die Frage, weshalb mit einem Hinweis auf soziale Probleme im letzten Drittel des 19. Jahrhunderts eine staatliche Reaktion gefordert und dann auch realisiert wird, wenn menschliche Notlagen keine neue Erscheinung darstellen, und ihre Verteilungshäufigkeit dazu hin seit dem 18. Jahrhundert fast dieselbe geblieben ist? Doch nicht nur die Tatsache der Notlagen, sondern auch das Phänomen einer Universalisierung menschlicher Notlagen in der arbeitenden Klasse wird als Begründung für den Implementierungserfolg von Sozialversicherungs- und öffentlichen Fürsorgestrukturen vorgebracht. Nur kann auch davon in den Jahren nach der Reichseinigung nicht die Rede sein. Denn Industrie-, Manufaktur- und Landarbeiterklasse sehen sich mit deutlich unterschiedlichen Graden und Formen von Notlagen konfrontiert. An dieser Stelle sei nur auf die Unterschiede zwischen urbanem und ländlichem Arbeiterleben, zwischen Arbeitsalltagen in der Großindustrie und in kleinen Manufakturen, zwischen einer häufig vom „industriellen Fortschritt“ profitierenden Facharbeiterschaft und der großen Gruppe der einfachen Arbeiter, die häufig in elenden Quartieren hausen, und nicht zuletzt auf den Unterschied zwischen einer primär männlichen Arbeiterschicht und den für die Reproduktion zuständigen Frauen und vom Arbeitsprozess ausgeschlossenen Armen verwiesen.

Doch bezogen sich politische Agitationen, wie sie beispielsweise der Pastor Friedrich von Bodelschwingh angesichts der „Wandererproblematik“ entfaltet, nicht explizit auf menschliche Notlagen, auf Folgen von Proletarisie-

3 Auf die häufig sehr restaurativen Dimensionen der Idealisierung eines ländlichen Lebensstils dieses Selbstverständnisses machen Adalbert Evers und Helga Nowotny in ihrer Studie zur Ausbildung wohlfahrtsstaatlicher Regierungsweisen des Sozialen aufmerksam (vgl. Evers/Nowotny 1987, S. 130ff.).

rungsprozessen des Industriekapitalismus?[4] Kann Bodelschwingh, der nicht zuletzt im Auftrag einer Gruppe von Bielefelder Kaufleuten agiert, mit seinem Engagement nicht einen entscheidenden Anstoß zur Ausarbeitung und Verabschiedung des preußischen WANDERARBEITSSTÄTTENGESETZES im Juni 1907 geben?

Oder sollte vielmehr die Frage gestellt werden, inwiefern Akteure, wie die Bielefelder Kaufleute ein Interesse an der Regulierung dieser neu entdeckten sozialen Probleme haben, und wie es dazu kommt, dass politisch Verantwortliche auf Einwände, wie diejenigen von Bodelschwingh reagieren und eine staatliche Reaktion auf menschliche Notlagen realisieren, wie sie in dieser Weise vorher nicht vorlag?

Die staatliche Reaktion auf menschliche Notlagen und auf deren wachsende Thematisierung ist nicht primär humanistisch motiviert, das heißt aus einem Bemühen entstanden, diese möglichst zu vermeiden. Die Implementierung von „Sozialpolitik" dient vielmehr einer Sicherung spezifischer Formungs- und Formierungsprozesse des Sozialen, einer Sicherung des *Regierungshandelns*. „Der Vagabund war ein Herumtreiber, der an der Peripherie des sozialen Raums blieb, und sein Drama bestand darin, daß er sich außerhalb der produktiven Ordnung bewegte. Mit dem Pauperismus kommt die Gefahr einer massenhaften Entkoppelung ans Tageslicht, die sogar im Zentrum des Produktionsprozesses des Reichtums verankert ist" (Castel 2000, S. 203). Es gilt, bestehende Herrschaftsstrukturen zu sichern.[5] Marktliberalen Regierungskonzepten, das heißt einer konsequenten Implementierung von Marktkonkurrenz, die staatliche Sicherung auf eine Sicherung von Rahmenbedingungen reduziert, wird nicht mehr vertraut, sozial-revolutionäre wie sozial-elitäre Konzepte können sich nicht durchsetzen. Dagegen wird mit der Reichseinigung eine politische Kultur des Etatismus etabliert.[6] Bismarck bringt seine Motivation zur Regierungssicherung durch die Implementierung eines wohlfahrtsstaatlichen Arrangements des Sozialen auf den Punkt, wenn er formuliert: „Aber der

4 Als Wandererproblematik wird das Phänomen einer rasant wachsenden Zahl von reisenden Erwerbslosen nach den massenhaften Entlassungen in Folge des Gründerkrachs 1874 verhandelt.

5 Dieser Zusammenhang verdeutlicht den Thematisierungskontext, in den die Problematisierung humanwissenschaftlicher Reflexionen, wie sie Michel Foucault in DIE ORDNUNG DER DINGE anbietet, zu stellen ist. Wenn Foucault schreibt: „Es gibt gar keinen Zweifel, daß das historische Auftauchen einer jeden Humanwissenschaft sich anläßlich eines Problems, einer Forderung, eines Hindernisses theoretischer oder praktischer Ordnung vollzogen hat", weist er darauf hin, dass die humanwissenschaftliche Thematisierung selbst Teil von Machttechnologien und Wahrheitsregimen ist, ihre Untersuchungsgegenstände also mit konstituiert – beispielsweise das Feld des Sozialen – und nicht auf substantielle Gegebenheiten reagiert (Foucault 1974, S. 414; vgl. Castel 2000, S. 233).

6 Der politische Regulierungswille wird seit der Reichseinigung – vor allem seit der „Wirtschaftskrise" der Jahre 1873 folgende – sehr viel deutlicher und ersetzt das liberalistische Credo, das den Aufbruch in ein „unpolitisches Eldorado" der Ökonomie in den nachrevolutionären Jahren noch bis in die Einigungsjahre hinein, propagiert hat (Wehler 1995, S. 92).

Staatssozialismus paukt sich durch. Jeder, der diesen Gedanken wieder aufnimmt, wird ans Ruder kommen" (Bismarck 1881, zit. nach Schmidt 1998, S. 28). Die Zusammenfassung, die Adalbert Evers und Helga Nowotny in ihrer Studie ÜBER DEN UMGANG MIT UNSICHERHEIT: DIE ENTDECKUNG DER GESTALTBARKEIT VON GESELLSCHAFT im Anschluss an ein Gutachten des jungen Beveridge zum britischen Problem der Armut durch Arbeitslosigkeit geben, fasst treffend zusammen: „Was hier postuliert wurde, war die Gewißheit der Möglichkeit, Armutsphänomene, die zwar nicht ‚natürlichen', aber doch ‚systembedingten' und in diesem Sinne sozialen Charakter haben, durch die entsprechenden Sozialpolitiken bearbeitbar machen zu können; sie zu regulieren, einzudämmen, mithin zu ‚normalisieren" (Evers/Nowotny 1987, S. 130). Die politisch erzwungene Solidarität der Arbeiter als Versicherungsmitglieder ist nicht das Ergebnis einer Einsicht in die generelle Notwendigkeit einer Begrenzung oder Überwindung der den marktwirtschaftlichen Prozessen inhärenten Stratifizierungsdynamik, sondern vielmehr die Sicherung der Überbrückungsmöglichkeit von politischer Organisation und wirtschaftlichen Bereichen (vgl. Castel 2000, S. 18; Kaufmann 2002, S. 263).

1.2 Die soziale Frage

Alternativ zum wohlfahrtsstaatlichen Programm, das sich schließlich durchsetzen konnte, werden seit dem zweiten und dritten Drittel des 19. Jahrhunderts durchaus andere Konzeptionen diskutiert, wie ein stellvertretender Blick in die Arbeiten des bürgerlichen Sozialtheoretikers Lorenz von Stein einerseits und der sozial-revolutionären Theoretiker Karl Marx und Friedrich Engels andererseits zeigt.

Für beide Positionen ist die Entstehung eines Proletariats der entscheidende Ausgangspunkt ihrer Analysen. Stein schreibt in PROLETARIAT UND GESELLSCHAFT über die entstehende Arbeiterschaft: „Einmal vorhanden, ist es (das Proletariat, F.K.) gleichsam nirgends und überall; (...) und je höher sich an einem bestimmten Orte das geistige und materielle Leben des Volkes entwickelt, desto massenhafter entfaltet es sich mit ihm, in ihm, durch dasselbe. Vergebens wird man versuchen, ihm eine äußere Grenze zu ziehen; (...) Zu den Füßen der Industrie, aus dem Samen der geistigen Arbeit, auf dem Boden des öffentlichen Rechts und Lebens sproßt es empor, stets dasselbe in mannigfach wechselnder äußerer Lage und Gestalt. Und schwerer noch als sein Umfang läßt sich bestimmen, was seine Absichten und sein Ziel sind. In tausend Stimmen werden sie laut; aber jeder scheint seinen eignen Weg zu gehen" (Stein [1848] 1971, S. 16). Eine ganz ähnliche Beschreibung nehmen Karl Marx und Friedrich Engels im gleichen Jahr im KOMMUNISTISCHEN MANIFEST vor, wenn sie schreiben: „Aber mit der Entwicklung der Industrie vermehrt sich nicht nur das Proletariat; es wird in größeren Massen zusammengedrängt, seine Kraft wächst, und es fühlt sie mehr. Die Interessen, die Lebenslagen innerhalb des Proletariats gleichen sich immer mehr aus, indem die Maschinerie mehr und mehr die Unterschiede der Arbeit verwischt und den Lohn fast überall auf ein gleich niedriges Niveau herabdrückt. (...) immer mehr nehmen die Kollisionen zwischen dem einzelnen Arbeiter und dem einzelnen Bourgeois den Charakter von Kollisionen zweier Klassen an. Die Arbeiter beginnen damit, Koalitionen gegen die Bourgeois zu bilden; (...). Sie stiften selbst dauernde Assoziationen, um sich für die gelegentlichen Empörungen zu verproviantieren." (Marx/Engels [1848] 1987, S. 55). Beide Diagnosen sind eingebettet in entwicklungsgesetzliche Vorstellungen menschlicher Geschichte (vgl. Stein 1850, S. 194; MEW, Bd. 23, S. 789ff.). Während die Diagnose des Anwachsens proletarischer Mächte bei Stein und Marx/Engels auf spürbar unterschiedliche politische Überzeugungsböden fällt – Stein erscheinen seine eigenen Schilderungen durchaus bedrohlich, bei Marx/Engels lösen sie vielmehr Hoffnung und Zuversicht aus – erweisen sich beide Redepositionen als strukturanalog: die menschliche Geschichte ist bei Stein wie Marx/Engels ein teleologischer Entwicklungsprozess. Stein hält es für erforderlich, dass das Phänomen von „dem Begriff und der Bedeutung des Proletariats" als Teil des Ganzen, der Einheit der Menschen betrachtet wird (Stein [1848] 1971, S. 19ff.). Das Proletariat bedroht seines Erachtens diese Einheit und damit die freiheitliche Entwicklung der Menschheit, während Marx/Engels eben diese Spaltung der bürgerlichen Gesellschaft als notwendigen Bestandteil historisch-materialistischer Evolutionsprozesse ansehen: Die Bourgeoisie „produziert vor allem ihre eignen Totengräber. Ihr Untergang und der Sieg des Proletariats sind unvermeidlich" (Marx/Engels [1848] 1987, S. 59). Liest man die Zielsetzungen beider Perspektiven wird die Analogie frappant. „Die Vielheit der Menschen allein, unendlich reich an Kraft, ist auch unendlich reich an Fähigkeit zu Arbeit und Genuß. Allein die einzelnen nebeneinandergestellt würden nur die unendliche Vervielfältigung der Armut sein. Erst indem sie *füreinander* arbeiten, kann jeder einzelne das Maß seiner Bedürfnisse mit dem Maß seiner Genüsse erfüllen", schreibt Stein (Stein [1848] 1971, S. 25; Hervorh. im Orig.). Die Marx/Engelsche Variante klingt folgendermaßen: „An die Stelle der alten bürgerlichen Gesellschaft mit ihren Klassen und Klassengegensätzen tritt die Assoziation, worin die freie Entwicklung eines jeden die Bedingung für die freie Entwicklung aller ist" (Marx/Engels [1848] 1987, S. 69). Sowohl Stein als auch Marx/Engels fundieren ihre Überlegungen auf der gleichen grundlegenden Einschätzung: die bestehende Gesellschaft sei als kapitalistische Gesellschaft unzureichend und führe damit unweigerlich zum „Kampf der Arbeitskraft mit dem Kapital" (Stein [1848] 1971, S. 51).

Stein und Marx/Engels diagnostizieren somit nicht nur die industriekapitalistische Neuformierung des Sozialen in ähnlicher Weise, sondern plädieren auch beide für deren grundlegende Neugestaltung.

Diese Feststellung kann angesichts fundamentaler politisch-programmatischer Differenzen zwischen den beiden Positionen auf den ersten Blick überraschen.[7] Doch die Analogien werden auch an dieser Stelle wieder ein-

---

7 Eckart Pankoke formuliert in seiner Studie SOCIALE BEWEGUNG – SOCIALE FRAGE – SOCIALE POLITIK: „Wie verständnislos Stein den konstruktiven Zielen einer sozialen Revolution gegenüberstand, zeigt sich darin, daß er die sozialistische Bewegung nur im Hin-

sichtig und nachvollziehbar, wenn man beide Deutungen von einer anderen Warte aus betrachtet: beide Positionen beteiligten sich an der seit dem Ende der 1840er Jahre immer stärker dynamisierten Frage eines Umgangs mit der „socialen Frage".

Der Tübinger Theologieprofessor Otto Schilling eröffnet fast 100 Jahre nach Stein und Marx/Engels seine Schrift DIE SOZIALE FRAGE mit der folgenden Begriffbestimmung: „Unter der sozialen Frage versteht man die Frage nach den Mitteln, die geeignet sind, der Not bedrückter Volksklassen oder Stände abzuhelfen. Keineswegs darf indessen, wenn von der Not bedrückter Volksklassen die Rede ist, einseitig an die materielle Notlage gedacht werden. Vielmehr kommt auch, und zwar nicht zuletzt, die sittliche und religiöse Seite der so sich ergebenden sozialen Fragen in Betracht. (...) Freilich wäre es nicht weniger verfehlt, zu meinen, die religiös-sittliche Erneuerung genüge allein für sich schon, die wirtschaftlichen und sozialen Mißstände aus der Welt zu schaffen. Sowenig äußere Reformen und Institutionen genügen, ebensowenig sind sie zu entbehren" (Schilling 1931, S. 1). Nun ist Schilling weder bürgerlich-liberaler noch kommunistischer Revolutionstheoretiker, sondern katholischer Seelsorge-Protagonist einer „christlichen Gesellschaftslehre" und „Wirtschaftsethik". Doch auch diese von den beiden oben skizzierten Sprecherpositionen differente dritte Redeposition bestätigt retrospektiv die Analogien in den vorherrschenden Rationalisierungsweisen, dass das Soziale grundlegend neu zu arrangieren sei – sei es durch freie Assoziationen, wie es im KOMMUNISTISCHEN MANIFEST versprochen wird, durch eine „kirchliche Caritas" und „private Wohltätigkeit", wie es Schilling im Kontext katholischer Soziallehre forderte (Schilling 1931, S. 334) oder in der von Stein propagierten richtigen *Staatsführung* (vgl. Stein [1848] 1971, S. 73ff.). Das Soziale erfährt im 19. Jahrhundert gegenüber den bis dahin gültigen umfassenden Bestimmungen als *Übereinkunft* (vgl. Rose 2000) eine weitere, nämlich enge Bestimmung als ein bestimmter *Sektor* oder ein bestimmtes *Feld* menschlicher Sozialitäten (vgl. Deleuze 1979; vgl. Castel 2000, S. 18).[8]

Konkrete Gestalt erfährt diese sektorale Form des Sozialen durch die Implementierung des wohlfahrtsstaatlichen Arrangements – im Deutschen Reich

blick auf die in der liberalen Revolution etablierten Institutionen beurteilen wollte und so einseitig auf deren ‚negative' Bewegungsrichtung fixiert blieb" (Pankoke 1970, S. 41). Derartige dichotome Lesarten werden auch von Einschätzungen gestützt, die das 19. Jahrhundert durch einen prinzipiellen Ideenstreit zwischen liberalistischen und marxistischen Positionen charakterisieren (vgl. Böhnisch/Arnold/Schröer 1999, S. 31ff.). Eine Einschätzung, der auf der Ebene konzeptioneller Konsequenzen aus den Überlegungen von Marx/Engels und Stein nicht widersprochen werden soll. Allerdings sollte mit einem derartigen Hinweis nicht übersehen werden, dass beide Positionierungen zentrale Analogien prägt.

8 Diese doppelte Bestimmung des Sozialen scheint Nikolas Rose eigenartigerweise in seinem in diesem Zusammenhang viel zitierten Beitrag THE DEATH OF THE SOCIAL? REFIGURING THE TERRITORY OF GOVERNMENT zu entgehen (vgl. Rose 1996). Rose übersetzt die *engere* Bestimmung, wie sie unter anderem in den Arbeiten von Gilles Deleuze, Robert Castel oder François Ewald formuliert wird, durch seine *umfassendere* Bestimmung (vgl. ebd., S. 75).

strukturiert durch die Bismarcksche Sozialgesetzgebung seit 1883 und verschiedene Fürsorgegesetze in den Ländern vor und nach der Reichseinigung. Damit wird mit sozialstaatlichen Strukturen das Soziale als spezifischer Sektor realisiert: „das Programm einer Gesetzgebung, die eine Übereinstimmung der Gesellschaft mit sich selbst ermöglichen sollte“ (Ewald 1993, S. 421).

1848 und folgende war allerdings noch ungeklärt, welche Gestalt diese Übereinstimmung der Gesellschaft mit sich selbst bekommen sollte. Im damaligen Kampf der Positionen symbolisieren die revolutionstheoretischen und herrschaftsstaatlichen Hoffnungen die Pole des Spektrums der Auseinandersetzung. Beide Positionen wenden sich derselben Frage zu: Wie ist die Gesellschaft freier Individuen zu gestalten? Welche Gestalt muss das Soziale annehmen, um der Individualität ihren Entfaltungsraum zu ermöglichen (vgl. Stein [1848] 1971, S. 91ff.; MEW, Bd. 3, S. 74ff.)? Nicht nur Marx/Engels geht es um die Überwindung von Staat und Gesellschaft, sondern ebenso Stein. Allerdings erhofft dieser sich, wie bereits skizziert, die Transformation durch eine anerkannte Herrschaftsinstanz in Form eines Monarchen, einer nicht nur akzeptierten, sondern durch die Regierten „innerlich anerkannten“ selbständigen Regierungsgewalt also (vgl. Stein [1848] 1971, S. 89). Die Gesellschaft führe sich dann selbst, wenn der allgemeine Willen in Form einer fremdführenden Herrschaftsinstanz installiert sei. Marx/Engels bauen demgegenüber auf die Erlangung der individuellen Freiheit in der wirklichen Gemeinschaft „in und durch ihre Assoziationen“ (MEW, Bd. 3, S. 74). Damit bleibt die Frage der konkreten Gestaltung dieser Synthetisierung allerdings in beiden Fällen relativ unbestimmt – Marx/Engels setzen auf die gesellschaftliche Selbstregierungsfähigkeit (*Kommunismus*), eine Synthetisierung von Allgemeinem und Individuellem ohne die damit verbundene Problematik der grundsätzlichen Ambivalenz weitergehend zu problematisieren: Inwieweit bedürfen Konflikte zwischen Allgemeininteresse und Individualinteresse der formalen Sicherung von Individualrechten, um diese nicht durch ein kollektiviertes „Allgemeininteresse“ zu untergraben?[9] Diese und ähnliche Fragen bleiben weitgehend unbeantwortet. Stein schließt diese Lücke. Allerdings mit einem radikal-elitären Programm einer „Regierungswissenschaft“, die seines Erachtens ausformuliert werden müsse, um die „Grundsätze(n) und Regeln, nach welchen die Staatsgewalt in der höchsten Entwicklung und Vollendung aller einzelnen die höchste Vollendung des Staates anerkannt und zu erreichen sucht“ benennbar zu machen (Stein [1848] 1971, S. 91).

Trotz der fundamentalen programmatischen Differenz über die zukünftige Gestalt des Sozialen machen die Überlegungen von Marx/Engels und Stein eines sehr deutlich: im Zentrum der Debatten dieser Jahre stand die Hoffnung

9 Das damit angedeutete staatstheoretische Defizit der Marxschen Überlegungen hat vor allem im Anschluss an Antonio Gramsci und Nicos Poulantzas zu einer weit gestreuten neomarxistischen Debatte seit Anfang des 20. Jahrhunderts geführt. Insbesondere regulationstheoretische Perspektiven, wie sie unter anderem von Alain Lipietz, Bob Jessop und Joachim Hirsch ausgearbeitet werden, versuchen dieses Defizit früher marxistischer Konzeptionen zu überwinden (vgl. Kap. 3.5).

auf eine strukturelle Überwindung liberaler Modelle zugunsten einer „socialen Demokratie“ (Stein) oder einem sozialistischen oder kommunistischen Modell (Marx/Engels). Politische Machtgewinne durch die Arbeiterbewegungen sollten entweder verhindert oder erreicht werden – das programmatische Ziel war dasselbe: die strukturelle Sicherung individueller Entwicklungsfähigkeit.[10]

Allerdings führt der Aufbau und die Gestaltung sozialstaatlicher Strukturierungen gerade nicht zu einem strukturell anderen System gegenüber dem bestehenden industrie-kapitalistischen, lohnarbeitsarbeitsfixierten Modell, wie es Marx/Engels einerseits und Stein anderseits in ihrer je spezifischen Version erhofften. Vielmehr wird dieses jetzt erst universell fixiert. Die Vorteile einer industriekapitalistischen Arbeitsteilung sollen durch die Implementierung einer „bessere(n) rechtliche(n) Organisation des Verhältnisses zwischen Lohnarbeit und dem herrschenden Kapital“ fixiert und weiter ausgebaut werden (Schäffle 1870, zit. nach Pankoke 1970, S. 190). Die Konkretisierungslücke zwischen vorherrschender arbeitsteiliger Struktur und den differenten Zukunftsmodellen eines Arrangements des Sozialen sollte und wurde schließlich geschlossen - und zwar „sozialstaatlich“ (vgl. Pankoke 1970, S. 170ff.). Mit diesen „sozialpolitischen“ Programmen, wie sie die jüngere Generation im *Verein für Sozialpolitik* in entscheidendem Maße mit begründet (vgl. Böhnisch/Arnold/Schröer 1999, S. 31ff.), wird gleichzeitig die andere mögliche Weichenstellung ausgeschlossen: die Installierung eines erwerbsarbeitsunabhängigen Sicherungssystems. Die Sozialversicherungssysteme der 1880er Jahre folgende waren ebenso erwerbsarbeitszentriert wie die Armenfürsorge des ausgehenden 19. Jahrhunderts. Allerdings ist damit nicht nur die Arbeitszentrierung der „Armenunterstützung“ im deutschen Sozialstaatsystem, die bereits seit der Installierung der Zucht- und Arbeitshäuser im 17. Jahrhundert propagiert wurde, fortgeschrieben (vgl. Sachße/Tennstedt 1980, S. 113ff.). Auch der politisch-strategische Ansatzpunkt der Steinschen wie der Marx/Engelschen Konzeptionen, die Auseinandersetzung mit der Entstehung eines industriegesellschaftlichen Proletariats, das „Problem“ der Lohnarbeit, ist damit weiter reproduziert. Gerade die Mitglieder des VEREINS FÜR SOZIALPOLITIK kannten beide Konzeptionen sehr gut. Dass die Frage der Lohnarbeit zum Kummulationspunkt der neuen Gestalt des Sozialen im Deutschen Reich wird, ist somit nicht nur eine konsequente Fortführung der Armenfürsorge aus feuda-

10 Die diesem Glaube zu Grunde liegende „Fortschrittsideologie“ hat Hannah Arendt für die Marxsche Konzeption in MACHT UND GEWALT verdeutlicht und problematisiert (vgl. Arendt 1998, v.a. S. 25ff.). „Dies eben ist es, was Marx entdeckte, als er Hegel vom Kopf auf die Füße stellte: Er akzeptierte von Hegel die Idee der einen in sich schlüssigen Menschheitsgeschichte, die sich dem rückwärts gewandten Blick des Historikers erschließt; in der Marx'schen Konzeption ändert sich diese Blickrichtung, der Historiker wird zum Politiker, indem er, aufgrund der gleichen Hypothese, vertrauensvoll in die Zukunft blickt“ (Arendt 1998, S. 32). Eben die historische Vergewisserung ist der Grund für die Skepsis, die Arendt einem derartigen Glauben der Entwicklungsgesetzlichkeit einige Zeilen weiter entgegenbringt: „Kurz, der Fortschritt kann auf keinem wissenschaftlichen Feld mehr als Maßstab und Kriterium dienen, mit denen man die von uns entfesselten, reißenden Veränderungsprozesse messen oder beurteilen könnte“ (Arendt 1998, S. 34).

listischen Tagen, sondern gerade auch ein Ergebnis der Auseinandersetzungen Schmollers, Wagners und später Sombarts und anderer mit den sozialrevolutionären und „sozial-democratischen“ Konzeptionen des 19. Jahrhunderts – allerdings zu programmatischen Ungunsten dieser Positionierungen. Lohnarbeit erscheint nicht mehr als zu bearbeitendes Problem, sondern als Nukleus des wohlfahrtsstaatlichen Arrangements des Sozialen: hierüber wird der Alltag der Erwerbstätigen strukturiert (*Synchronisierung*), sehen sich diese (zwangs)versichert (*Solidarprinzip*) und erhalten einen rechtlich geschützten Status (*Arbeitnehmer*).[11]

1.3 Zur Genealogie sozialer Probleme

Die Regierung sozialer Probleme – versteht man diese als Notlagen aufgrund historisch-spezifischer Übereinkünfte zur Gestaltung des Sozialen – ist keine Innovation des 19. Jahrhunderts. Bereits im 14. Jahrhundert regelten Bettelordnungen, wie diejenige in Nürnberg, in welcher Weise mit den von Armut betroffenen Menschen umgegangen wird (vgl. Sachße/Tennstedt 1980, S. 23ff.). Dominiert wurde der Umgang mit armen Personen in feudalen Sozialordnungen allerdings durch eine „politische Ökonomie der Nächstenliebe“ (Castel 2000, S. 43). Die Gabe des Reichen sollte dem Armen helfen und beiden Seelenheil versprechen – dem ersten aufgrund seiner Mildtätigkeit, dem letzteren durch die Hinnahme seines Schicksals, das heißt seiner gottgegeben sozialen Positionierung. Hinnahme meinte allerdings niemals Passivität, sondern gerade die Bereitschaft zur Übernahme der Lebensgestaltungsverantwortung in den vorgegebenen Möglichkeiten, also die Bereitschaft und das Bemühen um Arbeit. Nur diejenigen, die auch zur Arbeit nicht fähig waren, waren berechtigt, die Unterstützung anderer Menschen entgegenzunehmen.[12]

Armut ist gottgebener Alltag. Die Gestaltungsverantwortung ist allerdings dem Einzelnen überantwortet, denn er hat die ihm zugewiesene Aufgabe auch zu erfüllen. Diese Aufforderung, dem Souverän, Gott und seinen irdischen Vertretern, Folge zu leisten, gilt programmatisch für Reiche wie Arme. So weist die NÜRNBERGER BETTELORDNUNG nicht nur eine ganze Reihe exakter Verhaltensweisen für die Bettler in der Stadt aus, verlangt unter anderem deren beeidete Anerkennung als Bedürftige, den bezeichneten Ausweis jedes Einzelnen und die Registrierung der Bettelnden, sondern formuliert auch eine öffentliche

---

11 Robert Castel symbolisiert für die französische Variante eines wohlfahrtsstaatlichen Arrangements des Sozialen diese Lohnarbeitsfixierung mit dem folgenden Zitat Kaplows: „Seit langer Zeit schon sucht man nach dem Stein der Weisen, jetzt ist er gefunden, es ist die Arbeit“ (Castel 2000, S. 151).

12 Der Reformator Wenzel Linck formuliert dazu in seinen Ausführungen VON DER ARBEIT UND VOM BETTELN 1523: „Armen Bedürftigen, die sich mit körperlicher oder geistiger Arbeit nicht zu erhalten vermögen und doch in Schmerzen das Kreuz, wodurch sie unterm Gesetz Gottes stehen, tragen, denen ist man Hilfe schuldig aus brüderlicher Liebe und göttlichem Gebot“ (Linck 1523, zit. nach Sachße/Tennstedt 1980, S. 61). Von diesen seines Erachtens wirklich Bedürftigen seien die Bettler zu unterscheiden, deren Verhalten als Verstoß gegen das Gebot Gottes gedeutet wurde.

Verantwortung für zumindest die Armen, die alle genannten Regeln erfüllen und dennoch keine Unterstützung erfahren können: „Falls aber ein Mitglied des Rats erfährt, daß die armen Leute unter den Gesetzen und der Ordnung, wie sie oben beschrieben wurden, ihren Unterhalt nicht erlangen können, dann soll es das den Rat wissen lassen, und dann soll man eine Änderung herbeiführen, indem man zu einer Lösung kommt, die nicht zu belastend für die armen Leute ist" (zit. nach Sachße/Tennstedt 1980, S. 64).

Dem bezeichneten und somit legitimierten Bettler wird aber auch bei Strafe von einem Jahr Stadtverbannung vorgeschrieben, wenn er „eine offene, schlimme Verletzung an seinem Leibe oder seinen Gliedern hat, wovon die schwangeren Frauen durch Hinsehen Schaden erleiden könnten, diese Verletzung (zu) verdecken und nicht offen sichtbar (zu) zeigen oder zur Schau (zu) stellen" (zit. nach Sachße/Tennstedt 1980, S. 65).

Die Macht des Souveräns bestimmt die Führungsweisen, die Regierungsgestalt dieser Zeit: sie gilt es anzuerkennen, ansonsten wird das Existenzrecht entzogen – sei es durch die Verbannung aus dem Herrschaftsraum (Stadtgrenzen) oder in anderen Fällen durch Hinrichtung: „nur dank der Tatsache, daß es den Souverän gibt, hat der Unteran das Recht, lebendig oder gegebenenfalls tot zu sein" (Foucault 1999^2, S. 277).

Im 17. und 18. Jahrhundert werden derartige Regierungsweisen in deutlich veränderter Gestalt realisiert. In den BESTIMMUNGEN DES ALLGEMEINEN LANDRECHTS FÜR DIE PREUSSISCHEN STAATEN von 1794 wird das Betteln für Fremde wie einheimische Arme verboten. Allerdings werden nurmehr die fremden Bettler der Stadt verwiesen. Für die einheimischen Armen sieht §5 vor, dass sie „an den Ort, wohin sie gehören, und wo für sie nach den Vorschriften des gegenwärtigen Titels gesorgt werden muß, zurückgeschafft werden" (zit. nach Sachße/Tennstedt 1980, S. 275). Arme werden nun als Bestandteil einer territorial identifizierten Bevölkerungsgruppe identifiziert. Mit dieser Zuschreibung wird einerseits eine staatliche Pflicht zur Ernährungssicherung aller Gemeindemitglieder verbunden. Und andererseits wird die Arbeitspflicht der Armen, die bereits in den mittelalterlichen Bettelordnungen fixiert war, nicht mehr als Ausdruck einer Anerkennung der Macht des Souveräns legitimiert. Vielmehr schreibt sich die politische Gemeinschaft die Aufgabe zu, alle Mitglieder zu disziplinieren. Verweigern sich arme Personen ihrer Arbeitspflicht, so sollen diese „durch Zwang und Strafen zu nützlichen Arbeiten unter gehöriger Aufsicht angehalten werden" (zit. nach Sachße/Tennstedt 1980, S. 275). Zucht- und Arbeitshäuser, wie sie seit dem 17. Jahrhundert auf dem späteren Gebiet des deutschen Reichs eingerichtet werden, symbolisieren diesen Wandel von der Souveränitätsmacht zur Disziplinarmacht (vgl. Foucault 1999^2). Foucault hat diesen Transformationsprozess als Wandel von der „Macht, sterben zu machen oder leben zu lassen" in das neue „Recht, leben zu machen und sterben zu lassen" beschrieben (ebd., S. 278). Die Gestaltung der Verhaltensweisen des einzelnen Menschen rückt in den Mittelpunkt der entstehenden Fürsorgeanstalten, beispielsweise der Rettungshäuser. Hier werden die

Menschen dazu geführt, ihr Leben leben zu können, was vor allem bedeutete, arbeitsam zu sein.

Gleichzeitig deutet sich bereits eine weitere Verschiebung in den Regierungsstrategien und -technologien an, wie sie sich auf dem Gebiet des Deutschen Bundes und nachfolgend des Deutschen Reichs in der nachrevolutionären Phase und vor allem in den Jahren seit der Reichseinigung durchsetzt. Bauten die Verfasser des zitierten ALLGEMEINEN LANDRECHTS in Preußen noch auf eine Regierung einzelner Personen durch gezielte Disziplinierungsmaßnahmen, so tauchen in den Beschreibungen der Armenfürsorge und der sich konstituierenden Jugendhilfe nun weitere Strategien auf. Hinsichtlich der Unterbringung von armen Gemeindemitgliedern in Armenhäusern schreibt ein Arzt am Ende des 19. Jahrhunderts: „Daß diese Art der Versorgung nicht nur die allerunwürdigste ist, sondern auch durch Möglichkeit der Verschleppung von Krankheitsstoffen, durch die Unterbringung der Ortsarmen in Scheunen und Ställen in gesundheitspolizeilicher Beziehung große Gefahren einschließt, bedarf keiner weitern Ausführung. Wiederholt wurden auf diese Weise die Familien der Kostgeber nacheinander mit Krätze angesteckt" (zit. nach Sachße/Tennstedt 1980, S. 325). Nicht mehr der *Individualkörper* als solcher steht im Mittelpunkt der Regierungsstrategien, sondern der Arme als Teil des *Bevölkerungskörpers*: in diesem Fall als potenzieller Ansteckungsherd für die Ortsgemeinde. *Disziplinierende* Politiken erfahren eine Erweiterung und Differenzierung. Die Gestaltung des Lebens wird nun zunehmend als bewusst kalkulierende Strategie und in konkreten eingreifenden Technologien realisiert: seit dem 18. Jahrhundert etablieren sich solche *biopolitischen* Programme und Maßnahmen (vgl. Foucault 1999[1], S. 170) – unter anderem gegenüber der nachwachsenden Generation in einem Feld des entstehenden sozialen Sektors: der Kinder- und Jugendfürsorge (vgl. Uhlendorff 2001).

1.4 Thematisierung des Sozialen

Uwe Uhlendorff stellt seit einigen Jahren die Frage, ob die Geschichte der Jugendhilfe revisionsbedürftig sei (vgl. Uhlendorff 2001). Seine grundlegenden Einwände gegenüber vorliegenden Darstellungen zur Implementierung öffentlicher Jugendhilfe rekurrieren in erster Linie auf Detlev Peukerts Studie GRENZEN DER SOZIALDISZIPLINIERUNG (vgl. Peukert 1986). Dieser schreibe die Geschichte der Jugendhilfe als reine „Repressionsgeschichte, als Geschichte der Sozialdisziplinierung" (Uhlendorff 2001, S. 41; vgl. Gräser 2001).[13] In seiner aktuellen GESCHICHTE DES JUGENDAMTES formuliert

13 Uhlendorff zitiert zu dessen Charakterisierung folgende zusammenfassende Einschätzung Peukerts: „Sozialpolitik gewann so den Charakter einer inneren Kolonialisierung, die der Barbarei der Unterschichten zu deren Bestem und zum Heile der Gesellschaft ebenso zu Leibe rückte, wie die äußere Kolonialisierung der Rückständigkeit und Unwissenheit der Wilden zum Nutzen der Weltzivilisation und zum Profite der Kolonialmächte ein Ende bereiten sollte. Und wie im Prozess der äußeren Kolonialisierung vermengten sich auch in dem der inneren Kolonialisierung Herrschaft und Ordnungsangebot, Ausbeutung und ökonomische

Uhlendorff nun ausführlich seine Gegenthese, öffentliche Jugendhilfe sei bereits in ihrer Konstitutionsphase seit den 1870er Jahren durch eine „prophylaktische Hilfs- und Erziehungsmentalität" geprägt (Uhlendorff 2003, S. 90, 270). „Den Gründern dieser ersten öffentliche Jugendhilfeeinrichtungen", schreibt Uhlendorff mit Bezug auf die Debatten um das hessische Zwangserziehungsgesetz in den 1860er Jahren und das 20 Jahre später verabschiedete Fürsorgeerziehungsgesetz, „ging es also nicht darum, Halbstarke bestimmten Disziplinierungstorturen zu unterwerfen, durch die sie bürgerliche Werte von gesellschaftlicher Tüchtigkeit verinnerlichten. Das Konzept öffentlicher Jugendhilfe (...) richtete sich primär auf das Säuglings- und Kindesalter und wollte in erster Linie dem Kindstod, sittlicher Verwahrlosung und Jugendkriminalität vorbeugen" (Uhlendorff 2003, S. 270). Uhlendorff entwirft eine Konstitutionsgeschichte öffentlicher Jugendhilfe, die seines Erachtens durch einen „moderne(n) pädagogische(n) Sachverstand" dynamisiert werden konnte, der zur Ablösung der traditionellen Zwangserziehung und „zur Konstitutierung von pädagogisch kompetenten Behörden (geführt habe)" (Uhlendorff 2003, S. 274). Dieser Hinweis erscheint hinsichtlich der hessischen Debattenbeiträge, die Uhlendorff vorstellt, zumindest auf den ersten Blick durchaus nachvollziehbar. Denn die beiden Landtagsabgeordneten Friedrich Küchler und Wilhelm Klingelhöffer, deren Argumentationen für Uhlendorffs Studie von zentraler Bedeutung sind, begründen ihren 1860 eingebrachten Antrag zur Implementierung einer öffentlichen Zwangserziehung im Großherzogtum Hessen damit, dass „die eminente Mehrheit der Verbrechen aus verderbter Erziehung hervorging" und fordern deshalb eine staatliche Verantwortungsübernahme für die Erziehung dieser Kinder (zit. nach Uhlendorff 2003, S. 47). Und eben dieser Hinweis führt Uhlendorff zur Annahme, bereits hier werde die Vorstellung eines Rechts auf Erziehung grundgelegt, das dann seit dem Reichsgesetz für Jugendwohlfahrt (RJWG) 1922/24 gewissermaßen die Prämisse der für die Jugendhilfe seither grundlegenden Gesetzgebung bildet (vgl. Uhlendorff 2003, S. 48ff.).

Uhlendorff sieht die Wahrnehmung zweier neuer „Problemtypen" in der öffentlichen Aufmerksamkeit dieser Jahre als entscheidenden Grund für die Auseinandersetzungen um die Frage der Notwendigkeit einer öffentlichen Jugendhilfe an: das „verwahrloste Kind" und das „Pflegekind" (Uhlendorff 2003, S. 41, 46). Vor allem der erste Typus dient ihm im Zusammenhang seiner Rekonstruktion der hessischen Landtagsdebatten und den damit verbundenen öffentlichen Auseinandersetzungen als Argument für die seines Erachtens bereits frühzeitige *sozialpädagogische* Aufgabenbeschreibung: „Vorbeugung von Verwahrlosung" (Uhlendorff 2003, S. 63). Als entscheidende Lobbygruppen für eine derartige Mobilisierung einer öffentlichen Fürsorgeerziehung nennt Uhlendorff die Gruppen der Lehrer und der Juristen. Seit das hessische Volksschulgesetz 1874 die Schulpflicht für die hessischen Kinder fixiert habe, sei die Problematik in der Realisierung einer Volkserziehung für alle Kinder deutlich

---

Eingliederung, Zuwendung zur fremden Welt und Zerstörung dieser Fremdheit" (Peukert 1986, zit. nach Uhlendorff 2001, S. 40f.).

geworden. „Nun gab es aber soziale Milieus, die sich nicht ohne weiteres in das öffentliche Erziehungssystem integrieren ließen und sich ihm sogar entzogen. Sollte die allgemeine Schulpflicht, das öffentliche Erziehungssystem aufrechterhalten werden, waren weitere staatliche Maßnahmen erforderlich“ (Uhlendorff 2003, S. 60). Dass die Jugendhilfe nicht zuletzt aufgrund der Lobbyarbeit von Lehrern konstituiert wurde, könnte als Treppenwitz der Geschichte verstanden werden – scheint doch erst die funktionalistische und im politischen Distinktionsinteresse entworfene institutionelle Abgrenzung der Jugendhilfe gegenüber der Schule (und Familie), wie sie in der Bäumerschen Definition 1929 zusammengefasst wird, den Implementierungserfolg der öffentlichen Jugendhilfe ermöglicht zu haben.[14]

Parallel zur Dynamisierung der Diskussionen um eine staatliche Erziehungssicherung durch Lehrer unterstützt eine zweite Gruppe die Idee einer staatlichen Erziehungssicherung: die „fortschrittlichen Richter“ (Uhlendorff 2003, S. 61). Hier werde immer vehementer die Vorstellung vertreten, abweichendem Verhalten von Kindern lägen primär familiäre Gründe zu Grunde. „Staatliche Zwangserziehung, so die Forderung, sollte die gerichtlich verhängte Strafe gegenüber dissozialen Jugendlichen ersetzen“ (ebd.).[15]

Der Frankfurter Historiker Marcus Gräser hat Uhlendorff in einer Replik „pädagogischen Optimismus“ vorgehalten, „der in eine Schönwetter-Diagnostik münden *kann*“ (Gräser 2001, S. 617; Hervorh. im Orig.).[16] Gräser kritisiert den Eigentümlichkeitsanspruch einer sozialpädagogischen Geschichtsschreibung: „Die Strukturiertheit der Jugendfürsorge verweist immer auf eine Struktur, die ‚größer‘ ist als der ‚eigentliche‘ Gegenstand“ (ebd., S. 615). Dem Historiker erscheine es manches Mal so, „als ob das *ausschließliche* Interesse die Sozialpädagogen dazu brächte, ihren Gegenstand

14 Die für das Reichsjugendwohlfahrtsgesetz zuständige Ministerialrätin Bäumer schreibt in dem von Herman Nohl und Ludwig Pallat 1929 herausgegebenen HANDBUCH DER PÄDAGOGIK Sozial-Pädagogik bezeichne, „nicht ein Prinzip, dem die gesamte Pädagogik, sowohl ihr Theorie wie ihre Methoden, wie ihre Anstalten und Werke – also vor allem die Schule – unterstellt ist, sondern einen Ausschnitt: alles was Erziehung, aber nicht Schule und nicht Familie ist“ (Bäumer 1929[1], S. 3). Das Verhältnis von Jugendhilfe und Schule wird seit der Konstitution öffentlicher Jugendhilfe immer wieder thematisiert (vgl. Graßl 1954; Wiese 1961; Giesecke 1973, 2002; Flösser/Otto/Tilmann 1996; Oelerich 1998). Diese Diskussionen haben in jüngster Zeit aufgrund der internationalen Schulleistungsmessungen eine vehemente Dynamisierung erfahren (vgl. Coelen/Otto 2004; Otto/Rauschenbach 2004).

15 Vor allem hinsichtlich des Auf- und Ausbaus so genannter geschlossener Unterbringungsmöglichkeiten erweisen sich aktuell die (Jugend)Richter wieder einmal als eine einflussreiche gesellschaftliche Gruppe bezüglich der Diskussionen um eine Neugestaltung von Jugendhilfeangeboten.

16 Gräser arbeitet diesen Einwand leider nicht weiter aus, sondern fügt ihn nur innerhalb seiner grundsätzlichen Kritik an einer sozialpädagogischen Geschichtsschreibung ein, die durch „ein ausschließliches Interesse (motiviert sei...), zu einer Stärkung der Disziplin und einer stabilen beruflichen Identität“ beizutragen und damit die Strukturiertheit der Jugendhilfe aus dem Blick verliert (Gräser 2001, S. 615).

gewissermaßen im ‚Vakuum' zu analysieren" (ebd.; Hervorh. im Orig.). Und wirklich nimmt Uhlendorff beachtlich selektiv Anschluss an eine sozialtheoretische Analyse der Konstitutionszusammenhänge öffentlicher Jugendhilfe in den Jahren vor und nach der Reichsgründung. Zentrale Ursachen für erste Erfolge einer Implementierung kommunaler Jugendhilfestrukturen stellen für Uhlendorff die allgemeine Schulpflicht in Hessen, das Auftauchen neuer Problemtypen in ländlichen, klein- wie großstädtischen Zusammenhängen und eine Zunahme sozialer Probleme dar, wie sie statistische Auszählungen beispielsweise hinsichtlich der Zahl „verwahrloster" Kinder oder der „hohen Säuglingssterblichkeit" zu belegen scheinen. Erfolgreich öffentlich kommuniziert hätten diese Phänomene dann eben vor allem Lehrer und Richter.

Völlig ausgespart bleibt in Uhlendorffs Arbeiten allerdings die Frage, *wie* es zu einer relevanten *Thematisierung* eben dieser Phänomene kam. Denn „Verwahrlosung" und „Säuglingssterblichkeit", das heißt zerlumpte und verwilderte Kinder und sterbende Neugeborene sind kein Novum, das erst seit Ende des 19. Jahrhunderts unter anderem im Großherzogtum Hessen festgestellt werden kann. Entscheidend für den Implementierungserfolge der Jugendhilfe kann also nicht ein generelles Auftauchen und eine generelle Wahrnehmung dieser lange bekannten Phänomene sein, sondern die spezifische Wahrnehmung dieser sozialen Probleme als eben solche. Wie kommt es also dazu, dass menschliche Notlagen *als soziale Probleme* seit dem zweiten Drittel des 19. Jahrhunderts eine derartige Relevanz erfahren? Wie kommt es dazu, dass der Tod von Neugeborenen als „Säuglingssterblichkeit" erstmals umfassend statistisch erfasst wird, die Situation der herumlungernden, ungepflegten Kinder als „verwahrlost", das heißt abweichend von dem als „normal" definierten Standard, beschrieben wird - ganz im Unterschied zur ständischen Gesellschaft des 17. und beginnenden 18. Jahrhunderts?

1.5 Jugendhilfe als Normalisierung

Die Wortwahl, mit der die hessischen Abgeordneten und Regierungsbeamten Küchler und Klingelhöffer ihren Antrag auf ein staatliches Zwangserziehungsgesetz rechtfertigen, symbolisiert die neuen Gestaltungsformen des Sozialen. Der „Staat (dürfe) nicht länger zusehen, wie auf solche Weise eine böse Saat in seinem Schoß aufschießt (vorher sprechen die Abgeordneten von der Verwahrlosung von Kindern aus unteren sozialer Klassen aufgrund fehlender elterlicher Fürsorge, F.K.), welche, anstatt ihm nützliche Bürger zu schaffen, nur zu lästiger Bevölkerung der Zuchthäuser dient" (zit. nach Uhlendorff 2003, S. 47). Fruchtbare Wachstumsbedingungen gestalten – die „böse Saat" verhindern und einen „guten" Raum schaffen – lautet das Argument. Das 1887 im zweiten Anlauf verabschiedete Fürsorgeerziehungsgesetz in Hessen geht dann bereits über das preußische Zwangserziehungsgesetz hinaus[17]: „Nicht nur bei Kindern, die

17 Das preußische Zwangserziehungsgesetz vom 13. März 1878 wird innerhalb der Geschichtsschreibung Sozialer Arbeit und Jugendhilfe als frühes Symbol der sich implementierenden Jugendhilfe gedeutet (vgl. Hering/Münchmeier 2000, S. 63).

eine strafbare Handlung begangen hatten, konnte Zwangserziehung eingeleitet werden, sondern auch bei solchen und jugendlichen Personen unter 16 Jahren, ‚... wenn ihnen von ihren Eltern in böswilliger oder fahrlässiger Weise fortgesetzt die nötige Nahrung entzogen wird, oder wenn sie fortgesetzt schweren Misshandlungen von Seiten der Eltern ... ausgesetzt sind“ (Uhlendorff 2003, S. 67).

Die „Rettung“ von Menschen in sozialen Problemlagen, wie sie beispielsweise Johann Hinrich Wichern seit Beginn der 1830er Jahre im Rauhen Haus in Hamburg für Kinder institutionell verfasst hat, wird somit zunehmend konkretisiert. Wichern bereitet konzeptionell bereits eine erste Abwendung von disziplinierenden Maßnahmen vor, wenn er schreibt, dass „wohl niemand im Ernst glauben (werde), daß das Rettungshaus ein Straf- oder Zuchthaus für Kinder sein werde“ (Wichern 1949, S. 23). Nicht mehr der Ausschluss der Abweichler zur Verhaltensdisziplinierung, sondern die möglichst frühzeitige *Normalisierung* der durch Elternschuld verwahrlosten Kinder wird nun zum Ziel sozialpädagogischer Interventionsmaßnahmen erklärt. Denn dass die fehlende Verwahrung der Kinder zu deren Verwahr*los*ung führt, ist bereits von Wichern formuliert worden (Wichern 1949, S. 20). Bleibt allerdings bei Wichern die Gestalt der idealen Verwahrung in der Stilisierung der bürgerlichen Familie als sittlicher, christlicher Erziehungsinstanz eingeschlossen, und umgekehrt die Verwahrlosung einer fehlenden Familienerziehung zugeschrieben, so verweisen die Autoren des Fürsorgeerziehungsgesetzes in Hessen ein halbes Jahrhundert später schon auf zumindest einen konkreten Aspekt, den sie für die Verwahrlosung der Kinder verantwortlich machen: Ernährungsprobleme.

An vielen Stellen wird zu dieser Zeit vor allem von Statistikern, Sozialhygienikern, Sozialökonomen und Ärzten auf das Ernährungsproblem hingewiesen. Medizinische Diagnosen werden aufgestellt und Hygiene- und Ernährungsprogramme entwickelt, mit denen die Bevölkerung „aufgeklärt“ werden soll, um die Entwicklung gesunder Kinder zu gewährleisten. Mitglieder der unteren Klassen werden am Ende des 19. und zu Beginn des 20. Jahrhunderts als besonders aufklärungsbedürftig beschrieben, um ihr „Unvermögen“, Kinder gut zu ernähren zu überwinden. Nicht nur Verwahrlosung, sondern vor allem der Tod neugeborener Kinder soll damit verhindert werden. Denn die vorliegenden medizinischen Diagnosen machen häufig falsche Ernährung für deren Tod verantwortlich.[18]

Die detaillierte Erfassung individueller Notsituationen, die Uhlendorff in seiner Studie am Beispiel der MATHILDENSTIFTUNG ZUR RETTUNG VERWAHRLOSTER KINDER im hessischen Kreis Friedberg skizziert, sind insofern ein pädagogischer Ausdruck dieser diagnostischen Identifizierung zukünftiger

18 Richard Sennett weist auf eine weitere fundamentale Motivationsdimension für die wachsende Regulierung des Sozialen im 19.Jahrhundert hin, die allerdings für den hier gewählten Argumentationszusammenhang nicht von zentraler Bedeutung ist: die als prekär erfasste Gesundheitssituation der Bevölkerung wurde in den entstandenen und entstehenden industriekapitalistischen Gesellschaften als existentielle Bedrohung der Mittelschichten angesehen (vgl. Sennett 2002).

Bürgerinnen und Bürger (vgl. Uhlendorff 2003, S. 81ff.). Ein möglichst detailliert gezeichnetes Bild der Kinder dient der öffentlichen Rechtfertigung sozialpädagogischer Interventionspraktiken. Während Wichern seine Motivation zur Restauration der christlich-bürgerlichen Familie oder im Notfall deren Substitution durch den Aufbau von Anstaltsfamilien auf Basis einer Diagnose des Sittenverfalls in der bürgerlichen Gesellschaft für notwendig erachtete, basiert die Legitimationsstrategie zur Implementierung öffentlicher Sozialisationsinstanzen am Ende des 19. Jahrhunderts auf einer *Objektivierung* individueller Notlagen: statistisch erfasste Maße der „Säuglingssterblichkeit" oder der kindlichen „Verwahrlosung" konstitutieren dann „ein deutliches Defizit öffentlicher Maßnahmen, (...das) die Regierung in Zugzwang (bringt)", wie Uhlendorff dann auch 2003 noch konstatieren kann - ohne die Rationalisierungsweise derartiger Regierungsstrategien auch nur zu erwähnen (Uhlendorff 2003, S. 56). Kinder- und Jugendhilfe ist nicht reine Sozialdisziplinierung aber ebenso wenig rein prophylaktische Hilfe von Erziehungsinstanzen.

Die Implementierung sozialstaatlicher Sicherungssysteme basiert auf der Überzeugung, dass das Soziale messbar sei (vgl. Kessl/Krasmann 2005). Soziale Zusammenhänge werden seit Ende des 18. Jahrhunderts zunehmend mathematisch erfasst, wie vor allem die Verbreitung bevölkerungsstatistischer Instrumente illustriert (vgl. Barlösius 2001). Erst auf der Basis eines solchen „Geist(es) mathematischer Egalität", der Objektivierung individueller Notlagen, ist eine Konstruktion von öffentlichen Versicherungs-, Versorgungs- und Fürsorgestrukturen denkbar (Welsch 1996, S. 78). Strategien der Mathematisierung stellen die Voraussetzung für eine Bestimmung kranker, krimineller oder marginalisierter Bevölkerungsgruppen dar und gleichzeitig machen sie gezielte Interventionsstrategien notwendig. Denn wohlfahrtsstaatliche Regierungsweisen basieren auf der Möglichkeit vorhersehbarer Biografieverläufe. „Normalisierung setzt (...) die Homogenisierung und Kontinuierung des Heterogenen und Diskontinuierlichen unbedingt voraus. Nur in einem homogenen und kontinuierlichen Feld können kontinuierliche Datenerhebungen und Bildungen von Gesamtdurchschnitten vorgenommen werden" (Link 1996, S. 156). Das Modell wohlfahrtsstaatlicher Normalbiographien macht die kollektive Risikokalkulation erst möglich und zugleich muss für das Funktionieren kollektiver Risikokalkulation Normalität gesichert werden. Verliert eine dieser Verankerungen ihre Fixierung gerät das zwischen ihnen aufgespannte wohlfahrtsstaatliche Arrangement ins Schwingern und verliert unter Umständen rapide sein Tragfähigkeit, wie die neo-sozialen Transformationsprozesse der wohlfahrtsstaatlichen Arrangements seit Mitte der 1970er Jahre verdeutlichen (vgl. Zweiter Teil).

Sozialstaatlichen Instanzen kommt die Aufgabe zu, im Fall von „Abweichung" für eine (Re)Normalisierung zu sorgen. Siegfried Müller und Hans-Uwe Otto bestimmen diese wohlfahrtsstaatliche Regierungsfunktion für die Soziale Arbeit als „spezifische Strategie der staatlichen Sicherstellung der Lohnarbeiterexistenz" (Müller/Otto 1980, S. 9). Lothar Böhnisch spricht in demselben Zusammenhang von der „Beschwörung oder Erzwingung von Normalität" (Böhnisch 1982, S. 22). Soziale Arbeit ist Teil wohlfahrtsstaatlicher Regierungsweisen, konstitutiver Bestandteil einer *Regierung des Sozialen* (vgl. Kap. 3). Allerdings zögert zumindest Böhnisch die Konsequenz dieser Einsicht zu explizieren. Mit einer funktionalen Differenzierung versucht Böhnisch am Ende seiner staatstheoretischen Überlegungen Fremd- und Selbstregierungsanteile wieder zwischen „staatlicher Sozialpolitik" und „Sozialpädagogik" aufzuteilen. Letztere müsse sich aus dem Zwang öffentlicher Institutionen lösen, „alles sozialstaatlich kalkulieren und befrieden zu müssen", schließlich sei sie den „sozialen Experimenten, die aus den Lebensbereichen heraus entstehen," verpflichtet (Böhnisch 1982, S. 153). Doch wie sollen sich öffentliche *Regierungs*instanzen aus ihrer *Regierungs*tätigkeit befreien? Müller und Otto sind hinsichtlich der Möglichkeit einer sozialpädagogischen Selbsterlösung deutlich skeptischer als Böhnisch. Zwar hoffen auch sie auf eine Stärkung der Selbstführungsmöglichkeiten – ihre Strategie ist die einer professionellen Herstellung von *Aushandlungsprozessen*, die es Nutzerinnen wiederum erleichtern sollten, „Interventionsstrategien und Dienstleistungsangebote" nach ihrem Gebrauchswert zu beurteilen – allerdings halten sie dafür eine „inhaltliche Neubestimmung" sozialstaatlicher Interventionsprogramme für notwendig (vgl. Müller/Otto 1980, S. 22f.).

Insgesamt bleibt festzuhalten, dass Fürsorgestrategien als Bestandteil des wohlfahrtsstaatlichen Arrangements darauf zielen, „eine in den von der Primärvergesellschaftung geforderten Beziehungen klaffende Lücke auszufüllen" (Castel 2000, S. 39). Soziale Arbeit ist Bestandteil derartiger staatlicher Regierungsstrategien.

Diese Einsicht verstellt sich Uwe Uhlendorff in seiner GESCHICHTE DES JUGENDAMTS. Uhlendorff steht hier nur stellvertretend für eine innerhalb der Debatten um Soziale Arbeit weit verbreitete Deutung, die – so die im weiteren Text vertretene These - auf einem substantiell vorausgesetzten und nur selten problematisierten *Primat der Selbstführung* basiert (vgl. Kap. 2).

Soziale Arbeit als Regierungsinstanz des Sozialen zu erfassen, sollte nun nicht dazu führen, einem schlichten Strukturalismus nachzuhängen. Uhlendorff weist gegenüber Peukerts Sozialdisziplinierungsthese berechtigter Weise darauf hin, dass eine Charakterisierung der Jugendhilfe als Teil eines inneren Kolonialisierungsprozesses der Sozialpolitik in der Gefahr steht, eine solche strukturalistische Verkürzung zu produzieren, das heißt *objektivistisch* zu argumentieren: Jugendhilfe wäre damit reine Herrschaftsstabilisierung (*Fremdführung*), würde ausschließlich „Systeminteressen" vertreten (vgl. Peukert 1986, S. 311). Gleichzeitig geht Uhlendorff wie Böhnisch am Ende von DER SOZIALSTAAT UND SEINE PÄDAGOGIK den umgekehrten Weg einer verkürzten Strukturalismuskritik: mit einzelnen Verweisen auf die strukturelle Problematik sozialer Probleme wird gegenüber Positionen wie derjenigen Peukerts eingewandt, Jugendhilfe habe bereits in ihren Konstitutionsphasen „verstärkt Bezug genommen (...) auf die Erwartungen und Bedürfnisse der Klientel" (Uhlendorff 2001, S. 51). Jugendhilfe habe also bereits von Beginn an die „lebensweltlichen Interessen" berücksichtigt, nichts anderes im Sinn als deren freie Selbstbestimmung (*Selbstführung*). Objektivistischen Verkürzungen wird mit *subjektivistisch* verkürzten Argumentationen begegnet, oder in der staatstheoretischen Variante von Böhnisch: nach fast 150 Seiten Rekonstruktion der Regierungsfunktion Sozialer Arbeit wird auf den letzten Seiten für eine substantielle Trennung von Sozialpolitik und Sozialer Arbeit plädiert und nur letzterer ein Alltagsbezug zugestanden, während die erste auf Systeminteressen reduziert wird. Beide Varianten stellen wenig überzeugende Alternativen zur objektivistischen Verkürzung Peukerts dar.

Gegenüber objektivistischen wie subjektivistischen Lesarten zielt eine *politische Analyse Sozialer Arbeit*, wie sie im Folgenden anhand der Konzipierung von Sozialer Arbeit als Regierung, oder anders gesprochen: anhand einer *Gouvernementalität Sozialer Arbeit*, vorgeschlagen wird (vgl. Kap. 3), auf eine systematische Inblicknahme der ambivalenten Gleichzeitigkeit von Fremd- und Selbstführung, die eine substantielle Differenzierung von Sozialpolitik (*systemorientiert*) und Sozialer Arbeit (*lebensweltorientiert*) als kontraproduktiv ausweist (vgl. Kap. 3.8). Gerade die Rekonstruktion und Reflexion deren unweigerlichen Verkopplung als Bestandteile einer historisch-spezifischen Regierung des Sozialen öffnet den Horizont für eine alternative, beispielsweise demokratischere, Gestaltung Sozialer Arbeit.

2 Wer führt hier wen?

„Kinder sind wie wilde Tiere.
Man muss sie frei lassen, man muss sie wild sein lassen."
(Roberto Benigni, Interview in der Frankfurter Rundschau, 22. März 2003)

„Mehr Freiheit heißt ja immer auch mehr Bedarf an Orientierung. (...)
Sagen wir also ja zur Erziehung"
(Roman Herzog, Rede zur Eröffnung des Paderborner Podiums
im Heinz-Nixdorf-Forum, 9. Juni 1998)

2.1 Von Fremd- und Selbstführung

„Bildende Führung" habe im „erzieherischen Zivilisationsapparat" keine Heimat, so schließt die Ministerialrätin im Innenministerium und Reichtagsabgeordnete der Deutschen Demokratischen Partei (DDP) Gertrud Bäumer 1930 das zweite Kapitel ihrer Überlegungen zu SINN UND FORMEN GEISTIGER FÜHRUNG. „(W)o sie erwächst, Blüte eines immer wieder hervorbrechenden Lebens, da werden Meinungen und Grenze der Institution gesprengt und der Bund, der entsteht, folgt dem eigenen Gesetz" (Bäumer 1930, S. 60). Der Marburger Philosoph Paul Natorp schreibt 1899 in seiner SOZIALPÄDAGOGIK: „Gehorsam ist allerdings notwendig, aber er ist auf keiner, auch nicht auf der untersten Stufe der Erziehung, identisch mit Willenlosigkeit, mit Verzicht auf eignen Willen. Er bedeutet im Gegenteil den allgemeinen Willen, seinen Willen im besonderen dem des Führenden, weil Besserwissenden, unterzuordnen" (Natorp 1925 [1899], S. 261).

Die Frage von Form und Formierung einer Führung von Kindern und Jugendlichen steht seit Beginn der Institutionalisierung und Professionalisierung einer Kinder- und Jugendhilfe im Mittelpunkt sozialpädagogischer Debatten. Dieser Befund ist keineswegs erstaunlich, denn „Menschenführung" bezeichnet die pädagogische Sache selbst: Sklaven waren im fünften Jahrhundert vor Beginn christlicher Zeitrechnung in Athen die ersten „Pädagogen": ἄγειν („führen") und παῖς („der Knabe").[1] Diesen „Kinderführern" war die Be-

1 Die Übertragung von Betreuungs- aber auch Ordnungsaufgaben an die Sklaven wurde bereits im antiken Athen nicht nur Pädagogen, sondern auch der Polizei übertragen. Diese Tatsache bringt Engels in DER URSPRUNG DER FAMILIE, DES PRIVATEIGENTUMS UND DES STAATES zu dem folgenden süffisanten Kommentar, mit dem er die Exklusivität des attischen Bürgermodells unterstreicht: „So entwürdigend kam dieser Schergendienst dem freien Athener vor, daß er sich lieber vom bewaffneten Sklaven verhaften ließ, als daß er selbst sich zu solcher Schmachtat hergab" (Engels [1884] 1983: 250).

aufsichtigung der attischen Knaben während des Unterrichts übertragen, den diese bei privaten Lehrkräften erhielten.

Pädagogisches Tun wird seit seiner Konstitution als aktive Unterstützung und geplante Beeinflussung der Entwicklung menschlicher Lebensführung beschrieben.[2] „Alles, was die Veränderung der Person bewirken kann und der Planung zugänglich ist, gehört zur Erziehungswirklichkeit" übersetzt Klaus Mollenhauer diese Erkenntnis 1964 am Anfang seiner EINFÜHRUNG IN DIE SOZIALPÄDAGOGIK für die Jugendhilfe (Mollenhauer [1964] 1993, S. 22). Siegfried Bernfeld hat bereits Mitte der 1920er Jahre die Aufgaben einer *Erziehungswissenschaft* als Analysen von „Möglichkeiten und Grenzen der Beeinflußbarkeit des Kindes" beschrieben (vgl. Bernfeld [1925] 1973, S. 145ff.). Aufgabe dieser Lehre aktiver Unterstützungs- und geplanter Beeinflussungsweisen menschlicher Lebensführung ist demnach die Untersuchung der je historisch-spezifischen „Reaktion der Gesellschaft auf die Entwicklungstatsache" (ebd., S. 119).

Soziale Arbeit und die Kinder- und Jugendhilfe stellen pädagogische Instanzen dar. Dennoch sind die Debatten um Soziale Arbeit und Jugendhilfe keineswegs als Subdebatten allgemein-pädagogischer Auseinandersetzungen zu begreifen. Zwar reagiert bereits die attische Gesellschaft auf die „Entwicklungstatsache", Erziehung kennzeichnet also schon die antiken Gestaltungsweisen des Sozialen. Doch eine *öffentliche Reaktion auf soziale Probleme*, die Regierung des Sozialen als Ausdruck kollektiver Risikokalkulation, wird erst mit der Implementierung eines spezifischen Sektors des Sozialen seit dem zweiten Drittel des 19. Jahrhunderts auf- und ausgebaut. Die Unterscheidung des Sozialen im umfassenden Sinn (*Gesellschaft*) vom Sozialen im engen Sinn (*sozialer Sektor*) ist ein grundlegendes Kennzeichen industriekapitalistischer Gestaltungsformen. Dem neu entstehenden sozialen Sektor wird im Deutschen Bund und anschließend im Deutschen Reich eine spezifische Funktion zugewiesen: die genannte Überbrückung von politischer Organisation und wirtschaftlichem System (vgl. Kap. 1). Als Teil dieser Überbrückungsbemühungen werden in diesen Jahren Strukturen einer öffentlichen Instanz geschaffen, die für die Selbstführungsfähigkeiten der Menschen verantwortlich sein soll, deren Lebensführung durch soziale Probleme beeinflusst sind: *Soziale Arbeit*. Soziale Arbeit wird als eine öffentliche Instanz konstituiert, der die Aufgabe zugeschrieben wird, die Lebensführung von marginalisierten Bevölkerungsgruppen aktiv zu unterstützen und geplant zu beeinflussen. Soziale Arbeit ist Teil der pädagogischen Ausprägung wohlfahrtsstaatlicher Arrangements. Orientierungspunkte dieser Regierung des Sozialen sind allgemein-gültig erklärte Normalitätsvorstellungen, die sozialstaatlichen Instanzen, wie der Sozialen Arbeit, die Aufgabe der *Normalisierung* zuweisen (vgl. Donzelot 1980). Jugendhilfe umfasst die Bereiche Sozialer Arbeit, innerhalb derer diese Aufgabe in Bezug auf die nachwachsende Generation realisiert wird. Wenn Soziale Arbeit und

2 Bemerkenswerterweise hat sich die griechische Bezeichnung für die beaufsichtigenden Personen (παιδαγωγοί) durchgesetzt, und nicht die für die lehrenden Personen, die der Gruppe der Handwerker zugerechnet wurden (βαναῦσοι).

Kinder- und Jugendhilfe damit einen konstitutiven Bestandteil wohlfahrtsstaatlicher Regierungsweisen des Sozialen bilden, stellt sich die Frage, wie es zu deren Formierung kommt.

2.2 Führung kommender politischer Führer

Für Platon und Aristoteles steht die Frage der Erziehung als Frage der Ausbildung zukünftiger politischer Führer, der Regierenden des Staates, im Mittelpunkt ihrer Überlegungen. Im frühdemokratischen Athen haben etwa 1/3 der Bürger jährlich öffentliche (Ehren)Ämter inne.

Um diese Ämter zu bekleiden, ist ein relativ hoher Kenntnisstand über politische Verfahrensweisen und die Inhalte aktueller politischer Diskussionen Voraussetzung. Die attischen Bürger müssen also zur politischen Führung befähigt werden. Die Frage der Sicherung von Bildungsteilhabe ist daher von höchster Relevanz für Realisierung und Erhalt der politischen Strukturen Athens. Daher ist es auch keineswegs verwunderlich, dass Platon und Aristoteles Aspekte einer Ausbildung der nachwachsenden Generation in ihren staatstheoretischen Vergewisserungen ausführlich diskutieren.

„Da wir nun aber behaupten, daß die Tugend des Staatsmannes und Regierenden einerlei sei mit der des besten Mannes und daß eben derselbe Mensch zuerst regiert werden muß und dann regieren, so ist dasjenige, was in dieser Hinsicht der Gesetzgeber ausfindig zu machen hat, wie und durch welche Beschäftigungen man tüchtige Männer bildet und was das Endziel des tugendhaften Lebens ist." So schreibt Aristoteles in den ersten der POLITIK-Kapitel, die der Frage der *Erziehung* gewidmet sind (Aristoteles, POLITIK, VII, S. 1333a). Jungen müssen geführt werden, um eigene Führungsfähigkeiten zu entwickeln. Diese Führung sei öffentlich zu gewährleisten, darin sind sich Aristoteles und Platon einig. Zu Beginn des folgenden letzten Buches der POLITIK konkretisiert Aristoteles seine Vorstellungen eines solchen staatlichen *Erziehungssystems*: „Dass nun der Gesetzgeber sich vor allem mit der Erziehung der Jugend beschäftigen muß, wird niemand bezweifeln, denn wenn dies in den Staaten nicht geschieht, werden die Verfassungen geschädigt" (Aristoteles, POLITIK, VIII, S. 1337a).

Platon veranschaulicht im Gespräch mit Glaukon seine Vorstellung einer öffentlichen Erziehung junger männlicher Athener: spielerische Bildungsmöglichkeiten sollen ihnen bereitgestellt werden, um dabei diejenigen auswählen zu können, die „von Natur aus" für zukünftige politische Führungsaufgaben besser geeignet seien: „damit du auch desto besser sehen könntest, wohin ein jeder von Natur sich neigt" (Platon, POLITEIA, VII, S. 537a).

Die erste Voraussetzung zur Realisierung einer idealen Staatsform ist für Aristoteles wie Platon also eine öffentliche Sicherung der Bildungsteilhabe für zukünftig herrschende Bürger. Um diese Ausbildung der jungen Athener zu ermöglichen ist ihres Erachtens aber noch eine zweite Bedingung zu erfüllen: die materielle Existenzsicherung der freien Bürger[3]. Dieses attische Modell der πόλις als Raum öffentlicher Auseinandersetzung von freien Bürgern basiert allerdings auf einer strikten Stratifizierung der städtischen Gesellschaft Athens. Die damit implementierte Exklusivität und der Elitismus der attischen Bürgerschaft, der von Platon und Aristoteles – wenn auch in unterschiedlichen Graden – reproduziert wird, hat die Reproduktionssicherung der *männlichen*, *erwachsenen* und *attischen* Bürgern nämlich in den von den öffentlichen Strukturen unabhängigen, also privaten οἶκος verlagert. Dort sind die Aufgaben der Produktion und Distribution von Gütern unter der Führung des bürgerlichen Haushalters, also des männlichen οἰκοδεσπότης, Frauen und Sklaven übertragen und überlassen (vgl. Euchner 1973, S. 17ff.).[4] Die Garantie des Bürgerstatus wird also für diese Bevölkerungsgruppe durch den formalen *Ausschluss* und gleichzeitigen *Einschluss* anderer Bewohnergruppen ermöglicht. Frauen, Sklaven und Kinder werden von öffentlichen Auseinandersetzungen ausgeschlossen und in die von politischer Teilhabe beraubte, also private Reproduktions- und Produktionssphären, eingeschlossen. Die Freiheit der männlichen Stadtbewohner ist ökonomisch durch die Arbeit der unfreien weiblichen und versklavten Stadtbewohner abgesichert. Die Ausbildung der zukünftigen Regenten sichern die Regierten.

Platon differenziert aber nicht nur männliche freie Stadtbürger von unfreien Frauen, Kindern und Sklaven. Seines Erachtens ist auch nur ein Teil der freien Männer zur Selbstführung fähig und damit auch zur späteren Übernahme politischer Führungsaufgaben. Dieser platonische Begabungsessentialismus wird vor allem im vorletzten Buch der POLITEIA augenfällig. Pädagogische Aufgabe ist es im platonischen Staatssystem, die zur Führung begabten jungen Männer zu identifizieren. Die zur Selbstführung Fähigen seien dann auch für die (Fremd)Führung derjenigen zuständig, die selbstführungsunfähig seien. „Sollen wir nun nicht sagen, damit auch ein solcher von demselben beherrscht werde wie der Trefflichste, müsse der Knecht jenes Trefflichsten, welcher das Göttliche herrschend in sich hat, werden? Keineswegs jedoch in der Meinung, der Knecht solle zu seinem eigenen Schaden beherrscht werden, wie Thrasymachos von den Beherrschten meinte, sondern daß es beiden das beste sei, von dem Göttlichen und Verständigen beherrscht zu werden, am liebsten zwar so, daß jeder es als sein eigenes in sich selbst habe, wenn aber nicht, dann daß es ihm von außen gebiete, damit wir alle als von demselben beherrscht auch nach

3 Die zusammenfassende Deutung der staatstheoretischen Überlegungen Platons und Aristoteles an dieser Stelle soll nicht darüber hinwegtäuschen, dass Platons POLITEIA eine Kritik der attischen Demokratie durch den Entwurf einer Staatsutopie darstellt, die eher an den politischen Strukturen Spartas orientiert ist und ein streng stratifiziertes Ständemodell anbietet, während Aristoteles in der POLITIK sein Idealbild der politischen Gemeinschaft freier Bürger, gesichert und gestaltet durch deren Tugendhaftigkeit, auf Basis seiner Beobachtungen der bestehenden attischen Gesellschaft skizziert, wie im weiteren Text noch verdeutlicht wird.

4 Friedrich Engels spricht in DER URSPRUNG DER FAMILIE, DES PRIVATEIGENTUMS UND DES STAATES von einem Verhältnis von 1:18 zwischen Bürgern und Sklaven im antiken Athen (vgl. Engels [1884] 1983).

Vermögen einander insgesamt ähnlich seien und befreundet" (Platon, POLITEIA, IX, S. 590 c-d).

Analog zur seiner Tugendkonzeption schlägt Platon daher im Rahmen dieser Überlegungen anschließend ein Modell vor, das drei hierarchisch zueinander arrangierte soziale Stände als wesentliche Bestandteile des idealen Staatsgebildes unterscheidet: den Stand der Bauern, Handwerker und Krämer (*Gehorsam*), den Stand der Wächter (*Tapferkeit*) und den Stand der philosophischen Regenten (*Vernunft*). Aristoteles sinniert in der POLITIK ähnlich über die Möglichkeit unterschiedlicher Staatsformen – je nach Zahl der herausragend tugendhaften Bürger: Königtum im Fall nur weniger Tugendhafter, Aristokratie im Fall einer kleinen Gruppe oder Demokratie im Fall einer großen Zahl freier Bürger. Allerdings ist die Selbstführung aller Bürger für Aristoteles in einer dieser Staatsformen nicht nur Möglichkeit, sondern Voraussetzung: die *Demokratie* erfordert seines Erachtens eine generelle Selbstführungsfähigkeit. Platon hält eine generelle menschliche Selbstführung dagegen für nicht realisierbar. Deshalb stellt in seinen Augen „die Regierung der Kinder" (ebd., S. 590e) für die „Trefflichsten", die zukünftigen Regierenden, eine vorübergehende Erfahrung in Lernsituationen dar, für die „Beherrschten" aber aufgrund ihrer fehlenden Begabung zur Selbstführung notwendigerweise einen permanenten Zustand.

Aristoteles hofft in seinen demokratietheoretischen Überlegungen, trotz eines immer wieder anklingenden ähnlich skeptischen Grundtons angesichts der Entwicklungen im attischen Gemeinwesen, auf den Erfolg einer staatlichen Erziehung zur Implementierung selbstführungsfähiger Bürger: „Denn die meisten Staaten (...) erhalten sich, solange sie Krieg führen, wenn sie aber die Herrschaft erlangt haben, gehen sie zugrunde, indem sie wie das Eisen ihre Scheide verlieren, sobald sie im Frieden leben. Und daran ist ihr Gesetzgeber schuld, indem er sie nicht dazu erzogen hat, daß sie der Muße zu leben verstehen" (Aristoteles, POLITIK, VI, S. 1334a).

In welcher Form stellen sich Platon und Aristoteles nun die notwendige „Regierung" der nachwachsenden Generation zukünftiger Regierender vor?

Platon beschreibt im vierten Buch der POLITEIA im Höhlengleichnis den Bildungsweg als Aufstieg aus einer Höhle, in der die ungebildeten Menschen gefesselt an Hals und Schenkeln zeitlebens nur die Schatten von Akteuren im Licht eines Feuers und im durch den Höhleneingang hereinstrahlenden Sonnenlicht betrachten können. Erst die Anleitung zur schmerzhaften Umkehr, das heißt die Aufklärung über die Beschränkung ihrer bisherigen Blickrichtung ermöglicht den Menschen den Aufstieg aus der Höhle und damit den Eintritt in die Welt „wirklicher" Erfahrungen und Erkenntnisse. „Und wenn man ihn gar in das Licht selbst zu sehen nötigte, würden ihm wohl die Augen schmerzen, und er würde fliehen und zu jenem zurückkehren, was er anzusehen imstande ist, fest überzeugt, dies sei in der Tat deutlicher als das zuletzt Gezeigte? (...) Zuletzt aber, denke ich, wird er auch die Sonne selbst, nicht Bilder von ihr im Wasser oder anderwärts, sondern sie als sie selbst an ihrer eigenen Stelle anzusehen und zu betrachten imstande sein. (...) Und dann wird er schon herausbringen von ihr, daß sie es ist, die alle Zeiten und Jahre schafft und alles ordnet in dem sichtbaren Raume und auch von dem, was sie dort sahen, gewissermaßen die Ursache ist." (Platon, POLITEIA, VII, S. 515 e – 516b). Nur der aus der Höhle heraus*geführte* Mensch wird erkennen, und wird angesichts der Erkenntnis über die Blickverengung der Menschen – die noch immer in der Höhle verweilen oder angesichts des Schocks der Erkenntnis wieder in die Höhle zurückgekehrt sind – zur Führung von Menschen fähig: Zur Führung anderer Menschen wie zur Selbstführung. Platon glaubt daher in der POLITEIA, dass die besten Regenten eines idealen Staates Philosophen sein müssen, die Bürger also, die frei von gesellschaftlichen Zwängen die Welt der Ideen schauen können.[5]

Auch Aristoteles formuliert im siebten Buch seiner POLITIK hinsichtlich einer Erziehung der Gruppe freier Bürger, dass diese zukünftigen Regierenden zuerst selbst regiert werden müssten (vgl. Aristoteles POLITIK, VI, S. 1334a). Die zukünftige politische Führungsfähigkeit, die Fähigkeit zur Führung anderer Menschen, erfordere die Erfahrung eines Geführt-Werdens für die zukünftigen Bürger.

Platon geht nun allerdings, wie bereits angedeutet, davon aus, dass nur wenige zur Erkenntnis befähigt sind, diejenigen nämlich, die außerhalb der gesellschaftlichen Praktiken das Reich der Ideen schauen können. Die Mehrheit der Menschen verweile aber in einer Betrachtung der Schatten in der Höhle der Unkenntnis. Selbst wenn sie herausgeführt werden, kehrten sie angesichts der Schmerzen, die das Licht der Erkenntnis ihnen zufüge, in die Höhle zurück. Dieser platonische Pessimismus über eine Erkenntnistauglichkeit der Gemeinschaftsmitglieder reicht noch weiter, denn er sieht die Führenden der Gefahr einer Verspottung durch die Zurückgebliebenen ausgesetzt, scheinen sie in den Augen der Zurückgebliebenen doch im Licht der Erkenntnis ihre Sehkraft eingebüßt zu haben. Den Rückkehrern, das heißt den Führern, drohe aber nicht nur Spott, sondern ihr Leben werde akut bedroht, wenn sie andere ans Licht geleiten wollten. Denn diese würden verhindern wollen, wie jene scheinbar fast zu erblinden.

Der Grund für diese Bequemlichkeitsunterstellung gegenüber dem größten Teil der Menschheit scheint Platons Annahme eines Begabungsessentialismus zu sein: nur die „trefflichsten *Naturen*" seien zur Erkenntnis fähig, würden sich den Anstrengungen des Aufstiegs aus der Höhle stellen und dann aber auch auf der „Insel der Seligen" verweilen wollen, da scheint Platon sich gewiss (Platon, POLITEIA, VII, S. 519c; Hervorh., F.K.). Aufgabe der Pädagogen ist für Platon argumentationskonsequent die frühzeitige Selektion von „wahrhaft Reichen", um sie vor Verführung zu bewahren und ihnen den Weg zur Erkenntnis zu

5 Die Forderung nach und auch Hoffnung auf eine „Aristokratie der Bildung" gibt Platon in den Spätschriften, den NOMOI, auf (Bloch [1959] 1986, S. 24). Statt einer Regentschaft der Philosophenkönige überschreibt er – wohl angesichts seiner Enttäuschung über die Entwicklung der attischen Demokratie - nun der Polizei die Verantwortung zur Sicherung einer idealen sozialen Ordnung.

zeigen (Platon, POLITEIA, VII, S. 521a). Die Menschen hält Platon nicht nur für „erkenntnislos", sondern in der Mehrheit auch für erkenntnisfeindlich.

Aristoteles dagegen glaubt weder an die absolute Unkenntnis der Menschen, noch an deren Widerwillen gegenüber einem Erkenntnisgewinn. Vielmehr nimmt er an, dass alle Menschen bereits über zahlreiche Erkenntnisvorräte verfügen. Die selbst gestellte Aufgabe seiner politischen Theorie ist daher nicht der Entwurf einer Staatsutopie als Ergebnis unabhängiger Reflexionen durch den Eintritt in die gesellschaftliche abgewandte Welt der Ideen. Erkenntnisgewinn erbringe erst die Beobachtung der bestehenden politischen Systeme. Sein ideales Staatsmodell entwirft Aristoteles daher auch auf Basis einer Rekonstruktion bestehender Zusammenhänge (vgl. Bien 1969, S. 275ff.).

In welcher Form ist diese Erfahrung von Erkenntnis für die zukünftigen freien Bürger im aristotelischen Modell zu gestalten? Wie ist also die nachwachsende Generation im aristotelischen Modell zu regieren, um ihre Selbstführung zu aktivieren?

Aristoteles Programm ist ein Programm der *Selbst*-Erfahrung. Das frühdemokratische Staatsmodell, das er auf Basis seiner empirischen Beobachtungen im Athen der klassischen Epoche in der POLITIK ausarbeitet, stellt ein Modell der Einheit unterschiedlicher Einzelakteure dar, deren *individuelle* Bildung die Voraussetzung für eine Gestaltung des sozialen Zusammenhangs darstellt. „Tüchtig nun aber kann ein Staat nur dadurch werden, daß alle diejenigen Staatsbürger, welche an den Verfassungsrechten teilhaben, tüchtig sind. (...) Das also ist die Frage, wie ein Mann tüchtig wird. Denn wenn es auch möglich ist, daß die Gesamtheit der Staatsbürger es ist, ohne daß jeder einzelne es zu sein braucht, so ist doch vorzuziehen, daß auch das letztere der Fall ist, denn ist es jeder einzelne, so ist es eben damit auch die Gesamtheit" (Aristoteles, POLITIK, VII, S. 1332a).[6]

In Aristoteles Menschenregierungsprogramm wird somit bereits die Frage der Ermöglichung individueller „Subjektivität" als Voraussetzung einer demokratischen Gestaltung des Sozialen thematisiert. Denn im demokratischen Idealfall erhofft sich Aristoteles eine weitgehende menschliche Selbstregierung. Eine Inblicknahme von Bedingungen und Möglichkeiten menschlicher Selbstregierung realisiert sich somit nicht erst mit der Überwindung einer Idee individueller Tugendhaftigkeit als Teil des ganzen idealen Staats hin zu subjektphilosophischen Modellen individueller Entwürfe und Realisierungen verschiedener Modelle des glücklichen Lebens seit der abendländischen Aufklärung, sondern ist bereits in der aristotelischen Erziehungskonzeption grundgelegt.

Aristoteles wie Platons Modelle der Ausbildung zukünftiger Führungsfähigkeiten (*politische Führung*) setzen die Fähigkeit zur „Re-

---

6 In der Übersetzung von Schleiermacher lautet dieselbe Stelle: „Eine Polis ist tugendhaft, sofern die an ihrer Regierung teilnehmenden Bürger selber tugendhaft sind; (...). Zu betrachten ist also die Frage: wie wird ein Mann tugendhaft? Denn selbst wenn es möglich wäre, daß die Gesamtkörperschaft der Bürger tugendhaft, ohne daß irgendeiner es als einzelner wäre, so wäre doch die individuelle Tugend vorzuziehen, weil die Tugend des ganzen Gesellschaftskörpers logisch aus der Tugend eines jeden Bürgers folgt".

gierung des Selbst" (*Selbstführung*) voraus – wenn Platon dies auch nur einer kleinen Gruppe Auserwählter zutraut. Aristoteles hält Selbstführung dann für erreicht, wenn alle Bürger tugendhaft agieren, ihre Lüste also selbstgesteuert mäßigen. Im platonischen Modell ist ein Auserwählter daran zu erkennen, dass er sich „als schwer zu bezaubern (erweist) und in guter Fassung überall zeigt und als ein guter Hüter über sich selbst (auftritt)" (Platon, POLITEIA, III, S. 413e).

Ziel pädagogischer Interventionen, der Regierung einzelner Menschen oder Menschengruppen, ist für beide attischen Politiktheoretiker eine Ausbildung menschlicher Selbstführungsfähigkeiten durch Formen gezielter Fremdführung. Nur selbstführungsfähige Bürger, darin sind sich Platon und Aristoteles einig, sind später zur Regierung anderer Menschen, zu deren Fremdführung also fähig.

2.3 Fremdführung zur späteren Selbstführung

Der Gebrauch der eigenen Kräfte ist das Ziel pädagogischer Führung. Im platonischen Staat dienen derartige Verfügungsfähigkeiten allerdings nicht einer Persönlichkeitsbildung, sondern der Installierung und Stabilisierung staatlicher Einheit. Während Platon pädagogische Aktivierungsaufgaben also mit Verweis auf eine Einheit des idealen Staates legitimiert, zielt Aristoteles auf „eine Bildung der Jugend zu vernünftigen Bürgern", auf die „Einheit des Einzelmenschen" (Brumlik 2002, S. 110). Gelänge der Gebrauch der eigenen Kräfte könnte somit von „subjektiver Selbstführung" gesprochen werden.

Das aristotelische Programm aktiver Unterstützung „subjektiver" Selbstführung entwirft damit bereits Wegbeschreibungen für die 2000 Jahre später etablierten pädagogischen Aufklärungskonzeptionen. Pädagogische Führung meint seither eine Führung der Menschen zum Ausgang, der sie in die Freiheit individueller Mündigkeit entlassen soll. Diesen Weg aus ihrer selbst verschuldeten Unmündigkeit wollen aufklärungspädagogische Interventionen den Menschen weisen oder, falls notwendig, sie auf diesem Weg solange begleiten, bis sie aus eigenen Kräften die Tür in das Land „subjektiver" Freiheit finden und öffnen können (vgl. Kant 1784, S. 481). Pädagogische Fremdführung zielt auf die Lebensführungsfähigkeit der Einzelnen und der Grad ihrer Ausbildung legitimiert pädagogische Fremdführung. Für pädagogisches Handeln steht daher nicht nur eine aktive Unterstützung von Lebensweisen, sondern die *unterstützte Aktivität* der Nutzer, das heißt eine aktive Unterstützung der *Selbstführung* im Vordergrund ihres Interesses.

„Subjektive" Mündigkeit stellt seit der Aufklärung Zielsetzung *und* Aufgabe pädagogischer Handlungsprozesse dar. Fremdführung scheint nur als zeitweise Wegbeschreibung und als grundlegende Befähigung zur Wegbeschreitung legitim. Erziehungs- und bildungstheoretische Denkweisen basieren daher zumeist auf der Annahme eines *Primats der Selbstführung* (vgl. Nohl 1914^2, S. 107; Heydorn 1970, S. 337; Olk 1986, S. 209). „Kinderführerinnen" sollten für eine „freie Selbsttätigkeit" und „Selbstbestimmung" der Kinder sorgen, legt Friedrich Fröbel bereits Mitte des 19. Jahrhundert für seine BILDUNGSANSTALT FÜR KINDERPFLEGERINNEN UND ERZIEHERINNEN im Marienthaler Schlößchen fest, einer der ersten sozialpädagogischen Ausbildungsstätten. Carl Mennicke sieht in der „Selbstorganisation" der Jugendlichen in Gruppen nicht nur ein „pädagogisch unendlich bedeutsames Mittel", sondern die Grundform einer neuen Gestalt des Sozialen (Mennicke 1926, S. 268; vgl. Böhnisch/Schröer 2001, S. 23ff.). Sozialpädagogische Programme einer „Hilfe zur Lebensbewältigung" führen in den letzten Jahrzehnten diese Denkweisen weiter (vgl. Böhnisch/Münchmeier 1985, S. 76ff.; Thiersch 2000[2], S. 87): „Lebensweltorientierung der Sozialen Arbeit nutzt ihre spezifischen Möglichkeiten (...), um Menschen in ihrer Lebenswelt zur Selbsthilfe, also zur Selbständigkeit *in* ihren Verhältnissen zu helfen" (Thiersch [1992] 2000[1], S. 246; Hervorh., F.K.). Fremdführung rechtfertige sich somit erst aus einem angenommenen Potenzial „subjektiver Selbstführung" und deren Realisierung am Ende des pädagogischen Interventionsprozesses. Damit stellen sich allerdings mindestens zwei grundlegende Fragen.

Zum einen ist zu fragen, ob theorie-konzeptionelle Entwürfe unter einem Primat der Selbstführung nicht in der Gefahr stehen, die Nutzer in ihren vorhandenen Lebenssituationen festzuschreiben und damit nicht über Pestalozzis Deutung hinauszukommen, die er hinsichtlich der ARMEN LANDJUGENDLICHEN in der zweiten Hälfte des 18. Jahrhundert formuliert: „sie werden sich in der Art, sich zu erhalten, nach den Ressourcen bequemen müssen, welche nach den Lokalumständen eines jeden Distrikts den Armen offenstehen" (Pestalozzi [1777] 1979, S. 19)? Bleibt sozialpädagogisches Tun also verschweißt im undurchsichtigen Beutel einer Liebestätigkeit, wie sie sich Pestalozzi erhofft, ohne systematisch die historisch-spezifischen Konstitutionsbedingungen von Lebensführungsweisen mit zu berücksichtigen?

Zum anderen wird auf Basis einer Annahme des Primats der Selbstführung häufig eine begrenzte Reichweite sozialpädagogischer Interventionen gerechtfertigt. Denn den Weg in die subjektive Freiheit, in die ideale menschliche Gemeinschaft könne letztlich nur das „Subjekt" in Autonomie „selbst" gehen. Sozialpädagogische Unterstützung dieser Eigenaktivität wird zur zwar manches Mal notwendigen, aber letztlich ungeliebten Gehhilfe erklärt, die sich am besten selbst unnötig zu machen habe, bevor sich die Nutzerinnen an diese gewöhnten. „Erziehung will sich selbst entbehrlich machen" (Nohl 1914[1], S. 120; vgl. Winkler 1988, S. 282). Fremdführung wird mit hohem Misstrauen begegnet, häufig sogar aus der Perspektive einer idealen Erziehungssituation gänzlich abgelehnt. Denn „bildende Führung" habe im „erzieherischen Zivilisationsapparat" keine Heimat, schreibt die immerhin für das RJWG, die erste gesetzliche Festschreibung öffentlicher Jugendhilfe zuständige Ministerialrätin Bäumer. Zwar hält sie qua Funktion eine staatliche Strukturierung sozialpädagogischer Maßnahmen für erforderlich – schließlich bietet das RJWG eine erste gesetzliche Anerkennung des prinzipiellen Rechts des Kindes „auf Erziehung zur leiblichen, seelischen und gesellschaftlichen Tüchtigkeit" (RJWG § 1). Allerdings weist sie fast im gleichen Atemzug darauf hin, dass

Selbstführung nicht durch einen „erzieherischen Zivilisationsapparat" angeregt werden könne. Was anderes aber als eine intervenierende Instanz kann Jugendhilfe, wie sie das RJWG festschreibt, sein?

Bäumer repräsentiert eine typische sozialpädagogische Haltung eines „pädagogischen Optimismus" (vgl. Kap. 4): die an sich ungewollte Fremdführung dient demzufolge nur dazu, „eigentlichen" Persönlichkeitsentwicklungs- und Vergemeinschaftungsprozessen Raum zu verschaffen. Dieses Argumentationsmuster zeigt sich auch in den sozialpädagogischen Grundlegungen Natorps, aus dessen SOZIALPÄDAGOGIK das zweite Eingangszitat dieses Kapitels stammt. Natorp verpflichtet zwar in § 20 „Soziale Organisation zur Willensentwicklung" auch staatliche Institutionen dazu, die Bildung von Gesellschaftsmitgliedern zu ermöglichen: einerseits durch die Bereitstellung einer öffentlichen Infrastruktur – beispielsweise in Form von Kindergärten – und andererseits durch „die Wiederherstellung eines häuslichen Lebens des Arbeiters selbst", wodurch den (männlichen) Gesellschaftsmitgliedern angesichts des zunehmend industrialisierten Alltags ermöglicht werden solle, Erziehungstätigkeiten im familiären Bereich zu übernehmen (Natorp [1899] 1925, S. 221ff.). Diese staatliche Institutionalisierung diene allerdings nur dazu, eine ideale politische Gemeinschaft anzuregen, könne sie jedoch keineswegs substituieren: „Zuletzt aber schafft alle äußere Gemeinschaft nur erst die Vorbedingungen zu einer höchsten, innerlichsten Gemeinschaft – im Aufblick der Idee" (Natorp [1895] 1907, S. 27).[7] Nur wenn die „bildende Führung" gelingt, realisiert sich das eigentliche menschliche Wesen und damit das eigentlich menschlich Allgemeine, so Bäumers und Natorps gemeinsame Hoffnung.

Unter dem Primat der Selbstführung formuliert Soziale Arbeit eine *generelle* Rechtfertigung ihres Interventionshandelns mit Hinweis auf einen noch nicht erreichten, aber als erreichbar angenommenen Zustand „eines immer wieder hervorbrechenden Lebens", „einer höchsten, innerlichsten Gemeinschaft", wie dies Bäumer und Natorp formulieren. Pädagogische Fremdführung kann damit als vorauseilender Gehorsam in eine spätere Welt reiner Selbstführung präsentiert werden. Und nur die Besserwissenden wissen um den Weg dorthin. Die jetzigen staatlichen Institutionalisierungen können pädagogisch Tätigen zwar Handlungsräume bereitstellen, diese müssen allerdings notwendig beschränkt bleiben, da sie das „Diesseits" stabilisieren. Dieser Idealismus verbindet – zumeist konträr verhandelte – Positionen, wie diejenigen von Bäumer und Natorp. Staatliche Institutionalisierung wie Unterordnung und Gehorsam, Elemente einer Fremdführung, werden zwar als unausweichlich beschrieben, allerdings dadurch gerechtfertigt, dass sie gerade die Möglichkeit schüfen, zukünftig überwunden zu werden.

Nur so ist zu erklären, dass gerade auch die an der gesetzlichen Festschreibung öffentlicher Jugendhilfe Beteiligten dieser gleichzeitig mit einem fundamentalen Misstrauen begegnen. Neben Gertrud Bäumer ist unter anderen

7 Staatliche Leistungen betrachtet Natorp daher nur als „Surrogat" für eigentliche gemeinschaftliche Erziehungsleistungen (Natorp [1899] 1925, S. 222; vgl. Schröer 1999: 171ff.).

Christian J. Klumker, Mitglied der Sachverständigenkommission zur Bearbeitung des RJWG, ein weiteres herausragendes Beispiel für diese verblüffende Haltung. Klumker kritisiert den Verstaatlichungsprozess in seinem Beitrag KINDERFÜRSORGE UND ERZIEHUNG 1931 mit den Worten: „Sobald solche Einrichtungen staatlich betrieben werden, nimmt die Teilnahme, die Mitwirkung gesellschaftlicher Gebilde dafür ab" (Klumker [1931] 1998, S. 206). Auch Klumker könnte man wieder fragen: Weshalb dann der ganz Aufwand? Weil eine gelungene Intervention, die Selbstführung der Akteure aktiviere, würde er vermutlich antworten. Am Fallbeispiel skizziert er, wie ein solcher Fremdführungsprozess seines Erachtens realisiert werden soll, um am Ende subjektive Selbstführung zu generieren: „Ich besuchte einen Freund, der amtlicher Fürsorger für Berufsschüler ist. Plötzlich stand er auf: ‚Ich muß einmal zu den Familiengärten da und da hinübergehen, die Leute werden gerade da sein.' Ich fand es erfreulich, daß er sich auch dieser Arbeit annehmen wolle. Ach nein, dazu hätte er gar keine Zeit. ‚Ich habe da ein schwieriges Mädchen von 17 Jahren. Die ist mit ein paar Familien drüben in den Gärten bekannt. Ich will die Sache mal mit den Leuten besprechen. Wenn die sich des Mädchens annehmen, so kommt alles ohne Mühe ins Lot; während wir sonst kaum etwas ausrichten können" (Klumker [1931] 1998, S. 207f.). Eine gelungene erzieherische Intervention stellt sich demnach quasi als Nicht-Intervention dar: Die „erziehliche Betreuung der Jugend ist (..) wieder in das gesellschaftliche Leben eingeordnet worden" (Klumker [1931] 1998, S. 209). Es ist dieser *anti-staatliche Impuls* der staatlichen Instanz Soziale Arbeit, der theoriekonzeptionelle Debatten bis zum heutigen Tag, wie ein sich selbst anklagendes Glaubenbekenntnis durchzieht (vgl. Kap. 3.3). Kann eine solche Haltung realisiert werden, kann eine Konzeption ausbuchstabiert werden, die eine derartige Intervention durch Nicht-Intervention handlungsanleitend übersetzt?

Bereits das Fallbeispiel, das Kant wählt, um einen aufgeklärten politischen Regenten darzustellen, sein Modell eines „staatlichen Oberpädagogen", macht deutlich, welche Schwierigkeiten mit einer solchen Dynamisierung pädagogischer Selbstführungsstrategien verbunden sind. Friedrich II. scheint Kant das Exempel eines aufgeklärten Herrschers: ein Regierender, der den Menschen die Freiheit lasse, sich ihrer eigenen Vernunft zu bedienen, sich selbst zu regieren. Bürgerliche Freiheit, die Selbstregierung der Menschen, sei demnach zu *ermöglichen*. Ziel ist für Kant und die in seiner Tradition argumentierenden Denker eine Selbstführung aller Menschen. Die Beschreitung des dazu notwendigen Weges erfordere, so auch Kants Überzeugung, allerdings ein gewisses Maß an Fremdführung durch bereits Selbstführungsfähige. Der Neukantianer Paul Natorp plädiert daher auch für pädagogische AUTORITÄT UND IHRE HILFSMITTEL (§ 24). Der Führende, der Pädagoge, müsse als Autorität anerkannt werden, da er „besser bekannt sein muß mit dem Weg, den man zu gehen hat" (Natorp [1899] 1925, S. 261). Die Anerkennung dieser Fremdführung sei allein dadurch zu gewinnen, „daß der Geführte in der Führung selbst deren Richtigkeit verspürt, nämlich am Erfolg, am eigenen Fortschreiten, sie unwidersprechlich erfährt" (Natorp [1899] 1925, S.

262). Auch hier wieder: Die Selbsterfahrung in Sachen Selbstführung soll die pädagogische Fremdführung legitimieren.

Doch wie kann auf der einen Seite ein Primat der Selbstführung gelten, mit dem grundlegende Zweifel an Fremdführung verbunden werden und auf der anderen Seite von Führungspersonen ausgegangen werden, die nicht nur situativ, sondern qua Funktion als fremdführungsgeeignet gelten? Müsste ein aufklärungspädagogisches Programm nicht eigentlich danach streben, dass alle Menschen sich nach und nach aus der Höhle der Unkenntnis und Unmündigkeit in die Sonnenstrahlen der Kenntnis und Mündigkeit „selbst" befreien, weil dieses Streben in ihnen bereits angelegt ist? Müsste man sie daher nicht schlicht von ihren Fesseln entbinden, damit sie den Aufstieg aus der Höhle erkennen können, sich gegenseitig darauf hinweisen und ihn freiwillig und neugierig gehen?

Darauf deuten die Ausführungen von Aufklärungsdenkern auch hin, die sich von einer Ausbildung „subjektiver Selbstführung" freiheitliche Gesellschaften versprechen: „Wenn denn die Natur unter dieser harten Hülle den Keim, für den sie am zärtlichsten sorgt, nämlich den Hang und Beruf zum freien Denken, ausgewikkelt hat; so wirkt dieser allmählich zurük auf die Sinnesart des Volks, wodurch dieses der Freiheit zu handeln nach und nach fähiger wird" (Kant 1784, S. 493f.). Auch Rousseau fordert im EMILE bereits zwanzig Jahre früher die Gewährleistung der Freiheit des einzelnen Kindes, um vernünftiges Handeln der späteren Erwachsenen wachsen lassen zu können: „Obwohl es sich ständig bewegt, solange es sich um seine augenblicklichen und greifbaren Interessen handelt, werdet ihr feststellen, daß sich seine Vernunft, soweit es ihrer schon fähig ist, viel angemessener entwickelt als durch reines Wißtümeln" (Rousseau [1762] 1995, S. 105). Dennoch halten auch Kant und Rousseau Führungspersonen für erforderlich.

Es ist ein fundamentaler *vernunfttheoretischer Subjektidealismus*, der den pädagogischen Primat der Selbstführung ermöglicht und der (sozial)pädagogische Debatten bis heute in grundlegender Weise bestimmt: einzelne pädagogische Führer als Besserwissende erscheinen notwendig, eine institutionelle Ausprägung pädagogischer Einrichtungen aber potenziell verdächtig. Denn Letztere wird als Teil des bestehenden Arrangements des Sozialen und damit als gefangen in der Ambivalenz von Fremd- und Selbstführung erkannt. Erstere scheinen aufgrund ihrer „Vernunft" den Weg ins „Jenseits" des Bestehenden weisen zu können. Doch stellen die Menschen nicht ein Ensemble sozialer Verhältnisse dar (vgl. Kap. 4)? Wieso sollte es dann gerade Pädagoginnen als Teil der Regierung des Sozialen gelingen, nur bis zu dem Punkt zu regieren, an dem sich die „Subjekte" selbst regieren?

Fremd- *und* Selbstführung werden innerhalb theorie-konzeptioneller Debatten zur Frage der gesellschaftlichen Reaktion auf die Entwicklungstatsache zwar als notwendige Bestandteile menschlicher Bildungsprozesse angesehen. Gleichzeitig erfahren sie eine klare Hierarchisierung in Form ihrer Vor- und Nachrangigkeit. *Ziel* bleibt die subjektive Selbstführung. Pädagogische Fremdführung beschreibe nur den (notwendigen) Weg dorthin.

Pädagogische Führung von Menschen erfährt damit ihre Rechtfertigung *retrospektiv*: Fremdführung erscheint nur insoweit legitimierbar, als mit ihrer Realisierung spätere Freiheitsräume zum Gebrauch der eigenen Kräfte – oder weniger mit Rousseau und mehr mit Kant gesprochen: zum Gebrauch der Vernunft – eröffnet werden können (*Selbstführung*). Pädagogischen Programmen erlaubt diese Unterstellung einer zeitlichen Hierarchisierbarkeit von Fremd- und Selbstführung den angenommenen Primat der Selbstführung zu behaupten und doch zugleich Fremdführungsstrategien zu rechtfertigen. Eine solche Hierarchisierung von Fremd- und Selbstführung provoziert allerdings mindestens drei grundlegende Einwände.

Mit der Konstruktion eines idealen Handlungsziels, wie es das Kantsche Modell idealer Vernunft anbietet, stellt sich die Frage der Bestimmbarkeit dieses Orientierungspunktes für menschliches Handeln. Ist das Ziel pädagogischer Interventionen, die „subjektive" Selbstregierung, ein unerreichbarer (*idealer*) oder ein konkret bestimmbarer und damit erreichbarer (*realer*) Orientierungspunkt? Kant deutet dieses Bestimmbarkeitsproblem bekanntlich in seine A-Priori-Konstruktion einer dem Menschen bereits inhärenten Vernunft um, die menschlichem Handeln Orientierung verleihen könne. Damit entzieht sich Kant allerdings der weiteren Konkretisierung eines solchen Orientierungspunktes. Eine Entscheidung, die für pädagogische Rezeptionen Fallstricke auslegt, in denen sich gerade liberale Strategien immer wieder verfangen[8] : „Freiheit" wird zum Lebensideal ohne deren Realisierungsbedingungen zu problematisieren und sich ihrer ethischen Implikationen zu vergewissern. Auf diese Schwierigkeit wies die so genannte kommunitaristische Kritik in den 1990er Jahren gegenüber liberalen Programmatiken hin (vgl. Honneth 1995). Allerdings wurde dieser berechtigte Einwand häufig zur ideologischen Gegenposition einer substantiellen und antiliberalen Programmatik auf- und ausgebaut (vgl. Forst 1994). So predigt der Ober-Kommunitarier, Amitai Etzioni, seither einen neuen SPIRIT OF COMMUNITY: „Was Amerika heute braucht, ist eine große soziale Bewegung mit dem Ziel, die soziale Verantwortung und öffentliche und private Moral zu stärken und das Gemeinwohl zu fördern." (Et-

8 Im weiteren Text wird zur Kennzeichnung von Arrangements des Sozialen, wie sie in vielen OECD-Staaten – unter anderem der Bundesrepublik – seit Mitte der 1970er Jahre zu beobachten sind, die Bezeichnung *fortgeschritten liberal* oder *neo-liberal* verwendet (vgl. Rose 1993). Damit wird angedeutet, dass sich programmatisch zunehmend Freiheitsideologien durchsetzen, die im Unterschied zu einem prozeduralen Liberalismus, wie er für wohlfahrtsstaatliche Arrangements bestimmend war (vgl. Rawls 1971), markt-funktional argumentieren (vgl. Schui/Blankenburg 2002). Robert Castel spricht analog dazu von *fortgeschritten kapitalistischen* Gesellschaften (vgl. Castel 1983). Da der Fokus der vorliegenden Studie aber einer Analyse von Programmierungen gilt (vgl. Kap. 4), erscheint die Rosesche Terminologie passender.

Die terminologische Integration einer Einsicht in die Dynamik des Sozialen, die mit dem Adjektiv „fortgeschritten" vorgenommen wird, knüpft an Thematisierungslinien der KRITISCHEN THEORIE an. Herbert Marcuse spricht beispielsweise in seinen Überlegungen zum INDIVIDUUM IN DER GREAT SOCIETY von einem „fortgeschrittenen Industrialismus" (vgl. Marcuse 1969, S. 161ff.).

zioni 1995, S. 23). Kommunitaristische Einwände sind dennoch notwendige Einwände, vorausgesetzt sie werden als „Verstärkung" liberaler Werte verstanden (Walzer 1995, S. 170). Denn damit stellen sie ein notwendiges Korrektiv der „selbstzerstörerische(n) Lehre" des Liberalismus dar, wenn dieser „Freiheit" propagiert ohne sich um dessen Implikationen zu kümmern (ebd.). Eine solche kommunitaristische Kritik erweist sich damit gerade *für die Aufrechterhaltung* liberaler Freiheitsrechte als unerlässlich, und ist daher in liberalen Demokratien zur „ewigen Wiederkehr verdammt", wie Michael Walzer zusammenfasst (ebd., S. 180).

Allerdings verfehlt eben der Großteil vorliegender kommunitaristischer Einwände sein Ziel, weil er sich als *machtanalytisch* relativ blind erweist, das heißt seine Einwände nicht auf Basis einer Rekonstruktion und Reflexion historisch-spezifischer Arrangements des Sozialen vornimmt (vgl. Kap. 3). Für sozialpädagogische Perspektiven ist aber eben diese Vorgehensweise entscheidend, ist Soziale Arbeit doch ein konstitutiver Bestandteil wohlfahrtsstaatlicher Regierung des Sozialen und deren neo-sozialen Transformation (vgl. Kap. 1).

„Freiheit" oder „Selbstführung" kann keinen idealen Orientierungspunkt darstellen, ohne dass sich die Beteiligten vergewissern (können), was denn damit gemeint sein kann. Der argumentative Rückzug auf einen idealen Orientierungspunkt im Sinne vernunfttheoretischer Perspektiven – sei dieser nun mit „Freiheit", „Selbstführung", „Vernunft" oder „Subjektivität" markiert – ist spätestens im Angesicht einer DIALEKTIK DER AUFKLÄRUNG fragwürdig geworden: „Die Unmöglichkeit, aus der Vernunft ein grundsätzliches Argument gegen den Mord vorzubringen, nicht vertuscht, sondern in alle Welt geschrieen zu haben, hat den Haß entzündet, mit dem gerade die progressiven Sade und Nietzsche heute noch verfolgen. (...)" (Adorno/Horkheimer [1944] 1988, S. 127). Situative Vergewisserungen erfordern eine machtanalytische Problematisierung bestehender Gestaltungsformen des Sozialen, das heißt der Verstrickungen aller Beteiligten in den herrschenden Macht-Wissens-Komplex. Denn gerade sozialpädagogisch Handelnde sehen sich permanent mit einem Scheitern „subjektiver Selbstführung" in Abhängigkeit von systematischen Teilhabebeschränkungen konfrontiert. Wenn dann ausschließlich auf ein „freiheitliches Jenseits" verwiesen wird, steht man sowohl in der Gefahr einer zynischen Rechtfertigung bestehender Arrangements des Sozialen und der damit verbundenen Freiheitsbeschränkungen als auch einer verheerenden Vernutzung eines daraus abgeleiteten Legitimationsrechts für eine wie auch immer geartete Fremdführung.

Denn das Scheitern, das gerade Nutzerinnen und Nutzer sozialpädagogischer Angebote permanent erfahren, muss mit Bezug auf derartig idealistische Argumentationsfiguren nicht mehr als notwendiger Bestandteil pädagogischer Interventionsprozesse rekonstruiert und reflektiert werden, sondern kann scheinbar direkt auf strukturelle oder individuelle Faktoren zurückgeführt werden. Beschränkte Teilnahmerechte sind dann nicht mehr abhängig von Teilhabebeschränkungen zu diskutieren und damit als Bestandteil spezifischer historischer Übereinkünfte zur Gestaltung des Sozialen, sondern werden – je nach Sprecherinnenposition – entweder den beteiligten Akteuren (Nutzern, Fachkräften, Einrichtungsleitungen oder politisch Verantwortlichen) oder strukturellen Bedingungen (Organisationskontexte, Produktionsverhältnisse, politische Herrschaftsverhältnisse oder Reproduktionsformen) zugeschrieben. Derartige Argumentationsweisen haben verheerende Konsequenzen. Entweder werden Beteiligte zu unterstützungs- und somit engagementunwilligen, pathologisch unfähigen Akteuren oder zu „Reaktionsdeppen" erklärt (Trotha 1977). Fälle des Scheiterns pädagogischer Interventionen in den Feldern Sozialer Arbeit und Jugendhilfe erfahren damit ihre Rechtfertigung durch einen Hinweis auf ungünstige strukturelle Bedingungen – „Kapitalismus", „institutionelle Zwänge" oder „soziale Kontrolle" – oder auf ungünstige Handlungsbedingungen – „Begabungsdefizit", „Pathologie" oder „Engagementverweigerung". Die Verwicklung der Beteiligten in die historisch-spezifischen Macht-Wissens-Komplexe bleibt damit allerdings systematisch unbeachtet und die Eröffnung und Erweiterung von Handlungsoptionen ebenso beschränkt.

Welch verheerende Vernutzung ein aus einer Hierarchisierung von Fremd- und Selbstführung abgeleitetes Legitimationsrecht für eine wie auch immer geartete Fremdführung möglich macht, ist angesichts der „Rationalität menschlichen Terrors" im 20. Jahrhundert auf einmalig menschenverachtende Weise einsichtig (Kogon 1974). Denn die Aktivierung eines Gebrauchs der eigenen Kräfte war auch die erklärte Aufgabe der Erziehungsprogramme im deutschen Nationalsozialismus.[9] Ihr Gebrauch wurde allerdings nur spezifischen Gruppen in spezifischer Weise erlaubt.

Doch nicht erst in totalitärer Verformung stellt sich die zeitliche Hierarchisierung von Fremd- und Selbstführung als höchst problematische Konstruktion heraus. Sie basiert auf der Annahme substantiell differenzierbarer Sphären eines „Jenseits der Selbstführung" zur Rechtfertigung eines „Diesseits der Fremdführung". Ein solcher *begriffstheoretischer Dualismus* erweist sich als ein grundlegendes logisches Dilemma vernunfttheoretischer Begründungslinien, wie auch Theodor W. Adorno und Max Horkheimer in der

9 Lisl Schmid, praktizierende Lehrerin, verdeutlicht eine derartige Legitimation menschlicher Fremdführung in einer Publikation des Nationalsozialistischen Lehrerbundes (NSLB) 1934 mit der fast naiv anmutenden Frage: „Der neue Staat sieht ja auch in der Lehrerin weniger die Einpaukerin von Wissen als die Erzieherin, was aber ist Erziehen anders als Führen?" (Reber-Gruber 1934, zit. nach: Gamm 1984, S. 294). Martini überträgt vier Jahre später eine zeitliche Hierarchisierung von Fremd- und Selbstführung strukturanalog auf das nationalsozialistische Wohlfahrtsystem, das „der aus der nationalen Solidarität abgeleiteten Pflicht der Gemeinschaft zu rechtzeitiger, ausreichender und durchgreifender Hilfe die Pflicht des Hilfesuchenden der Gemeinschaft gegenüber entgegenstellt, die also, indem sie hilft, immer wieder kontrolliert, wieweit der Hilfesuchende oder seine Familie *die eigenen Kräfte regelt, um sich selbst zu helfen* und nicht tatenlos – wie im Wohlfahrtsstaat – alles von der Gemeinschaft zu erwarten" (Otto/Sünker 1989, S. 23; Hervorh., F.K.).

oben zitierten Stelle aus der DIALEKTIK DER AUFKLÄRUNG andeuten (vgl. Kap. 4). Begriffstheoretische Dualismen setzen einem ontologisch bestimmten *Innen* ein ebensolches *Außen* entgegen: „Freiheit" *versus* „Unterdrückung" oder „Selbstführung" *versus* „Fremdführung". Innerhalb der Diskussionen um Soziale Arbeit geschieht dies häufig durch eine Gegenüberstellung bestehender Verhältnisse und einer idealen Gegenwelt: „Konkurrenzgesellschaft" *versus* „Lebenswelt", „Kapitalismus" *versus* „Bürgergesellschaft" oder „wachstumszentrierte Ökonomie" *versus* „Gemeinwesenökonomie" (vgl. Thiersch 2000[1]; Olk 2000[1]; Elsen 1998). Deren Realisierung wird Fachkräften wie Angebotsnutzern suggeriert – sei es in den ersten Systematiken als Erhebung der Menschen zu ihrem „wahren Menschentum" (Natorp), in autonomen „Lebens- und Arbeitsgemeinschaften" (Mennicke) oder eben aktuellen Modellen einer „Bürgerkommune" oder eines „selbstgesteuerten Quartiers". Derartige polare Substantialisierungen eines unterdrückten Jetzt gegenüber einem befreiten Morgen können nicht überzeugen, verpassen sie doch sowohl die prozessuale als auch die kontextuelle Relationierung sozialer Zusammenhänge (vgl. Kap. 4).

Notwendig erscheint die zwar analytische Differenzierung von Fremd- und Selbstführung, das heißt „Innen" und „Außen" sind analytisch als Pole eines Kräftefeldes bestimmbar, aber nicht als reale oder realisierbare Gegenwelten (vgl. Kap. 5). Fremd- und Selbstführung stellen vielmehr ein „soziales Verhältnis" dar, das nicht durch einen „wechselseitigen Ausschluss" gekennzeichnet ist, „sondern durch Gleichzeitigkeit" (Kronauer 2002, S. 146f.). Selbstführung in einem „Jenseits der Freiheit" ist nicht erreichbar, das heißt eine zeitliche Hierarchisierung von Fremd- und Selbstführung zwar ideologisch formulierbar, aber nicht erreichbar. Daher sollten pädagogische Interventionsprozesse in ihrer *ambivalenten Gleichzeitigkeit* von Fremd- und Selbstführung oder Fremd- und Selbstregierung erfasst werden. Fremd- und Selbstführung sind keine substantiell differenzierbaren Aspekte, sondern bilden ein *Feld der Unablässigkeit*, auf das sich systematische Analysen sozialpädagogischer Praktiken beziehen sollten (vgl. Kap. 4).

Wird mit einer solchen relationalen Forschungsperspektive, die „Innen" und „Außen" in gegenseitiger Verkopplung betrachtet, eine Hoffnung auf radikale Veränderungen bestehender Arrangements des Sozialen unterminiert oder sogar aufgegeben? Keineswegs. Veränderungen und Verschiebungen – auch radikaler Art – sind möglich, allerdings in den Ambivalenzen des „Diesseits von Fremd- und Selbstführung", nicht als Revolutionen, die in irgendein selbstbestimmtes „Jenseits der Selbstführung" führen sollen (vgl. Kap. 4.5)

Innerhalb pädagogischer Konzeptionen droht eine Inblicknahme dieser Ambivalenz von Fremd- und Selbstführung immer wieder dadurch verfehlt zu werden, dass das Dilemma von Versprechen und *gleichzeitigem* Scheitern von Selbstführung zugunsten des Versprechens synthetisiert wird. Wenn aber eine solche zeitliche Hierarchisierung von Fremd- und Selbstführung greifen würde, müsste Selbstführung – im Fall gelungener Erziehungs- und Bildungsprozesse – spürbar und greifbar werden. Doch in welchen Fällen kann davon gesprochen werden, dass Menschen sich ausschließlich selbst führen? Diese Antwort bleiben theorie-konzeptionelle Entwürfe nicht nur schuldig, sie müssen diese aufgrund ihrer fehlenden Bestimmbarkeit schuldig bleiben.

Gerade auch gesellschaftskritisch angelegte bildungs- wie erziehungskonzeptionelle Entwürfe, die sich explizit grundlegende Veränderungsperspektiven gegenüber bestehenden Arrangements des Sozialen verschreiben, enden immer wieder nur bei derartigen *Plädoyers* für eine Selbstführung. Joachim Heydorn, dessen bildungstheoretische Betrachtung mancher sozialpädagogischen Konzeption als Begründungsfolie dient, schließt in diesem Sinne seine Streitschrift ÜBER DEN WIDERSPRUCH VON BILDUNG UND HERRSCHAFT mit den im Prolog zitierten, an das platonische Höhlengleichnis erinnernden Worten (vgl. May 2000; Sünker 1989): „Bildung ist ‚educatio', Hinaus*führung*", (Heydorn 1970, S. 337; Hervorh., F.K.). Lothar Böhnisch beginnt den allerletzten Abschnitt von 16 Zeilen nach über 250 Seiten seiner PÄDAGOGISCHEN SOZIOLOGIE analog: „Hier ist der spekulative Punkt, an dem man nicht mehr auf die soziologische Prognose setzen kann und darf, weil sie inzwischen nur das Wissen um das gesellschaftlich Destruktive verlängert und vermehrt, sondern wo (...) gesellschaftliche und pädagogische Gestaltung aus der Gegenmacht des Menschen in den Vordergrund treten muß." (Böhnisch 1996, S. 255). Doch: Wohin führt die „educatio" den Menschen? Was meint eine „Gegenmacht des Menschen"?

Könnte es nicht sein, dass diese Selbstführungs*programmatik* nicht mehr als eben eine solche ist: ein *Programm* der Regierung, das heißt ein Ausdruck einer bestimmten Form der Führung von Menschen? Damit erwiese sich die Frage nach konkreten Gestalten der Selbstführung als verkehrte Frage. Denn Selbstführung wäre damit nicht ein erreichbarer Zustand, sondern ein historisch-spezifisches Programm bestimmter TECHNOLOGIEN DES SELBST, das sich seit den Tagen der Aufklärung im Westen zunehmend als Erbin einer christlichen Geständnislehre durchgesetzt hat (vgl. Foucault 1993; Coelen 1996). Die „Sorge um sich selbst" ist „selbst" Regierungsstrategie, nicht Befreiungsprogramm (Foucault 1993, S. 41).

Eine weitere sozialtheoretische Schwäche vieler (sozial)pädagogischer Konzeptionen zeigt sich darin, dass sie unter der Vorannahme eines Primats der Selbstführung gegen „kolonialisierende" Tendenzen argumentieren und aufbegehren wollen. Als Begründung dieser Haltungen der Systemopposition dient dann ein schlichter Verweis auf eine eingenommene „Subjekt-", „Adressaten-", „Lebenswelt-" oder „Nutzerorientierung". Doch das Versprechen „Subjekt" sein zu können, ist selbst eine historisch-spezifische Programmierung des Sozialen, das machen die neo-sozialen Neuprogrammierungen des Sozialen nur allzu deutlich (vgl. Zweiter Teil). Autonomes „Subjekt-Sein" erweist sich als Regierungsprogramm, als eine bestimmte Konzeption der Menschenführung. Der Glaube, „selbst alles in der Hand zu haben" ist damit als eben solcher zu dechiffrieren (Hauskeller 2000, S. 275). Nicht das Modell eines „unabhängigen Subjekts (...), das aus sich allein heraus lebt und agiert" steht auf der Agenda der vorliegenden Studie, sondern die

Analyse historisch-spezifischer *Subjektivierungsweisen* (ebd.). Prozesse einer ambivalenten Gleichzeitigkeit von Fremd- und Selbstführung, von Unterwerfung und Subjektwerdung, wie Judith Butler schreibt (vgl. Butler 2003, S. 59). *Innerhalb* dieser Prozesse ist Veränderungshandeln möglich, – als Verschiebung, Irritation oder Subversion, nicht aber als Eintritt in ein „Jenseits der Selbstführung". Vielleicht sollten angesichts der neo-sozialen Regierungsstrategien „subjektiver Lebensgestaltungsverantwortung" aktuell gerade De-Subjektivismus- und nicht Subjektivismus-Programme ausformuliert werden (vgl. Osborne 2001, S. 15)?

Das damit angestrebte relationale Forschungsprogramm macht eine radikale Problematisierung des Primats der Selbstführung ebenso notwendig, wie entgegengesetzter Programme unter einem Primat der Fremdführung. Letztere tauchen vor allem als Gegenreaktion auf Selbstführungsprogramme immer wieder unter der Formel eines notwendigen MUTES ZUR ERZIEHUNG auf. Christa Meves formulierte eine solche Einschätzung 1970 in folgender Weise: „Täuschen wir uns nicht: Es ist eine seelische Krankheit an der Wurzel, die in der chaotischen Schrankenlosigkeit heute sichtbar wird. Sie offenbart einen kollektiven Rückfall auf längst überwundene Entwicklungsstufen. (...) Das ‚Recht' auf Bequemlichkeit, das ‚Recht' auf Versorgung, das ‚Recht' auf Geschlechtsleben, das ‚Recht' auf Freiheit – alle diese so lautstark betonten Ansprüche können nur von Menschen gefordert werden, die den Sinn für das Ganze verloren haben und nicht mehr begreifen, daß die Erfüllung aller dieser ‚Rechte' – um ihrer selbst willen vollzogen – den Menschen leer und unglücklich machen" (Meves 1970, S. 142). Das diesem Kapitel vorangestellte Zitat des ehemaligen Bundespräsidenten Roman Herzog zeigt, dass Fremdführungskonzeptionen auch in den letzten Jahren wieder Konjunktur haben und beträchtlichen Einfluss ausüben. Dennoch sind die dominierenden theorie-konzeptionellen Debatten um Soziale Arbeit im deutschsprachigen Raum häufiger vom Primat der Selbstführung geprägt, denn sie beanspruchen pädagogische Intervention als Veränderungshandeln zu betrachten und nicht nur als systemstabilisierende Anpassungsleistung, wie dies konservative Positionen im Stile eines „Muts zur Erziehung" fordern. Nimmt man die pädagogische Aufgabe einer geplanten Beeinflussung und aktiven Unterstützung von Selbstführungsweisen ernst, sollte man sich auf diese Frage konzentrieren. Wie ist es also zu diesen Vorstellungen einer zeitlichen Hierarchisierung von Fremd- und Selbstführung gekommen?

2.4 Vermittlung von individueller und kollektiver Selbstführung

Pädagogische Programme, die auf einem Primat der Selbstführung basieren und damit Selbstführung zum Qualitätsmaßstab pädagogischer Interventionsstrategien erheben, nutzen als eine entscheidende inhaltliche Bezugsquelle die Überlegungen Jean-Jacques Rousseaus (vgl. Mennicke 2001; Winkler 1988).

Rousseau schreibt zur Führung von Kindern in seinem Erziehungsroman EMILE: „Auch bei der besten Erziehung befiehlt der Lehrer und glaubt zu herrschen. In Wahrheit herrscht das Kind. Es beugt sich euren Forderungen, um von euch zu erhalten, was ihm gefällt" (Rousseau [1762] 1995, S. 104). Häufig wurden diese und ähnliche Ausführungen Rousseaus dahingehend gedeutet, dass eine bewusste pädagogisch Führung grundsätzlich Illusion sei. Denn gerade die Einsicht in die Unwirksamkeit aktiver pädagogischer Einwirkung im Prozess kindlicher Entwicklung scheint Rousseau dahingehend zu motivieren, eine Stillegung jeglicher pädagogischer Aktivität zu fordern. Das gezielte „Nichtstun", die „bewusste Passivität" des Erziehers wird daher zum Kennzeichen rousseauistischer Konzeptionen einer „Antipädagogik" oder reformpädagogischer Vorgehensweisen. Nur die Realisierung einer solchen *negativen Erziehung* ermögliche die wahren Lehrmeister im Leben der Kinder wirken zu lassen: Erfahrung und Emotion (vgl. Rousseau [1762] 1995, S. 173).

Das Rousseausche Selbsterfahrungsprogramm stellt allerdings keineswegs einen grundsätzlich alternativen Entwurf zu kognitivistischen vernunfttheoretischen Programmen im Anschluss an Kants Betrachtungen dar. Rousseau schlägt jedoch im Gegensatz zu kantianischen Modellen ein Stufenprogramm zur Vervollkommnung der Menschen vor (*perfectibilité*), das auf der ersten Stufe kindlicher Entwicklung eine nicht-kognitive Ausrichtung erhalten soll. Nicht die Ermöglichung von (Selbst)Erkenntnis, sondern von (Selbst)Erfahrung sei die zuerst zu lösende Aufgabe in Erziehungsprozessen. Erst auf der Basis eines dadurch ermöglichten Gebrauchs der eigenen *physischen* Kräfte könne sich eine geistige und seelische Vervollkommnung vollziehen (vgl. Bolle 1995, S. 320ff.). Werde die pädagogische Menschenführung dagegen von Beginn an rein vernunftorientiert ausgerichtet, würde nicht nur die kindliche Natur ignoriert, da ihr Handeln (noch) nicht auf Basis vernünftiger Entscheidungen geschehe, sondern auch nur eine reine Anpassung von Kindern erreicht, „indem sie Dinge sagen und verbal wiederholen, die noch gar nicht ihrem intellektuellen Horizont entsprechen" (Bolle 1995, S. 324). Dementsprechend polemisiert Rousseau im EMILE auch gegen die antiken frühdemokratischen Bildungsprogramme Athens und illustriert sein Selbstbildungsideal am spartanischen Modell: „Du wirst nie Weise bilden, wenn du sie nicht zuvor zum Wildfang gemacht hdast. Das war die Erziehung der Spartaner: statt sie hinter die Bücher zu klemmen, lehrte man sie zuerst, sich ihr Essen zu stehlen. Waren sie deshalb als Erwachsene ungebildet? Wer kennt nicht die Kraft und die Schärfe ihrer Antworten? Zum Siegen erzogen, vernichteten sie ihre Feinde in jeder Kriegsart. Die schwatzhaften Athener dagegen fürchteten ihre Worte ebenso wir ihre Streiche" (vgl. Rousseau [1762] 1995, S. 104). Rousseaus pädagogisches Regierungsprogramm erweist sich insofern als *naturalistisch*, als er die Ausbildung der physischen Kräfte als notwendige und sich relativ selbst steuernde erste Phase kindlicher Entwicklung ansieht. Wobei Rousseau den Begriff „Natur" in seiner Argumentation doppeldeutig konstruiert: als Annahme eines Naturgesetzes, nach dem sich menschliche Kräfte dann entfalten, wenn sie in entsprechendem Maße unterstützt werden, und als Annahme eines Außerhalb einer spezifischen „Kultur“, der „Kultur“ Frankreichs in der zweiten Hälfte des 18. Jahrhunderts. Rousseau scheint überzeugt, dass Kinder unter diesen gesellschaftlichen Bedingungen keineswegs Erfahrungsfreiräume zur Ausbildung ihrer Selbstführungsfähigkeiten finden können.

Rousseau hebt die Ausbildung menschlicher Vernunft auf eine zweite zeitliche Stufe, da sie von Kindern erst ausgebildet werden müsse und nicht als Basis ihrer Handlungsentscheidungen vorausgesetzt werden könne.

Mennicke weist in diesem Zusammenhang als einer der wenigen sozialpädagogischen Denker bereits 1937 in seiner SOZIALPÄDAGOGIK darauf hin, dass Rousseaus Überlegungen nur verkürzt für sozialpädagogische Vergewisserungen in Betracht genommen würden, wenn man diese nicht unter Einbezug seiner staatstheoretischen Arbeiten, vor allem des CONTRAT SOCIAL, unternähme. Mennicke sieht die erziehungstheoretischen Reflexionen Rousseaus im EMILE innerhalb sozialpädagogischer Debatten zumeist auf eine Möglichkeit der Rückführung von Kindern in eine „natürliche Umwelt“ reduziert. Dies sei aber unangemessen, wenn man sich vergegenwärtige, dass Rousseau im CONTRAT SOCIAL, aber auch im CONSIDÉRATIONS SUR LE GOUVERNMENT DE POLOGNE ET SUR SA RÉFORMATION PROJETÉE, die bewusste Gestaltung der personalen Veränderungsprozesse in öffentlicher Form fordere. „Der Mensch wird von seiner frühesten Jugend an nicht als Individuum, sondern als Mitglied dieser Gesellschaft angesehen und behandelt“ (Mennicke [1937] 2001, S. 28). Mennicke unterscheidet daher den staatsidealistischen Entwurf Rousseaus deutlich von dessen Erziehungsroman EMILE, wenn er mit Bezug auf Selbstführungskonzeptionen des 18. Jahrhunderts schreibt, es sei „ein befremdlicher Unsinn, der vor allem durch Rousseaus EMILE‘ entstanden ist; in diesem Buch wird in der Tat ein individualistische Erziehung dargestellt“ (ebd.). Bemerkenswerterweise formuliert Mennicke allerdings im darauffolgenden Satz: „Aber Rousseau selbst kennzeichnet diese Art der Erziehung so deutlich wie möglich als *faute de mieux* in der niedergehenden Ständegesellschaft, in der ich lebe, so meint er, ist diese Methode von Erziehung die einzige Möglichkeit, unsere Verantwortung den heranwachsenden Kindern gegenüber zu erfüllen“ (ebd.; Hervorh. im Orig.). Rousseau präsentiert im EMILE also eine bewusste Zuspitzung angesichts der ihm aussichtslos erscheinenden sozialen Lage in der französischen Gesellschaft des ausgehenden 18. Jahrhunderts. Mennicke folgert nun daraus, sozialpädagogische Reflexionen sollten statt des EMILE primär den CONTRAT SOCIAL als argumentative Grundlage heranziehen. Denn dort entwickle Rousseau seine „eigentliche Auffassung hinsichtlich der menschlichen Lebensgemeinschaft“ (ebd.). Stellt der EMILE somit nur ein idealistisches pädagogisches Selbstführungsprogramm dar, während der vertragstheoretische Entwurf des CONTRAT SOCIAL ein „realistisches“ Regierungsprogramm bereit hält?

Den Weg zur Mündigkeit kann die nachwachsende Generation nach Ansicht Rousseaus nur einschlagen, wenn sie in den Entwicklungsraum für die nachwachsende Generation hinausgeführt wird. Der „menschlichen Natur“ des

EMILE könne erst dort wieder Raum gewährt werden. Doch wohin führt der Weg zur Mündigkeit für die Heranwachsenden? Wie soll man sich vernünftig handelnde – *erwachsene* – Menschen, die erfolgreich in die Natur Geführten, nach Ansicht Rousseaus vorstellen? Wie lautet das Entwicklungsziel auf der zweiten Stufe des Rousseauschen Modells menschlicher Entwicklung?

Der Einzelne als Teil des Ganzen könne nur als vernünftig bezeichnet werden, wenn er seinen Individualwillen als Bestandteil des Allgemeinwillen begreift, das heißt sein Recht auf Partikularität an das Gemeinwesen überschreibt und somit abtritt, schreibt Rousseau im CONTRAT SOCIAL.[10] Der „Gemeinwille" wird – wie die „Natur" im EMILE – zum Platzhalter für Weg- *und* Zielbeschreibung: der volonté générale ist Ausgangs- wie Zielpunkt seiner republikanischen Konstruktion. Selbstregierung benötige nicht nur zu ihrer Sicherung eine (Fremd)Regierung in Form einer kontraktuellen Fixierung des Gemeinwillens, sondern werde im Fall ihrer Realisierung auch zur Ausbildung eines solchen Gesellschaftsvertrags führen. Nur so könne die Willkür des Individualwillens überwunden werden. „(D)er Gemeinwille (muß), um wahrhaft ein solcher zu sein, in seiner Auswirkung nicht weniger als in seinem Wesen allgemein sein; er muß von allen ausgehen, um sich auf alle zu beziehen; und er verliert seine natürliche Richtigkeit, sobald er auf einen einzelnen und festumrissenen Gegenstand gerichtet ist" (Rousseau [1762] 1993, S. 403). Die Freiheit des Einzelnen wäre somit im CONTRAT SOCIAL keineswegs unterdrückt, sondern in einen Allgemeinwillen überführt. Diese Transformation zur Installierung eines republikanischen Gemeinwesens setzt für Rousseau die absolute Inkorporierung des Einzelnen und somit der besonderen individuellen Rechte jedes einzelnen Gesellschaftsmitgliedes in den Korpus des Allgemeinen voraus, „denn wenn dem Einzelnen einige Rechte blieben, würde jeder (...) den Anspruch erheben (etwas zu fordern), weil er in manchen Punkten sein eigener Richter ist, es auch in allen zu sein; der Naturzustand würde fortdauern, und der Zusammenbruch wäre dann notwendig tyrannisch oder inhaltslos" (Rousseau [1762] 1993, S. 393). Selbst- und Fremdregierung fließen im Vertragsmodell auf Basis eines Allgemeinwillens ineinander.

Johann Heinrich Pestalozzi hat Rousseaus Überlegungen im SCHWANENGESANG als „träumerische(s) Streben nach einem größern, segensreichen Wirkungskreise für das Volk in mir" kritisiert (Pestalozzi [1826] 1976, S. 224; vgl. Benner 1973, S. 31ff.). Im EMILE segregiere Rousseau den Heranwachsenden von der Gesellschaft und im CONTRAT SOCIAL setze er den vollkommenen Bürger bereits voraus. Folgt man Pestalozzis Kritik, hieße das, Rousseau vernachlässige das Problem der Fremdführung, weil er im CONTRAT SOCIAL die Frage der Entwicklung von Selbstführungsfähigkeit nicht thematisiere und im EMILE diesen Prozess dem sozialen Kontext entziehe. Im ersten Fall würde Rousseau damit die programmatische Ausrichtung pädagogischer Führung im historisch-spezifischen Fall vernachlässigen, im

10 Diesen Aspekt des CONTRAT SOCIAL machten sich totalitäre Regime immer wieder zur Legitimation der *Aberkennung* von Freiheitsrechten zunutze, wie die herausragendsten Beispiele der Jakobinerherrschaft und des deutschen Nationalsozialismus zeigen.

zweiten Fall Übereinkunftsprozesse zur Gestaltung sozialer Zusammenhänge und damit auch zur Grundlegung von pädagogischen Programmzielen innerhalb bestehender Arrangements des Sozialen für unmöglich halten. Folgt man Pestalozzi an dieser Stelle noch einen Moment weiter, wäre zu konstatieren, Rousseau nehme entweder bereits selbstführungsfähige Bürger an oder Selbstführung erscheine ihm nur außerhalb sozialer Zusammenhänge realisierbar. Keine der beiden Annahmen wäre besonders überzeugend. Was Pestalozzi allerdings nicht diskutiert, ist die auffällige Tatsache, dass Rousseau diese scheinbar umgekehrten Verkürzungen in zwei zeitgleich veröffentlichten Arbeiten konstruiert.

Die in seinem Stufenmodell menschlicher Vernunftentwicklung aufeinander folgenden Dimensionen von Fremd- und Selbstführung, die Rousseau im EMILE diskutiert, stellt er im CONTRAT SOCIAL in ein umgekehrtes Verhältnis. Könnte die Publikation der beiden Studien zum selben Zeitpunkt nicht darauf hindeuten, dass damit nicht ein umgekehrtes Vernachlässigungsverhältnis dargestellt wurde, wie Pestalozzi annimmt, sondern ein sich ergänzender, also doppelter Antwortversuch auf dieselbe Frage: Wie ist die Freiheit des Menschen zu gewährleisten? Die Beobachtung des Arrangements des Sozialen, wie es sich Rousseau im Frankreich Mitte des 18. Jahrhunderts darstellt, scheint ihn diese Frage nur durch einen utopischen Blick über die bestehenden Verhältnisse hinaus beantworten zu lassen. Sowohl mit dem EMILE als auch mit dem CONTRAT SOCIAL präsentiert er, so die hier vertretene These, eine radikale Gesellschaftskritik: er lehnt das bestehende Arrangement des Sozialen ab. Auf dieser Basis geht er dann die aufklärerische Frage einer Realisierung „subjektiver Selbstführung" aus zwei unterschiedlichen Perspektiven an: im EMILE mit Blick auf die nachwachsende Generation und deren Entwicklung zur Selbstführung, und im CONTRAT SOCIAL mit Blick auf eine staatliche Gemeinschaft und deren Entwicklung zur Selbstführung, oder besser: deren Konstitution als selbstgeführte Gemeinschaft.

Rousseaus Überlegungen können daher als ein erster Schritt zur Formulierung einer relationalen Begriffsfigur von Fremd- und Selbstführung verstanden werden. Rousseau stellt erste Wegweiser auf, um Fremd- wie Selbstführung in ihrer historisch-spezifischen Gestalt zu analysieren und damit ihrer *Essentialisierung* zu entkleiden, wenn er auch selbst die Konkretisierung einer solchen systematischen Relationierung noch unterlässt. Denn es bleibt den Lesern überlassen, seine Deutung mit den historisch-konkreten Verhältnissen Frankreichs in Verbindung zu bringen. Sein Entwurf idealer Bedingungen des Heranwachsens (EMILE) und einer politischen Gemeinschaft (CONTRAT SOCIAL) geschieht ohne die konkreten Rationalitäten und Technologien des bestehenden sozialen Gefüges systematisch zu problematisieren. Auf Rousseaus Radikalität gesellschaftlicher Selbstführung (*Volkssouveränität*) scheint die Radikalität der absolutistischen Fremdführung (*Souveränität*) Frankreichs abzufärben, das heißt der Auslöser seiner oppositionellen Positionierung (vgl. Schmidt 1997, S. 77). Diese „Verabsolutierung der Volkssouveränität" verwundert angesichts der konzeptionellen Anlehnung an Platons Staatsmodell nicht

(Schmidt 1997, S. 76). Rousseaus Lesehinweis gleich im ersten Abschnitt des EMILE symbolisiert die ideentheoretische Grundüberzeugungen, auf die Rousseau immer wieder zurückgreift: „Um eine Vorstellung von der öffentlichen Erziehung zu bekommen, muß man Platons *Staat* lesen“ (Rousseau [1762] 1980, S. 13).

Rousseau wählt für seine radikale Gesellschaftskritik dasselbe Format wie Platon in der POLITEIA: die Staatsutopie. Sein Entwurf eines idealen Arrangements des Sozialen basiert auf der Installierung eines Gesellschaftsvertrags, welcher im Falle seiner Realisierung eine bürgerliche Selbstregierung in vergesellschafteter Form erlauben würde, so Rousseau. Die Implementierung derartiger republikanischer Verhältnisse scheint Rousseau angesichts bestehender absolutistischer Verhältnisse allerdings ein zukünftiges Projekt. Als momentanen Ausweg scheint sich ihm nur die Rück-Führung der nachwachsenden Generation in die Ursprünglichkeit der „Natur“ anzubieten.

Rousseaus Vorstellungen zur Herausführung des EMILE aus der „Höhle der Unwissenheit“ ans Licht der Erkenntnis, wie er sie im Stufenmodell menschlicher Vernunftentwicklung entwirft, unterstreichen seine ideentheoretische Affinität. Sein Plädoyer erarbeitet er ohne systematisch auf die Bedingungen in der Höhle selbst zu rekurrieren.[11] Hatte Platon die attische Gesell-

11 Es war Pestalozzi überlassen, hieran anknüpfend erstmals eine frühe sozialwissenschaftliche Perspektive innerhalb früher (sozial)pädagogischer Debatten anzudeuten – allerdings auch in seinem Fall ohne die platonische Grundüberzeugung gänzlich abzulegen und damit wieder nur in halber Konsequenz. Zu Beginn des vierten seiner 14 Briefe über die Frage pädagogischer Lehrmethodik berichtet Pestalozzi von eigenen Erfahrungen mit dem Schulunterricht: „Soweit als ich ihn kannte, kam er mir wie ein großes Haus vor, dessen oberstes Stockwerk zwar in hoher, vollendeter Kunst strahlt, aber nur von wenigen Menschen bewohnt ist; in den mittlern wohnen denn schon mehrere, aber es mangelt ihnen an Treppen, auf denen sie auf eine menschliche Weise in das obere hinaufsteigen könnten, und wenn etwa einige Gelüste zeigen, in ihrem Notzustand etwas tierisch in dieses obere Stockwerk hinauszuklettern, so schlägt wohl gar ein Arm oder ein Bein, das sie bei diesem Hinaufklettern anstrengten, entzwei; im dritten unten wohnt denn endlich eine zahllose Menschenherde, die für Sonnenschein und gesunde Luft vollends mit den obern das gleiche Recht haben; aber sie wird nicht nur im ekelhaften Dunkel fensterloser Löcher sich selbst überlassen, sondern man macht ihnen durch Binden und Blendwerke die Augen sogar zum Hinaufgucken in diese obere Stockwerke untauglich“ (Pestalozzi [1801] 1974, S. 54). Die Analogie zum Höhlengleichnis Platons in der POLITEIA ist frappant und doch deutlich durchbrochen. Ganz im Gegensatz zu Platons Erziehungsmodell, weist Pestalozzi hier auf Fragen nach dem Arrangement des Sozialen hin, innerhalb dessen die Menschen im Dunkel der Unwissenheit bleiben. In Erweiterung des platonischen Bilds gesprochen: Pestalozzi ermöglicht Fragen danach, wer die Menschen in der Höhle angekettet hat; wer dafür sorgt, dass das Feuer, mit dem die Schatten auf die Wand, vor der die Menschen angekettet sitzen, weiter brennt; und wer die Menschen in die Höhle gesperrt hat. Insofern kann davon gesprochen werden, dass seit Pestalozzi Fragen nach der Form sozial-strukturellen Ein- und Ausschlusses für eine THEORIE DER SOZIALPÄDAGOGIK nicht mehr hintergehbar ist (vgl. Winkler 1988, S. 259). Allerdings erlaubt seine ideentheoretische Verhaftung auch Pestalozzi nicht diesen Fragen nachzugehen und systematisch historisch-spezifische Subjektivierungsweisen zu rekonstruieren und zu reflektieren. Pestalozzi erkennt wie Platon und Rousseau die Strukturierung des Sozialen und skizziert sie im Unterschied zu diesen auch exemplarisch

schaft in kulturpessimistischer und elitärer Weise für im Grunde bildungsunfähig gehalten, und daher auf die Befreiung der Auserwählten unter Anwendung pädagogischen Zwangs gepocht, so scheint Rousseau strukturanalog eine Erziehung der nachwachsenden Generation innerhalb der bestehenden Verhältnisse des französischen Absolutismus in der zweiten Hälfte des 18. Jahrhunderts unmöglich. Die Kinder müssten daher aus den bestehenden sozialen Zusammenhängen in die „Natur“ hinaus geführt werden. Beiden Denkern verstellt ihr ontologischer Glaube das Bemühen um eine nachvollziehbare Rekonstruktion und Reflexion der jeweiligen historisch-spezifischen Arrangements des Sozialen. Während Platon seine Überlegungen auf Basis einer Überzeugung entwickelt, nur wenige seien führungsbegabt (*Begabungsessentialismus*), setzt Rousseau auf die Gültigkeit von Naturgesetzen (*naturgesetzlicher Essentialismus*).[12]

Vor diesem Hintergrund erscheint nun Mennickes Plädoyer für die Hinwendung auf den CONTRAT SOCIAL mit dem Hinweis auf den Individualismus des EMILE in einem neuen Licht. Die sozialpädagogische Relevanz, die Mennicke dem CONTRAT SOCIAL zuschreibt und die damit verbundene Ablehnung der kulturpessimistischen Deutung des EMILE, erzieherische Tätigkeiten an den Rand der Gesellschaft zu verlagern, sollte meines Erachtens weniger im Licht der Rousseausschen Argumentation als vielmehr mit Blick auf das Argumentationsinteresse Mennickes betrachtet werden (*Sprecherposition*). Mennicke dient die enggeführte Lesart des EMILE und die daraus abgeleitete Präferenz für die staatsutopistische Konstruktion des CONTRAT SOCIAL als nutzvolles Argument für (s)ein gesellschaftsveränderndes Plädoyer einer GEMEINSCHAFTSERZIEHUNG. Nichtsdestotrotz bleibt Mennickes Hinweis auf mögliche subjektivistische Engführungen des Rousseauschen Erziehungsprogramms für die Diskussionen um Soziale Arbeit beachtenswert. Denn ein expliziter Rousseauismus prägt noch immer so mache (sozial)pädagogische Arbeit (vgl. Hinte 1980, 2001).

Durch die methodologische Brille gelesen verweisen Rousseaus Überlegungen bereits darauf, dass Selbst- und Fremdregierung keineswegs als substantielle Gegensätze betrachtet werden müssen, sondern in gegenseitiger Verkopplung erfasst werden sollten (*relational*). Im idealen Staat der Republik synthetisiert er diese allerdings wieder, wenn er behauptet, Fremdregierung löse sich in kollektive Selbstregierung auf. Dennoch ist damit die Möglichkeit genommen, den EMILE im Sinne Mennickes als rein subjektivistisch zurückzuweisen. Denn im idealen Staatsmodell würde die (Heraus)Führung der Kinder in die „Natur“ durch einzelne Pädagogen

---

anhand der Unterrichtserfahrungen in der Schule, vernachlässigt aber auch die systematische Betrachtung deren historischer Spezifik, um auf dieser Basis ihre Potenzialität und damit ihre Veränderbarkeit problematisieren zu können. Pädagogische Aufgabe bleibt für Pestalozzi daher letztlich, die Stärkung der eigenen Kräfte auf Basis vorhandener Ressourcen, wie oben bereits skizziert wurde (vgl. Pestalozzi [1777] 1979, S. 19).

12 Rousseau spricht in diesem Zusammenhang von einem „Gesetz der Notwendigkeit“, das ein „maßgebendes Strukturprinzip der gesamten Kindererziehung (sei)“ (Bolle 1995, S. 330).

unnötig, weil die sittliche „Kultur“ selbst den Kindern eine „natürliche Entwicklung“ erlauben würde. Die absolutistischen Gestaltungsweisen des Sozialen in Frankreichs scheinen Rousseau dies momentan unmöglich zu machen. Daher weist Rousseau dem EMILE den Weg in die „Natur“.

Dass dieses Programm einer Vermittlung von individueller und kollektiver Selbstführung EMILE und CONTRAT SOCIAL miteinander verbindet, formuliert Rousseau im EMILE auch ausdrücklich: „Das einzige Mittel gegen diese Übel in der Gesellschaft wäre, den Menschen durch das Gesetz abzulösen und die öffentliche Meinung mit einer wirklichen Macht auszurüsten, die größer ist als die Macht eines jeden Willens“ (vgl. Rousseau [1762] 1995, S. 63). Rousseau weist somit eine Funktionsbestimmung aus, die Sozialer Arbeit bis heute mehrheitlich zugeschrieben wird: die Vermittlung von Selbst- und Fremdführung, oder aus anderer Perspektive gesprochen: von „Individuum und Gesellschaft“. Theorie-konzeptionell wird diese Vermittlung allerdings bis heute mehrheitlich in subjektivistische Varianten übersetzt, das heißt unter einem Primat der Selbstführung verhandelt – als ob Mennicke es geahnt hätte.

Dementsprechend hätten sich Pädagogen nach Ansicht reformpädagogischer (vgl. Key 1991; Montessori 1968)[13] und antipädagogischer Konzeptionen (vgl. Braunmühl 1976) einer Fremdführung explizit zu enthalten und zu entziehen. Ernst Lindes Formulierung in seiner UNTERSUCHUNG ÜBER MÖGLICHKEIT UND GRENZEN DER ERZIEHUNG von 1927 kann als zeitgenössische Zusammenfassung reformpädagogischer Programmatiken gelesen werden, die später häufig als „Pädagogik von Kinde aus“ charakterisiert wurden: „Wie überall, so erreicht auch in der Erziehung der führende Geist nichts *gegen*, einiges *ohne*, alles *mit* der Natur“ (Linde 1927, S. 344, zit. nach Dudek 1999, S. 56; Hervorh. im Orig.). Ekkehard von Braunmühl beschreibt den Kerngedanken seiner ANTIPÄDAGOGIK in den folgenden Worten: „Allgemein gilt: Sagen, erklären Sie ihrem Kind alles, was bei Ihnen wirklich los ist. Alle Ihre Gefühle und Wünsche sind von Bedeutung, auch wenn sie unpassend und altmodisch zu sein scheinen. Nur so erhält Ihr Kind die Chance, frei auch seine eigenen Gedanken, Gefühle, Sorgen in den Dialog einzubringen. Sie werden sehen: Ihr Kind hat vieles beizusteuern, was ihnen hilft, den Weg der Freiheit nicht mehr zu verlassen“ (Braunmühl 1978, S. 167).

Anhänger einer These des *doppelten Mandats* Sozialer Arbeit gehen demgegenüber davon aus, dass Selbstführung als Realisierung „autonomer Subjektivität“ im Prozess der Erbringung sozialpädagogischer Angebote prinzipiell nur eingeschränkt realisierbar sei. Soziale Arbeit habe sich vielmehr mit einem doppelten Mandat von „Hilfe und Kontrolle“ abzufinden: „Das ‚doppelte Mandat‘ (...) kann als ein zentrales Strukturmerkmal seiner spezifischen sozialen Dienstleistungsfunktion verstanden werden. In dieser ist der Sozialarbeiter angehalten, ein stets gefährdetes Gleichgewicht zwischen den Rechts-

13 Zur Kritik der einheitlichen Erfassung sehr differenter Arbeiten unter der Überschrift „Reformpädagogik“ vgl. Tenorth 1994.

ansprüchen, Bedürfnissen und Interessen des Klienten einerseits und den jeweils verfolgten sozialen Kontrollinteressen seitens öffentlicher Steuerungsagenturen andererseits aufrechtzuerhalten“ (Böhnisch/Lösch 1973, S. 28). Ist mit der Einsicht in die doppelte Mandatierung Sozialer Arbeit die Forderung nach einer relationalen Begriffsfigur von Fremd- und Selbstführung erfüllt? Ist somit Fremdführung als „Kontrolle“ und Selbstführung als „Hilfe“ zu bestimmen? Wenn allerdings Fremdführung einen unausweichlichen Bestandteil (sozial)pädagogischer Handlungsvollzüge ausmacht, also „Hilfe und Kontrolle“ immer nur zusammen zu bekommen sind, Jugendhilfe Teil der Normalisierungsstrategien darstellt (vgl. Kap. 1), ist dann nicht jede Form öffentlich organisierter Hilfen notwendigerweise soziale Kontrolle? Oder kann die Begriffsfigur von „Hilfe und Kontrolle“ eine analytische Differenzierung anbieten, ohne substantielle Sphären der „Hilfe“ und der „Kontrolle“ vorauszusetzen?

Die Konstruktion einer sozialen Ordnung ist ein Prozess der Verhaltensnormierung, er führt zu einem bestimmten Rationalismus der Lebensführung, um mit Max Weber zu sprechen. Systeme zur Sicherung und Reproduktion historisch-spezifischer Übereinkünfte zur Gestaltung des Sozialen (*soziale Ordnung*) sind daher notwendiger Weise verhaltensbeeinflussende und – kontrollierende Instanzen, eine grundsätzliche substantielle Unterscheidung von Selbst- und Fremdführung also wenig überzeugend.

Positionen eines idealistischen Rousseauismus verharren trotz dieser Einwände in der generellen Unterstellung, bestehende Zusammenhänge seien als kontrollierende gesellschaftliche Strukturen für die Selbstführung der nachwachsenden Generation hinderlich. Die „Anti-Pädagogin“ müsse daher *außerhalb* dieser pädagogischer Führungsstrukturen befreiend agieren, kindliche Freiräume der Selbstführung ausloten.[14] Braunmühl schreibt dementsprechend in ZEIT FÜR KINDER: „Antipädagogik ist eine Gegentheorie, eine Theorie über eine Theorie. Antipädagogik kann niemals Rat geben, wie man ein Kind zu etwas bringen soll. Antipädagogik kann aber empfehlen, an bestimmte Dinge zu denken – beispielsweise daran, daß pädagogische Akte kinderfeindlich sind, also als Verhaltensmöglichkeiten ausscheiden, wenn man es mit einem Kind gut meint“ (Braunmühl 1978, S. 79). Der EMILE soll ganz hinaus geführt werden aus allen kontrollierenden gesellschaftlichen Strukturen. Ein Austarieren von Fremd- und Selbstführung scheint solchen Positionen eines expliziten Rousseauismus unmöglich. Doch: Wohin? Wo kann ein solches „Außerhalb“ aller sozialer Ordnung liegen?

---

14 Dass Ekkehard von Braunmühl selbst immanente Zweifel gegenüber der Vorstellung (s)einer antipädagogischen Utopie anmeldet, der Realisierung einer Konzeption negativer Erziehung im „außergesellschaftlichen“ Raum also, macht er meines Erachtens deutlich, wenn er darauf verweist, dass „Erzieher und Zögling, Pädagoge wie Educandus auch in der intimsten Interaktion nicht aus den Strukturen der gesellschaftlichen Verhältnisse herauszulösen sind“ (Braunmühl 1975, S. 21, zit. nach Winkler 1982, S. 64). Allerdings spielt diese Erkenntnis in der etwas später erschienenen ANTIPÄDAGOGIK keine Rolle mehr (vgl. Winkler 1982, S. 62ff.).

Das pädagogische „Nicht-Führen", die Vermeidung pädagogischer Fremdführung soll durch die Liebe des Erziehers gegenüber dem Zögling – so kann man im Anschluss an Rousseau bereits formulieren – oder die Wärme und Gemeinschaft, wie Braunmühl übersetzt, ermöglicht werden. Nur wie kann diese Liebe jedem beliebigen Zögling gegenüber realisiert werden? Sehen sich pädagogisch Handelnde angesichts einer solchen Forderung nicht mit dem Dilemma einer Exklusivität interpersonaler Loyalität konfrontiert? Oder setzt pädagogisches Tun nach Vorstellung einer Antipädagogin eben dieses voraus und ist pädagogische Intervention damit im Fall fehlender emotionaler Zuwendungen schlicht unmöglich? Damit würde allerdings die Realisierung wohlfahrtsstaatlicher Rechtszusagen, wie sie sich unter anderem in Form Sozialer Arbeit materialisieren, systematisch infrage gestellt. Diesen Einwand scheint Braunmühl im Voraus entkräften zu wollen, indem er ein Rechte-Pflichten-Verhältnis expliziert, das anti-pädagogischen Interaktionssituationen zu Grunde gelegt werden soll. So einsichtig dieser Hinweis als genereller Hinweis auf die grundlegende Strukturierung sozialpädagogischer Interventionsprozesse durch liberale Freiheitsrechte erscheint, dient er Braunmühl gleichzeitig dazu, die Frage nach den Gestaltungsweisen pädagogischer Interaktionen unbeantwortet zu lassen und letztlich nur für eine unbestimmte Harmonie zwischen den Generationen zu plädieren (vgl. Winkler 1982, S. 153ff.). Braunmühl stützt sich immer wieder auf einen unterstellten, aber nicht problematisierten Gegensatz von Selbst- und Fremdführung. Der Primat der Selbstführung findet seine Begründung in dem ihm unterstellten Freiheitspotenzial. Dieses wiederum begründet sich aus der Gegenüberstellung zum unterstellten Unfreiheitspotenzial einer Fremdführung. Dass die Unterstellung eines solchen Dualismus begriffstheoretisch nicht überzeugt, wurde bereits ausgeführt. Eine generelle Gegenüberstellung von „Freiheit" und „Unfreiheit" kann aber auch empirisch nicht überzeugen, wie alltägliche Konflikte zwischen verschiedenen Freiheitskonzeptionen unterschiedlicher Akteure in unterschiedlichen Settings einsichtig machen.

„Bewegungsfreiheit" und „Marktfreiheit" können beispielsweise im Fall einer Privatisierung öffentlicher Räume wie am Potsdamer Platz in Berlin als Bestimmungen klar *gegensätzlicher* Handlungspositionen erfahren werden, führt man sich nur die unterschiedlichen Ansprüche einer Fußgängerin auf *Bewegungsfreiheit* in bunter Kleidung und Frisur und des Inhabers eines Geschäftes für ein wohlhabendes Publikum auf *Marktfreiheit* vor Augen. Bewegungsfreiheit heißt für sie unter Umständen „ungestört" den Platz inklusive der für die „Kunden-Öffentlichkeit" zugänglichen Gebäude zu durchqueren, Marktfreiheit für ihn vielleicht, seine Geschäfte „ungestört" von bestimmten Bevölkerungsgruppen betreiben zu können. Wer ist in diesem fiktiven Fall nun in der „unfreien" Position, wird also fremdregiert, und wessen Recht auf „Freiheit", wessen Selbstregierung ist in einem solchen Fall höher zu bewerten? Die begriffliche Gegenüberstellung von „Freiheit und Unfreiheit" oder „Freiheit und Unterdrückung" ist für eine systematische Einschätzung solcher Situation untauglich. Nicht die Gegenüberstellung von „Freiheit" und „Unfreiheit" entscheidet über die Durchsetzungsmächtigkeit, die mit den einzelnen Freiheitspostulaten verbunden ist, sondern sozial ungleich zugängliche und verfügbare Machtmittel.[15] Möglichkeiten einer Realisierung von Selbstführung hängen für einzelne Akteure oder Akteursgruppen von historisch-spezifischen Arrangements des Sozialen, von der Gestalt des Macht-Wissens-Komplex ab, nicht von der Deklamation eines „Reichs der Selbstführung". Grade von Selbstführung sind immer konstitutiv mit Graden der Fremdführung verkoppelt.

Rousseauistische Positionen produzieren aber noch eine weiteres systematisches Dilemma, das bereits im EMILE angelegt ist. Denn geht man, wie Rousseau, davon aus, dass Kritik an der „gängigen Meinung" nur zum „Fanatismus" führe, und junge Menschen demgegenüber „immer fest auf dem Weg der Wahrheit oder was es dir in der Einfalt deines Herzens zu sein scheint (bleiben sollen), ohne jemals von ihr aus Eitelkeit oder aus Schwäche abzuweichen", bleibt unbenannt, was denn diese Wahrheitsformen kennzeichnet (Rousseau [1762] 1980, S. 334). Daran kann auch der Imperativ am Ende desselben Kapitels nichts ändern: „Sag was wahr ist, tu, was gut ist!" (ebd.). Auch hier stellt sich wieder die Frage, was sagt der Zögling denn, wenn er sagt, was wahr ist? Welche Kriterien erlauben die Unterscheidung von „wahr und unwahr" oder „gut und schlecht"? Auch Braunmühl scheint an der Stelle, an der er in seiner ANTIPÄDAGOGIK über die Gestalt idealen menschlichen Zusammenlebens nachdenkt, nur der Verweis auf die Hoffnung einer „Identität von Ich- und Sozialantrieb und auf (die) Chance zur Vernunft" (Braunmühl 1976, S. 120?). Rousseauistische Konzeptionen arbeiten an dieser Stelle mit einem argumentativen Trick. Die präsentierte Antwort wird gleichzeitig zur unterstellten Vorannahme: Selbstführung erfordert Selbstführung. Diese Wendung erlaubt es Braunmühl auch erst, die eigene Darstellung scheinbar paradox mit ANTIPÄDAGOGIK zu betiteln. Der „Antipädagoge" wird zum „Pädagogen" ohne jemals „pädagogisch" handeln zu müssen. Anti-Pädagogen präsentieren sich als Türwächter in eine befreite Welt, in welcher der Zögling seine „subjektive Selbstführung" realisieren könne. Pädagogische Führung scheint demnach nur für den kurzen Moment der Wegweisung notwendig und bereits im Moment des Durchschreitens der Tür – in die „Natur" – wird sie hinfällig.[16] Allerdings

15 Am Beispiel gesprochen: Aufgrund unterschiedlicher sozialer Positionierungen und damit einer sehr unterschiedlich verwertbareren Verfügung über die innerhalb aktueller Arrangements des Sozialen verwertbaren Trümpfe wird sich vermutlich der Ladeninhaber durchsetzen, vorausgesetzt die Fußgängerin stellt sich nicht doch noch als außergewöhnlich zahlungskräftige Kundin heraus. Wie auch immer die Situation sich gestaltet, die Frage nach der Vorrangigkeit einer der beiden „Freiheitsprogrammatiken" ist mit Bezug auf ein grundlegend dualistisches Begriffsinstrumentarium nicht befriedigend zu beantworten.

16 Michael Winkler schreibt in den STICHWORTE(N) ZUR ANTIPÄDAGOGIK zum Paradox der Selbstführungsprogramme mit Bezug auf die antipädagogischen Arbeiten: „Indem sie (die Antipädagogik, F.K.) ihre Überlegungen auf die Bestimmung eines Handeln richtet, welches den Erziehungskrieg im Generationenverhältnis vermeiden will, dabei die Gleichberechtigung des Kindes fordert und die Sicherung des rechtlichen Status von Kindern und Jugendlichen in den Vordergrund des antipädagogischen ‚Freiheitskampfes' stellt, gibt sie

bleibt dieser kurze Moment, in dem Antipädagoginnen eine pädagogische Direktive notwendig erscheint, denn der Weg zur Tür muss der nachwachsenden Generation gewiesen werden. Diese Scharnierstelle zwischen dem Bereich der pädagogischen (Fremd-)Führung und der „subjektiven Selbstführung" symbolisiert den Essentialismus antipädagogischer Programme. Denn nur eine prinzipielle Unterscheidung von „Innen und Außen", eines „Diesseits der Fremdregierung" und eines „Jenseits der Selbstregierung", erlaubt die Positionierung des Pädagogen als Türwächter. Bestimmt man das Verhältnis von Fremd- und Selbstführung dagegen in einer relationalen Begriffsfigur, findet sich die Pädagogin mitten in heterogenen, hierarchisch strukturierten Räumen des Sozialen wieder, deren Gestaltung und Repräsentationen das Ergebnis permanenter politischer Auseinandersetzungen darstellen. Pädagogen können sich nicht mehr am Türgriff festhalten und mit Fragen nach der Rechtfertigung ihres Tuns auf das scheinbar dahinter liegende „Reich der Selbstführung" verweisen, ohne sich von der Stelle zu bewegen. Denn die eindeutige, situativ unabhängige Wegbeschreibung kommt Pädagogen in Folge einer Einsicht in die Unablässigkeit von Fremd- und Selbstführung abhanden. Doch zu einem geringeren Preis sind demokratische Formen pädagogischer Regierung nicht zu haben.

Gelingt sozialpädagogischen Konzeptionen, die sich antipädagogischen Deutungen verweigern und das Verhältnis von Fremd- und Selbstführung als Gleichzeitigkeit von *Kontrolle und Hilfe* zu bestimmen versuchen, eine Umfahrung dieser rousseauistischen Sackgasse?

„Hilfe und Kontrolle" werden innerhalb der Modelle einer doppelten Mandatierung Sozialer Arbeit zumeist als zwei voneinander differenzierbare Aspekte angesehen, die durch professionelle Fachkräfte in den Feldern Sozialer Arbeit in ihrem Spannungsverhältnis bearbeitet werden müssen, aber im Fall einer gelungenen Intervention in ein Gleichgewicht gebracht werden können. Damit wäre theorie-konzeptionell die Vermeidung einer Synthetisierung von „Hilfe und Kontrolle" in einen der beiden Pole möglich. Das polare Begriffsmodell könnte einsichtig machen, dass Subjektivierungsweisen immer eine Ambivalenz von Unterwerfung und Subjektwerden beschreiben. Das Primat der Selbstführung und die daran angeschlossenen Aporien wären vermeidbar.

Auffällig ist nun, dass die These des doppelten Mandats in den allermeisten Fällen nicht zu dieser theorie-konzeptionellen Vermeidung benutzt wird. Im Gegenteil: Das Verhältnis von „Hilfe und Kontrolle" wird als an beiden Polen unabhängig regulierbar bestimmt, was nur dadurch möglich wird, dass beide Pole doch wieder als *unabhängige Sphären* betrachtet werden. Die damit erneut ermöglichte Synthetisierung hat sich in den Feldern von Sozialer Arbeit gegenüber einer konsequent widersprüchlichen Lesart durchgesetzt. Der fünfte Jugendbericht schließt 1980 seine ANALYSEN AKTUELLER PROBLEMLAGEN

---

zu, daß im Verhältnis der Generationen besondere Aktivitäten der Erwachsenen zur Gestaltung des situativen Miteinanders notwendig sind" (Winkler 1982, S. 133).

VON KINDERN UND JUGENDLICHEN in diesem Sinn mit den Worten: Jugendhilfe hat „Aufgaben, die sie selbst in eigener Regie und eigenverantwortlich zu lösen hat. Sie bestehen vor allem darin, Formen problemangemessenen Handelns zu entwickeln, die geeignet sind, von den Betroffenen wirklich als Hilfe und nicht als verschärfende Kontrolle erfahren zu werden" (BT-Drucksache 8/3685, S. 45). Aber auch aktuell erhoffen sich Autoren ganz unterschiedlicher theoriekonzeptioneller Prägung aus der unabhängigen Beeinflussung einer der beiden Pole eine Überwindung der „Kontrolldimension". Roland Merten kommt vor dem Hintergrund seiner Normalisierungsannahme zu der These, Fremdführung spiele heute nur noch eine marginale Rolle in der Sozialen Arbeit: „Das heißt, hoheitliche Zugriffe auf die Klientel Sozialer Arbeit sind heute eher die Ausnahme, es dominieren tendenziell kooperative Formen professioneller Intervention" (Merten 1997, S. 164). Susanne Elsen schließt ihre GEMEINWESENÖKONOMIE mit der analogen Perspektive: „Wenn die Sicherung der Ausbeutbarkeit von Menschen durch das begrenzte ökonomische System nicht mehr erforderlich ist, besteht die Konsequenz Sozialer Arbeit in einem Bedeutungszuwachs ihres emanzipatorischen und einem Schwinden ihres kontrollierenden Auftrages" (Elsen 1998, S. 285). Aber auch skeptischere Autoren kommen zu demselben Ergebnis. So geht Helge Peters zwar aus der umgekehrten Perspektive los. Es gehe „in der Sozialarbeit großenteils um soziale Kontrolle", so schreibt er in SOZIALE PROBLEME UND SOZIALE KONTROLLE (Peters 2002, S. 142). Aber auch Peters arrangiert das Verhältnis von „Hilfe und Kontrolle" unterwegs wieder in ein Modell substantiell differenter Sphären um, womit er wieder beide Bestandteile als unabhängig beeinflussbar betrachten kann: „Teile der Sozialarbeit sind als soziale Kontrolle zu bezeichnen, die Sozialpolitik im Ganzen jedoch nicht" (Peters 2002, S. 143). So kann auch der Kontrolltheoretiker in der Hoffnung verweilen, dass doch unter all dem sichtbaren Fremdführungsschutt irgendwo die Tür zu finden sein wird, hinter der sich der Schatz der Selbstführung finden lässt.[17]

Will man diese relativ zufällig ausgewählten Beiträge subjektivistischer Arrangements systematisieren, lassen sich innerhalb der aktuellen theoriekonzeptionellen Grundlegungen Sozialer Arbeit meines Erachtens drei Lesarten unterscheiden: *antipädagogische*, *aneignungstheoretische* und *diskurstheoretische.*

17 Die polare Substantialisierung von Selbst- und Fremdführung liegt auch ökonomistischen Deutungen im Feld Sozialer Arbeit und Jugendhilfe zu Grunde. So konstruiert Albert Krölls eine derartige Argumentationsweise, die jede Form von Neuregulierung als Ausdruck eines staatlichen Kostensenkungsprogramms betrachtet. Alles ist Fremdführung sollte man wohl mit Krölls deklamieren. Alles? Nicht alles! Es erscheint ein kleines Nest von Widerständler, die aufgrund ihrer ökonomistischen Weltsicht, um einen Ausweg in das Jenseits von Selbstführung wissen: „Wer sich also wirkungsvoll gegen die negativen Folgen der staatlichen Sparpolitik im sozialen Bereich wenden will, der wird nicht umhin kommen, Einspruch gegen die ‚Armutspolitik für den Standort Deutschland' (Ackermann/Bender 1994, S. 309) zu erheben und der Basisideologie des staatlichen Sparzwangs die geistige Gefolgschaft aufzukündigen" (Krölls 2000, S. 81).

Antipädagogische Konzepte setzen, wie dargestellt wurde, schlicht auf die „Selbstführung" von Nutzerinnen und legen damit bereits 1980 Themenlinien aus, an denen zwanzig Jahre später neo-soziale Aktivierungsprogramme Sozialer Arbeit in erstaunlicher Übereinstimmung anknüpfen können (vgl. Zweiter Teil): „Durch den Eintritt in den Prozeß selbstbestimmten Lernens übernimmt der Lernende die Verantwortung für seine Ziele und sein Handeln" (Hinte 1980, S. 112).

Den wohl elaboriertesten aneignungstheoretischen Entwurf hat Michael Winkler mit seiner THEORIE DER SOZIALPÄDAGOGIK vorgelegt. Winkler schlägt vor, Rousseaus Prozess der Herausführung aus sozialen Zusammenhängen an segregierte „Orte" innerhalb bürgerlich-kapitalistischer Gesellschaften zu verlagern: „Als gegebene Wirklichkeit läßt sich selbst dort eine situative Basis für Aneignungsprozesse entdecken, wo die Individuen als arm oder abweichend aus der Gesellschaft ausgeschlossen sind" (Winkler 1988, S. 258). Winkler erhofft sich „erst" über die (Wieder)Aneignung des Lebensortes durch die „Subjekte" ein „Hinauswachsen" über die diesen Personen „zugewiesenen Rollen" (ebd., S. 259). Ob eine solche sozialpädagogische Handlungsorientierung einen „subversive(n) Umgang mit gesellschaftlichen Vorgaben" erzeugen kann, wenn dieser „Rousseauismus des ‚Emile' (mitgegangen wird), ohne jedoch den Schritt der gesellschaftlichen Isolation a priori als methodisches Verfahren zu übernehmen" ist nicht nur hinsichtlich der auch hier wieder suggerierten Synthetisierungsmöglichkeit von Fremd- und Selbstführung fraglich. Derartige Argumentationslinien bringen sich dazu hin selbst in die Gefahr, zur Legitimation aktueller aktivierender Responsibilisierungsstrategien vernutzt zu werden: „Mach mal, dann bekommst Du auch was" (Winkler 1988, S. 259).

Diskurstheoretisch hat Helmut Richter im Anschluss an die Überlegungen von Jürgen Habermas eine Form des „pädagogischen Diskurs(es ...) in der Form einer *freiwilligen, angeleiteten Selbstreflexion* auf der Basis *wechselseitig unterstellter Mündigkeit*" ausgearbeitet (Richter 1998, S. 69; Hervorh. im Orig.). Dieser Versuch Richters unterstellt analog zu Habermas die Figur prinzipieller Diskursfähigkeit und idealer Sprechsituation eben auch für Situationen, in denen Akteure mit sozialen Problemlagen, das heißt einer deutlich eingeschränkten Verfügung über Handlungsmöglichkeiten konfrontiert sind. Im Anschluss an Habermas Überlegungen zu einer THEORIE KOMMUNIKATIVEN HANDELNS geht Richter davon aus, mit der Implementierung wohlfahrtsstaatlicher Arrangements des Sozialen seien Klassenstrukturen aus „der Lebenswelt ins System" verschoben worden (Habermas 1981, S. 512). Hatte sich Pestalozzi, der erstmals auf die sozialstrukturelle Dimension (sozial)pädagogischer Handlungsvollzüge verwiesen hatte (Pestalozzi [1801] 1974, S. 54), aus idealistischer Überzeugung ihrer systematischen Berücksichtigung entzogen, unterlässt Richter deren Problematisierung aufgrund seiner von Habermas übernommenen Unterstellung eines gültigen wohlfahrtsstaatlichen Klassenkompromisses. Damit verweist Richter die Problematisierung von Fremdführung in das „System" und kann sich pädagogisch auf Selbstführungsaktivitäten konzentrieren (*freiwillig angeleitete Selbstreflexion*).

Nun entgehen weder Winkler noch Richter Fragen von Gestalt und Gestaltung einer Fremdführung. Richter schreibt im weiteren Text seiner SOZIALPÄDAGOGIK: „Alltagszwänge durchherrschen unsere Beziehungen und veranlassen Erziehungspersonen – wie übrigens auch zu Erziehende – nur zu oft zur Machtausübung“ (Richter 1998, S. 70). Dennoch verweigert er in der Konsequenz ebenso wie Winkler, Fremd- und Selbstführung als unüberwindbare Relationalität pädagogischer Interventionsprozesse in den Blick zu nehmen. Beide Autoren verharren in ihrem subjektivistischen τελός und verlieren damit die systematische Rekonstruktion und Reflexion konkreter Arrangements des Sozialen als Teil theorie-konzeptioneller Vergewisserungen Sozialer Arbeit aus dem Blick. Sicherlich ist Richters Warnung vor Strukturalismen, der prinzipiellen Annahme, „*struktur*bedingte(r) (...) Lebenshemmungen“ zuzustimmen, das heißt nicht von objektivistischen Handlungsbegrenzungen auszugehen. Dennoch entkommt der Umkehrschluss einer Substantialisierung des Verhältnisses von Fremd- und Selbstführung nicht, wenn *strukturbefreite* Handlungssettings unterstellt werden oder diese handlungsoptimistisch in den pädagogischen Handlungsvollzug eingeflochten werden sollen. Doch eben diese subjektivistische Abzweigung in ein „Jenseits der Selbstregierung“ schlägt die Mehrheit vorliegender Konzeptionen um Soziale Arbeit ein, wenn auch auf der Reise immer wieder auf die Gefahr von Fremdführungsstrategien verwiesen wird. Diese Verweise bleiben allerdings systematisch nur vorgeschaltet und werden nur selten in die Rekonstruktion und Reflexion sozialpädagogischer Praktiken eingebunden. In diesem Sinne zieht auch Richter im folgenden Satz als Beleg seiner Einschätzung Pestalozzis Bericht über die Selbstreflexionsfähigkeit der Stanzer Kinder heran: „Ich wandte mich in jedem Vorfall des Hauses an *sie selber*, und an dieses *Gefühl*. Ich fragte sie meistens in einer stillen Abendstunde um ihr freyes Urtheil“ (Pestalozzi [1799] 1961, S. 20; Hervorh., F.K.). Liest man nun im Originaltext Pestalozzis etwas weiter, findet sich nach einigen Ausführungen über ein Modell „liberaler Erziehung“ folgende Einschätzung: „Ihre Menge (Pestalozzi spricht im Satz vorher von „Engelsaugen“ der Kinder, F.K.) gab mir jeden Tag Gelegenheit unter ihnen anschaulich zu machen, was schön und was häßlich, was recht und was unrecht ist“ (Pestalozzi [1799] 1961, S. 21). Pestalozzi schaut in die Augen „der Kleinen“ und deutet. Doch auf welcher Basis unternimmt der Schweizer Pädagoge eine Deutung dieser Gefühlsregungen? Aus welchem Grund kann Pestalozzi davon ausgehen, dass die kindlichen Entscheidungen das Ergebnis eines „freyen Urtheils“ darstellen? Winklers Modell „pädagogischer Orte“ wirft ebenso wie Richters Modell der „Handlungspausen“ dieselbe Frage auf: Welche Interessens-, und damit immer verbunden: welche Herrschaftsstrukturen durchdringen die formulierten Bewertungen der Nutzer in den von Pädagogen bereitgestellten Aneignungssituationen an „pädagogischen Orten“? Nur „ein Gefühl“, wie das Pestalozzi mit Blick auf die Stanzer Kinder vermuten lässt?

3 Jugendhilfe als Regierung

> *„Was meinst Du eigentlich mit Staat?*
>
> *Das weiß keiner so genau.*
> *Irgendwie die Leute, die alles versorgen, glaube ich.*
> *Die entscheiden, was Recht und was Unrecht ist.“*
>
> (Benjamin Lebert, Crazy, S. 154)

3.1 Machtanalyse mit Foucault

Die Beherrschten „sind ja von der Macht eingesetzt, die Macht verläuft über sie und durch sie hindurch; sie stützt sich auf sie, ebenso wie diese sich in ihrem Kampf gegen sie darauf stützen, daß sie von der Macht durchdrungen sind“ (Foucault 1994², S. 38). Foucaults Analyse einer „Physik der Macht“, wie er sie vor allem in seiner Studie ÜBERWACHEN UND STRAFEN präsentiert (Foucault 1994², S. 229), wird innerhalb sozialpädagogischer Debatten zumeist in die Frage übersetzt, ob denn aus einer solchen Perspektive jegliches pädagogische Interventionshandeln schlicht als herrschaftsstabilisierendes Tun zu entlarven sei.[1] Deutliches Unwohlsein prägt dementsprechend vorliegende sozialpädagogische Einwände gegen *machtanalytische* Vorgehensweisen:[2] sie unterzöge „sämtliche moderne Humanwissenschaften dem Herrschaftsverdacht“, schreibt Micha Brumlik (Brumlik 1992, S. 163; vgl.

1 Die explizite Rezeption der Arbeiten Michel Foucaults in den deutschsprachigen Debatten um Soziale Arbeit findet bisher nur in marginaler Weise statt. Während in einigen Beiträgen die Foucaultschen Machtanalysen ohne eine umfassendere Rekonstruktion zurückgewiesen werden (vgl. Brumlik 1992, S. 163; Rauschenbach/Treptow 1984, S. 60), wird an anderen Stellen *epistemologisch* auf Foucaults Arbeiten Bezug genommen (vgl. Böhnisch 1996, S. 51ff.; Brunkhorst 1989; Coelen 1996; Hörster 1993; Treptow 1985, S. 62ff.; Winkler 1988). Die *machtanalytischen* Hinweise Foucaults bleiben bis auf sehr wenige, allerdings eher skizzenhafte Ausnahmen systematisch fast völlig unbeachtet (vgl. Kunstreich 1997, S. 18ff.). In manchem Fällen werden sie schlicht als „gefängnistheoretische“ Verweise kategorisiert (vgl. Bommes/Scherr 2000, S. 195). Dieses Phänomen ist angesichts der sozialwissenschaftlichen Dominanz einer durchaus abweisenden Foucault-Rezeption im deutschsprachigen Raum, wie sie vor allem Jürgen Habermas und Axel Honneth in den 1980er und 90er Jahren befördert haben, wenig erstaunlich (vgl. Habermas 1998; Honneth 1985; für die Soziale Arbeit: Tröhler 2001).

2 Hubert L. Dreyfus und Paul Rabinow weisen darauf hin, dass Foucault seine Überlegungen bewusst als „Analytik der Macht“ kennzeichnet, um sich damit von den Ansprüchen einer *Machttheorie* abzugrenzen (Dreyfus/Rabinow 1994: 216ff.). Foucault schreibt dazu: „Versucht man, eine Theorie der Macht aufzustellen, wird man immer gezwungen sein, sie als bestimmten Ort und einer bestimmten Zeit entstammend anzusehen und sie von da aus ab-

Peukert 1986). Thomas Rauschenbach und Rainer Treptow ironisieren, Foucaults Machtanalyse könne höchstens durch eine „radikale Non-Intervention (‚nichtstun ist besser als etwas tun')" gefolgt werden und das führe zu einer verheerenden Konsequenz: die „berufsstrategische Variante (ist) das Postulat der Deprofessionalisierung" (Rauschenbach/Treptow 1984, S. 60).[3] Foucault zu folgen hieße also, das Projekt Sozialer Arbeit selbst aufzugeben. Derart massive Zurückweisungen erfahren machtanalytische Sichtweisen aber nicht nur innerhalb der Debatten um Jugendhilfe und Soziale Arbeit. Die sozialpädagogischen Räsoneure stimmen ein in einen großen Chor deutschsprachiger Foucault-Spektizisten, deren gemeinsam rezipierter Refrain von Jürgen Habermas getextet wurde und bis heute fast unverändert intoniert wird: ein französischer Anti-Aufklärer propagiere unter dem Einfluß Nietzsches der Human- gegenüber eine Antiwissenschaft (vgl. Habermas 1998, S. 284). Foucault zu folgen hieße demnach, Aufklärung in toto zu beenden. Aktuelle Einwände spitzen diese Vorhaltungen gar dahingehend zu, Foucault sei nicht nur ein Grabredner der Aufklärung, sondern zugleich ein Wegbereiter neoliberaler Theoriebildung (vgl. Reitz 2003).

Irritation in der Rezeption der Arbeiten Foucaults erzeugen vor allem die Perspektivenwechsel, die Foucault im Verlauf seiner Arbeiten eingenommen hat und die er rückblickend in der Einleitung zum GEBRAUCH DER LÜSTE als folgende „theoretische Verschiebung(en)" beschreibt: Von der Analyse der „Formen von Diskurspraktiken" habe er sich zu einer Analyse der „offenen Strategien und den rationalen Techniken (...), die die Ausübung der Mächte artikulieren" bewegt, um bei der Analyse von „Formen und (...) Modalitäten des Verhältnisses zu sich (...), durch die sich das Individuum als Subjekt konstitutiert und erkennt" angekommen zu sein (Foucault [1984] 2000[1], S. 12). Wolfgang Detel spricht infolgedessen in MACHT, MORAL, WISSEN von den drei Phasen: Wissen, Macht und Subjektivität, die durch gemeinsame Beschäftigung mit der Frage nach spezifischen historischen „Wahrheitsspielen" bestimmt seien (Detel 1998, S. 16). Bereits zwei Jahre vor der Veröffentlichung von DER GEBRAUCH DER LÜSTE schreibt Foucault im Nachwort zu Hubert Dreyfus und Paul Rabinows Interpretation seiner Arbeiten, er habe sich mit „drei Weisen der Objektivierung (befasst), die Menschen in Subjekte verwandeln": der Konstitution der Wissenschaften, der Konstitution der Populationsregulierung und der Konstitution der Subjektbildung (Fou-

---

zuleiten, ihre Genese zu rekonstruieren. Wenn aber die Macht in Wirklichkeit ein offenes, mehr oder weniger koordiniertes (...) Beziehungsknäuel ist, dann besteht das einzige Problem darin, sich ein Analyseraster zu verschaffen, der eine Analytik von Machtverhältnissen ermöglicht" (Foucault 1980: 199, zit. nach Dreyfus/Rabinow 1994, S. 216). In diesem Sinne wird im Folgenden von einer „machtanalytischen Perspektive" oder einer „machtanalytischen Vorgehensweise" gesprochen.

3 In aktuellen deutschsprachigen Beiträgen wird, vor allem aus modernisierungstheoretischer Sicht, noch immer analog argumentiert. Markus Schroer fasst in seiner Studie DAS INDIVIDUUM DER GESELLSCHAFT die Perspektive Foucaults beispielsweise mit den Worten zusammen: „Individualisierung dient der lückenlosen Kontrolle und Überwachung des einzelnen" (Schroer 2001, S. 277).

cault [1982] 1994[4], S. 243). „Nicht die Macht, sondern das Subjekt", sei somit das Thema seiner Forschung (ebd.). Noch einmal fünf Jahre früher formuliert Foucault mit Blick auf seine ersten genealogischen Studien von Anfang der 1960er Jahre im Interview mit Fontana und Pasquino, „(ich) frage mich, von was ich jemals (...) gesprochen habe, wenn nicht von der Macht" (Foucault 1978[2], S. 30). Im Nachsatz schließlich zu der eben zitierten Stelle aus der Einleitung von DER GEBRAUCH DER LÜSTE schreibt Foucault: Während er zuerst die Wahrheitsspiele in ihrem Verhältnis zueinander in den Blick genommen habe, habe er sich anschließend dem Studium der Wahrheitsmechanismen im Verhältnis zu den Machtbeziehungen zugewandt, um von nun an „das Studium der Wahrheitsspiele im Verhältnis seiner selber zu sich und der Konstitution seiner selber als Subjekt" zu untersuchen (Foucault 2000[1], S. 13). Vom Diskurs zum Subjekt, von der Genealogie der Wissenschaften zur Genealogie des Subjekts oder doch Subjekttheorie, Machttheorie oder Analyse der Wahrheitsspiele?

Die offensichtliche Unbestimmbarkeit des „Werks" von Foucault ist der Grund für Faszination wie Verachtung, die dessen Überlegungen auszulösen scheinen. Fast verzweifelt vermutet man einerseits Habermas am Schreibtisch strampelnd argumentieren, wenn man liest, wie er von Foucaults „dramatische(r) Wirkungsgeschichte" und seinem „ikonoklastischen Ruf" schreibt und ihm im selben Moment als einzigem rezipierten Autor in DER PHILOSOPHISCHE DISKURS DER MODERNE gleich zwei Kapitel widmet (Habermas 1998, S. 324). Wie ein Glaubensbekenntnis eines Bekehrten, dessen Augen sich bei der nochmaligen Lektüre der Foucaultschen Texte zu öffnen scheinen, liest sich andererseits die Formulierung von Thomas Lemke in der Einleitung zu seiner Foucault-Interpretation, mit der er seine Reaktion auf die deutschsprachigen Foucault-Kritiken von Habermas und anderen beginnt: „Ich musste an den Anfang zurück und von vorne beginnen" (Lemke 1997, S. 26). Erst diese „Umkehr" ermöglichte es ihm, so Lemke weiter, einzusehen, dass die „KritikerInnen Foucault (...) weniger falsch als vielmehr ‚richtig' gelesen hatten" (Lemke 1997, S. 27). Nur verstehen konnten sie es nicht, denn sie hatten sich nicht auf den notwendigen Weg der Umkehr gemacht – könnte man an Lemkes statt, etwas süffisant, ergänzen.

Unabhängig davon, ob nun drei Phasen (vgl. Habermas 1998, S. 279ff.; Detel 1998; Freitag 2003) oder „drei Achsen" (vgl. Fink-Eitel 1997, S. 7ff.) innerhalb der Foucaultschen Arbeiten bestimmt werden, irritiert sehen sich fast alle Rezipienten der Frage gegenüber gestellt, ob nun Kontinuität oder Diskontinuität das „Werk" des französischen Denkers kennzeichne. Foucault lässt die dermaßen Fragenden immer wieder gegen die Wand laufen, wie der „Bekehrungsakt" Lemkes deutlich macht. Denn es ist nicht die Frage nach der Konsistenz, mit der das rekonstruierende und reflektierende Tun Foucaults charakterisierbar ist. Foucault verweigert sich dieser Frage. Die Irritation selbst ist sein wissenschaftliches Begehr. Eine kleine Notiz, die Foucault im September 1972, zur Zeit der Vorarbeiten zu ÜBERWACHEN UND STRAFEN, im LE FIGA-

RO LITTÉRAIRE bezüglich der wissenschaftlichen Vorgehensweise Gaston Bachelards formuliert, ist bezeichnend für seine Vorgehensweise: „An Bachelard verblüfft mich besonders, dass er gewissermaßen gegen seine eigene Kultur mit seiner eigenen Kultur spricht. (...) Bachelard macht sich von diesem ganzen Komplex von Werten frei, und macht sich davon frei, indem er alles liest und alles gegen alles antreten lässt. (...) Und das tut er nicht etwa, weil er die große umfassende Kultur, des Abendlandes, Europas oder Frankreichs nachzeichnen will. Nicht, weil er damit zeigen will, dass es stets derselbe große Geist ist, der überall lebt und sich regt und als derselbe vorzufinden ist; im Gegenteil, ich habe den Eindruck, dass er mit seinen Zerklüftungen, seinen Abweichungen, seinen kleinen Aussetzern und seinen falschen Anmerkungen seine eigene Kultur in die Falle zu locken versucht“ (Foucault [1972] 2002, S. 476f.). Selten ist Foucault einer seiner Bezugsquellen, den Überlegungen von Friedrich Nietzsche, derart nah. Das Paradox des wissenschaftlichen Ideals der „freien Geister“ auf der einen Seite, das heißt der Hoffnung auf die Bereitschaft und dem Vermögen zur Analyse gegen das Bedürfnis „mit Vielen übereinstimmen zu wollen“ (vgl. Nietzsche 1999, S. 60). Und auf der anderen Seite dieses bei gleichzeitiger radikaler Analyse bis zum „Verrat“ der eigenen kulturellen Konzessionen zu tun, also in Form radikaler Wahrheitskritik (vgl. Nietzsche 1999, S. 41ff.). So hat Nietzsche es im Zweiten Hauptstück von JENSEITS VON GUT UND BÖSE beschrieben.

Die Analyse der diskursiven Praktiken, die Genealogie der Wissensformen, die Rekonstruktion der Subjektivierungsweisen und Wahrheitsspiele, die Machtanalyse – der „Werkzeugkasten“ Foucaults steht bereit zur radikalen Analyse des Sicht- und Sagbaren.[4] Einige der Werkzeuge scheinen Foucault nach deren Gebrauch zu stumpf für weitergehende Arbeiten (*archäologische Rekonstruktionen*), anderes Material wendet er immer wieder an neuen Materialien an (*machtanalytische Reflexionen*) und von manchen Instrumenten war er bei deren Einsatz verblüfft, sie erst so spät in seinem Werkzeugkasten entdeckt zu haben, wäre doch mancher Stoff damit bereits in früheren Phasen wohl besser zu bearbeiten gewesen (*Analyse der Subjektivierungsweisen*). Mehr als dieser Werkzeugkasten ist es nicht, aber auch nicht weniger, was uns die Arbeiten Michel Foucaults hinterlassen.

Für die hier vorliegende Studie wird eine Nutzung machtanalytischer Werkzeuge präferiert. Damit wird der Blick auf die historisch-spezifischen Formen von Regierungsweisen gerichtet, oder anders gesprochen: auf Prozesse der Subjektivierung. Dieses liegt für die hier gewählte Untersuchungsperspektive nahe, steht doch die Beobachtung von politischen Rationalitäten, von Denkweisen in Bereichen im Mittelpunkt, die durch Maßnahmen aktiver Unterstützung und geplanter Beeinflussung von Subjektivierungsweisen der nachwachsenden Generation in Fällen sozialer Marginalisierung bestimmt werden. Untersucht werden also *Regierungsweisen*, wobei, wie Foucault schreibt,

4 Das Bild der „Werkzeugkiste“ oder des „Werkzeugkastens“ verwenden auch Thomas Lemke und Ulrich Bröckling in ihren Studien zu einer Gouvernementalität der Gegenwart (vgl. Lemke 1997, S. 37; Bröckling 2003, S. 77).

„dieser Ausdruck einen sehr weitgefaßten Sinn hat: das ist sowohl die Art, wie man Frau und Kinder leitet, als auch die, wie man eine Institution führt. Die Analyse dieser Techniken ist erforderlich, weil sich häufig mit ihrer Hilfe die Herrschaftszustände errichten und aufrechterhalten“ (Foucault 1985, S. 26). Eine *Machtanalytik*, welche die historisch-spezifische Ausgestaltung von Subjektivierungsweisen fokussiert, ist damit von *machttheoretischen* Vorgehensweisen zu unterscheiden, denen die Vorstellung einer Dichotomie von „Unterdrückung“ und „Freiheit“ zu Grunde gelegt wird (vgl. Detel 1998, S. 19ff.). Es geht nicht um die Anpassung einheitlicher „Subjekte“ an spezifische historische Wahrheitsspiele, also „objektive“ Bedingungen, sondern um deren Gestalt und Gestaltungsprozesse, das heißt die *Wahrheitsspiele* selbst, die sich als historisch-spezifische Regierungsweisen präsentieren, als Legitimationsmuster spezifischer Arrangements des Sozialen. Damit wird deutlich, dass Foucaults Hinweis von 1982, verschiedenartige „Objektivierungen“ stellten das Thema seiner Arbeit dar, für sozialpädagogische Debatten begrifflich missverständlich sein könnte. Denn nicht, „wie Subjekte zu Objekten gemacht werden“, sondern „wie Subjekte sich als Subjekte“ begreifen und begreifen sollen, stellt sich als machtanalytische Frage, die zur Bearbeitung ansteht. „Subjekte“ sind damit nicht mehr als autonome Handlungseinheiten bestimmbar, die sich in gelungenen Fällen „selbst führen“, weil sie sich von objektiven Rahmenbedingungen befreit haben, freigesetzt wurden oder zumindest situativ freigestellt scheinen. Vielmehr rückt forschungssystematisch die Frage der Gestaltung historisch-spezifischer Subjektivierungsweisen in den Mittelpunkt (vgl. Kap. 2). Im Zentrum der vorliegenden Studie stehen daher Fragen nach den Formen menschlicher Fremd- und Selbstführung in ihrer ambivalenten Gleichzeitigkeit (vgl. Bröckling 2003, S. 77).

3.2 Hierarchisierung von Homogenität und Individualität

Foucault stellt Erziehung, Fürsorge und Sozialarbeit neben Medizin und Psychologie als Stützen des seit Beginn des 19. Jahrhunderts entstehenden „Normalisierungsnetze(s)“ und damit als Erbinnen des bis dahin dominierenden „Disziplinarnetze(s)“ vor (vgl. Kap. 1). Erziehung und Fürsorge rücken seines Erachtens zunehmend an die Stelle des Gefängnisses: „In dem Maße, in dem die Medizin, die Psychologie, die Erziehung, die Fürsorge, die Sozialarbeit immer mehr Kontroll- und Sanktionsgewalten übernehmen, kann sich der Justizapparat seinerseits zunehmend medizinieren, psychologisieren, pädagogisieren; und in eben diesem Maße verliert das Scharnier an Nützlichkeit, welches das Gefängnis darstellte, als es durch die Kluft zwischen seinem Besserungsdiskurs und seiner Wirkung als Delinquenzkonsolidierung die Strafgewalt als Disziplinargewalt verknüpfte. Inmitten dieser immer dichter werdenden Normalisierungsnetze verliert das Gefängnis an Bedeutung“ (Foucault 1994^2, S. 395).

Sozialpädagogische Einrichtungen als Erbinnen des Gefängnisses, die industriekapitalistische Moderne als Phase einer „Sozialpädagogisierung des

Strafsystems" (Rehmann 2003, S. 79)? Das Unwohlsein, das mit der sozialpädagogischen Zurückweisung einer zustimmenden Beantwortung dieser Frage verbunden zu sein scheint – Detlev Peukert wendet beispielsweise in, die „Vision von Historikern aus der Schule Foucaults, daß die moderne Gesellschaft zu einer immer lückenloser werdenden Gefängniswelt werde, (sei) unangemessen" – zielt an dem Vorhaben machtanalytischer Projekte vorbei (Peukert 1986, S. 67). Brumlik, Rauschenbach/Treptow oder Peukert (re)produzieren an dieser Stelle in unterschiedlicher Weise die weit verbreitete machttheoretische Grundannahme von Macht als repressiver Kraft (vgl. Rehmann 2003). Statt der repressiven Gestalten vormoderner Gesellschaften erhoffen sich sozialpädagogische Autoren wie Rauschenbach und Treptow demgegenüber eine möglichst herrschaftsfreie Gestaltung des Sozialen – initiiert durch (sozial)pädagogische Unterstützungsmaßnahmen innerhalb „moderner" Gesellschaften. Soziale Arbeit in die Tradition der symbolisierten Disziplinaranstalt zu stellen, scheint diese Befreiungshoffnung zu desavouieren.

Machtanalytische Untersuchungen, wie die in der Tradition von Foucault stehenden *Studien zur Gouvernementalität* weisen darauf hin, dass ein derartiges dualistisches „Macht *versus* Freiheit"-Modell für eine Analyse strafender wie (sozial)pädagogischer Regierungsweisen unzureichend ist (vgl. Krasmann 2003). Es ist das „integrierte' System", in das die Disziplinargewalt im 18. Jahrhundert transformiert wird, das aus dem Blick gerät, wenn solche dichotomen machttheoretischen Prämissen zu Grunde gelegt werden (Foucault 1994², S. 228). Machtanalytische Analysen machen demgegenüber deutlich, dass die historisch-spezifischen Regierungsweisen nur dann angemessen zu dechiffrieren sind, wenn die Vorstellung eines „Außerhalb" von Machtverhältnissen aufgegeben wird und konsequent die Relationalität und Immanenz der Arrangements von Subjektivierungsweisen und damit der historisch-spezifischen Regierungsformen untersucht werden.[5] Andernfalls können gerade jüngste neosoziale Verschiebungen im Macht-Wissens-Komplex, wie sie hinsichtlich der Gestaltung Sozialer Arbeit an vielen Stellen diskutiert und implementiert werden, nicht ausreichend erfasst werden: Neue Steuerungsmaßnahmen propagieren beispielsweise die Demokratisierung von Trägerstrukturen durch „flache Hierarchien", „Mitarbeiterbeteiligung" oder „Selbstevaluation", also ein zumindest semantisches „Weniger von Herrschaft" und „Mehr von Freiheit". Der damit erreichte Freiheitsgewinn für die beteiligten Akteure wäre allerdings völlig verkürzt analysiert, wenn nicht das Phänomen betrachtet wird, dass mit solchen Verkündungen von Selbstführungsweisen Macht- und Herrschaftsverhältnisse nicht überwunden, sondern das Verhältnis von Fremd- und Selbstführung „nur" neu justiert wird (vgl. Zweiter Teil). Eben der Analyse von Verhältnis-Relationierungen, historisch-spezifischer Gestaltungsweisen des Sozialen, stellen sich machtanalytische Arbeiten, wie die Studien zur Gouvernementalität. Derartigen Arbeiten geht es darum, zu konkretisieren, was es heißen kann, wenn Foucault bezüglich Bachelards Vorgehensweisen die

5 Vom dritten grundlegenden Charakteristikum der Foucaultschen Machtkonzeption, der *dynamischen* Dimension von Macht, wird im weiteren Text noch zu sprechen sein.

Forderung formuliert, die „eigene(n) Kultur in die Falle zu locken" (Foucault [1972] 2002, S. 476).[6]

Eine „auf das Leben gerichtete Machttechnologie" kennzeichne die Arrangements des Sozialen in Mitteleuropa seit dem 18. Jahrhundert, schreibt Foucault am Ende von DER WILLE ZUM WISSEN (Foucault 1999[1], S. 172). Aus Disziplinargesellschaften werden im Anschluss an die Aufklärung zunehmend Normalisierungsgesellschaften, könnte man mit Foucault – allerdings in fast ungebührlicher sequentialistischer Begradigung – folgern[7]: Institutionen der Medizin, der Psychologie, der Erziehung und der Fürsorge entstehen zur Regulierung von *Individual-* wie *Bevölkerungskörper*. In der neunten seiner Vorlesungen im Studienjahr 1974/1975, die sich im Kontext der im selben Jahr erschienenen Studie ÜBERWACHEN UND STRAFEN mit gesellschaftlich als anormal bezeichneten Bevölkerungsgruppen auseinandersetzen, zitiert Foucault in diesem Zusammenhang aus dem schulpädagogischen Programm der Philanthropen in der zweiten Hälfte des 18. Jahrhunderts: „Wir brauchen eure Kinder (...) also gebt sie uns. Denn wir sind darauf angewiesen, so wie übrigens ihr auch, daß diese Kinder normgerecht ausgebildet werden. Also vertraut sie uns an, damit wir sie einer gewissen *Normalität* entsprechend ausbilden" (Foucault 2003[1], S. 340; Hervorh., F.K.). Kinder sind die Menschen, die der verabredeten Normalität (noch) nicht entsprechen. Die *Ausbildung* von Normalität weisen die Philanthropen daher konsequent und explizit als ihr pädagogisches Programm aus. Jugendhilfemaßnahmen sind seit Beginn ihrer Institutionalisierung und Professionalisierung im letzten Drittel des 19. Jahrhunderts in derselben Weise konzipiert: Normalität wird als das Ziel ihrer Interventionsmaßnahmen beschrieben. Darauf zielt auch Nohls Bemerkung hinsichtlich der Gestaltung des Generationenverhältnisses, wenn er am Ende seiner Überlegungen schreibt, es gehe hierbei um die „Kontinuität des Geistes" (Nohl 1914[1], S. 120).

Hierfür stehen schon seit den Zeiten des RJWG die Bereiche der „Jugendfürsorge" und ihre heutigen Erbinnen: vor allen die Angebote im Bereich der Hilfen zur Erziehung und der Jugendsozialarbeit. Ihnen kommt bis heu-

6 Nikolas Rose folgert für eine sozialwissenschaftliche Analyse aus dem Entwurf eines nicht-ontologischen Freiheitskonzepts: „This recognition of freedom as a set of practices, devices, relations of self and self to others, of freedom as always practical, technical, contested, involving relations of subordination and privilege, opens freedom itself to historical analysis and historical criticism" (Rose 1999, S. 94).

7 Die Sequentialität von Disziplinierungs- hin zu Normalisierungsgesellschaften habe ich an dieser Stelle, trotz der systematischen Unschärfe, die eine solche Epochenchronologie suggeriert, gewählt, um historische Verschiebungen in den Gestaltungsformen des Sozialen zu verdeutlichen. Diese werden allerdings nie in dieser Form eines Vorher-Nachher-Prozesses vollzogen, sondern zu Überlagerungen, Verwebungen, Verkürzungen oder Ausdehnungen verschiedener Gestaltanteile führen. Dementsprechend werden beispielsweise Disziplinierungsmaßnahmen mit der Entstehung von „Normalisierungsgesellschaften" nicht überwunden, aber in einen anderen Zusammenhang überführt. Die hier skizzierte Sequentialität sollte also nicht als Epochencharakterisierung oder Gesellschaftsformationsbezeichnung verstanden werden, sondern dient der Verdeutlichung diskursiver Regelmäßigkeiten (vgl. Kap. 5).

te die Aufgabe der Normalisierung zu. Die Weimarer Ministerialrätin Gertrud Bäumer differenziert in diesem Sinn in einem der ersten Gesetzeskommentare zum RJWG am Ende der Weimarer Republik zwischen Angeboten der Jugendfürsorge und der Jugendpflege: „Es versteht unter Jugendpflege alle Maßnahmen für die *normale* Jugend, bei denen sich also Staat und Gesellschaft an der Aufgabe der Familie helfend beteiligen. (...) In dem Begriff der Jugendfürsorge werden dagegen solche Maßnahmen zusammengefaßt, die es mit in irgendeinem Sinne nicht normalen Verhältnissen zu tun haben und hier vorbeugend, schützend oder heilend eintreten sollen“ (Bäumer 1929², S. 18; Hervorh. im Orig.)[8]. Hier konkretisiert Bäumer das Programm einer zeitlichen Hierarchisierung von Fremd- und Selbstführung als *Hierarchisierung von Homogenisierungs- und Individualisierungsstrategien*: Erst wenn ein bestimmter Grad an Homogenität erreicht ist, ist der nachwachsenden Generation auch Individualität erlaubt (vgl. Kap. 2). Gleichzeitig wird aber auch den „normalisierten“ Kindern und Jugendlichen ein bestimmter Grad an De-Normalisierung erlaubt, das Spiel mit der „Normalität“.

Historisch ist diese Einschätzung an der Frage der Selbstorganisationsmöglichkeiten von Kindern und Jugendlichen in den verschiedenen Formen der Jugendbewegung im Deutschen Reich eindrücklich zu illustrieren. Den größten Teilen der so genannten bürgerlichen Jugendbewegung, wie sie sich im Verbund der „Freideutschen Jugend“ vor Beginn des Ersten Weltkriegs zusammenfand, war Individualität, ihre Selbstorganisation erlaubt. Ihre Kulturkritik schien den herrschenden Eliten nicht nur wenig gesellschaftsgefährdend, sie fügte sich ein in einen dominierenden Anti-Modernismus, wie er die wilhelminische Gesellschaft um die Jahrhundertwende in großen Teilen bestimmte (vgl. Niemeyer 2001). Das offensichtliche Protestverhalten der bürgerlichen Jugendlichen beschränkte sich freilich hauptsächlich auf gemeinsame Wanderungen und Wochenendfahrten, die sie hinaus führten aus den industrialisierten Städten. Hier, in der „Natur“, fand das idealistische Streben der großteils aus liberalen Elternhäusern kommenden und bei liberalen Lehrern unterrichteten Jugendlichen seinen Platz bei Liedern aus der MUNDORGEL am nächtlichen Lagerfeuer. „Normalisiert“ waren sie bereits, diese wandernden Jugendlichen, ihre „Selbstführung“ schien somit nicht gefährlich für die bestehende Sozial- und Normordnung (vgl. Pross 1964). Kamen dagegen die Jugendlichen innerhalb der proletarischen Jugendbewegung auf den Gedanken, sich „selbst zu führen“, wurde das sehr viel weniger akzeptiert. Ihre Selbstbildungsbestrebungen wurden von Beginn an als politisch ausgerichtetes Protestverhalten markiert. Die von der proletarischen Jugendbewegung mindestens immanent thematisierte soziale Frage und der damit verbundenen proletarischen Lebenslagen hinterfragte bestehende Herrschaftsverhältnisse. Einer solchen Problema-

8 Ein aktuelles Verwendungsbeispiel dieser konzeptionellen Differenzierung findet sich in der JUGENDHILFE-Einführung von Erwin Jordan und Dieter Sengling. Sie teilen die Handlungsfelder, die im KJHG geregelt werden, analog zur Bäumerschen Differenzierung unter anderem in die beiden Bereiche „Allgemeine Förderung“ und „Hilfen zur Erziehung“ ein (vgl. Jordan/Sengling 1994).

tisierung der Homogenität des damaligen bestehenden Arrangements des Sozialen wurde mit politischen Regulierungsmaßnahmen, Sanktionierungen und öffentlichen Skandalisierungen begegnet, beispielsweise durch Warnhinweise, von den so genannten „Wilden Cliquen“ gehe eine öffentliche Gefährdung aus. Individualität war *diesen* Jugendlichen nicht erlaubt, stellten sie doch die herrschenden Homogenitätsmuster in Frage. Sozialpolitisch waren hier zuerst einmal *Normalisierungsprozesse* angesagt. Erst nach Abschluss erfolgreicher Homogenisierungsleistungen stehen *normalisierten* Jugendlichen *normale* Angebote offen.

Oben wurde bereits angedeutet, dass diese Überzeugung bemerkenswerter Weise nicht dazu geführt hat, dass sich Soziale Arbeit selbstverständlich als staatlich institutionalisierte Normalisierungs- und damit Homogenisierungsinstanz begreift. Im Gegenteil durchzieht ihre theorie-konzeptionellen Entwürfe von Beginn an ein „anti-staatlicher Impuls“.

3.3 Der anti-staatliche Impuls

Der Glaube an ein Jenseits „subjektiver Selbstführung“ führt sozialpädagogische Konzeptionsdenker immer wieder dazu, entweder auf einen im „pädagogischen Bezug“ aktivierten Bund eigener Gesetzmäßigkeit zu setzen, wie Gertrud Bäumer formuliert (vgl. Nohl 1927, S. 73), oder ideale menschliche Gemeinschaften durch eine pädagogische Inszenierung „gegen-staatlicher“ Orte pädagogisch implementieren zu wollen, wie sich dies Natorp erhoffte (vgl. Kap. 2).

Beide Strategien rechtfertigen das momentane Tun mit Verweis auf eine zukünftige Befreiung. Aus beiden Perspektiven erscheint daher – ganz platonisch und rousseauistisch – die Gestaltungsform des Sozialen im aktuellen Zustand unzureichend. Bedauerlicher Weise sucht sich diese sozialpädagogische Gesellschaftskritik ihre Begründung somit mehrheitlich in jenseitigen Idealkonstruktionen und nicht in einer kritischen Analyse bestehender Arrangements des Sozialen.

Die umfassende und vielfältige Traditionslinie dieser Thematisierungsweise sei an dieser Stelle zum besseren Nachvollzug wenigstens an einigen Stellen skizziert.

Johann Hinrich Wichern hofft Mitte des 19. Jahrhunderts ebenso auf eine „Restauration“ familialer Strukturen, wie die Reformpädagogin Ellen Key am Anfang des 20. Jahrhunderts:[9] „Erst wenn die Kinder von der Schule, der Straße, der Fabrik wieder für das Haus erobert werden und die Mütter von der Außenarbeit oder dem Gesellschaftsleben den Kindern wiedergegeben werden,

9 Restauration ist hier in Anführungszeichen gesetzt, um zu verdeutlichen, dass das von Wichern und Key unterstellte Bild intakter Familienstrukturen für feudale und merkantilistische Arrangements des Sozialen ebenso wenig nachzuweisen ist, wie für wohlfahrtsstaatliche. Key produziert an dieser Stelle eine typisch konservative selektive Geschichtsdeutung, indem sie suggeriert, „vormals“ sei die heute „zerstörte“ familiäre Integration funktionstüchtig gewesen.

wird eine natürliche Erziehung in Rousseaus und Spencers Geist zur Wirklichkeit werden", (Key 1905, S. 110, zit. nach Andresen/Baader 1998, S. 104). Beide deuten die beobachteten Neugestaltungen des Sozialen als „Zerrüttung des Familienglücks und der Familiengemeinschaft" (Wichern 1949, S. 20) und Verlust des häuslichen Lebens (vgl. Andresen/Baader 1998, S. 103ff.; vgl. Woog 1998).

Ende der 1960er und 70er Jahre sind es revolutionstheoretisch inspirierte Arbeiten, die eine grundlegende „Sozialstaatsideologie" enttarnen wollen. Zwar legen diese Perspektiven, ähnlich den frühen sozialistisch inspirierten Programmen Anfang des 20. Jahrhunderts, wie sie unter anderen Carl Mennicke in seinen Arbeiten formuliert hat, zumindest Ansätze einer rekonstruktiven Reflexion bestehender Gestaltungsprozesse des Sozialen nahe. Dennoch bleibt auch ihr „anti-staatlicher Impuls" einem Glauben an ein „Jenseits" verhaftet: „Der Staat gilt sozusagen als neutraler Schiedsrichter. Diese Theorie erweckt innerhalb der Arbeiterklasse die Illusion, es genüge, Druck auf den Staatsapparat auszuüben, Klassenkämpfe seien nicht mehr notwendig und störten nur das ehrliche Bemühen des Staates, Gerechtigkeit bei der Verteilung des großen ‚Kuchens' (...) walten zu lassen" (Autorenkollektiv 1972, S. 290; vgl. auch Lenhardt/Offe 1977). Die Aufklärung über die permanenten Proletarisierungsprozesse soll Fachkräfte wie Nutzer zum solidarischen politischen Kampf „für bessere Lebensbedingungen der Klienten, gegen die Deklassierung des Proletariats und seiner Kinder", für die „Verbesserung der Arbeitsbedingungen der Sozialpädagogen" und für die „Verbreitung des wissenschaftlichen Sozialismus" mobilisieren (Autorenkollektiv 1972, S. 300). Auch hier werden die sozialpädagogischen Fachkräfte konzeptionell zu „Besserwissenden" protegiert, die zwar in staatlich institutionalisierten Kontexten agieren, aber bereits am „Jenseits" dieser Sozialbürokratien orientiert sind. Noch heute scheint manchem revolutionstheoretischen Protagonisten der sozialpädagogisch Tätige der beste Klassenkämpfer zu sein und Soziale Arbeit demzufolge selbstverständlich mit einem „politischen Mandat" versehen (Sünker 2001).

Seit einigen Jahren sind es „bürgergesellschaftliche" Konzeptionen, die den „anti-staatlichen" Impuls innerhalb der Debatten um Soziale Arbeit erneut dynamisieren. Das wohlfahrtsstaatliche Arrangement wird als System bemängelt, das die „Individuen (...) doch eher als der Hilfe bedürftige Menschen bzw. ‚passive Leistungsempfänger' betrachtet und weniger als handelnde Subjekte" (Olk 2000, S. 108). Demgegenüber werden Forderungen nach Konzeptionen einer „aktivierenden Sozialpolitik" auf- und ausgebaut, die „ihre Zielgruppen als Handelnde in die Leistungserbringung ein(bezieht)" und „deren immer schon vorhandene bzw. entwicklungsfähige Problemlösungen (unterstützt und fördert)" (Olk 2000, S. 108). Auch für Olk ist damit Soziale Arbeit bereits weiter als die gegebenen institutionalisierten Umstände, weshalb auch die Implementierung einer ALTERNATIVEN PROFESSIONALITÄT auf der Agenda stünde (Olk 1986).

Professionelle Soziale Arbeit ist im wohlfahrtsstaatlichen Arrangement des Sozialen allerdings von Beginn an nationalstaatlich strukturiert, sie verfügt über eine „konstitutiv staatsförmige Struktur" (Brumlik 2000, S. 189; vgl. Böhnisch 1982, S. 58ff.).[10] Historische Vergewisserungen weisen diese Bestimmung mit Hinweis auf die Herkunft sozialstaatlicher Instanzen aus dem vorrevolutionären Policeywesen aus: Die „gute Polizey" stelle die neuzeitliche und nun öffentlich verfasste Variante zur Ordnung des Gemeinwesens dar (Pankoke 1971, S. 183ff.). „Die Aufgaben ständischer Für- und Vorsorge, welche in den ständischen Gemeinschaften (...) gewissermaßen in naturaler Selbstverständlichkeit wahrgenommen wurden, mußten nun einer staatlichen Armenpolizei überantwortet werden" (Pankoke 1971, S. 183f.). Beerbt wurden diese Ordnungshüter des Gemeinwesens nicht zuletzt von der Sozialen Arbeit.

Doch stehen solche Hinweise nicht in der Gefahr, eine andere Traditionslinie Sozialer Arbeit, die ihre Bezugspunkte und Herausforderungen in und von den sozialen Bewegungen erfahren hat, zu übergehen? Ist nicht der „anti-staatliche Impuls" Sozialer Arbeit gerade ein Ausdruck der Bemühungen, immer wieder Anschluss zu nehmen an dem politischen Engagement von Arbeiterbewegung, Frauenbewegung, Studierendenbewegung, Genossenschaftsbewegung oder Initiativen lokaler Selbstorganisation (vgl. Kunstreich 2002)?

Sollte demnach – statt einen „anti-staatlichen" Impuls zu beklagen – vielmehr diese Motivation aufgenommen und quasi sozialtheoretisch gewendet werden, indem man eine offensive Auseinandersetzung mit der Frage der konstitutiven Staatsförmigkeit Sozialer Arbeit führt? Sollte also der „anti-staatliche" Impuls, gerade dazu führen, dieses „kollektive(n) Syndrom (...) der ‚Staatsfeindschaft' Sozialer Arbeit, ihre staatliche Konstitution staatstheoretisch auszubuchstabieren (Schaarschuch 2003, S. 37)?

Der Blick auf die einflussreichste „anti-staatliche" Konzeption innerhalb der theorie-konzeptionellen Diskussionen um Soziale Arbeit verspricht Klärung: modernisierungstheoretische Beiträge, innerhalb derer Soziale Arbeit als „intermediäre Instanz" beschrieben wird (vgl. Böhnisch 1982; Rauschenbach/Treptow 1984).

Die zuerst auf die Grundlegung von Lothar Böhnisch zurückgreifenden Bestimmungsversuche Sozialer Arbeit als intermediärer Instanz setzen am System-Lebenswelt-Modell an, das Jürgen Habermas im Rahmen seiner THEORIE DES KOMMUNIKATIVEN HANDELNS ausarbeitet (vgl. Habermas 1981). Soziale Arbeit wird daran anschließend als intermediäre Instanz *zwischen* System und Lebenswelt bestimmt – als Vermittlungsinstanz zwischen kolonialisierenden, sozial-kontrollierenden, also staatlichen Einflüssen, und

10 Castel weist in seiner CHRONIK DER LOHNARBEIT darauf hin, dass eine Kombination aus Nationalstaat und Sozialstaat terminologisch die Rede über sozialstaatliche und – so ist für den hier gewählten Zusammenhang zu ergänzen – sozialpädagogische Strukturierungen am ehesten treffen würde. Er schlägt dafür den Begriff „État national-social" vor (Castel 2000, S. 249). Begriffspragmatisch spreche ich im Folgenden weiterhin von wohlfahrstaatlichen Arrangements des Sozialen.

den Bedürfnissen, Interessen, den Selbstbestimmungsperspektiven von Nutzerinnen und Nutzern. Professioneller Sozialer Arbeit komme demzufolge die Aufgabe zu, im „Zwischenbereich von ökonomisch bestimmter Sozialpolitik und lebensweltlich gebundener Sozialisation von Kindern und Jugendlichen" zu agieren, schreibt Böhnisch (vgl. Böhnisch 1982, S. 4). Oder in den Worten von Thomas Rauschenbach und Rainer Treptow: „Wenn diese Überlegungen in ihrer Tendenz richtig sind, so ist SP/SA (Sozialpädagogik/Sozialarbeit, F.K.) weder im ökonomisch-politischen Zentrum des Systems, noch in der Lebenswelt lokalisiert" (Rauschenbach/Treptow 1984, S. 43). Siegfried Müller und Hans-Uwe Otto bringen in ihrer Einleitung des Kommissionstagungsbandes VERSTEHEN ODER KOLONIALISIEREN?[11], die sich der Frage den Konsequenzen des Habermasschen Theorieprogramms für die theoriekonzeptionellen Debatten um Soziale Arbeit widmet, den im Anschluss an Habermas initialisierten „anti-staatlichen" Impuls sozialpädagogischer Perspektiven auf den Punkt: „Es wäre zu kurz gegriffen, wenn man das Verstehen hier lediglich als eine subtile Methode des sozialpädagogischen Zugriffs auf die ‚innere Natur' des Menschen darstellen würde. Auch eine bloße Substitution des Verstehensbegriffs durch den der Verständigung verdeckt mehr Probleme als sie zu lösen imstande ist. Denn Verständigung setzt allemal eine Kommunikations- und Interaktionsstruktur voraus, die sich in der Praxis der Sozialen Arbeit *nur in den auf Konsensbildungsprozesse* angewiesenen Segmenten etablieren läßt. *Wo es um die Durchsetzung von Herrschaftsinteressen geht, verkommt das Verständigungspostulat zur Fiktion*" (Müller/Otto 1984, S. 8; Hervorh., F.K.). Sic!: Wir wollen alles, nur keine staatlichen Instanz sein (vgl. Schaarschuch 2003, S. 37ff.).

Vorstellungen der Positionierung sozialpädagogischer Organisationen in einem „intermediären" Bereich eröffnen einen – zweifachen – Erkenntnisgewinn: sowohl pädagogisierende Modelle, die ausschließlich Interaktionssituationen, den jeweiligen *pädagogischen Bezug*, in den Mittelpunkt des Interesses rücken, werden damit als ebenso verkürzt zurückgewiesen wie strukturalistische Modelle, die Soziale Arbeit an sich als repressives Herrschaftsinstrument identifizieren (vgl. Rauschenbach/Treptow 1984, S. 39ff.). Dennoch ist die Bestimmung Sozialer Arbeit als „intermediäre Instanz" unzureichend. Denn: Wo ist dieser Ort *zwischen* System und Lebenswelt? Sind es nicht exakt die Rationalisierungsprozesse, wie sie Habermas im Anschluss an Max Webers Reflexionen beschreibt, die Soziale Arbeit *als* staatliches oder staatlich reguliertes Handeln hervorgebracht haben? In Habermas Arbeit wird in diesem Zusammenhang auf Rationalisierungsprozesse verwiesen, die zur lebensweltlichen Ausgliederung der nun zunehmend formalisierten und abstrahierten Größen von Moral und Recht führen, die dadurch nicht mehr in direkter Kommunikation vermittelbar seien. Und was anderes als eine solche lebensweltliche Aus-

11 Die Kommission Sozialpädagogik der Deutschen Gesellschaft für Erziehungswissenschaft (DGfE) führte 1983 eine Fachtagung unter dem Titel VERSTEHEN ODER KOLONIALISIEREN? zur Frage des Verstehens vor dem Hintergrund der von Habermas zwei Jahre vorher vorgelegte THEORIE DES KOMMUNIKATIVEN HANDELNS durch (vgl. Müller/Otto 1983).

lagerung *in* die systemischen Bereiche bedeutet die Institutionalisierung und Professionalisierung Sozialer Arbeit seit dem dritten Drittel des 19. Jahrhunderts? Soziale Arbeit *ist* staatlich reguliertes Handeln.

Allerdings erweisen sich auch Habermas staatstheoretische Implikationen angesichts ihrer immanenten Annahme einer Unilinearität als relativ problematisch: Der Erklärungsansatz, systemische Rationalisierungsprozesse entwickelten sich aus lebensweltlichen Kontexten heraus, führt Habermas zur zeitdiagnostischen Analyse einer „Kolonialisierung der Lebenswelt" (Habermas 1981, S. 522): Systemische Gesellschaftsbereiche unterwerfen demnach die Lebenswelt ihren Zwängen (Habermas 1981, S. 275f.). Damit zeichnet auch Habermas ein Bild, in dem ein *Außen* des eigentlichen *Innen* entsteht, welches dann herrschaftlich auf das ursprüngliche Innen zurückwirkt. Macht und Herrschaft fielen somit systematisch in Form der Repression zusammen. Damit gerät Habermas Kommunikationstheorie in die machttheoretische Aporie aller auf Basis von Repressionshypothesen argumentierenden Analyseprogrammen: Macht und Herrschaft werden als Formen der Unterdrückung ursprünglich freier oder wesenhaft zum freien Handeln bestimmter Akteure verstanden (vgl. Foucault 1978², S. 34ff.). Die Freisetzung oder Wieder-Freisetzung der Akteure ist dann die anschlusslogische Forderung zur Installierung eines Modells der „Herrschaftsfreiheit".

Habermas bekennt sich mit dieser Perspektive zur alteuropäischen Vernunfttheorie und die daran anschließenden sozialpädagogischen Entwürfe klammern sich ebenso vehement wie der Frankfurter Philosoph an die vernunfttheoretische Überzeugung, gerade die autonome Entwicklung der Vernunftmomente sei „das Spezifikum der Moderne" (Welsch 1996, S. 130). Der systematischen Inblicknahme einer DIALEKTIK DER AUFKLÄRUNG wird sich damit allerdings strikt verwehrt, was grundlegende Konsequenzen für diese Weltsicht hat. Die vernunftkritische Konsequenz, die Adorno und Horkheimer für die Kritische Theorie bereits formulieren, und an die Habermas Anschluss zu nehmen versucht, „Kritik (sei) nur noch inmitten der Kämpfe" zu haben, geht er nur im ersten Schritt mit. Denn Habermas versucht die Immanenzannahme kommunikationstheoretisch zu überwinden und buchstabiert im zweiten Schritt ein „trans-individuelles Ideal" zwangloser Kommunikation aus (Welsch 1996, S. 103ff.). Wolfgang Welsch hat in seiner vernunftkritischen Studie herausgearbeitet, wie diese Aufnahme von Teilen der NEGATIVEN DIALEKTIK durch Habermas Adornos Argumentationsfiguren völlig zuwiderläuft und sich vielmehr Adornos Hinweise auf die Notwendigkeit einer „Kommunikation des Unterschiedenen" und idealiter auf „das Potential des Einverständnisses von Menschen und Dingen" sich wie eine vorweggenommene Kritik an Habermas *Kommunikations*theorie liest (Adorno 1969¹, S. 153; vgl. Welsch 1996, S. 105ff.).

Eben diese kommunikationstheoretische Idealisierung ist seit circa zwei Dekaden und somit einer ganzen Generation von sozialpädagogischen Theoriearchitekten Inspiration. Helmut Richters diskursethischer Entwurf eines pädagogischen Diskurses nimmt am explizitesten Habermas Annahmen auf und ist mit dieser Lesart gleichzeitig (bisher) sehr viel weniger einflussreich gewesen als dies für die Konzeption von Lothar Böhnisch festzustellen ist. Böhnischs Modell Sozialer Arbeit als „intermediärer Instanz" kann für sich in Anspruch nehmen, reichlich rezipiert und damit eine einflussmächtige Thematisierungsweise geworden zu sein. Soziale Arbeit wird beispielsweise von Rauschenbach und Treptow, im Anschluss an Böhnisch über ihre Abgrenzung zu den systemisch induzierten Steuerungsmechanismen von Moral und Recht, „als verständigungsorientierte Instanz in lebensweltlicher Orientierung" bestimmt (Rauschenbach/Treptow 1984, S. 42). Die Revitalisierung der Lebenswelt, wie sie Habermas erhofft und ihr deliberativ einen Pfad weisen möchte, scheint nun ihren Katalysator gefunden zu haben: Soziale Arbeit. Ein vermittelndes Drittes scheint damit benannt, so die Hoffnung der Autoren, der Ort einer *intermediären Instanz*, gespeist aus der „sozialintegrative(n) Gewalt" der Lebenswelt, die „sich gegen die ‚Gewalten' der beiden anderen Steuerungsressourcen (...) behaupten können (müßte)" (Habermas 1985, S. 158).

Alle diese Überlegungen führen allerdings zur selben, bereits skizzierten, Verkürzung: sie basieren auf der Mutmaßung, Macht und Herrschaft als kolonialisierende, also *unterdrückende* Handlungsformen erfassen zu können. Systemische Handlungsoperationen werden in dieser Sichtweise, aus der Perspektive „der Lebenswelt" also, als negative Interventionsprozesse gekennzeichnet. Damit stellt sich allerdings die Frage, die Michel Foucault 1977 in einem Interview mit Fontana und Pasquino gestellt hat: „Wenn sie nur repressiv wäre, wenn sie niemals etwas anderes tun würde, als nein sagen, ja glauben Sie dann wirklich, daß man ihr gehorchen würde?" (Foucault 1978[2], S. 35). Diese so beiläufig klingende Frage weist auf den Kern machtanalytischer Problematisierungen: Wie ist zu erklären, dass Machtverhältnisse nicht nur sehr wirkmächtig sind, sondern von den Akteuren immer wieder (re)produziert werden und häufig sogar der Eindruck entsteht, gerade widerständige Praktiken trügen eher zur Stabilisierung kultureller Hegemonien bei als zu deren Überwindung? „Der Grund dafür, daß die Macht herrscht, daß man sie akzeptiert, liegt ganz einfach darin, daß sie nicht nur als neinsagende Gewalt auf uns lastet, sondern in Wirklichkeit die Körper durchdringt, Dinge produziert, Lust verursacht, Wissen hervorbringt, Diskurse produziert" (Foucault 1978[2], S. 35). Macht ist *produktiv* und daher nur als streng *relationales* Moment erfassbar, als Dimension eines Feldes der Unablässigkeit von Fremd- und Selbstregierung (vgl. Foucault 1999[1], S. 113ff.). Macht durchdringt all unser Handeln und all unser Handeln (re)produziert Machtverhältnisse. Soziale Arbeit ist im bundesrepublikanischen Zusammenhang als konstitutiv staatlich reguliert zu bestimmen. Doch für eine analytische Rekonstruktion und Reflexion greift auch ein solcher Bestimmungsversuch nicht weit genug. Sollen die historisch-spezifischen Gestaltungsprozesse des Sozialen erfasst werden, wie oben ausgeführt wurde (vgl. Kap. 2), so ist der Staat *als Teil* des Regierungshandelns zu erfassen: „Der Staat ist nichts anderes als der bewegliche Effekt eines Regimes vielfältiger Gouvernementalität" (Foucault 2000[3], S. 70; vgl. ders. 1978[2], S. 40). Um die machttheoretischen Aporien, wie sie im Anschluss an den Habermasschen Entwurf einer THEORIE KOMMUNIKATIVEN HANDELNS entstehen, zu verhindern, reicht somit auch eine staatstheoretische Reflexion nicht aus. Vielmehr sind Jugendhilfepraktiken selbst als historisch-spezifisches Regierungshandeln zu dechiffrieren, so die hier vertretene These. Was bedeutet diese Verschiebung des Problematisierungshorizonts?

Entscheidend ist nicht (mehr), *ob* sozialpädagogische Handlungsvollzüge Regierungshandeln realisieren oder nicht, sondern *in welcher Weise* und *mit welcher Zielsetzung*. Erst eine daran orientierte Rekonstruktions- und Reflexionsarbeit kann Einsichten darüber bereit stellen, welche fundamentalen Verschiebungen in den Arrangements des Sozialen sich beispielsweise seit Mitte der 1970er Jahre vollziehen (vgl. Zweiter Teil). Denn „Selbstführung" wird von neo-sozialen Programmen inzwischen zur staatlich favorisierten Subjektivierungsweise erklärt. Semantisch scheint erreicht, was pädagogische Programme immer schon forderten. Allerdings zu deutlich veränderten Konditionen. Die vehemente Proklamation „subjektiver Selbstorganisation" konnte sozialstaatlich-bürokratischen Eingriffen gegenüber solange relativ unproblematisch entgegen gebracht werden, solange die grundlegende Rationalität dieses Modells nicht selbst ins Schwanken geriet. Das war das Pfund, mit dem soziale Bewegungen, eine aggressive Gemeinwesenarbeit oder Arbeiterbildungsprogramme in den 1970er Jahren wuchern konnten: Erst die Gültigkeit wohlfahrtsstaatlicher Normalität (*Normalerwerbs- und Reproduktionsarbeitsbiographien*) machte derartige sozialstaatskritische Positionierungen möglich – ohne die erreichte soziale Sicherung in Frage zu stellen, wie dies nun von aktuellen neo-sozialen Selbstführungsprogrammen gefordert wird.

Die unheimliche Pointe der neo-sozialen Transformationen wohlfahrtsstaatlicher Arrangements ist, dass sie mit ihren Programmen subjektiver Lebensgestaltungsverantwortung („Selbstverantwortung", „Selbststeuerung", „Selbstmanagement") ehemalige Sozialstaatskritiken durch neo-liberale Freiheitsideologien und neo-klassische Ökonomiemodelle erfolgreich ergänzen und transformieren (vgl. Hayek [1960] 1991; Friedman 1976; vgl. Boltanski/Chiapello 2003). Seit die wohlfahrtsstaatlichen Normalitätsmodelle zum Zerbröseln gebracht werden, zeigt sich damit in bedrohlicher Weise, dass ein Primat der Selbstführung, wie er (sozial)pädagogische Programme seit langem dominiert und als anti-staatlicher Impuls motiviert, nicht zur erhofften „subjektiven" Freisetzung als Möglichkeit unabhängiger Lebensgestaltung führen *muss*, sondern auch zur Verpflichtung der Übernahme subjektiver Lebensgestaltungsverantwortung erklärt werden kann – ob die Akteure wollen oder nicht.

Derartige neo-soziale (Re)Arrangements des Sozialen sind folglich mit einer analytischen Unterscheidung von System und Lebenswelt und der davon abgeleiteten Bestimmung Sozialer Arbeit als intermediärer Instanz – jenseits von kolonialisierender Systemoperationen – nur sehr unzureichend erfassbar.[12] Denn Soziale Arbeit mit dem Hinweis auf ein „Jenseits“ von Herrschaftshandeln als „lebensweltliches“ Verständigungshandeln zu konstituieren, birgt die Gefahr, die aktuellen neo-sozialen Regierungsstrategien als subjektive Befreiungsprogramme (miss) zu deuten oder zumindest in dieser Weise mit zu legitimieren.[13]

3.4 Im Gefüge der Macht

Die Implementierung der Jugendhilfe im 19. Jahrhundert ist Teil des Regierungsdispositivs, das seit dem 18. Jahrhundert in verschiedenen Zeitabschnitten und unterschiedlichen Ausprägungsformen in europäischen Nationalstaaten als „Sozialpolitik“ realisiert wurde. Es gelang den Protagonisten sozialpolitischer Programme die Konkretisierungslücke zwischen arbeitsteiliger Struktur und den differenten Zukunftsmodellen in einer beherrschenden Weise zu thematisieren und damit die staatliche Regulierung der identifizierten und als solche konstruierten sozialen Probleme als notwendiges Vorgehen zur Stabilisierung der bürgerlichen Gesellschaft zu begründen (vgl. Kap. 1). Jugendhilfe als Bestandteil einer professionellen Sozialen Arbeit lässt sich daher mit Kevin Stenson als „an element of productive governmental practises which create and operate within regimes of truth“ bezeichnen (Stenson 1993, S. 42). Doch wenn Soziale Arbeit Regierungshandeln realisiert, oder anders gesprochen: Normalisierungsprozesse inszeniert und verwaltet, bleibt ihr dann mehr als ein gefügiges Fügen in das Gefüge der Macht? Führen derartige Reflexionsschleifen somit doch zur resignierenden Einschätzung hinsichtlich eines Projekts Sozialer Arbeit, wie sie beispielsweise Thomas Rauschenbach und Rainer Treptow machtanalytischen Perspektiven unterstellen?

Eine machtanalytische Reflexion lässt die kommunikationstheoretische Sichtweise, die durch die Tradition der expliziten wie impliziten Rezeption der Habermasschen THEORIE KOMMUNIKATIVEN HANDELNS und der damit verbundenen Diskursethik im deutschsprachigen Raum verankert wurde, nicht zu. Harmonisierende Modelle der konsensualen Aushandlung („Handlungspau-

12 Aus systemtheoretischer Sicht kritisieren auch Bommes und Bommes/Scherr den Versuch einer systematischen Grundlegung Sozialer Arbeit auf Basis der System-Lebenswelt-Differenzierung (vgl. Bommes 1993, S. 136ff.; Bommes/Scherr 2000, S. 51ff.).

13 Die argumentationslogische Konsequenz aus dem kommunikationstheoretischen Theorieentwurf von Habermas, Soziale Arbeit als lebensweltliche oder in seinen späteren Formulierungen als „zivilgesellschaftliche“ Instanz zu bestimmen, wird zwar von Rauschenbach angedeutet, aber nur von Richter konsequent konzeptionell gezogen (vgl. Rauschenbach 1992; Richter 1998). Böhnisch und Rauschenbach/Treptow sind in diesem Zusammenhang deutlich unentschiedener: einerseits gehen sie einen Schritt weiter und schaffen mit ihrer Bestimmung Sozialer Arbeit als „intermediärer Instanz“ eine Vermittlungsinstanz, die sowohl außerhalb der systemischen als auch außerhalb der lebensweltlichen Bereiche verortet wird. Andererseits weisen sie darauf hin, dass Soziale Arbeit im Spannungsfeld von System und Lebenswelt zu agieren hat: „systemisch induziert, aber in lebensweltliche Rationalität eingelassen“ (Rauschenbach/Treptow 1984, S. 42; Böhnisch 1982, S. 67).

sen", „Runde Tische", „Stadtteilkonferenzen", „Bürgerforen", „Hilfeplanzirkel", „Sozialraumteams", „interdisziplinäre Fallkonferenzen") dominieren Debatten in einem Bereich, der mit teilweise radikalen sozialen Stratifizierungs- und Marginalisierungsprozessen nicht nur permanent konfrontiert ist, sondern durch die Herstellung und Symbolisierung solcher sozialen Problemlagen überhaupt erst seine Legitimation erfährt. Die *Konfliktlinien*, die derartige Arrangements durchziehen, werden erst dann sichtbar gemacht werden können, wenn sie als solche erfasst werden: als konfliktäre, weil interessensheterogene und durch die historisch-spezifischen Macht- und Herrschaftsverhältnisse stratifizierten Interaktionssituationen.[14] In seiner unnachahmlichen, fast sarkastischen Art und Weise, formuliert Foucault in POLITIK UND ETHIK zur Frage der Maßgabe des Konsenses: „Ich würde höchstens so weit gehen zu sagen, dass man vielleicht nicht für Konsensualität, sondern gegen Nicht-Konsensualität sein sollte" (Foucault 1994[1], S. 707).[15]

Die Aufgabe einer Gestaltung sozialpädagogischer Arrangements ist die Inblicknahme jener Strukturierungslogiken möglich zu machen, denen fachliches (Regierungs)Handeln unterliegt und die es permanent (re)produziert. Die diesem Tun zu Grunde liegenden Überzeugungen sind das Ergebnis historisch-spezifischer, also partikularer Übereinkunfte zur Gestaltung des Sozialen. Oder anders gesprochen: Hier zeigen sich dominierende Lesarten einer bestimmten ethischen Füllung universeller Leerstellen. Die sozialpädagogische Herausforderung besteht darin, eine notwendig partikulare Füllung und deren Verbindung zur ebenso notwendig unbestimmbaren Universalität zu realisieren.

„Macht- und herrschaftsanalytische statt kommunikationstheoretische Perspektiven sind notwendig" – so könnte man zuspitzen.[16] Soziale Arbeit ent-

14 Damit soll keineswegs die Notwendigkeit von Aushandlungsprozessen und die damit aufgeworfene Frage nach den dazu notwendigen „Freiräumen" verworfen werden. Allerdings ist die innerhalb sozialpädagogischer Konzeptionen vorherrschende Idee konsensualer Zielorientierung in zweifacher Hinsicht zu problematisieren (vgl. Winkler 1988, S. 333; Richter 1998, S. 52ff.): sowohl bezüglich der damit dynamisierten harmonistischen Verständigungsvorstellung als auch der Möglichkeit einer längerfristig gültigen Festlegung von Erziehungszielen (vgl. zur Frage der Aushandlung in der Sozialen Arbeit Beckmann/Otto/Richter/Schrödter 2004).

15 Sozialpädagogisch kann dieser Einwand, wie alle theorie-systematischen Hinweise, nicht einfach handlungskonzeptionell übersetzt werden, aber er weist auf die Problematik der gerade in jüngster Zeit in Mode gekommenen verschiedenen Konsensmodelle hin, die in der permanenten Gefahr stehen, Herrschaftsverhältnisse im besten Fall noch zu übersehen, sich in den schlechteren Fällen einer Thematisierung erklärtermaßen entziehen (wollen). Eine verheerende Perspektive für diejenige Instanz, die Kindern und Jugendlichen in sozialen Problemlagen Handlungsoptionen aufweisen und ermöglichen soll, die also unausweichlich mit den Ergebnissen historisch-spezifischer Gestaltungsprozesse des Sozialen konfrontiert ist und nur durch ihre eigene kontinuierliche wie ihre bündnisorientierte *Arbeit am Sozialen* Möglichkeiten der Veränderungen dieser Lebenslagen der Nutzerinnen erreichen kann.

16 Lothar Böhnisch legt bemerkenswerter Weise in aktuellen Arbeiten mit Wolfgang Schröer eben diesen Perspektivenwechsel gegenüber seinem früheren System-Lebenswelt-Modell nahe („Wir müssen also strukturalistisch argumentieren (...)"), wenn die beiden Autoren fast resigniert feststellen: „Gleichzeitig erleben wir aber, das sich dieser Kapitalismus, den

kommt dem Gefüge der Macht nicht. Dennoch ist aus dieser Einsicht nicht zu folgern, dass sie sich gefügig in das Gefüge fügen müsse. Vielmehr muss sie sich flügge machen *im* Gefüge der Macht: es geht um die Kunst, nicht dermaßen sozialpädagogisch zu regieren und regiert zu werden.

Der „anti-staatliche" Impuls bestimmt die Hoffnung sozialpädagogischer Autoren, systemischen Reproduktionsprozessen gänzlich zu entkommen. Diese Totalitätshoffnung ist spätestens mit den jüngsten erkenntniskritischen Hinweisen hinfällig geworden (vgl. Bublitz 1999). Versucht man nun der machttheoretischen Aporie durch ein produktives und relationales Machtverständnis, das heißt die Realisierung einer machtanalytischen Perspektive zu entkommen, stellt sich für die Problematisierung einer Sozialen Arbeit als Regierung die Frage nach staatlich reguliertem Handeln nicht nur neu, sondern erfordert ein erweitertes Verständnis des Staatsbegriffs. Ein solches nicht essentialistisches Staatsmodell erfasst diesen als *Kräfteverhältnis* und *nicht als Essenz* von „Staatsapparaten" jenseits der alltäglichen oder lebensweltlichen Zusammenhänge (vgl. Gordon 1991, S. 4). In welcher Weise schließt eine theoriekonzeptionelle Rekonstruktion und Reflexion Sozialer Arbeit in machtanalytischer Perspektive damit an bereits vorliegende herrschaftskritische Entwürfe zu einer *Staatstheorie* Sozialer Arbeit an?

3.5 Staatstheoretische Aporien

Regulationstheoretische Positionen betonen seit Ende der 1980er Jahre die konstitutive sozialstaatliche Verfasstheit Sozialer Arbeit. Karl-August Chassé und Andreas Schaarschuch stellen beide in ihren Studien den (Sozial)Staat mit den Worten von Nicos Poulantzas als „Verdichtung des Kräfteverhältnisses zwischen Klassen und Klassenfraktionen" dar (Poulantzas 1978, S. 119; vgl. Chassé 1988, S. 105ff.; Schaarschuch 1990, S. 76ff.). Die Beschreibung des Staates als Kräfteverhältnis soll, so Chassé, nicht nur den Weg aus der „marxistischen Sackgasse" weisen in der die Basis-Überbau-Metapher materialistische staatstheoretische Überlegungen immer wieder getrieben habe (Chassé 1988, S. 105), sondern sie mache vor allem deutlich, dass staatliche Strukturen als *relationale* und damit *dynamische* Verhältnisse zu bestimmen seien, die jeweils historisch-spezifische Gestalten verdichteter Machtverhältnisse verkörperten: „Sämtliche Zweige oder Apparate bzw. Teilbereiche des Staates (...) sind zumeist Sitz der Macht und spezielle Vertretung irgendeiner Fraktion des Blocks an der Macht oder eines konfliktuellen Bündnisses dieser Fraktionen gegen andere. Sie konzentrieren oder kristallisieren sich also in sich dieses oder jenes Interesse oder den Zusammenschluß von Sonderinteressen" (Poulantzas 1978, S. 123). Poulantzas knüpft damit an die neomarxistischen

---

wir immer weniger beeinflussen können, seine Sozialform – den *abstract worker* - in den Lebenswelten sucht" (Böhnisch/Schröer 2002: 207). Allerdings scheint die Aufgabe des ehemals von Habermas übernommenen dualistischen Modells ein gewisses Unbehagen auszulösen, denn Böhnisch/Schröer scheinen sich ihm noch nicht gänzlich entledigen zu wollen („in den Lebenswelten").

Staatstheorien von Louis Althusser und Antonio Gramsci an. Aus Althussers Konzeption übernimmt Poulantzas die relationale Figur der „Staatsapparate" und versteht diese als „Kreuzungspunkt des Verhältnisses mehrerer Fraktionen, (das er) in seiner Struktur, Organisation und in seinen Politiken (verdichtet)" (Demirovic 1987, S. 89). Von Antonio Gramsci bezieht er die dynamische Vorstellung des Staates als gesellschaftliches Verhältnis: das Staatsleben verortet Gramsci in einem „integralen Staat" (*politicà civile* und *società civile*), den er als einen permanenten Prozess der Reproduktion eines instabilen Gleichgewichtsverhältnisses beschreibt (vgl. Demirovic 1987, S. 80f.; Kebir 1991). Ein Staat ist „der gesamte Komplex praktischer und theoretischer Aktivitäten, womit die führende Klasse ihre Herrschaft nicht nur rechtfertigt und aufrechterhält, sondern ihr es auch gelingt, den aktiven Konsens der Regierten zu erlangen" (Gramsci 1996, S. 1725f.). Poulantzas nimmt die von Gramsci und Althusser ausgelegten Fährten auf, und entwirft eine staatstheoretische Konzeption mit einer relationalen (von Machtverhältnissen abhängigen) und dynamischen Grundstrukturierung, als ein Konfliktfeld oder eine Arena permanenter sozialer Kämpfe. Die Korrespondenz zur dargestellten machtanalytischen Perspektive ist offensichtlich. Allerdings scheint Poulantzas der ausgelegten Fährte nur eine bestimmte Wegstrecke entlang zu trauen, denn er biegt schließlich doch wieder in eine marxistische Sackgasse ein. Denn der institutionalistischen Verengung, wie sie vielen marxistischen Staatsmodellen inhärent ist, scheint sich auch Poulantzas Entwurf nicht entledigen zu wollen: Er nimmt die Momente der Relationalität und Dynamik für den Staat zwar in Anspruch, betrachtet diesen dann aber doch als eine von der Gesellschaft differente und eigenständig agierende Apparatestruktur (vgl. Demirovic 1987, S. 96f.).

Auch eine machtanalytische Vorgehensweise versteht Arrangements des Sozialen – und damit auch staatliche Strukturierungen – als Kräfteverhältnisse. Doch nimmt man diese topologische und somit physikalische Bestimmung ernst wird eine essentialistische Unterscheidung von Staat und Gesellschaft und damit auch die theorie-konzeptionelle Trennung von staats- und gesellschaftstheoretischen Analysen fragwürdig. Die Vorstellung fixierter (staatlicher) Rahmenbedingungen gesellschaftlichen Handelns erweist sich aus einer machtanalytischen Perspektive als unzureichend. Die Vorstellung eines solchen in Staatsapparaten fixierten „Außen" gegenüber einem gesellschaftlichen „Innen" überzeugt nicht: „Es gibt keine den sozialen Kämpfe äußere Periodisierung und Einteilung, da eine konkrete Gesellschaftsformation in ihrer Ungleichzeitigkeit als der spezifische Rhythmus dieser Kämpfe selbst bestimmt wird" (vgl. Demirovic 1987, S. 98). Aufgabe einer machtanalytisch grundgelegten Gouvernementalität Sozialer Arbeit ist daher, historisch-spezifische Gestaltungsformen des Sozialen – und damit selbstverständlich *auch* staatliche Strukturierungen – in ihrer permanenten Relationalität, Dynamik und *Immanenz* zu rekonstruieren und zu reflektieren.

Wie unzureichend für die Rekonstruktion von Gestaltungsprozessen des Sozialen staatstheoretischen Analysen sind, zeigt auch hier wieder der Blick auf deren aktuelle Gestalt. Neo-soziale Tendenzen einer ÖKONOMISIERUNG DES SOZIALEN (Bröckling/Krasmann/Lemke 2000) verdeutlichen, wie wenig hilfreich eine Vorstellung grundsätzlicher Differenzierung der Staatsapparate von den Instanzen der Produktion und Reproduktion ist. Gerade die Verschiebungen im Verhältnis von Fremd- und Selbstregierung, die durch Privatisierungs- und Aktivierungsmaßnahmen erreicht werden, kennzeichnen die Formen neosozialer Gestaltung des Sozialen, wie im weiteren Verlauf dieser Studie am Beispiel der Kinder- und Jugendhilfe noch gezeigt werden wird (vgl. Zweiter Teil). Staatstheoretischen Reflexionen bleibt die Dynamisierung, die diese Entwicklungsprozesse durch die programmatisch gegenstaatlich orientierten Selbsthilfeinitiativen oder andere Akteure der so genannten sozialen Bewegungen erfahren haben, zumeist systematisch verborgen, weil diese Gruppen als Bestandteil einer „Zivilgesellschaft", der „Lebenswelt" oder der nichtstaatlichen „Öffentlichkeit" beschrieben werden. In dieses Dilemma scheinen auch regulationstheoretisch orientierte Arbeiten innerhalb der Debatten um Soziale Arbeit aufgrund ihrer machttheoretischen Verkürzungen, die sie von Poulantzas adaptieren, geraten zu können. So weist beispielsweise Schaarschuch analog zu einer machtanalytischen Sichtweise zuerst auf die Relationalität und Dynamik von Machtverhältnissen hin: „*Nicht die Resultate* der Auseinandersetzung als Entitäten, die institutionelle Perspektive, der Primat der Institutionen über die Praxen also, *sondern der politisch-soziale Prozeß ihrer Herausbildung in und durch die Praxen der Akteure in diesem Konfliktfeld sind zentraler Ausgangspunkt der Analyse*" (Schaarschuch 1995, S. 54; Hervorh. im Orig.). Doch einige Seiten weiter schließt er, Soziale Arbeit habe zum einen staatliche Formen herauszufordern und die „Subjekte" ebenso dazu zu „bemächtigen" (vgl. Schaarschuch 1995, S. 66). Soziale Arbeit wird somit auch hier – analog zu den oben dargestellten Beiträgen von Böhnisch und Rauschenbach/Treptow – als Instanz „zwischen den lebensweltlichen Bereichen und den sozialstaatlichen Institutionen" verstanden, also als ein Bereich, der substantiell von staatlichen Regierungsinstanzen unterschieden wird (Schaarschuch 1995, S. 66). Und zum anderen wird in Abgrenzung zu Vorstellungen eines monolithischen Staatsblocks das relationale und dynamische Staatsmodell zum *erstrebenswerten Ideal* erklärt: „Eine Auffassung des Staats als Verhältnis, als ein vielfach gegliedertes Feld sozialer Auseinandersetzungen, bezieht sich auf Subjekte, die auf diesem Feld in eben diese Auseinandersetzungen verwickelt sind" (Schaarschuch 1995, S. 67f.). Auf die systematischen Dilemmata von System-Lebenswelt-Dichotomien, die sich aus einer machtanalytischen Perspektive zeigen, wurde bereits hingewiesen. Die Transformation des Staatsmodells von Poulantzas in ein erstrebenswertes Ideal, wie es Schaarschuch in seinen Reflexionen nahe legt, liest sich dazu hin wie eine Idealisierung fordistisch-staatlicher Strukturierungslogiken. Sollte das wohlfahrtsstaatliche Arrangement zum hochgehaltenen Modell erklärt werden? Eine solche Lesart kann als Folge der bereits in den Überlegungen Poulantzas fehlenden Thematisierung der Immanenzdimension staatlicher Strukturierungen nahe liegen.

3.6 Allgegenwart von Macht

Nicos Poulantzas wendet gegen Foucaults frühe Machtkonzeption ein, dass dieser seine Forderung nach einem relationalen und damit dynamischen Staatsmodell nicht einlöse. Foucaults Ausführungen zu Fragen staatlicher Strukturierungen sind tatsächlich durch ein gerüttelt Maß an Unschärfe gekennzeichnet. So formuliert er in seinen Antworten auf die Fragen der Zeitschrift LES REVOLTES LOGIQUES einerseits, „die Macht (ist) ‚immer schon da'; daß man niemals ‚draußen' ist, daß es für die Bocksprünge derjenigen, die mit ihr brechen, keine ‚Spielräume' gibt" (Foucault 1978[1], S. 210). Andererseits äußert er bereits einige Zeilen vorher die Vermutung, es gebe immer „irgendetwas, das in gewisser Weise den Machtbeziehungen entgeht; etwas, das durchaus nicht ein mehr oder weniger fügsamer oder widerspenstiger Rohstoff ist, sondern eine zentrifugale Bewegung, eine umgepolte Energie, ein Entwischen" (Foucault 1978[1], S. 204). Foucault bleibt merkwürdig unentschieden: er will zwar einem relationalen Modell der Macht folgen, ist aber gleichzeitig auf der Suche nach einem greifbaren „Außerhalb" der Macht (vgl. Lemke 1997, S. 117ff.). Foucault bleibt hier – ganz ähnlich wie Poulantzas – auf halber machtanalytischer Strecke stehen. Im Unterschied zu Poulantzas Überlegungen können Foucaults späte Arbeiten meines Erachtens aber einen Weg der Relationalität, Dynamik *und* Immanenz weisen (vgl. Lemke 1997, S. 120; Kap. 3.3). So schreibt er im ersten Band von SEXUALITÄT UND WAHRHEIT: „Nicht weil sie alles umfaßt, sondern weil sie von überall kommt, ist die Macht überall" (Foucault 1999[1], S. 114). Macht durchdringt all unser Handeln und all unser Handeln (re)produziert Machtverhältnisse.

Mit welcher Vehemenz auf Basis eines Glaubens an das Primat der Selbstführung aus den Reihen Sozialer Arbeit noch immer gegen solche machtanalytischen Einsichten einer *Allgegenwart* von Macht argumentiert wird, ist angesichts der aktuellen Verschiebungen im Arrangement des Sozialen beachtlich (vgl. Foucault 1999[1], S. 114). Denn gerade die Erfahrungen von Akteurinnen aus dem Bereich sozialer Bewegungen, die sich Selbstbestimmung und Befreiung – als „Gegenüber" von Unterdrückung und „Kolonialisierung" – auf die Fahnen geschrieben haben, weisen schmerzlich darauf hin, auf welcher Illusion eine solche Haltung beruht. Heimrevolten, Gemeinwesenarbeit oder akzeptierende Arbeitsformen erfahren seit einigen Jahren, wie ihre Hegemonie- und damit verbundene Institutionskritik in herrschende Denkweisen Einzug findet, allerdings ohne die erhoffte Befreiung zu generieren: Macht ist produktiv und Herrschaft integrativ. Die Anerkennung und Integration vormals gesellschaftskritischer Einwände erreicht im Rahmen neo-sozialer Formierungsprozesse des Sozialen einen bisher nicht gekannten Grad (vgl. Boltanski/Chiapello 2003, S. 476ff.). Herrschaftskritik wird in Herrschaft integriert, staatliche Institutionen formulieren institutionalisierungs- und staatskritische Programme, um das Engagementpotenzial, das soziale und Selbsthilfebewegungen für sich mobilisieren konnten, nun für neo-soziale Aktivierungsstrategien nutzbar zu machen. „Der Staat" zieht sich in seiner sozialstaatlichen

Ausprägung zurück, um in neuer Form die Einzelnen aus der Distanz zu regieren (vgl. Kap. 6.5). „Aufgaben, die bisher in staatlicher Verantwortung lagen, können auf diese Weise neu definiert und umverteilt (werden)" (Krasmann 2003, S. 183).

1970 schien es noch fast unmöglich, Tilman Moser miss zu verstehen, als er mit Hinweis auf „Autonomie und Mitbestimmung" für die Sozialarbeit forderte, sie werde dann „um so weniger ein Instrument der herrschenden Kräfte zur Dämpfung von sozialen Spannungen sein, je mehr sie sich ihre Aufgaben *selbst zuweist*" (Moser 1970, S. 10; Hervorh, F.K.). Selbstführung wurde als grundlegende Programmalternative zur Fremdführung angesehen. Die Lage ist inzwischen deutlich unübersichtlicher geworden, wenn Bodo Hombach als Wahlkampfstratege des späteren Bundeskanzlers in seiner Grundlegung der so genannten POLITIK DER NEUEN MITTE 1998 schreibt, dass es die Gesellschaftsmitglieder „mit öffentlichen Verwaltungen (zu tun hätten), die ohne Bürger am glücklichsten wären, mit Krankenhäusern, deren Verwaltung und Ärzteschaft sich medizinische Höchstleistungen zutrauen würden – wären da nur die Patienten nicht" (Hombach 1998, S. 78). Die Analogie zur Anstaltskritik der 1970er und 1980er Jahre, aber ebenso zur aktuellen bürgergesellschaftlichen Aktivierungsdebatte innerhalb der Debatten um Soziale Arbeit ist verblüffend (vgl. Angerhausen 2002; Hummel 1988).

Aktuelle staatstheoretische Vergewisserungen in den Feldern Sozialer Arbeit reagieren auf dieses Dilemma mit unterschiedlichen Vorschlägen. Sie suchen entweder einen Ausweg in der Befreiung durch staatliche Interventionen selbst. Eine derartige Sichtweise findet sich in unterschiedlichsten Konzepten: erstens in Programmen eines „aktivierenden" Staates, der für „Ermöglichung" und „Ermunterung" von bürgerschaftlicher Selbstorganisation sorgen soll (vgl. Olk 2000[1]); zweitens in Plädoyers für eine Installation herrschaftsfreier „pädagogischer Diskurse", innerhalb derer „in der Form einer freiwilligen, angeleiteten Selbstreflexion auf der Basis wechselseitig unterstellter Mündigkeit" zivilgesellschaftliche Selbstorganisation ermöglicht werden soll (Richter 1998, S. 60ff.); drittens in der Verknüpfung neomarxistischer Staatsentwürfe als „grundsätzlich konfliktstrukturiertes politisches Feld" öffentlicher Auseinandersetzungen mit einem republikanischen Ideal „starker Demokratie" (Schaarschuch 1995, S. 53): es sei vorgesehen, „Formen demokratischer Praxis in den verschiedenen gesellschaftlichen Handlungsbereichen zu institutionalisieren" (Schaarschuch 1998, S. 235); viertens werden Befreiungsillusionen sozialer Bewegungen in gemeinwesenökonomischen Programmen fast verzweifelt und angesichts neo-sozialer Strategien manches Mal schier defätistisch gegen einen theoretisch konstruierten „Staatsapparat" verteidigt (vgl. Birkhölzer 2000; Elsen 1998; Krölls 2002; Lindenberg/Lutz 2004); fünftens werden „Assoziationen" oder „Sozialitäten" außerhalb eines staatlichen Sektors konstruiert, die sich dann auf die Betrachtung „aktive(r), handelnde(r) Subjekte, die sich ihrer Einmaligkeit dadurch versichern, daß sie Mitglied in Sozialitäten sind" konzentrieren wollen (Kunstreich 2000, S. 120).

Die Pointe einer machtanalytischen Vorgehensweisen, wie sie eine Gouvernementalität Sozialer Arbeit im hier vorgeschlagenen Sinne unternimmt, widerspricht all diesen Vorschlägen nicht per se, legt sich allerdings quer zu ihnen. Plädieren vorliegende Positionen für „bürgerschaftliche Selbstorganisation", „pädagogische Diskurse", „Formen demokratischer Praxis", „gemeinwesen-" oder „solidar-ökonomische" Anstrengungen oder „freie Assoziationen", so zeigen sich hier in unterschiedlicher Radikalität Hoffnungen auf Arrangements des Sozialen jenseits des Bestehenden. Machtanalytischen Studien geht es nicht um die Reproduktion oder prinzipielle Zurückweisung solcher Hoffnungen, sondern um eine Analyse politischer Rationalitäten und Technologien, *in deren Kontext* sich diese Hoffnungen politisch ausbilden.

Die sich ausbildenden neo-sozialen Arrangements des Sozialen sind nicht das Ergebnis bestimmter einheitlicher Staatsapparate, eines personell und örtlich identifizierbaren „Generalstabs", sondern vielfältiger heterogener Regierungsstrategien, die allerdings sehr wohl Formen kultureller Hegemonien (re)produzieren. Eben diesen Regierungsstrategien gilt der Fokus machtanalytischer Studien: „Die Rationalität der Macht ist die Rationalität der Taktiken" (Foucault 1999[1], S. 114). Machtanalytische Studien wenden ihren Blick einerseits auf die unzähligen Punkte in der Vielfältigkeit von Kräfteverhältnissen und andererseits auf die diskursiven und nicht-diskursiven Verdichtungen dieser Kräfteverhältnisse, wie sie sich *beispielsweise* in staatlichen Institutionen verkörpern (ebd., S. 115). Im Gewebe beider Dimensionen, das heißt in den Verflechtungen von Macht- und Herrschaftsverhältnissen, stehen die „Objekte" machtanalytischer Untersuchungen: die Regierungsweisen.[17]

3.7 Elemente einer machtanalytischen Perspektive Sozialer Arbeit

Auf Basis des skizzierten machtanalytischen Verständnisses, das Macht als produktives und relationales Moment und daran anschließend Machtverhältnisse als relationale, dynamische und immanente Strukturierungen begreift, ist es sinnvoll, Macht und Herrschaft – und ebenso nicht-staatliche und staatliche Dimensionen – analytisch voneinander zu unterscheiden. Allerdings werden aus einer machtanalytischen Perspektive damit nicht mehr dualistische begriffstheoretische Modelle in den Blick genommen, nicht Macht *versus* Freiheit oder Lebenswelt *versus* System als substantielle Pole gedacht, sondern die Grade der Verdichtung von Machtverhältnissen oder im vorliegenden Fall der Formen aktiver Unterstützung und geplanter Beeinflussung von Subjektivie-

17 An dieser Stelle könnte eine weitergehende Vergewisserung machtanalytischer Perspektiven entlang der Frage anschließen, inwieweit hegelianische Dichotomien eines Innen und Außen, wie sie sozialpädagogische Debatten bis heute bestimmen, durch spinozistische Ambivalenzen eines Außen im Innen ersetzbar sind (vgl. Montag 2003).

rungsweisen der nachwachsenden Generation in sozialen Problemlagen thematisiert.[18]

Gramscis Hinweise auf die permanente Reproduktion kultureller Hegemonie im integralen Staat, an denen die skizzierten staatstheoretischen Überlegungen Poulantzas ansetzen, verdeutlichen die Notwendigkeit einer Inblicknahme geronnener, also längerfristig institutionalisierter Machtbeziehungen, der implementierten Herrschaftsverhältnissen. Die permanenten taktischen Spiele sind geprägt durch diese Herrschaftszustände.[19] Allerdings sind dies nicht fixierte starre Apparate, sondern selbst diskursiv durchwebte und sich permanent reproduzierende Strukturen, also im Macht-Wissens-Komplex geronnene Machtverhältnisse. Machtanalytische Perspektiven als Grundlage der *Studien zur Gouvernementalität* wenden ihren Blick nicht auf scheinbar fixierte Institutionalisierungen außerhalb des alltäglichen Handelns von Gesellschaftsmitgliedern, sondern auf eine permanente Immanenz und Relationalität gerinnender und verflüssigender Selbst- und Fremdführung: auf Weisen der Regierung. Die Spielpraktiken zwischen Fremd- und Selbstführung – als *Rationalitäten* sowie *Technologien* – stehen im Mittelpunkt einer solchen machtanalytischen Vorgehensweise.

Regierung bezeichnet dabei „nicht eine Weise, Menschen zu zwingen, das zu tun, was der Regierende will; vielmehr ist sie immer ein bewegliches Gleichgewicht mit Ergänzungen und Konflikten zwischen Techniken, die Zwang sicherstellen und Prozessen, durch die das Selbst durch sich selbst konstruiert oder modifiziert wird“ (Foucault 1993, zit. nach Lemke 1999, S. 429). Regierungsweisen bestimmen Richtungen menschlichen Handelns, determinieren dieses aber nicht: „Der Zwang zum Handeln liegt dem Handeln selbst nicht voraus“ (Butler 2003, S. 52). Dominierende Regelmäßigkeitsstrukturen prägen menschliche Ausdrucksweisen, nicht die Vorbestimmung fixierter Regelstrukturen: eine Gouvernementalität Sozialer Arbeit könnte als poststrukturalistisch, aber nicht als strukturalistisch charakterisiert werden (vgl. Kap. 4). Ein substantielles Außen ist nicht (mehr) zu haben. Soziale Arbeit ist Regierungshandeln. Wir entkommen uns nicht. Mit dieser Erkenntnis ist allerdings erst der (analytische) Ausgangspunkt einer *Gouvernementalität Sozialer Arbeit* erreicht. Denn nun sind die *Strategien* von Macht und Herrschaft zu dechiffrieren und zu problematisieren.

Eine Realisierung von Macht- und Herrschaftsstrategien erfordert die *situative Realisierung* von Handlungsvollzügen und schließt damit prinzipiell

18 Foucault hat die Differenzierung von Herrschaft und Macht erst in späten Arbeiten skizziert, aber mit der Grundlegung seiner Machtanalytik bereits in frühen Arbeiten vorbereitet (Foucault 1999[1], S. 102).

19 Eine theorie-konzeptionelle Gegenüberstellung von Gouvernementalitätskonzeptionen und des Hegemoniekonzepts von Antonio Gramsci ist meines Erachtens daher auch nur insoweit zulässig, als *Studien zur Gouvernementalität* auf reine Programmanalysen beschränkt werden oder umgekehrt die Hegemoniekonzeption Gramscis in ein statisches Konzept verkehrt wird, das die diskursiven (Re)Produktionsprozesse von politischen Rationalitäten und Technologien aus dem Blick verliert (vgl. Walther 2003).

immer auch anderweitige Richtungsänderungen aus, eine Verschiebung des Handlungsvollzugs also: „Die Handlung ihrerseits übt Zwang aus, und zwar nicht immer in der Richtung, die die Machtverhältnisse dafür vorgesehen haben“ (Butler 2003, S. 52).[20]

Pädagogisches Handeln ist einerseits immer Veränderungshandeln. Denn die geplante Beeinflussung und aktive Unterstützung von Subjektivierungsweisen, pädagogisches Handeln also, zielt auf die Veränderung des Bestehenden: den Aufstieg ans Licht der Erkenntnis (Platon), den Ausgang aus selbst verschuldeter Unmündigkeit (Kant), Reaktionen der Gesellschaft auf die Entwicklungstatsache (Bernfeld), Bildung kritischer Hinterfragungsfähigkeit der Einzelnen gegenüber der ihr begegnenden Realität (Klafki). Allen diesen unterschiedlichen Bestimmungsversuchen ist das Streben nach Veränderung gemeinsam. Allerdings sind die Vorstellungen über die Art der angestrebten Veränderung höchst unterschiedlich. Die An- und Einpassung der nachwachsenden Generation in die sozialen Produktions-, Reproduktions- und Konsumtionsmuster stellt eine völlig andere Veränderungsstrategie dar als die Ausbildung von Reflexions- und Kritikfähigkeit im Glauben an die Möglichkeit der Implementierung einer Gegengesellschaft. Insofern ist eine grundsätzliche Bestimmung pädagogischen Handelns als Veränderungshandeln solange untauglich, wie Reflexionen Fragen historisch-spezifischer Arrangements des Sozialen unterbelichtet lassen. Walter Benjamins Frage nach den konkreten Gestaltungsprozessen durch pädagogisches Handeln macht dieses permanent (re)produzierte Dilemma deutlich: „Ist nicht Erziehung vor allem die unerläßliche Ordnung des Verhältnisses zwischen den Generationen und also, wenn man will, Beherrschung der Generationenverhältnisse und nicht der Kinder?“ (Benjamin 1972, S. 125). Derartige Fragen schreien geradezu nach einer machtanalytischen Dimensionierung pädagogischer Handlungsvollzüge. Sie sind als Teil einer „Objektivität“ des Sozialen zu dechiffrieren. Im Feld der Unablässigkeit von Fremd- und Selbstregierung können dann im Wissen um dessen Markierungen potenzielle „Freiheitsgrade“ ausgelotet und politisch erkämpft werden.

Soziale Arbeit gewährt auf der anderen Seite für Veränderungshandeln *konstitutiv* nicht mehr Raum als andere pädagogische Interventionsformen, wie sie innerhalb der Schulen oder anderen Erziehungs- und Bildungseinrichtungen stattfinden, Sozialpädagoginnen oder Sozialarbeiter leisten Veränderungshandeln nicht konstitutiv in stärkerem Maße als Lehrer oder Weiterbildnerinnen. Dass Soziale Arbeit Raum dazu gewähren kann und auch sollte, bleibt eine *politische* Aufforderung an die Akteure in den Feldern Sozialer Arbeit – vielleicht könnte ihre Motivation angesichts der alltäglichen Konfrontation mit sozialen Problemlagen besonders hoch sein. Doch noch einmal: Dies ist eine Frage politischen Kampfes, nicht theorie-analytischer Konstitu-

20 Die strukturellen Analogien zu den Konzeptionen der Ideologie in den Arbeiten von Louis Althusser, zu Antonio Gramscis Figur der *kulturellen Hegemonie* und zum *Habitusmodell*, wie es Pierre Bourdieu ausgearbeitet hat liegen auf der Hand, sollen aber an dieser Stelle nicht weiter diskutiert werden.

tion. Allerdings bleibt die Hoffnung, dass Praxis „nur durch Theorie kritisch bestimmbar" und damit veränderbar ist – wenn diese nicht zu einer „begriffslosen (Veranstaltung wird), die kein Maß anerkennt als sich selbst" (Adorno 1969², S. 171ff.). Um das schon etwas abgedroschene Zitat Foucaults abermals zu bemühen: Es geht darum, nicht dermaßen sozialpädagogisch zu regieren und regiert zu werden – und zwar fremd- wie selbstregiert. Doch dem (sozialpädagogischen) Regieren entkommen wir nicht.

Wird damit eine analytische Differenzierung von Sozialer Arbeit und Sozialpolitik hinfällig, weil beide Momente in einer Kategorie des Regierungshandelns zusammen fallen?

3.8 Verkopplung von Sozialer Arbeit und Sozialpolitik

Lothar Böhnisch hat in seinem KLEINEN LEXIKON DES SOZIALSTAATES das Verhältnis von Sozialpolitik und Sozialpädagogik folgendermaßen bestimmt: „Was die Sozialpolitik nicht lösen kann oder will, wird der Jugendhilfe zur pädagogischen Befriedigung und Verwaltung (...) zugewiesen" (Böhnisch 1982, S. 166). Deshalb sieht er ihre Rolle auch weder als unabhängig von der Sozialpolitik noch als darunter subsumiert an (vgl. Böhnisch 1982, S. 4). Die These der *pädagogischen Entlastung* der Sozialpolitik durch die Soziale Arbeit, oder in den Worten von Christoph Sachße und Florian Tennstedt: die „historische Arbeitsteilung" (Sachße/Tennstedt 1991, S. 411) zwischen den materiellen Sicherungssystemen und den „personenbezogenen pädagogisch-psychologischen Dienstleistungen" (Münchmeier 1997, S. 273) beinhaltet zwei Annahmen: die systematische Differenz von Sozialpolitik und Sozialer Arbeit und eine Hierarchisierung der beiden Sektoren, die Soziale Arbeit sozialpolitischer Strukturierung nachordnet.

Beide Annahmen haben sich im Laufe der bisherigen Überlegungen als verkürzt herausgestellt. Nun weist Böhnisch selbst darauf hin, dass das Verhältnis von Sozialpolitik und Sozialer Arbeit nicht das zweier unabhängiger Sektoren beschreibe. Er nimmt diese Aussage allerdings innerhalb seiner eigenen Überlegungen nicht durchgehend ernst, wenn er sich gerade durch eine erhöhte Autonomie sozialpädagogischer Interventionsmaßnahmen eine Verbesserung der Lebensverhältnisse erhofft, das heißt durch den bewussten Distinktionsgewinn Sozialer Arbeit gegenüber sozialpolitischer Regulierung: „Eine sozialstaatlich tolerierte Koexistenz zwischen sozialen staatlichen Experimenten, die aus den Lebensbereichen heraus entstehen und der staatlichen Sozialpolitik ist solange nicht denkbar, solange sich die öffentlichen Institutionen nicht von dem Zwang lösen können, alles sozialstaatlich kalkulieren und befrieden zu müssen" (Böhnisch 1982, S. 153). Soziale Arbeit und Jugendhilfe als Regierungshandeln zu betrachten, eröffnet demgegenüber eine Perspektive Sozialpolitik und Soziale Arbeit zwar analytisch als zwei Handlungslogiken zu unterscheiden, aber gleichzeitig als zwei Aspekte *desselben* Regierungshandelns zu betrachten.

Dieser Hinweis soll nun nicht über die Thematisierung (sozial)pädagogischer wie (sozial)politischer Bestandteile Sozialer Arbeit hinweg gehen (vgl. Böhnisch 1982; Hinte 1980; Müller/Olk/Otto 1983; Thiersch 2000[1]; Winkler 1988). Nur deuten die derart angelegten theoriekonzeptionellen Entwürfe das Verhalten von Sozialer Arbeit zumeist unter dem Primat der einen oder anderen Dimension: während das Konzept einer KOMMUNALEN SOZIALARBEITSPOLITIK primär den (sozial)politischen Fokus betont, rücken Aneignungsperspektiven den (sozial)pädagogischen deutlicher in den Vordergrund. Obwohl diese Differenzen als nur unterschiedliche Blickpunkte auf dieselben Phänomene bestimmt werden könnten, reproduzieren sie immer wieder eine grundlegende und eben nicht nur analytische Differenzierung von Sozialer Arbeit und Sozialpolitik (vgl. Münchmeier 1997).

Doch Homogenisierungsprozesse, die sozialpolitischen Sicherungsbemühungen zugeschrieben werden, und Individualisierungsprozesse, die sozialpädagogischen Interventionen überantwortet werden, sind unweigerlich miteinander verkoppelt.[21] Staatliche Interventionsmaßnahmen hinsichtlich des Verhältnisses von Homogenität und Individualität sind Kennzeichen sozialpolitischer *wie* sozialpädagogischer Maßnahmen. Eine Gouvernementalität Sozialer Arbeit, die Soziale Arbeit als Regierungshandeln betrachtet, geht daher davon aus, dass Strategien, die sich an den Individuen ausrichten (*Individualisierung*), nur die andere Seite derselben Medaille darstellen, die als Strategien der Sozialpolitik beschrieben werden: Strategien also, die primär auf eine *Populationsregulierung* zielen. Soziale Arbeit ist gerade nicht nur eine Instanz „pädagogischer Entlastung" der Sozialpolitik, sondern Teil der pädagogischen Ausprägung sozialstaatlicher Regierungsweisen.

Soziale Arbeit wie Sozialpolitik sind als Regierungsweisen unterschiedlicher institutioneller Zusammenhänge in denjenigen Felder zu betrachten, die Individualisierung und Populationsregulierung miteinander verschränken. Diese vorgenommene genealogische Vergewisserung hat deutlich gemacht, dass Soziale Arbeit nicht als Reaktionsmuster auf eine sozialpolitische Regulierung erfasst werden kann, sondern von Beginn an einen Teil der neu geschaffenen Normalisierungsmacht im Deutschen Reich darstellt. Soziale Arbeit ist Teil einer Politik des Sozialen im umfassenden Sinne (*sozialer Raum der Gesellschaft*), und eine der bestimmenden politischen Akteurinnen der

21 Pestalozzi hatte im Anschluss an Rousseaus Studien erstmals für sozialpädagogische Zusammenhänge darauf hingewiesen, dass sozialpädagogische Interventionsprozesse als *psycho-soziale* Prozesse erfasst werden müssen (vgl. Pestalozzi [1801] 1974). Trotz dieser Einsicht in die Verschränkung der beiden Stränge von Sozialpolitik und pädagogischer Handlungsvollzüge bleibt ihm die systematische Konsequenz dieser Bestimmung Sozialer Arbeit verstellt. Seine ideentheoretische Verhaftung erlaubt ihm nicht die notwendige Inblicknahme einer Rekonstruktion und Reflexion der Gestalt und Gestaltung historisch-spezifischer Subjektivierungsweisen. Pestalozzi erkennt zwar die Strukturierung des Sozialen, wie er sie exemplarisch anhand der Unterrichtserfahrungen in der Schule skizziert (vgl. ebd., S. 21), erfasst aber ihre historische Spezifik nicht, um ihre Potenzialität und damit ihre Veränderbarkeit zu diskutieren.

wohlfahrtsstaatlichen Regierung des Sozialen im engen Sinne (*sozialer Sektor*).

Individualisierungsmaßnahmen fokussieren den einzelnen „Körper als Zentrum von Kräften, die zugleich nützlich und gelehrig zu machen sind", während die Populationsregulierung „auf die Sicherheit des Ganzen von seinen inneren Gefahren" reagieren will (Foucault 1992[2], S. 288). Foucault beschreibt die beiden zuständigen Akteursgruppen als den Staat gegenüber den Institutionen, die die beiden unterschiedlichen Regierungslogiken innerhalb eines „organische(n) institutionelle(n) Ganze(n)" bilden: „eine Organo-Disziplin der Institution (...) und auf der anderen Seite eine biologische und staatliche Gesamtheit: die Bio-Regulierung durch den Staat" (Foucault 1999[2], S. 289). Diese institutionelle Differenzierung falle in bestimmten Handlungssektoren in eins. Normalisierungshandeln, wie es die Policey, also eine der Vorgängerinnen Sozialer Arbeit im 19. Jahrhundert mit Bezug auf die Sexualität, an den Tag lege, symbolisiere die Gleichzeitigkeit der doppelten Regulierung von individuellen wie des Bevölkerungskörpers (vgl. Foucault 1999[2], S. 290f.). Die Analogie zur Sozialen Arbeit liegt nahe: Gerade die Konzentration auf das Individualisierungshandeln, wie es Böhnischs Forderung nahelegt oder Uhlendorff es in seiner GESCHICHTE DES JUGENDAMTS ausdrücklich fordert, führt zu reduzierten Analyse- und Handlungsperspektiven Sozialer Arbeit. Konzentrieren sich Überlegungen auf die individualisierende Dimension, die Frage der Regulierung individueller Körper, gerät die Populationsregulierung, die homogenisierende Dimension Sozialer Arbeit, aus dem Blick. Doch damit nicht genug, denn diese Individualisierungsstrategien werden dazuhin häufig als *Gegenmaßnahmen* zur politischen Regulierung vorgestellt (*Primat der Selbstführung*). Soziale Arbeit wird *dem gegenüber* als Befreiungsinstanz proklamiert. Eine derartige Erfassung Sozialer Arbeit ist völlig unzureichend, weil sozialpädagogisches Handeln damit einerseits nicht mehr angemessen erfasst werden kann, und andererseits das eigene Tun verharmlost. Man glaubt, der eigenen Regierungstätigkeit mit ausreichend gutem Willen entgehen zu können. Versuche, darauf sei hier nochmals hingewiesen, nicht dermaßen zu regieren und regiert zu werden, erfordern dagegen eine systematische Erfassung Sozialer Arbeit als Bestandteil von Regierungsdispositiven (vgl. Kap. 4).

Einem solchen Einwand gegenüber individualistischen Verkürzungen konzeptioneller Entwürfe Sozialer Arbeit könnte auch anders begegnet werden: mit einer Forderung nach einer populationsregulierenden Sozialen Arbeit nämlich. Die Bevölkerungsregulierung wird aktuell, beispielsweise im Kontext sozialpädagogischer Begleitprogramme zu Stadtentwicklungsprogrammen[22]

22 Herausragendste Beispiele im bundesrepublikanischen Zusammenhang stellen aktuell die Bundesprogramme ENTWICKLUNG UND CHANCEN JUNGER MENSCHEN IN SOZIALEN BRENNPUNKTEN (E&C) des Bundesministeriums für Familien, Senioren, Frauen und Jugend (BMFSFJ) als Begleitprogramm des Stadtentwicklungsprogramms SOZIALE STADT und das daran anknüpfende EU-Programm LOKALES SOZIALES KAPITAL (LOS) dar.

oder auch im Rahmen anderer stadteilorientierter Präventionsmaßnahmen[23], die Soziale Arbeit (mit-)gestaltet und (mit-)intiiert, zum Primat sozialpädagogischer Maßnahmen erklärt. Ein solcher Perspektivenwechsel führt allerdings nur zu einer Verschiebung des Problems. Gerade im bisherigen wohlfahrtsstaatlichen Arrangement des Sozialen zeigte sich in sozialpolitischen wie sozialpädagogischen Maßnahmen die *ambivalente Gleichzeitigkeit* von Homogenisierung *und* Individualisierung: „Die Macht der Norm hat innerhalb eines Systems der formellen Gleichheit so leichtes Spiel, da sie in die Homogenität, welche die Regel ist, als nützlichen Imperativ und als präzises Mehrergebnis die gesamte Abstufung der individuellen Unterschiede einbringen kann“ (Foucault 1994^2, S. 237f.). Um Missverständnissen vorzubeugen, die sich aus der latent strukturalistischen Rahmung Foucaults an dieser Stelle ergeben könnten, sei zusammenfassend nochmals darauf hingewiesen: Für die Soziale Arbeit ist entscheidend, die Ordnung des Verhältnisses zwischen den Generationen (Benjamin) oder die gesellschaftliche Reaktion auf die Entwicklungstatsache (Bernfeld) in sozialen Problemlagen als *ambivalente Gleichzeitigkeit* von Homogenität *und* Individualität zu betrachten und zu gestalten. Weder die Reduzierung auf individualisierende Maßnahmen, wie es die lange Tradition der pädagogisierenden Projektion sozialpädagogischen Handelns auf den pädagogischen Bezug oder auf eine Subjektorientierung im Sinne einer personalen Beziehungsgestaltung bis heute nahe legt (*Primat der Selbstführung*), noch auf homogenisierende Maßnahmen, wie es die politisierenden Projektionen so genannter gemeinwesenorientierter und präventionsorientierter Stadteilstrategien empfehlen (*Primat des Fremdführung*), ist ausreichend.

Um das Feld einer Unablässigkeit von Homogenität und Individualität sozialpädagogischer Interventionsmaßnahmen angemessen analytisch zu erfassen, ist eine relationale Forschungsperspektive einzunehmen. Diese bieten die *Studien zur Gouvernementalität* überzeugend an. Untersuchungsgegenstand der hier vorgelegten Gouvernementalität Sozialer Arbeit bilden Regierungsweisen, wie sie in den Feldern Sozialer Arbeit realisiert werden. Konkretisiert wird diese Untersuchungsperspektive in der vorliegenden Studie anhand der material-analytischen Rekonstruktion aktueller politischer Rationalitäten in den Feldern der Kinder- und Jugendhilfe (vgl. Zweiter Teil). Regierung wird dabei als umfassender Begriff der „Führung von Menschen“, der Selbst- wie der Fremdführung verstanden. Das heißt, die gewählte Rede von der „Regierung“ oder von „Regierungsweisen“ ist keine Rede von einem institutionellen Arrangement politischer Leitung. Vielmehr bildet das enge Begriffsverständnis von Regierung als „institutionalisierte(r) Entscheidungsstruktur

23 Stellvertretend seien an dieser Stelle die Konzepte „Präventiver Gemeinwesenarbeit“, wie sie beispielsweise im Landkreis Verden realisiert werden, die „Familienaktivierungsprogramme“, die beispielsweise in Bremen zum Aufbau so genannter starker Nachbarschaften diskutiert werden, die „Schnittstellenprojekte“ zwischen Einzelfallhilfen und offenen Angeboten im Bereich der Hilfen zur Erziehung in Hamburg und die „Kommunalen Kriminalpräventionsräte“ in einer Vielzahl bundesrepublikanischer Kommunen genannt.

der Staatsleitung" (Katz 1987:172), wie es sozialwissenschaftliche Debatten zumeist dominiert, nur *einen* Bestandteil der Rekonstruktions- und Reflexionsbemühungen der *Studien zur Gouvernementalität* (vgl. Gordon 1991). Mit einem solch umfassenden Regierungsbegriff werden also nicht Handlungsverbote, die „herrschende" Gruppen gegenüber den „beherrschten" Gruppen aussprechen, untersucht, sondern Prozesse der Herstellung, Reproduktion und Verschiebung von Machtmechanismen und Wahrheitsregimen.

3.9 Vom Studieren der Regierungsweisen

In seiner Gettysburger Ansprache stellte Abraham Lincoln 1863 wahrscheinlich die knappste Definition eines *demokratischen Systems* auf: „Regierung des Volkes, durch das Volk und für das Volk".[24] Regierung und Volk stellen hier scheinbar selbstverständlich voneinander unterschiedene Einheiten dar. Giovanni Sartori diskutiert Lincolns Bestimmungsversuch in seiner DEMOKRATIETHEORIE (vgl. Sartori 1992, S. 45): Die Aussage Lincolns: „Regierung des Volkes" sei mehrdeutig zu verstehen: als „Selbstregierung", als „regiertes Volk", als „Volkslegitimierung der Regierung" als „Wahl der Regierung durch das Volk" oder als „durch das Volk gelenkte Regierung". Sartori weist somit auf die Notwendigkeit einer Differenzierung von Fremd- und Selbstregierungsdimensionen hin. Im fünften Kapitel „Regierte Demokratie und regierende Demokratie" schreibt Sartori dementsprechend, „(d)ie Politik dreht sich letztlich um die Beziehung zwischen Regierenden und Regierten. Man hat diese Zweiteilung in allen Systemen, ausgenommen die Demokratie, als gültig erachtet. Doch daß ein demokratischer Entscheidungsprozeß die Trennlinie zwischen Regierenden und Regierten verwischt, bedeutet nicht, daß es keine Abgrenzung gibt. Eine Trennlinie kann undeutlich sein und doch bestehen. Da zur Demokratie in gewissem Maße eine Regierung des Volkes gehört, wollen wir sogleich fragen, wann man denn ein ‚regierendes Volk' findet, den demos bei der Tätigkeit oder in der Rolle des Regierens. Die Antwort lautet: bei den Wahlen" (Sartori 1992, S. 94). Selbstregierung als Kennzeichen von Demokratien – allerdings beschränkt auf den Akt der Wahl, dem einzigen verfassungsrechtlich fixierten Mitbestimmungsvorgang in allen liberal-demokratischen Staaten.[25] Regierung und Volk werden also auch hier als grundlegend voneinander getrennte Sphären betrachtet – analog zu macht- und staatstheoretischen Vorstellungen von System und Lebenswelt oder von Staatsapparaten und Reproduktionsbereichen. Damit steht Sartoris Einschätzung repräsentativ für die

24 Die immense Rezeption des – systematisch unbefriedigenden – Bestimmungsversuchs von Lincoln erklärt sich wohl dadurch, dass sie Lincoln als 16. Präsident der Vereinigten Staaten von Amerika in seiner Ansprache zur Abschaffung der Sklaverei während des nordamerikanischen Sezessionskrieges formulierte, in einer historisch extrem exponierten Redeposition also.

25 Solche Modelle repräsentativer Demokratie werden innerhalb politikwissenschaftlicher Debatten von direkt-demokratischen Modellen unterschieden, die sich durch direkte und indirekte Beteiligungsverfahren auszeichnen (Volksentscheide, Volksbegehren und Bürgerentscheide).

Mehrheit moderner sozialwissenschaftlicher Beiträge.[26] Gleichzeitig besprechen bereits Platon wie fast 2300 Jahre später auch Johann Friedrich Herbart die „Regierung der Kinder“ und thematisieren damit keineswegs ausschließlich Fragen der Aufgaben staatlicher Leitungsinstanzen. Platon wie Herbart geht es vielmehr um Aspekte der Fremdregierung der nachwachsenden Generationen, um Fragen der Regierung von Menschen also.[27] Doch ein solcher umfassender oder weiter Regierungsbegriff scheint in den neuzeitlichen Debatten seit der Formulierung der ersten Beiträge eines „politischen Realismus“ fast gänzlich verloren gegangen zu sein. Nicht umsonst setzt Foucaults Rekonstruktion eines umfassenden Regierungsbegriff auch historisch an der Stelle wieder an, an der dessen Geburtsstunde ausgewiesen wird: bei den Arbeiten des Florentinischen Fürstenberaters Niccoló Machiavelli (vgl. Foucault 2000^2, S. 56ff.)[28]

Machiavellis IL PRINCIPE stellt eine der ersten modernen Politikberatungskonzeptionen dar, den Versuch der Formulierung eines Programms zur *rationalen* Organisation der politischen Führung eines Volkes, das sich zu eben diesem historischen Zeitpunkt innerhalb eines territorial begrenzten Areals vorfindet. Die Souveränität des Souveräns zu sichern – im Falle Machiavellis des Florentiner Fürsten Cesare Borgia – war Machiavellis Aufgabe: „Zum einen wird es darum gehen, die Gefahren auszumachen: Woher rühren sie, worin bestehen sie, welches ist ihre Intensität, wenn man sie untereinander vergleicht – welche ist die größte, welche die schwächste? Zum Zweiten wird es darum gehen, eine Kunst des findigen Umgangs mit den Kräfteverhältnissen zu bestimmen, die dem Fürsten das zu tun erlaubt, was sein Fürstentum als Band zu seinen Untertanen und seinem Territorium schützt“ (Foucault 2000^2, S. 45f.). Während Sartori in seiner DEMOKRATIETHEORIE in für sozialwissenschaftliche Debatten typischer Manier der Frage nachgeht, inwieweit den Vorstellungen des politischen Realismus zu folgen sei, ihn mit utopistischen Konzeptionen kontrastiert, um zu einer Bestimmung des Konzeptes einer „regierten Demokratie“ gegenüber idealistischen Konzepten der „regierenden Demokratie“ (Sartori 1992, S. 94ff., 135) zu gelangen, wendet sich Foucault in seinen

26 Bereits Alexis de Tocqueville schreibt in ÜBER DIE DEMOKRATIE IN AMERIKA über das Engagement der „bedeutendsten Männer“ für öffentliche Ämter: „Bei meiner Ankunft in den Vereinigten Staaten war ich außerordentlich überrascht, als ich entdeckte, wie verbreitet das Verdienst unter den Regierten war, wie selten dagegen unter den Regierenden“ (Tocqueville 1985, S. 112).

27 Herbart ist ähnlich pessimistisch, was die Möglichkeit der Ausbildung von Selbstführungsfähigkeit bei allen Menschen angeht wie Platon (vgl. Kap. 2): „Der Erwachsene und zur Vernunft Gebildete übernimmt es mit der Zeit selbst, sich zu regieren. Es giebt aber auch Menschen, die nie so weit kommen; diese hält die Gesellschaft unter beständiger Curatel; (...). Es giebt auch deren, die wirklich einen widergeselligen Willen in sich ausbilden; mit ihnen ist die Gesellschaft im unvermeidlichen Streit“ (Herbart [1887] 1964, S. 18).

28 Sartori fasst die zentrale Position Machiavellis folgendermaßen zusammen: „Der Florentiner Staatssekretär gilt als der Begründer des politischen Realismus insofern, als er die Politik von der Ethik und der Religion trennte“ (Sartori 1992, S. 46).

Betrachtungen der zumeist wenig beachteten Anti-Machiavelli-Literatur zu. Ausgehend von La Perrières Schrift LE MIROIR POLITIQUE, CONTENANT DIVERSES MANIÈRES DE GOUVERNER gelangt Foucault so zu den Grundlinien eines *umfassenden* Regierungskonzeptes (Foucault 2000², S. 44).

In seiner Vorlesung von 1977/78 am Collège de France ‚LA GOUVERNEMENTALITÉ' charakterisiert Foucault Machiavellis Regierungsberatung in folgender Weise (vgl. Foucault 2000²): Machiavellis IL PRINCIPE diene der möglichst geschickten Erhaltung der Macht des Fürsten, der Verfügungssicherung über sein Fürstentum. Dabei gehe Machiavelli von einer Vorstellung des Fürsten als *alleinigem* Regenten aus, der sich in einer Position der „Exteriorität und Transzendenz" zu seinem Fürstentum befinde (ebd., S. 46). Dieser Vorstellung der „funktionalen Fürstenberatung" des Florentiner Staatssekretärs gegenüber stellt Foucault das Konzept von Regierung als „Kunst der Führung", wie es von La Perrière formuliert wird. Dieser weise zuerst darauf hin, dass nicht einer, sondern viele regieren: „der Familienvater, der Superior eines Kloster, der Erzieher und der Lehrer im Verhältnis zum Kind oder Schüler" (ebd., S. 47). Diese Tatsache verdeutliche, so formuliert Foucault den Kern seiner Gouvernementalitäts-Annahme, „dass der Regent und die Praktik des Regierens zum einen einem Feld mannigfaltiger Praktiken angehören. Deshalb gibt es auch viele Regierungen, und die des Fürsten, der seinen Staat regiert, ist nur eine Unterart davon. Alle diese Regierungen sind zum anderen der Gesellschaft selbst oder dem Staat innerlich" (ebd.). Das heißt die Frage nach den Arrangements von Regierungsweisen, die Perspektive einer Gouvernementalität Sozialer Arbeit, basiert auf den Annahmen, dass (1.) Regierung als Vielzahl von Regierungsformen existiert, die Regierung des Fürsten oder in modernen Termini: (2.) die staatlich-fixierte Herrschaftsformen nur einen Typus unter verschiedenen Regierungsformen darstellt und (3.) alle diese Regierungsformen immer als Teil dynamischer sozialer Zusammenhänge existieren.

Nicht ob Selbst- *oder* Fremdregierung ermöglicht wird, sondern in welcher Art und Weise Soziale Arbeit ihr Regierungshandeln historisch-spezifisch realisiert, ist Untersuchungsgegenstand einer Gouvernementalität Sozialer Arbeit. Politik ist dann, so schreiben Ernesto Laclau und Chantal Mouffe im Anschluss an Foucaults Überlegungen, „als eine Praxis des Erzeugens, der Reproduktion und Transformation sozialer Verhältnisse nicht auf einer bestimmten Ebene des Gesellschaftlichen (zu verorten), da das Problem des Politischen das Problem der Einrichtung des Sozialen ist, das heißt der Definition und Artikulation sozialer Beziehungen auf einem kreuz und quer von Antagonismen durchzogenen Feld" (Laclau/Mouffe 2000, S. 193). In eben diesem Sinne rücken Studien zur Gouvernementalität nicht mehr die Fremdregierung *gegenüber* der Selbstregierung in den Blick oder die Selbstregierung *gegenüber* der Fremdregierung, sondern Form und Formierung des Feldes der Unablässigkeit beider Dimensionen.

4 Zur Dechiffrierung von Regelmäßigkeitssystemen

„Ein Boden, der entsteht, vergeht, nicht ist.
Ein Boden, der verändert, sich ändert und uns verändert hat.
Ein Boden doch – und der einzige, der wirklich trägt.
Ein Boden, weil er nicht manche in den Keller schickt
und andere darüber leben lässt.
Ein Boden, weil er nicht mit Wänden endet
und an der Tür die Grenze schreibt.
Ein Boden, der allen dienen kann, weil er nicht vorgelegt besteht.
Ein Boden, der schwankt – und Ankommen kann man nicht."
(Skepsis, Mai 2002)

4.1 Gewebe permanent verflüssigender Praktiken

Torben Dyrberg bestimmt die Aufgabe einer diskursanalytisch ausgerichteten Politischen Theorie im Anschluss an die Überlegungen von Ernesto Laclau und Chantal Mouffe als den „Versuch zu rekonstruieren, was sie die Objektivität des Sozialen nennen" (Dyrberg 1998, S. 23). Die vorliegende Gouvernementalität Sozialer Arbeit unternimmt in diesem Sinne Analysen *dominierender Rationalisierungsweisen* im Gestaltungsprozess aktiver Unterstützung und geplanter Beeinflussung von Subjektivierungsweisen der nachwachsenden Generation in sozial marginalisierten Lebenslagen. Untersuchungsgegenstand sind *politische Rationalitäten* im Bereich der bundesrepublikanischen Kinder- und Jugendhilfe. Im Anschluss an die vorgenommene genealogische Rekonstruktionsskizze, den literaturgestützten Teil, werden dazu im zweiten Teil der vorliegenden Studie Ergebnisse einer Materialrekonstruktion vorgestellt. Datengrundlage dieser Materialanalyse sind die Periodika bundesrepublikanischer Landesjugendämter aus den Jahren 1999 und 2000 (vgl. Kap. 5). Material- und Literaturanalyse bilden die beiden Bestandteile dieser als diskursanalytischen Studie angelegten Gouvernementalität Sozialer Arbeit. Die damit vorgenommene Begrenzung der gewählten Untersuchungseinheit auf den bundesrepublikanischen Zusammenhang ist der forschungspragmatischen Entscheidung geschuldet, die im zweiten Teil der vorliegenden Studie dokumentierte Materialrekonstruktion anhand von Periodika bundesrepublikanischer Landesjugendämter vorzunehmen. Die nationalstaatlichen Strukturierungen sozialer Sicherungs- und Unterstützungssysteme legen es (noch immer) nahe, Untersuchungen in den Feldern der Kinder- und Jugendhilfe auf diesen Zusammenhang zu beschränken.[1] Mit der Entscheidung für eine nationalstaatliche Perspektive wird allerdings die Blickverengung in Kauf genommen, insbesondere auf der Ebene politischer Rationalitäten, den Einfluss trans- und supranationaler Programmierungen nur indirekt in die Analyse einbeziehen zu können.

Die eingenommene Untersuchungsperspektive stellt kein empirisch-methodisches Vorgehen im Sinne einer Sammlung und anschließenden Interpretation gesellschaftlicher „Wirklichkeiten" dar, sondern vielmehr ein „Verfahren der analytischen Rekonstruktion gesellschaftlicher Regelmäßigkeiten" (Bublitz 2001, S. 233). Diskursanalytische Methodologien rücken die Frage von Thematisierungsorten und -weisen, von denen aus und mit denen analysiert wird, gegenüber der Thematisierung von Rekonstruktionsmethoden in den Mittelpunkt. Aus einer misstrauischen Haltung gegenüber „sozialen Realitäten" werden die „gesellschaftliche(n) Übereinstimmung(en) über den Stand der Dinge" beleuchtet, im vorliegenden Fall aktuelle Selbstthematisierungsweisen der bundesrepublikanischen Kinder- und Jugendhilfe (Dreyfus/Rabinow 1994, S. 232). Das Ziel diskursanalytischer Vorgehensweisen ist eine Dechiffrierung von *Regelmäßigkeitssystemen* sozialer Praktiken. Bewusst wird daher im Plural von „gesellschaftlichen Übereinstimmungen" gesprochen, da diskursanalytische Rekonstruktionsweisen keineswegs auf die Dechiffrierung *einer* kulturellen Hegemonie zielen, sondern auf die Erfassung historisch-spezifischer Phänomene in ihrer Kontingenz. Die historisch-spezifischen und -kontingenten Subjektivierungsräume, die „Bewegungsräume" der Akteure, zeigen zwar die Zwänge, denen die Handlungsvollzüge unterworfen sind, sie determinieren diese aber keineswegs (Becker 1981, S. 129). Deren *Regelmäßigkeiten*, die Gleichförmigkeiten oder Rhythmen von Subjektivierungsweisen als Teil *sozialer Praktiken* werden in Form ihrer historisch-spezifischen Thematisierungsweisen analysiert. Das Konzept der Regelmäßigkeiten wird dabei explizit von einem strukturalistischen *Regelbegriff*, der Vorstellung handlungsbestimmender Ordnungsvorschriften, unterschieden (vgl. Kap. 5). Der Untersuchungsgegenstand diskursanalytischer Vorgehensweisen, Diskurse oder deren Ausprägung in spezifischen Dispositiven, werden dabei als das „Gewebe einer permanent verflüssigten Praxis" verstanden (Bublitz 2003, S. 8; vgl. dies. 1999, S. 68ff.).

Mit Judith Butler können diskursanalytische Studien als Analysen der „performative(n) Dimension der Konstruktion" ausgewiesen werden (Butler 1997, S. 139). Diskursanalysen bieten demnach „ein methodisch geregeltes Verfahren der Gesellschaftsanalyse (an), insofern die Ordnungsstrukturen der Diskurs-‚Theorie' als Gesellschaftstheorie bereits im empirischen Material vorliegen und diskursanalytisch freigelegt werden" (Bublitz 2001, S. 233).

---

1 Alternativ hätte ein internationaler Vergleich vorgenommen werden können (vgl. Treptow 1996). Darüber hinaus gehende supra- oder transnationale Untersuchungsperspektiven sind angesichts der Komplexität nationalstaatlicher Besonderheiten sozialer Sicherung (bisher) nur schwer realisierbar.

Mit der Analyse einer Gouvernementalität Sozialer Arbeit wird an *Zeitgeschichten der Wahrheit* mitgeschrieben. Eine diskursanalytisch grundgelegte Gouvernementalität Sozialer Arbeit nimmt diese Rekonstruktions- und Reflexionsarbeit hinsichtlich der historisch-spezifischen Regierung des Sozialen vor. Eine Gouvernementalität Sozialer Arbeit im Bereich der Kinder- und Jugendhilfe steht somit vor der Aufgabe, aktuelle Bedingungen der Subjektivierung nachwachsender Generationen in sozialen Problemlagen als Teil dieser (Re)Konstruktionsprozesse zu erfassen.

Beanspruchen diskursanalytische Studien folglich eine sozialkonstruktivistische Sichtweise und schließen an das so genannte interpretative Paradigma qualitativer Sozialforschung an, wie die Formulierungen von Bublitz und Dreyfus/Rabinow vermuten lassen könnten?[2]

4.2 Jenseits von Handlung und Struktur

Walter Kiefl und Siegfried Lamnek sehen das Untersuchungsinteresse qualitativer Sozialforschung in der Rekonstruktion des „Wie" sozialer Zusammenhänge und deren „innere(n) Struktur" (vgl. Kiefl/Lamnek 1984, S. 474). Im Sinne des interpretativen Paradigmas gehen qualitative Forschungsarbeiten davon aus, dass die soziale Wirklichkeit sinnhaft konstruiert ist (*sozialer Konstruktivismus*), das heißt von Menschen permanent konstruiert wird (vgl. Berger/Luckmann [1966] 2000). Diese Konstruktionsprozesse, die „Bewusstseinstätigkeiten" der „Subjekte" werden deshalb in das Zentrum sozialkonstruktivistischer Studien gerückt, was „zu der Einsicht geführt hat", so Hans-Georg Soeffner, „daß zum wissenschaftlichen ‚Verstehen von etwas' die Beschreibung und das Verstehen des Verstehens selbst gehören" (Soeffner 1989, S. 52f., zit. nach Keller 2001, S. 117). Aktuell werden diese Überzeugungen im Anschluss an die Arbeiten von Berger/Luckmann und Soeffner innerhalb des Forschungsprogramms einer HERMENEUTISCHEN WISSENSSOZIOLOGIE weiter ausgearbeitet und ausdifferenziert (vgl. Beiträge in Hitzler/Reichertz/Schröer 1999). Luckmann akzentuiert in diesem Zusammenhang noch einmal die Grundeinsichten wissenssoziologischer Analysen (vgl. Luckmann 1999). Zwei Aussagen Luckmanns sind dabei für die methodologische Positionierung diskursanalytischer Studien von zentraler Bedeutung: die Annahme, eine Konstruktion sozialer Zusammenhänge sei Ergebnis *menschlicher Bewusstseinsleistungen* und diese menschlichen Tätigkeiten fänden unter *kontingenten Rahmenbedingungen zielgerichtet* statt (vgl. Luckmann 1999, S. 21, 28). Phänomenologische und symbolisch-interaktionistische Überlegungen begründen diese sozialkonstruktivistische Idee von bewusst im sozialen Zusammenhang handelnden Akteuren (vgl. Knoblauch 1999). Akteure erscheinen somit als handlungsautonome Einheiten, womit die klassische vernunfttheoretische Idee eines einheitlichen „Subjekts" als Grundlage und Quelle aller Erfahrungen und allen Wissens über die Dinge und sich selbst, wieder ein-

2 Reiner Keller sucht vor diesem Hintergrund in jüngster Zeit beide Perspektiven unter der Überschrift DISKURSANALYTISCHE WISSENSSOZIOLOGIE zu integrieren (Keller 2001).

mal sozialwissenschaftliche Ehrungen erfährt. Berger und Luckmann weisen zwar darauf hin, dass Subjektivität nur als soziale Konstruktion realisiert werden könne: „(S)ymbolische Sinnwelt und jede Legitimation“ fänden ihre Daseinsgrundlage im „Leben lebendiger Menschen“ (Berger/Luckmann [1966] 2000, S. 138). Damit verweilen sie aber im Prä subjektiv-menschlicher Existenz, ohne diese wiederum als Effekt sozialer Praktiken zu begreifen. Der Mensch bleibt für Berger und Luckmann „subjektive menschliche Handlungseinheit“: „(Wissenssoziologie) impliziert *wohl*, daß Soziologie zu jenen Wissenschaften gehört, deren Forschungsgegenstand der Mensch *als* Mensch ist“ (Berger/Luckmann [1966] 2000, S. 201).

Karl Marx hat aber bereits darauf hingewiesen, dass der Mensch selbst ein Ensemble gesellschaftlicher Praktiken darstellt. Der Mensch selbst ist sozial konstruierter Zusammenhang und konstruiert sich im Prozess der Konstruktion des Sozialen. Erst eine Dechiffrierung dieser Prozesslogiken von Subjektivierungsweisen ermöglicht es Akteuren, Geschichten von ihrem eigenen Werden zu berichten. Ihr Tun, die Realisierung „subjektiver“ Selbstregierung und gleichzeitige (Re)Produktion von Fremdregierung in ganz verschiedenen Graden, die ambivalente Gleichzeitigkeit von Subjektwerdung und Sozialarrangement also, stellt das Forschungsinteresse der Diskursanalytikerin dar. Sie stellt sich also der Aufgabe, an einer Geschichte der Verfahren mitzuschreiben, mit denen sich in unserer Kultur „Subjekte zu Subjekten“ machen. Diskursanalytiker schreiben somit, genauer gesprochen, nicht nur Zeitgeschichten der Wahrheit, sondern *Zeitgeschichten von Subjektivierungsweisen* (vgl. Foucault 1994[3], S. 243).

Reiner Keller weist in einem Vermittlungsversuch wissenssoziologischer und diskursanalytischer Grundannahmen darauf hin, dass die sozialkonstruktivistische Deutung, die wissenssoziologische Arbeiten anbieten, Berger/Luckmanns und Foucaults Arbeiten verbinde, aber gleichzeitig die Konzentration wissenssoziologischer Studien auf die Erschließung gesellschaftlicher Wissenskonstruktionsprozesse über die Erfahrungsperspektive einzelner Gesellschaftsmitglieder unzureichend sei (vgl. Keller 2001). In (s)einem Programm einer DISKURSANALYTISCHEN WISSENSSOZIOLOGIE erweitert er deshalb die wissenssoziologischen Perspektiven um die bewusste Inblicknahme der „Formen kollektiver Wissensproduktion und -vermittlung, gesellschaftliche Grundlagen der Wissensverteilung oder machtvolle Strukturierungsprozesse symbolischer Ordnungen“ (Keller 2001, S. 120f.). Mit dieser Erweiterung, so Keller, wolle er an „neuere(n) sozialwissenschaftliche(n) Entwicklungen der Verbindung von struktur- und institutionentheoretischen Ansätzen mit handlungstheoretischen Überlegungen an(schließen)“ (Keller 2001, S. 126). Denn die entscheidende Schwachstelle wissenssoziologischer Konzepte liege, so Keller weiter, in deren verengtem handlungstheoretischem Blick, das heißt in ihrer Konzentration auf eine Rekonstruktion der gesellschaftlichen Konstruktionsprozesse aus der „Erfahrungsperspektive einzelner Gesellschaftsmitglieder“ (Keller 2001, S. 120).

Das Verhältnis von „Individuum und Gesellschaft“ solle somit neu austariert werden. Seit der Implementierung soziologischer Debatten in Mitteleuropa am Ende des 19. Jahrhunderts ist dieses Verhältnis sozialwissenschaftlich unter Verwendung der dualistischen Analysefolie von *Handlung und Struktur* untersucht worden.

Kellers Verweis auf neuere sozialwissenschaftliche Verbindungsversuche von struktur- und handlungstheoretischen Perspektiven meint vermutlich Arbeiten, wie sie vor allen Anthony Giddens und Pierre Bourdieu bereitstellen. Ihre Bemühungen gelten einer Überführung der jahrzehntelangen Auseinandersetzungen zwischen Individualisten und Strukturalisten in ein Modell, das beide Sichtweisen miteinander verbindet. Die *Relationierung* von Handlung und Struktur solle nun in den Mittelpunkt der Betrachtungen gerückt werden (vgl. Giddens 1997[1], S. 77ff.; Bourdieu 1995; s.u.). Der Hinweis, dass ein purer Subjektivismus (*absolute Selbstregierung*) ebenso unsinnig erscheint wie ein schierer Objektivismus (*absolute Fremdregierung*), findet sich auch in den Arbeiten von Berger und Luckmann (vgl. Berger/Luckmann [1966] 2000, S. 139ff.)[3]. Ihre Vermittlung ist somit auch Anliegen wissenssoziologischer Vorgehensweisen. Weshalb dann diese erneute Explizierung einer Vermittlungsforderung in Kellers Entwurf einer diskursanalytischen Wissenssoziologie?

Konventionelle Handlung-Struktur-Modelle basieren auf mechanischen und statischen Vorstellungen. Akteure werden in einem bestimmten Vollzugsrahmen erfasst (*Struktur*) und ihr Agieren als eines angesehen, das in diesem Rahmen zu einem bestimmten Vollzugsergebnis führt (*Handlung*). Die Auflösung dieser Statik haben sich Giddens und Bourdieu in ihren relationalen Modellen zur Aufgabe gemacht. Damit gehen sie allerdings bereits einen Schritt weiter als Berger und Luckmann. In DIE GESELLSCHAFTLICHE KONSTRUKTION DER WIRKLICHKEIT betrachten Berger und Luckmann zwar die Prozesse der Internalisierung (*der Gesellschaft*) und der Externalisierung (*menschlichen Seins*), aber sie belassen dabei Akteure und Aktionsräume als Ausgangs- und Endpunkt dieser Prozesse in ihrer Statik. Erst der erreichte Grad einer Internalisierung von Welt eröffne dem Einzelnen den vollen Mitgliedsstatus in der Welt und diese Welt sei für alle Handelnden dieselbe. Individuum und Gesellschaft stellen somit für Berger und Luckmann das Ergebnis von Entwicklungsprozessen dar und werden zugleich als deren Voraussetzung betrachtet.

Giddens und Bourdieus Reden von „Objektivierungen“ und „Strukturierungen“ ist demgegenüber eine Rede in Prozesskategorien, nicht mehr in Termini der Zustandsbeschreibung (vgl. Bourdieu 1999, S. 87ff.; Giddens 1997[1]). Keller scheint an diesem Modell einer dynamischen und relationalen Weiterführung der klassischen sozialwissenschaftlichen Dichotomie von Handlung und Struktur in seinem Modell einer diskursanalytischen Wissenssoziologie ansetzen zu wollen, obwohl davon in seinen bisher zugänglichen

3 Der selbst erklärte radikale Konstruktivist Niklas Luhmann hat Berger und Luckmann in diesem Zusammenhang den Vorwurf gemacht, sie verweilten in einem „halbe(n) soziale(n) Konstruktivismus“, in einem „Kompromiß zwischen Objektivismus und Subjektivismus“(Luhmann 1996, zit. nach Knoblauch 1999, S. 214).

Überlegungen (noch) nicht die Rede ist. Für eine methodologische Positionierung diskursanalytischer Vorgehensweisen ist daher die Frage zu beantworten, was eine – hier mit Giddens und Bourdieu verbundene – relationale Sichtweise einer sozialtheoretischen Vorgehensweisen anbietet.

Giddens gelingt die Ausarbeitung eines möglichen Ausgangspunkts für die Relationierung der Dichotomie von Handlung und Struktur nur konzeptionell. Nicht umsonst hält er in seiner „Theorie der Strukturierung" auch terminologisch weiterhin an der Dichotomie von Handlung und Struktur fest. Seine Forderung nach der Verschränkung beider Dimensionen bleibt auf halber Strecke stehen, weil er ihre substantielle Gegensätzlichkeit selbst nicht in Frage stellt. Im Gegenteil: Giddens Hinweis auf eine „Dualität von Struktur" versucht zwar die einseitige Fokussierung auf Handlung *oder* Struktur zu überwinden, ontologisiert damit aber beide Seiten gleichzeitig: die Analyse wird „gewissermaßen zugleich zu subjektivistisch und zu objektivistisch" (Haferkamp 1992, S. 282). Beispiel für diese doppelte Ontologisierung ist Giddens Entwurf einer „Nachknappheitsordnung" im Rahmen seiner zeitdiagnostischen Betrachtung der „Zweiten Moderne" (vgl. Giddens 1997[2]). Erhofft er sich einerseits durch das Konzept die Aufnahme der Gestaltungsfreisetzung der einzelnen Akteure, betont er gleichzeitig eine damit verbundene kontrollierende und steuernde Rolle der Politik. Weder die unterschiedlichen Handlungsoptionen der Akteure aufgrund bestehender Ressourcenverteilungen, -zugänge und -nutzungsmöglichkeiten, noch die Regulierungsstruktur einer „Politik der Lebensführung" werden thematisiert, sondern schlicht vorausgesetzt.

Dennoch ist Giddens Einwand, die „Konstitution von Strukturen (geschehe) ausschließlich durch deren soziale Reproduktion" gegenüber strukturalistischen oder individualistischen Essentialisierungen, von grundlegender Bedeutung: „Strukturen existieren nur als in den bewußten Aktivitäten situierter menschlicher Subjekte realisiert" (Giddens 1997[1], S. 359). Ein Einwand, der nun allerdings auch aus wissenssoziologische Positionen zu gewinnen ist, wie oben bereits gezeigt wurde (vgl. Berger/Luckmann [1966] 2000, S. 138). Bleibt diese sozialkonstruktivistische Einsicht der Erkenntnisgewinn von Problematisierungen einer Dichotomie von Handlung und Struktur?

Pierre Bourdieu geht in seinen Arbeiten mindestens einen Schritt weiter. Er teilt zwar konstruktivistische Grundeinsichten, wie sie Giddens oder auch Berger und Luckmann ausgearbeitet haben, schlägt allerdings zur Ausarbeitung eines relationalen und dynamischen Analysemodells moderner kapitalistischer Gesellschaften vor, nicht nur die Vermittlung von Handlung und Struktur, sondern eine Transformation des Handlung-Struktur-Modells zu vollziehen. In seinem differenztheoretischen Feld-Habitus-Modell konkretisiert er die Strukturierung moderner Gesellschaften. Er stellt mit seinem Entwurf des „Sozialen Raums" am Beispiel Frankreichs eine historisch-spezifische Beschreibung dessen vor, was Giddens „Achsen der Strukturierung" nennt. Die Transformation von Handlung und Struktur in Habitus und Feld, des mechanischen und statischen Modells von Vollzugsrahmen und Vollzugsergebnis, in ein topologisches und dynamisches Modell der Vollzugsstrukturierung realisiert somit auch theorie-konzeptionell den bereits von Giddens geforderten Antiessentialismus. Bietet Bourdieu damit eine Analysefolie an, mit der eine ambivalente Gleichzeitigkeit von Fremd- und Selbstregierung in systematischen Rekonstruktions- und Reflexionsweisen überführt werden kann?

Die Prozesse gesellschaftlicher Konstruktion sollten spätestens seit den wissenssoziologischen Deutungen und den Arbeiten von Giddens und Bourdieu im Mittelpunkt sozialtheoretischer Beobachtungen stehen. Gleichzeitig ist vor allem den beiden letztgenannten Autoren angesichts zugespitzter konstruktivistischer Weltdeutungen nicht geheuer. Und an dieser Stelle markieren sie auch ihre Abgrenzung von wissenssoziologischen Deutungsversuchen. Die ihnen notwendig erscheinende Wendung gegenüber essentialistischen Modellen, wie sie neomarxistische Modelle des Ökonomismus auf der einen Seite und neoliberale Modelle des reinen Handlungsrationalismus auf der anderen Seite präsentieren, führt sie zur überzeugenden Proklamation einer systematischen Einbeziehung sozialer Konstruktionsprozesse. Gleichzeitig pochen die beiden marxistisch geschulten Soziologen auf eine Wirkmächtigkeit sozialer Strukturierungsprozesse, die bei Berger und Luckmann zwar angedeutet, aber nicht systematisch mit in die Untersuchungen einbezogen werden.

Bourdieu präsentiert mit seiner differenztheoretischen Feldtheorie eine hoch elaborierte Analyse differenztheoretischer Strukturprinzipien moderner Gesellschaften, deren Konsequenzen als je feldspezifische Habitus, spezifisch realisierte Handlungslogiken also, beschrieben werden. Mit dem Verweis auf die Reproduktion dieser Objektivierungen innerhalb *permanenter sozialer Kämpfe* macht Bourdieu deutlich, dass er mit seinem Konzept nicht wieder in strukturalistische Verkürzungen zurückfallen will. Mit der Konstruktion einer differenztheoretischen Topologie des Sozialen Raumes zur Bestimmung der verschiedenen Territorien sozialer Kämpfe und den dadurch strukturierten Habitus kann mit den Arbeiten Bourdieus eine gelungene Überwindung ontologischer Figuren im Sinne des Handlung-Struktur-Dualismus sehr viel eher in Verbindung gebracht werden, als mit wissenssoziologischen oder den Überlegungen von Giddens. Gleichzeitig beschreibt Bourdieu damit allerdings Internalisierungs- und Reproduktionsprozesse von habitustheoretisch vorausgesetzten sozialen Strukturen, und gerät damit in die Gefahr, wieder hinter die eigene Forderung der Inblicknahme ständiger sozialer Auseinandersetzungen zurück zu fallen (vgl. Demirovic 1992, S. 141). Im Gegensatz zu Giddens neigt er eher zu einer Version soziologischen Objektivismus, innerhalb dessen soziale Praktiken nur „strukturale Varianten" auftauchen, die „praktisch in einem statischen sozialen Raum die immer gleichen Abstände zwischen den sozialen Gruppen wieder her(stellen)" (ebd.).

Selbstverständlich benötigen sozialwissenschaftliche Materialanalysen Ausgangspunkte, wie die des Feldes und des Habitus oder eben diskursanalytisch die der Rationalitäten und Technologien. Nur die Inanspruchnahme eines Standpunktes macht Analyse möglich, nur die Nutzung von Begriffen das Sprechen. Dennoch stellt sich seit der Ausformulierung konstruktivistischer Einwände die Frage, wie diese Analysefolien gefasst werden können, ohne im gleichen Schritt wieder einem neuen Substantialismus zu verfallen. Sowohl die Giddensche wie die Bourdieusche Erweiterung sind gegenüber den konventionellen sozialwissenschaftlichen Handlung-Struktur-Perspektiven unbedingt notwendig, aber eben (noch) nicht ausreichend.[4]

Ein weiterer Schritt ist daher notwendig: eine Relationierung der Analyseeinheiten selbst. Eine solche Perspektive wollen Weltsichten eines *radikalen Konstruktivismus* anbieten: sie radikalisieren die Bestimmung aller Beobachtungseinheiten wie -positionen als unausweichlich kontingente Aspekte, Phänomene oder Zusammenhänge.

4.3 Vom radikal-konstruktivistischen Potenzial

Jedem Hinweis auf die Wirkmächtigkeit sozialer Strukturierungsprozesse wird von radikal-konstruktivistischer Seite der Essentialisierungsvorwurf entgegengebracht. Bestehen bleiben zufällig agierende Akteurinnen, deren Tun in ethnographischen Einzelfeldstudien beobachtet werden soll, was wiederum nur ein zufälliges Vorgehen darstelle. Die soziale Wirklichkeit wird in ihrer Stofflichkeit grundsätzlich in Frage gestellt. Alles ist „Text“ oder „Diskurs“, so lautet das Credo des radikalen Konstruktivisten.

Ein solches Vorgehen kann in den frühen, archäologischen Arbeiten Foucaults eine deutliche Bezugsquelle finden – allerdings nur, wenn man diesen Arbeiten einen epistemologischen Ausschließlichkeitswert zuweist und sie nicht als Teil eines (Erkenntnis-)Prozesses begreift, den Foucault mit seinen Überlegungen angetrieben hat, um immer wieder ein Stück zurückzugehen, neue Abzweigungen auszuprobieren, ausgewiesene Wege immer weiter zu verlassen, manches Mal stehen zu bleiben, Wegweiser abzunehmen oder gegen ihre Richtungsanweisung weiter zu gehen.

Foucault hat in seinen ersten Studien die *nicht-diskursiven Praktiken* unterschätzt,[5] wie er sie in seinem Entwurf einer Analyse diskursiver Felder,

---

4 Bourdieu hat seine eigenen praxistheoretischen Hinweise nicht durchgehend ernst genommen, und stattdessen in seinen Arbeiten immer wieder den Weg eingeschlagen, ein umfassendes Strukturmodell einer *allgemeinen Anthropologie* zu entwerfen. Die praxistheoretische Alternative hätte seine (ganze) Aufmerksamkeit für die Rekonstruktion spezifischer und historisch-kontingenter (Re)Produktionsweisen innerhalb von sozialen Feldern erfordert.

Die Vermutung, dass dieses theoretische Totalitätsbestreben, das Bourdieus erkenntnistheoretischen Prämissen eigentlich zuwiderläuft und doch seine Arbeiten immer wieder kennzeichnet, seinem ausgeprägten soziologischen Habitus entspricht, das heißt – frei nach Durkheim – der Bemühung um die Freilegung eines Systems gesellschaftlicher Strukturen, das „hinter“ dem individuellen Handeln verborgen liegt, sei an dieser Stelle zumindest geäußert.

5 Um Missverständnissen vorzubeugen sei an dieser Stelle darauf hingewiesen, dass die Differenzierung von diskursiven und nicht-diskursiven Praktiken nicht als durch die Hintertür wieder eingeführter Dualismus gemeint sein kann. Diskurse als „Gesamtheit erzwungener und erzwingender Bedeutungen, die die gesellschaftlichen Verhältnisse durchziehen“ umfasst – *analytisch* unterscheidbare – diskursive und nicht-diskursive Praktiken (Foucault 2003[2], S. 164): Der „Raum der nichtdiskursiven Praktiken (lässt sich) zumindest analytisch

seiner ARCHÄOLOGIE DES WISSENS, von einer Analyse des Denkens abgrenzt (vgl. Foucault 1981, S. 43). Existenz auf „semantisches, diskurspolitisches oder ideelles Sein" zu reduzieren, kann angesichts der offensichtlich wirkmächtigen sozialen Strukturierungsprozesse, die sich in Leiblichkeit, Herrschaftsmechanismen, habituellen Prägungen oder Weltdeutungsmustern „objektivieren" – wenn auch nur in situativer, das heißt immanenter, relationaler und dynamischer Realisierung – allerdings nur wenig überzeugen (vgl. Ritsert 1996, S. 339). Radikal-konstruktivistische Weltdeutungen nehmen die fundamentale Einsicht in die Konstruktionskraft von Zeichen (*linguistic turn*), die gegenüber der lange Zeit vorherrschenden Vorstellung, Zeichen bildeten Realität nur ab, zwar auf, führen sie aber im selben Moment ad absurdum. Denn nun erscheint die Welt nur noch als Text, Zeichen scheinen die einzige Realität. Wie unzureichend eine solche Annahme ist, deutet Foucault bereits in seiner reflexiven Rückschau am Ende der ARCHÄOLOGIE DES WISSENS an, als er die Frage von „Subjektivität" diskutiert und sein Vorgehen nachträglich mit den Worten rechtfertigt, das ausschließliche und augenblickliche Recht „zur Veränderung des Diskurses (...) habe (er) der Souveränität des Subjekt entrissen" (Foucault 1981, S. 298). Die Thematisierung der Formation von Diskursen ist unzureichend, wenn nicht die Überwachung und Beherrschung seiner Produktion selbst problematisiert wird – das Thema, das Foucault einige Jahre später in DIE ORDNUNG DES DISKURSES diskutiert (vgl. Becker 1981, S. 107ff.). Helmut Becker macht in seiner Foucault-Interpretation überzeugend deutlich, dass dieser Perspektivenwechsel Foucault allerdings nicht zur Überwindung archäologischer Vorgehensweisen, sondern zu deren Transformation in eine politische Genealogie, dem direkten Vorläufer einer Gouvernementalität also, führt.

Machtanalytische Hinweise sind allerdings in DIE ORDNUNG DES DISKURSES noch sehr unzureichend entwickelt, da die Beobachtung auf die Kontrollierung, Selektion, Kanalisierung und Organisierung der Diskurse beschränkt ist (vgl. Foucault 2001, S. 11). Den wohl entscheidenden machtanalytischen Hinweis, den Foucault erarbeitet hat: die Einsicht in die Produktivität von Macht, die Konstitution von Macht durch Freiheit, gibt Foucault erst in späteren Arbeiten (vgl. Saar 2003, S. 169). Den Schritt zur Inblicknahme nicht-diskursiver Praktiken geht Foucault in frühen Arbeiten nur kurz. Denn auch am Ende von ORDNUNG DES DISKURSES zieht er ihn wieder zurück: Er verweilt wieder *im Diskurs*: „alles ist wieder Diskurs, die Oppositionen werden wieder zu perspektivischen Verdoppellungen, die Gefahren werden wieder vom Diskurs selbst reguliert und die nichtdiskursiven Praktiken, als die man wohl sowohl die externen als auch die Selektionsmechanismen lesen müßte, werden wieder zu analytischen Komponenten der diskursiven Praktiken im innerdiskursiven Positivitätsraum" (Becker 1981, S. 114f.; vgl. Foucault 2001, S. 43f.). Die Analysen diskursiver Felder finden systematisch erst in SEXUALITÄT UND WAHRHEIT ihre machtanalytische Trans-

als ‚komplementärer Raum' um die diskursiven Aussagen herum von diesen unterscheiden" (Bublitz 1999, S. 64).

formation in eine *Geschichte des Denkens*, das heißt in ein Unternehmen der Bestimmung von Bedingungen, „in denen das Menschenwesen das, was es ist, was es tut, und die Welt, in der es lebt, ‚problematisiert'" (Foucault 2000[1], S. 18). Damit ist nun eine Möglichkeit eröffnet, das dualistische Handlung-Struktur-Modell grundlegend zu überwinden – aber eben nicht in ein neues Kategoriensystem soziologischer Weltdeutung, wie dies Giddens oder Bourdieu versuchen, sondern durch die Einnahme ganz anderer Perspektiven, einer neuen *analytischen Haltung*: Problematisierungen im Rahmen eines *achtsamen Wissenschaftsprogramms*.[6] Beobachtungsstandpunkte *jenseits* historisch-spezifischer Macht-Wissens-Komplexe bleiben damit versperrt.

Bevor ein dieser Einsicht folgendes Vorgehen diskursanalytischer Studien etwas eingehender vorgestellt und diskutiert wird, stellt sich mit Blick auf radikal-konstruktivistische Methodologien die Frage, weshalb diese – in Verkehrung ihrer eigenen radikalen Kontingenzannahmen – eben diese Standpunkte für sich in Anspruch nehmen.

Die Ansicht, Realität beschränke sich auf Diskurs, Text oder Kommunikation, erlaubt es radikal-konstruktivistischen Untersuchungsprogrammen, eine Selbstpositionierung in analytischer Erhabenheit zu beanspruchen, also einen Beobachtungsposten oberhalb aller sozialer Praktiken einzunehmen. Neo-scholastisch wollen sich radikal-konstruktistische Weltdeuter außerhalb aller sozialer Zusammenhänge aufstellen, um ihren Anspruch letztgültiger Deutungshoheit zu realisieren – trotz ihres immer wieder geäußertsten Hinweises, sie wollten sich selbst nicht den Produktionsprozessen von Erkenntnisobjekten entheben. Ihr Plädoyer für „Analytiken der Endlichkeit", das heißt rein historisch-kontingente Oberflächenrekonstruktionen, erfordert aber im selben Moment die Formulierung eines Anspruchs auf gültige Analysemöglichkeiten, auf die Einnahme eines Standpunkts außerhalb historisch-spezifischer Oberflächenmuster (Dreyfus/Rabinow 1994, S. 125). Im Bild gesprochen: Eine Beteiligung am Versteckspiel im Hinterhof durch den Rückzug in eine für die Mitspieler nicht direkt zugängliche Wohnung des Nachbarhauses, um das Spiel aus der abgeschotteten Position und die unbeachtete Beobachtung der anderen Spielerinnen durch ein Wohnungsfenster später zu gewinnen, führt indessen meist zum Abbruch des Spiels durch die Mitspielerinnen oder zur Weiterführung in deren – nun verkleinerten – Kreis. Eine spätere Rückkehr in die Gruppe der Mitspieler, die sich bereits in neuen Spielrunden oder einem anderen Spiel befinden, mündet vermutlich in Auseinandersetzungen über die Spielregeln und unter Umständen im mindestens zeitweiligem Ausschluss des Abwesenden oder keiner weiteren Wiederholung des Versteckspiels im diesem Spielerkreis. Völlig absurd muss den Mitspielern aber schließlich die nachträgliche Rechtfertigung erscheinen, man könne

---

6 Hier deuten sich die Stränge Foucaultschen Denkens an, die sich mit denen der Kritischen Theorie eng verknüpfen lassen (s.u.). Denn „Problematisierungen", wie Foucault sein analytisches Vorgehen nun nennt, könnte man in den Worten Adornos auch als eine Vertiefung in Sachgehalte beschreiben, „um in ihnen, nicht über ihnen, des Wahrheitsgehalts innezuwerden." (Adorno 1969[3], S. 19).

sich schließlich zurückziehen, wohin man wolle, denn keine Regel der Welt beschränke das Spiel auf den Hinterhof und derartige Beschränkungen zeigten doch nur, wie beschränkt die Mitspielerinnen in ihrer Vorstellungskraft seien, während man selbst mit der Einnahme der Beobachtungsposition hinter dem Wohnungsfenster die klügere Spielentscheidung getroffen habe. Die anderen hätten eben einen Weg zur Öffnung der Wohnungstür finden müssen – vielleicht hätte man auf ein Klopfen oder Klingeln hin sogar reagiert. Aber von einem Rückzug aus dem Spielgeschehen könne jedenfalls nicht die Rede sein, man habe sich schließlich versteckt.

Den Rückzug aus dem Spielgeschehen, um vom entfernten Standort aus am Spiel „teilzunehmen“, beanspruchen radikal-konstruktivistische und mit diesen verwandte radikal relativistische Wissenschaftsprogramme. Doch diese Vorhaben enden in der immer wieder gleichen Aporie – wie der Rückzug aus dem Versteckspiel: Dem selbstgewählten „Ausschluss“ vom Spielgeschehen bei nachträglicher Rechtfertigung durch den Hinweis auf die Beschränktheit der restlichen Mitspielerinnen. Konkretisiert hinsichtlich des radikal-konstruktivistischen Vorhabens: Die Gleichzeitigkeit des Anspruchs von Analysen historisch-spezifischer Werthaltungen, Diskurslogiken und Regelsystemen und dem Hinweis auf die eigene Eingebundenheit in dieselben, reproduziert die Aporie phänomenologischer Projekte, die Behauptung nämlich, „aus einer Position phänomenologischer Unbeteiligtheit“ auf die Begrenztheit von Erkenntnisansprüchen aufmerksam machen zu können (Dreyfus/Rabinow 1994, S. 127). Michel Foucaults frühes Projekt der ARCHÄOLOGIE endet in eben dieser Aporie. Denn die Rekonstruktion und Reflexion beispielsweise sozialpädagogischer Thematisierungsweisen, des historisch-spezifischen Regierungshandelns Sozialer Arbeit also, ist wenig erkenntnisreich, wenn sie sich auf die zufällige Deskription dieser Vollzüge als kontingent beschränkt, ohne eine historisch-systematische Einordnung anzubieten, und damit einen Ausweis, von wo aus und mit welchem Interesse diese reflektiert werden. Der Rückzug aus dem Spiel, um zeitweilig oder später zurückzukehren und dann die anderen Mitspieler auf ihre Beschränktheit hinzuweisen, überzeugt auch fast zweieinhalb Jahrtausende nach einer der ersten metaphorischen Darstellungen solcher intellektuellen Erhabenheit nicht. Platon schien das systematische Problem der Selbstpositionierung in einem fiktiven Außen des Sozialen dazuhin im HÖHLENGLEICHNIS bereits zu erahnen, wenn er von der Lebensgefahr für die Erkennenden bei einer Rückkehr in die Höhle schreibt, weil die Höhlenbewohner diese Aufforderung zum Verlassen der Höhle ans (Sonnen)Licht der Erkenntnis als Verführung in eine selbstgewählte Erblindung deuten. Schließlich fänden sich die aus dem Licht Zurückkehrenden aufgrund ihrer Gewöhnung an dieses im nur feuerbeschienen Dunkel der Höhle kaum noch zurecht (vgl. Kap. 2).

Die Kontrastierung im Spiel, der *immanente* Zweifel, die Orientierung am Handlungsziel in der *Einsicht an dessen Unerreichbarkeit* erweitern dagegen ein Spiel – unter Umständen grundlegend: das Spielfeld kann über den Hinterhof hinaus erweitert werden, neue Spielregeln können formuliert, Schatten an der „Höhlenwand“ als Schatten im Feuerschein erkannt oder neue Teile der „Höhle“ durch ein Ausbreiten des Feuers beleuchtet werden. Darauf machen konstruktivistische Einwände aufmerksam, und hinter diese Erkenntnis sollten sozialtheoretische Debatten nicht mehr zurückfallen. Doch der proklamierte Entzug aus dem Spiel sozialer Praktiken in ein geschütztes *Außerhalb* kann nur durch die Einnahme einer Herrschaftsposition *innerhalb* des Spiels realisiert werden. Dies belegen alle elitären und avantgardistischen Theoriekonzepte und Konkretisierungen: sie führen zur Herrschaftssicherung oder -implementierung einzelner Akteure oder kleiner Akteursgruppen. Rechtfertigung suchen sie im Hinweis, das ganz Andere des Bestehenden zu realisieren.[7] Sozialpädagogische Erbinnen und Mitstreiterinnen dieser Theorietraditionen sind verschiedenste Konzepte der Expertokratie, die sich dadurch gleichen, dass sie eine generelle Überlegenheit professioneller Expertise gegenüber den Deutungsfähigkeiten von Nutzerinnen sozialpädagogischer Leistungsangebote rechtfertigen wollen, eine Überlegenheit der Expertise gegenüber situativen Aushandlungsprozessen betonen.[8] Die hier zu Grunde gelegte Behauptung lautet etwa: Wir sind zwar Teil der pädagogischen Handlungsinteraktion, innerhalb derer sind wir aber aufgrund unserer Expertise fähig, die Situation unabhängig und von außen einzuschätzen und dadurch die bestmögliche Interventionsmaßnahme auszuwählen. Ein doppelter Fehlschluss: Erstens wird eine solche Annahme nur dadurch möglich, dass Handlungskontexte und -beschränkungen als irrelevant betrachtet werden; und zweitens die Verwicklung in den situativen Produktionsprozess von Macht und Herrschaft ignoriert wird. Modelle REFLEXIVER PROFESSIONALITÄT stellen demgegenüber einen Versuch der Grundlegung achtsamer Modelle sozialpädagogischer Intervention dar: „Mittels Fallrekonstruktion und wissenschaftlicher Reflexion wird der Alltag des Klienten bzw. ein Problemzusammenhang gewissermaßen dekomponiert, wobei im Prozess der Relationierung von Wissens- und Urteilsformen das ‚Neue‘ in Gestalt einer handhabbaren und lebbaren Problembearbeitung/-lösung hervorgebracht wird“ (Dewe/Otto 2001, S. 1420f.).

Wenn nun aber auf die Wirkmächtigkeit sozialer Strukturierungs-, das heißt nicht zuletzt Thematisierungsprozesse, einerseits und die Einbindung der Reflektierenden – seien sie nun pädagogisch-professionell oder wissenschaftlich

---

7 An dieser Stelle ist der Einwand von Jürgen Habermas berechtigt, solchen Positionen „antiwissenschaftliche“ Positionierung vorzuhalten (vgl. Habermas 1998, S. 292ff.). Allerdings überzeugt er gegenüber der machtanalytischen Perspektive, die Foucault vor allem in seinen späteren Arbeiten anbietet, keineswegs.

8 Aktuell vollzieht sich eine immense, aber bisher wenig beachtete Renaissance expertokratischer Perspektiven innerhalb der Debatten um Soziale Arbeit. Konzepte klinischer Diagnostik feiern ebenso fröhliche Urstände, wie die programmatisch-konzeptionelle Vereinheitlichung und Implementierung bestimmter Handlungsstrategien – beispielsweise unter den Stichworten: „Prävention“, „Sozialraumorientierung“ und „Qualitätssicherung“ – und die Re-Implementierung hierarchischer Handlungszuständigkeiten innerhalb sozialpädagogischer Einrichtungen – beispielsweise die Stratifizierung zwischen koordinierenden „Sozialmanagern“ und ausführenden Mitarbeiterinnen im Erbringungsbereich.

Handelnde – in die (Re)Produktion von Macht-Wissens-Komplexe andererseits hingewiesen wird, wie kann dann die Einsicht in Immanenz, Relationalität und Dynamik noch aufrechterhalten werden? Wie ist Rekonstruktion und Reflexion möglich, wenn die „Höhle“ (Platon) nicht verlassen werden kann oder kein grundsätzlicher Rückzug aus dem Versteckspiel (mehr) möglich ist? Welche Legitimation können also diskursanalytische Positionierungen noch beanspruchen, ohne die Einsicht in die historische Spezifik und Kontingenz sozialer Praktiken trotz ihrer Proklamation nachträglich wieder aufzugeben?

4.4 Ein Feld der Unablässigkeit

Gegenüber bisherigen Versuchen der Vermittlung oder Verbindung dichotomer Weltsichten (Subjektivierung *versus* Objektivierung, Individualisierung *versus* Strukturalismus und Konstruktivismus *versus* Essentialismus) ist *die Frage selbst* in Zweifel zu ziehen. „Es könnte hilfreich sein, von den Begriffen der Debatte Konstruktivismus contra Essentialismus wegzukommen und sich der komplexeren Frage zuzuwenden, wie sich ‚tiefsitzende‘ oder konstitutive Zwänge anhand symbolischer Grenzen in ihrer Widerständigkeit und Anfechtbarkeit formulieren lassen“ (Butler 1997, S. 137).

Was dies bedeuten kann, zeigt die Veränderung der zeitlichen Dimensionierung, die Diskursanalysen gegenüber handlungs- und strukturtheoretischen Vorhaben realisieren. Während Letztere eine *zeitliche Abfolgesequenz* von Handlungsautonomie und sozialer Vermittlung von Handlungsbestimmung und Handlungsvollzug oder eben von Fremd- und Selbstregierung voraussetzen, das heißt in Modellen eines Vorher-Nachher denken, gehen diskursanalytische Vorgehensweisen von einer Vorstellung der *Unablässigkeit* aus.[9] Zeitliche Anordnungen in der Abfolge vorausgesetzter analytischer Schemata sind nicht (mehr) festzulegen, sondern auch der Forschungsprozess als Vorgehensweise unablässiger historisch-spezifischer und kontingenter (Re)Produktion zu begreifen und dementsprechend zu realisieren – beispielsweise als diskursanalytische Rekonstruktion.

Foucault überwand seine archäologischen Engführungen früher Arbeiten durch genealogische Erweiterungen späterer Arbeiten: „Die archäologische Dimension der Analyse bezieht sich auf die *Formen* der Problematisierung selbst; ihre genealogische Dimension bezieht sich auf die *Formierung* der Problematisierungen von den Praktiken und deren Veränderungen“ (Foucault 2000[1], S. 19; Hervorh., F.K.). Der Ausweis der Redeposition des archäologisch arbeitenden Diskursanalytikers wird erst durch seine spezifische genealogische Rekonstruktion ermöglicht. Oder anders gesprochen: Die notwendige Rekonstruktion lokaler Diskurspraktiken geschieht zur Erweiterung der erlaubten, das heißt als möglich beschriebenen sozialen Praktiken (vgl. Foucault 1978[3]). Die Rekonstruktion und Reflexion eines *Dispositivs*, von Regelmäßigkeiten

9 Gilles Deleuze spricht in seiner FOUCAULT-Interpretation zur Charakterisierung einer subjektkritischen Perspektive Foucaults – im Unterschied zu traditionellen subjekttheoretischen – vom „unablässigen“ Vollzug der Subjektivierung (vgl. Deleuze 1997:145).

aktuell Sagbaren und Sichtbaren, die auf Basis einer historischen Einordnung dieser Praktiken geschieht, ist der Beleuchtung von „Freiräumen" verschwiegener, verbotener und versteckter Praktiken verpflichtet. Der Hinweis auf die Beschränkung des Spielfelds im Hinterhof durch eine weitere Deklaration der Regeln des Versteckspiels, erweist sich damit als ebenso unzureichend, wie der Rückzug in ein scheinbares Außen einer abgeschottenen Beobachtungsposition. Weder die Negation von Zwängen oder Handlungsstrukturierungen aus der Sicht eines subjektivistischen Voluntarismus ist methodologisch ausreichend, noch deren Verdinglichung in Formen eines metaphysischen Objektivismus.

Diskursanalytische Studien verzichten nicht nur auf die Explikation eines spezifischen methodischen Forschungsverfahrens, weil sie die Dichotomie von Realität und Abbildung ebenso bezweifeln wie die Dichotomie von Handlungseinheiten und konstruierter gesellschaftlicher Wirklichkeit. Sie formulieren aber ebenso wenig den Anspruch, eine allgemeine Analysemethode zu konstituieren, wie dies der feldtheoretische Ansatz Bourdieus oder auch die Systemtheorie von Niklas Luhmann vorschlagen. Die spezifischen Forschungsgrammatiken werden innerhalb diskursanalytischer Studien erst freigelegt, womit theoretisch- wie empirisch-kohärente Untersuchungslehren nicht (mehr) vorausgesetzt werden können. Dies verlangt das bereits angedeutete veränderte Verhältnis zum Untersuchungsfeld: ein achtsames Wissenschaftsprogramm. Hubert Dreyfus und Paul Rabinow beschreiben dieses als eine „interpretative Analyse" vorliegender sozialer Praktiken. Auch hier wieder: Mehr nicht, aber auch nicht weniger.

Die scheinbare Selbstverständlichkeit, mit der aktuell sozialpädagogische Selbstführungsstrategien in einer wachsenden Zahl von Feldern der Kinder- und Jugendhilfe mobilisiert und dynamisiert werden, wird durch eine diskursanalytische Problematisierungsarbeit somit als historisch-spezifische, als hegemoniale und dennoch kontingente und somit keineswegs unausweichliche politische Strategie les- und interpretierbar. Sie ist nun als Kennzeichen eines historisch-spezifischen *Wahrheitsregimes*, und damit bestimmter Subjektivierungsweisen, bestimmbar und damit immer auch legitimierungsbedürftig.

In diesem Sinne bereitet eine *Gouvernementalität Sozialer Arbeit* den Boden für eine politische Infragestellung aktuell dominierender politischer Rationalitäten. Dabei wählt die eingeschlagene Untersuchungsperspektive bewusst die Blickrichtung auf die Denkweisen, die politischen *Rationalitäten*, die aktuelle Ordnung des Sichtbaren und Sagbaren, nicht auf die Technologien, die realisierten Subjektivierungsweisen, wie sie in den Momenten sozialpädagogischer Interventionsprozesse aktualisiert werden.

Die Unterscheidung von Rationalitäten und Technologien oder in den Worten David Garlands: die Unterscheidung von „specific ways of thinking" und „specific ways of acting" beschreibt eine idealtypische analytische Differenzierung, die weder als Unterscheidung zwischen autonom-rationaler Handlungsvorbereitung und sozial vermittelter Handlungsrealisierung noch als Differenz von sozialstrukturellen Determinismen und subjektiv-autonomen Handlungsvollzügen missverstanden werden sollte (Garland 1999, S. 16; s.o.).

Die Beleuchtung einer Strukturierung historisch-spezifischer und kontingenter Diskursgewebe erfordert die Rekonstruktion und Reflexion vorliegender Regierungsweisen des Sozialen. Das analytische Instrumentarium der Differenzierung von politischen Rationalitäten und Technologien fasst beide Dimensionen als historisch-spezifische und kontingente soziale Praktiken. Die Realisierung politischer Rationalitäten, beispielsweise in Konzeptions- und Programmpapieren öffentlicher Träger der Jugendhilfe, beschreibt ebenso einen Prozess sozialer Praxis, wie die Realisierung bestimmter Technologien, zum Beispiel die Durchführung einer sozialpädagogischen Familienhilfe in einer bundesrepublikanischen Kleinstadt. Umgekehrt realisiert ein freier Träger sozialpädagogischer Familienhilfe ebenso einen Prozess politischer Rationalisierung wie der öffentliche Träger im expliziten Prozess der Konzipierung einer Handlungsstrategie. Dennoch sind diese Anteile aus forschungspragmatischen Gründen analytisch zu unterscheiden.[10]

Wie kann nun solch ein Blickwechsel hin zu achtsamen Wissenschaftsprogrammen vollzogen werden?

Forschungsperspektiven dieser Art sind bisher vor allem in ihrer begriffskritischen Dimension ausgearbeitet worden, unter anderem im Anschluss an Jacques Derrida und Jacques Lacan und mit Rückgriff auf Levi-Strauss-Konzept der „universalen Invariante". Sie könnten aber auch in der substantivierten Formel Gianni Vattimos als das Tun „schwacher Denker" beschrieben werden.

Jacques Derrida entwirft als Gegenbild zur Idee des transzendentalen Signifikats das Modell des „relationalen Signifikaten", der immer nur in Abgrenzung zu anderen in Bezug stehenden Signifikanten erklärbar ist. Entscheidend für die hier gewählte diskursanalytische Perspektive ist Derridas erkenntnistheoretische Folgerung: es gibt kein Zentrum, „dass das Zentrum nicht in Gestalt eines Anwesenden gedacht werden kann, dass es keinen natürlichen Ort besitzt, dass es kein fester Ort ist, sondern eine Funktion, eine Art von Nicht-Ort, worin sich ein unendlicher Austausch von Zeichen abspielt" (Derrida 1972, S. 424; vgl. Plößer 2004). Ernesto Laclau nennt diesen Nicht-Ort den „leeren Signifikanten", den leeren Mittelpunkt von Signifikationssystemen, „der aus der Unmöglichkeit resultiert, ein Objekt zu produzieren, welches die Systemhaftigkeit des Systems trotz alledem erfordert" (Laclau 2002, S. 70); Slavoj Žižek schreibt in analogen Zusammenhängen vom „blinden Fleck" als dem „schwer definierbaren Punkt, von dem aus das Objekt den Blick erwidert", ohne den die „Realität' selbst als visuelle Halluzination wahrgenommen (wird)" (Žižek 1997, S. 100; vgl. Deuber-Mankowsky 2001).[11]

10 Die Gefahr, dass diskursanalytische Rekonstruktionen und Reflexionen politischer Rationalitäten die Programm- gegenüber der Handlungsperspektive essentialisieren, ist damit nicht gebannt (vgl. Müller 2003, O'Malley/Weir/Shearing 1997). Allerdings darf diese Gefahr nicht zum Grund werden, eine Analyse politischer Rationalitäten zu unterlassen oder prinzipiell abzulehnen (vgl. Walther 2003).

11 Was mit diesen begriffskritisch-relationalen Figuren gemeint ist, verdeutlicht Ernesto Laclau am Beispiel des Demokratiebegriffs. Demokratie stellt demnach keine begrifflich

Gegenüber dem Anspruch traditioneller Einheits- und Totalitäts-Konzeptionen, wie sie im deutschsprachigen Raum Arbeiten von Hegel bis Habermas bestimmen, versuchen achtsame Wissenschaftsprogramme somit eine Einsicht in die Realität von Wahrheitspolitiken durch dezentrierte Analyseeinheiten umzusetzen. Das heißt der Anspruch mit diskursanalytischen Analysen keine Prinzipien zu erfassen, sondern Regelmäßigkeiten zu dechiffrieren, reduziert nicht Möglichkeiten einer Erkenntnisfähigkeit, sondern Ambitionen, die damit verbunden werden. Wissenschaft ist eine der entscheidenden Akteurinnen im Prozess der (Re)Produktion von Wahrheitsregimen, was ihr gerade Motivation zu machtanalytischen Vergewisserungen sein sollte. Ihr Auftrag ist immer auch eine Thematisierung der eigenen Positionierung, eine Problematisierung ihrer Einbindung in die (Re)Produktion aktueller Macht-Wissens-Komplexe.

Ein achtsames Wissenschaftsprogramm formuliert auch künftig den Anspruch eines Wissenschaftsprogramms, das heißt einer systematischen Rekonstruktion und Reflexion, oder anders formuliert: der Orientierung des eigenen Tuns an den Regeln von Genauigkeit, Reichweite, Fruchtbarkeit usw. Allerdings ist dieses Tun, spätestens seit erkenntniskritischen Einwänden vor die Herausforderung gestellt, die Substantialisierung beobachteter Phänomene zu problematisieren (vgl. Haraway 1988). Um diese aber nicht durch die Aufnahme des ebenso verkürzten Umkehrschlusses radikal-konstruktivistischer Weltdeutungen zu realisieren, vollzieht ein achtsames Wissenschaftsprogramm einen Paradigmenwechsel von begriffstheoretischen zu begriffskritischen Sichtweisen: die Essenz von Begriffen als grundlegende Argumentationssäulen wird in Frage gestellt. Zeigt sich in sozialpädagogischen Debatten immer wieder der Hang zu einer „dialektischen Synthese" auf Basis dichotomer und zeitlich hierarchisierter Begriffspaare (z.B. „System *versus* Lebenswelt", „Kontrolle *versus* Hilfe", „Individualisierung *versus* Vergemeinschaftung", oder „Sozialstaat *versus* Bürgergesellschaft"), so setzt eine Gouvernementalität Sozialer Arbeit im Anschluss an die skizzierten Überlegungen Derridas, Laclaus, Žižeks und andere auf eine *performative Begriffstheorie*. Statt der Bestimmung der Essenz einzelner Begriffe als konstitutive Einheiten, wird diese über die Rekonstruktion spezifischer Grenzziehungen erfasst. Scheinbar substantielle Begriffseinheiten, wie diejenigen „des Subjekts" oder „des Staats", werden zugunsten relationaler und historisch-spezifischer, also topologischer Begriffsstrukturen überwunden: *Subjektivierung* oder *Regierung*.[12] Und damit verbunden werden Begriffspole, wie diejenigen von „Selbst- und Fremdregierung", als Bestandteile von *thematischen Kräftefeldern* verstanden,

---

voraussetzbare Bedeutungseinheit dar, so Laclau, sondern ist nur durch die Rekonstruktion des jeweiligen historisch-spezifischen Realisierungszusammenhangs systematisch erfassbar, die situationsabhängige Bindung an bestimmte Signifikaten. Dasselbe gilt analog für Begriffe wie Macht, Regierung oder Führung.

12 Auf diesen Aspekt hat Michel Foucault bereits in DIE ARCHÄOLOGIE DES WISSENS aufmerksam gemacht: „Es handelt sich darum, eine Dezentralisierung vorzunehmen, die keinem Zentrum ein Privileg zugesteht" (Foucault 1981, S. 293).

die weder zeitlich hierarchisiert sind noch synthetisierbar: Fremd- und Selbstregierung sind Bestandteile eines Begriffsfeldes „Regierung". Allerdings kann dessen Ausgestaltung je nach Positionierung zu radikal unterschiedlichen Arrangements führen. Diese Arrangements für die Felder Sozialer Arbeit zu dechiffrieren, ist Aufgabe einer Gouvernementalität Sozialer Arbeit.

Performative begriffskritische Vergewisserungen sollten daher nicht als „Verbote" einer Verwendung analytischer Begriffspole missverstanden werden (vgl. Kap. 5). Die Überführung einer hegelianischen Grundüberzeugung, die Welt sei systematisch entzweit und müsse die ihrer Trennung vorausgehende Einheit in der Synthese des Absoluten (*Staat*) wiedergewinnen, macht aber eine Infragestellung bisher *vorausgesetzter* und sozial immens wirkmächtiger Begriffsdualismen notwendig, so der scheinbar fixierten und damit determinierenden Dichotomien von „Frau *versus* Mann" oder „arm *versus* reich" oder „aktiv *versus* passiv". Denn gerade diese Setzung dichotomer Strukturierungen sind Teile spezifischer Wahrheitsregime, wie sie aktuell beispielsweise in den Feldern der bundesrepublikanischen Kinder- und Jugendhilfe Einschätzungen einer zunehmenden kalkulativen Selbstsorge generieren und stützen (*Aktivierung*). Die Problematisierung derartiger Dualismen sollte in soziale Kämpfe eingespeist werden, also zu zentralen Fragen sozialer Auseinandersetzungen werden (vgl. Butler 1997, S. 25). Diskursanalytische Studien stellen sich dementsprechend der Aufgabe, genealogisch fundierte Antwortversuche auf die Fragen zu erarbeiten und anzubieten, wie es zu gegenwärtigen Naturalisierungen und damit verbunden Wirkmächtigkeiten derartiger Differenzierungen kommt – beispielsweise zwischen „aktiven" und „passiven" Nutzerinnen und Nutzern sozialpädagogischer Unterstützungsangebote, die anschließend als „aktiviert" oder als „zu aktivieren" identifiziert werden.

4.5 Vorläufer einer Gouvernementalität Sozialer Arbeit

Eine Gouvernementalität Sozialer Arbeit ist trotz bisher fehlender systematischer Grundlegungen keineswegs ohne Vorläufer. Die Grundlinien einer Gouvernementalität Sozialer Arbeit sind seit langem innerhalb der Debatten um Soziale Arbeit ausgelegt, worauf die genealogische Rekonstruktionsskizze in den ersten Kapiteln bereits hinweisen konnte. Als Verweise auf die Notwendigkeit einer Analyse historisch-spezifischer Arrangements der ambivalenten Gleichzeitigkeit von Fremd- und Selbstregierung und der damit konstitutierten und legitimierten institutionellen Strukturierungen können die Arbeiten Siegfried Bernfelds oder später die Überlegungen Klaus Mollenhauers ebenso gelesen werden, wie die oben genannten staatstheoretischen Vergewisserungen. Welche gesellschaftspolitischen Konkretisierungen eine Gouvernementalität Sozialer Arbeit nach sich ziehen kann, deuten die Ausführungen von Siegfried Müller, Thomas Olk und Hans-Uwe Otto hinsichtlich eines Konzepts einer KOMMUNALEN SOZIALARBEITSPOLITIK bereits an: Auf Basis der Annahme einer Politikimmanenz Sozialer Arbeit sollen ihres Erachtens „Handlungsspielräume und Grenzen einer kommunalen Sozialarbeitspolitik ausgespürt und diskutiert werden, die sich an dem übergreifenden Ziel einer kompensatorischen Beeinflussung der Lebenschance orientieren" (Müller/Olk/Otto 1983, S. 136; Sünker 1995, S. 87).[13]

Dennoch verfehlen diese Vorläufer die erkenntniskritische Konsequenz einer Gouvernementalität Sozialer Arbeit noch, weil sie sich letztlich substantiell-dualistischen Denkfiguren unterordnen. Denn auf der einen Seite stellen sich ihre subjektidealistischen Schlusswendungen wieder unter das Primat der Selbstführung, wie am Beispiel der staatstheoretischen Überlegungen von Lothar Böhnisch und Andreas Schaarschuch gezeigt wurde. Auf der anderen Seite bleiben sie zumeist einer strukturalen Ideologiekritik verpflichtet. Denn das regulative Wesen des Sozialen wird in der Sozialpolitik verortet, als *deren Instrument* Soziale Arbeit bestimmt wird (vgl. Schaarschuch 1990, S. 192). Sozialer Arbeit wird damit die nachgeordnete Stellung einer sekundären Instanz zugewiesen, deren Praxislogiken aus der sozialpolitischen Strukturierung des Sozialen abgeleitet werden (müssten). Eine Gouvernementalität Sozialer Arbeit macht aber gerade deutlich, dass Soziale Arbeit keine Oberflächenerscheinung darstellt, die auf eine dahinter liegenden, verborgene sozialpolitische Strukturierungsmacht verweist, sondern selbst als aktiver Teil des Feldes einer unablässigen Gleichzeitigkeit von Individualisierungs- und Homogenisierungsstrategien, der Regierung des Sozialen, zu erfassen ist.

Damit wird auch deutlich, dass diskursanalytische Vorgehensweisen nicht als ideologiekritische Vorgehensweisen im konventionellen Sinn verstanden werden können. Sie sind diesen auch nicht kontradiktorisch entgegengesetzt. Diskursanalytische Vergewisserungen könnten als *emanzipierte* Erben ideologiekritischer Analysen bezeichnet werden. Sie nehmen deren Aufgabenstellung auf, um sie allerdings in entscheidenden Aspekten zu transformieren.[14]

Denn das Bestreben diskursanalytischer Vorgehensweisen als Teil einer Gouvernementalität der Gegenwart ist nicht eine Entschleierung politischer Rationalitäten, wie der „Aktivierung" als *einer* oder *der* „herrschenden Ideologie". Es geht ihr nicht um eine kritisch-analytische Freisetzung des „eigentli-

13 Hans-Uwe Otto fordert und konkretisiert an anderen Stellen analog zur Forderung nach einem politischen Engagement Sozialer Arbeit ein *jugendhilfepolitisches* Engagement (vgl. Kommentare in der NEUEN PRAXIS und Positionspapiere des Bundesjugendkuratoriums 2001, 2002).

14 Die gegenseitigen Unterstellungen lassen sich an den Arbeiten von Terry Eagleton und Hannelore Bublitz verdeutlichen. Eagleton polemisiert gegen „Foucault und seine Anhänger", sie würden mit ihren diskursanalytischen Studien den Begriff Ideologie zugunsten „des geräumigeren Diskurses" aufgeben (Eagleton 1993, S. 15). „Dies könnte ein voreiliger Verzicht auf nützliche Unterscheidungen gewesen sein. Eine der Stärken des Ideologiebegriffs ist es, zwischen Machtkämpfen, die zentral für eine Gesellschaftsform sind und solchen, die es nicht sind, unterscheiden zu können", so Eagleton weiter (ebd.). Allerdings übergeht er damit die machtanalytische Differenzierung in Foucaults späten Arbeiten und daran anschließenden diskursanalytischen Studien (vgl. Kap. 4). Bublitz dagegen greift Ideologiekritik ausschließlich in ihrer strukturalistischen Variante auf und differenziert auf Basis einer solchen Bestimmung, Diskursanalysen als Vorgehensweisen, die im Unterschied zur Ideologiekritik, „nicht auf eine den Erscheinungsweisen der Dinge verborgenes Wesen und eine dort angesiedelte Wahrheits(ordnung)" rekurrierten (Bublitz 2003, S. 14).

chen Wesens“ *einer* kulturellen Hegemonie hinter der Oberfläche direkt beobachtbarer Zusammenhänge. Vielmehr werden Realisierungsstrukturen aktueller politischer Rationalitäten (oder Technologien) als das Ergebnis und der Bestandteil historisch-spezifischer Kämpfe im Macht-Wissens-Komplex in den Mittelpunkt diskursanalytischer Arbeiten gerückt. Solche machtanalytischen Diskursanalysen, die gegenüber den statisch-hierarchischen Wesensannahmen einer strukturalistischen Ideologiekritik den Macht-Wissens-Komplex in seiner Immanenz, Relationalität und Dynamik rekonstruieren, sind allerdings in erkenntniskritischen Grundlegungen verankert, wie sie im Rahmen des Projekts zu einer Kritischen Theorie bereits angedeutet wurden. Begreifen wir Wissen und Macht nicht als feste Gegenstände, sondern als „Produkt(e) der sich verändernden Realität“, sind soziale Praktiken, eine Realisierung von Geschichte, „ein Inbegriff von Kämpfen“ (Horkheimer 1988 [933], S. 88, 105; vgl. Bourdieu 1999). Wissens- und Machtproduktionsprozesse werden damit sowohl in ihrer Gestaltbarkeit, wie auch in ihrer historisch-spezifischen Strukturierung erkennbar. Soziale Arbeit als politische Akteurin hat damit die Chance, ihre politisch-strategische Verwobenheit, ihre Rolle als aktive politische Gestalterin und damit ihre „Freiräume“ auch zur alternativen und widerständigen Gestaltung des Sozialen zu realisieren. Dazu ist allerdings eine Einsicht in die Logiken von Praktiken erforderlich, das heißt ihre Problematisierung vonnöten. Für eine derartige „Praxis der Theorie“ ist somit weiterhin an das Marxsche Diktum zu erinnern: „Man sieht wie die Lösung der *theoretischen* Gegensätze (...) keineswegs nur eine Aufgabe der Erkenntnis, sondern eine *wirkliche* Lebensaufgabe ist, welche die *Philosophie* nicht lösen konnte, eben weil sie dieselbe als *nur* theoretische Aufgabe faßte“ (MEW EB 1, S. 542; vgl. Lefebvre 1975, S. 56). Erkenntnis (*Wissen*) und Soziales (*Macht*) stellen keine unabhängigen Sphären dar. Kämpfe um Erhalt und Veränderung des immanenten Kräfteverhältnisses kennzeichnen beide Bereiche ebenso wie die Besonderheit bereichsspezifischer Handlungslogiken (vgl. Bourdieu 1998, S. 83ff.). Eine diskursanalytische Methodologie formuliert nun quer zu dieser differenztheoretischen Erweiterung praxisphilosophischer Erkenntnisse ihren Hinweis auf eine unablässige Verschränkung von Wissen und Macht: „(O)hne die Förderung, Aneignung, Verteilung oder Einbehaltung eines Wissens (wird) auch keine Macht ausgeübt. Auf dieser Ebene ist nicht mehr von Erkenntnis einerseits und der Gesellschaft andererseits oder der Wissenschaft und dem Staat zu reden, sondern von Grundformen des ‚Macht-Wissens“ (vgl. Foucault 1972, S. 198f.). Die ausschließliche Annahme einer Immanenz von Erkenntnisprozessen ist allerdings ebenso unzureichend, wie die Hoffnung auf einen „autonomen subjektiven“ Erkenntnisstandpunkt (vgl. Walzer 1993; kritisch: Demirovic 2003). Vielmehr ist die Ambivalenz von Immanenz und Distanz zu realisieren, die Einsicht in einen *permanenten Zustand der Vorgeschichte*. Hier ist ein Feld der Unablässigkeit zu verorten, im Diesseits des Sozialen. Denn die Hoffnung auf die Realisierung eines Jenseits ist dahin, gleichzeitig ist eine *Hoffnung auf die Hoffnung* radikaler Veränderung des Diesseits ein notwendiges, wenn auch paradoxales τελός für eine demokratische Gestaltung des Sozialen. Dieser fluide Boden des Skeptizismus liegt bereit für die Fortführung des Projektes einer kritischen politischen Theorie. Ein stabilerer Weg ist nicht (mehr) zu finden.

Begibt sich eine solche skeptizistische Perspektive nicht in die Gefahr, Rednern vom „Ende der Geschichte" das Mikrofon zu reichen und damit gesellschaftskritischer Erkenntnisproduktion, die sich aus dem Potenzial von Entwürfen eines alternativen Arrangements des Sozialen speisen, zu unterlaufen?

Die Deklamation vom Ende der Geschichte behauptet ebenso wie diskursanalytische Methodologien, es sei unmöglich, ein „Jenseits des Sozialen" zu errichten. Allerdings wird auf Basis dieser Annahme das bestehende Arrangement zum notwendigen und damit zu akzeptierenden, also akzeptablen Zustand erklärt. Michael Walzer pocht in diesem Sinne auf einer Immanenz von Erkenntnisproduktion: mit Verweis auf die Einsicht einer Unmöglichkeit bestimmter Negation proklamiert er sein Modell des „verbundenen Kritikers" (Walzer 2002, S. 37). Das Misstrauen, das Walzer dabei gegenüber einer radikalen Gesellschaftskritik expliziert, „wenn sie nicht das Produkt allgemeiner Tugenden oder ganz gewöhnlicher Menschlichkeit ist", verhindert nun aber gerade die notwendige *kritische Kreativität* sozialtheoretischer Analysen (Walzer 2002, S. 37). Die Walzersche Immanenzthese führt zum Argwohn gegen jede schöpferische Verschiebung im „Diesseits des Sozialen", weil unbestimmbar bleiben muss, wohin sie „führen" wird. So stagniert das „Diesseits", der Verweis auf Immanenz wird zur Herrschaftsstabilisierung des Bestehenden. Doch auch die distanzierte Positionierung radikal-kritischer Gesellschaftstheoretiker, wie sie unter anderen Alex Demirovic im Anschluss an Adorno ausweist, erscheint in der *Bestimmtheit* einer Hoffnung auf die Realisierung bestimmter Negation nicht (mehr) überzeugend. Das „Jenseits" scheint schon beschreibbar, es muss herhalten zur Rechtfertigung des eigenen Standpunkts, der doch auf dieses ganz Andere, fern der Grenzen herrschender Strukturierungen, verweisen möchte. Utopien, diese anhand eines intellektuellen Bauplans entworfenen *Un-Orte*, erlauben eine solche Sehnsucht auf die Erfüllung eines Absoluten, eines Eintritts ins „Jenseits des Sozialen" (vgl. Laclau 2002, S. 195). Erst diese utopische Aufladung ermöglicht klassischen vernunfttheoretischen Konstruktionen eine daran anschließende Zentrierung von Begriffen: „Freiheit" gegenüber „Unterdrückung", „Mensch" gegen „Maschine" oder „Selbstregierung" gegen „Fremdregierung" – „gut" gegen „böse"oder deren Auflösung in einen evolutionshistorisch angestrebten Idealzustand menschlicher Sozialität. Doch wie und wo sollen derartige kontextfrei bestimmte begriffliche (Un)Orte verankert sein?

Nimmt man die theoretische Ambition zurück, wie dies achtsame Wissenschaftsprogramme in begriffskritischen Konstruktionen versuchen, scheint „nur" noch eine Annahme von *Nicht-Orten* möglich – Orten, die niemals kontextfrei und damit niemals endgültig bestimmbar sind. Platon, Morus oder Stirner wollten Utopien, (Un-)Orte, kartographieren, um einen Weg zu ihnen auszuweisen. Ins Rechte zu denken, glaubte Bloch sich zu können (vgl.

Bloch [1959] 1986, S. 183). Achtsamen Wissenschaftsprogrammen scheint die Möglichkeit konkreter Utopien versiegt. Dennoch liegt Anderes im Bereich des Erreichbaren. Allerdings ist es bereits dem Einen verbunden, nur in dieser Verbindung denkbar. Es ist schwer zugänglich, weil es bestimmt ist durch seine Unsichtbarkeit im Schatten kultureller Hegemonien, der markierenden Thematisierungsweisen (vgl. Kap. 5). Gleichzeitig ist es im Schatten, das heißt bereits verkoppelt mit der Oberfläche, dem „Diesseits des Sozialen". Verdeckt von den Markierungen vorherrschender Strukturierungen des Sozialen finden sich hier Nicht-Orte, die blinden Flecke des Sozialen. Nicht-Orte sind fluide, verändern ihr Bild, sobald sie zitiert werden, also auf sie verwiesen wird, das Licht in den Schatten der vorherrschenden Markierungen gerichtet wird (*Explikation*). Und gleichzeitig lassen sie eine kreative Gestaltung des Sozialen in radikal anderer Art und Weise zu – als Verschiebung, als veränderte Zitation, als radikale Pluralisierung des Sozialen allerdings. Dies kann nur im „Diesseits" eines Feldes der Unablässigkeit von Fremd- und Selbstregierung geschehen, im „Diesseits" von Macht-Wissens-Komplexen, nicht in einem „Jenseits" des Regierens. In diesem Sinne sind achtsame Wissenschaftsprogramme radikaldemokratische Programme, die immer wieder durch ihre Fingerzeige auf die Markierungen bestehender Arrangements des Sozialen eine Pluralität demokratischer Öffentlichkeiten einfordern.

Welche Schatten werfen unsere hegemonialen Markierungen? Was verbirgt sich an diesen Orten unter den Bedingungen der aktuellen Regierungsweisen des Sozialen?

Die Einsicht in eine unablässige Verschränkung von Macht und Wissen formuliert zugleich die Forderung nach *permanenten politischen Kämpfen im Wissen um die gleichzeitige Ambivalenz von Immanenz und Distanz*. Ihr Antrieb ist eine Hoffnung auf Hoffnung, bestehende Arrangements des Sozialen weitergehend demokratisieren zu können.

Ein damit nicht mehr hintergehbarer Skeptizismus und eine damit verbundene fundamentale Aufklärungshoffnung sind vielleicht die entscheidenden Korrespondenzlinien zwischen diskursanalytischen und kritisch-theoretischen Denkweisen. Der Konjunktiv in Adornos Formulierung der NEGATIVEN DIALEKTIK als Ergebnis seiner Kritik hegelianischen Idealismus korrespondiert auffällig mit diskursanalytischen Ansichten, wie sie beispielsweise Judith Butler vorträgt. „Die Stellung des Gedankens zum Glück wäre die Negation eines jeglichen falschen", schreibt Adorno mit Verweis auf Kierkegaards Lehre von der objektiven Verzweiflung, und formuliert damit seine Version der Realisierung einer auf Hoffnung („Stellung des *Gedankens*") hoffenden („Gedankens zum *Glück*") Position („*Stellung* des Gedankens"): die Orientierung am denkbar Anderen im Jetzigen (Adorno 1975, S. 347). Butler scheint in diese Argumentationslinien einzumünden, wenn sie in der Diskussion der Frage sozialer Anerkennung im Anschluss an Foucault formuliert: „Und hier scheint er die Keime der Veränderung in einem Leben der Leidenschaft zu finden, das an den Grenzen der Anerkennbarkeit lebt und gedeiht, das immer noch über die begrenzte Freiheit verfügt, noch nicht falsch oder wahr zu sein und das eine entscheidende Distanz zu den Bedingungen eröffnet (...)" (Butler 2003, S. 67).

Aufklärerisch liest sich auch Gilles Deleuzes Beschreibung von Foucaults kritischem Denken: „Das Denken denkt seine eigene Geschichte (Vergangenheit), jedoch um sich von dem zu befreien, was es denkt (Gegenwart), um schließlich ‚anders denken' zu können" (Deleuze 1997, S. 169). Max Horkheimers Ausführungen zur Bestimmung des Grundtatbestands des Projekts einer Kritischen Theorie kann als eine mögliche gesellschaftspolitische Konkretisierung dieser Position verstanden werden, wenn er im Anschluss an Marxs analytische Kategorisierung schreibt, Sinn gesellschaftskritischer Analysen sei nicht die „Reproduktion der gegenwärtigen Gesellschaft, sondern (ihre) Veränderung zum Richtigen" (Horkheimer 1970, S. 37). Kritische Theorie erscheine den herrschenden Urteilsweisen daher als „parteiisch und ungerecht", das sie diesen, „die zum Fortbestehen der Vergangenheit beitragen und die Geschäfte der überholten Ordnung besorgen (...) zuwiderläuft" (Horkheimer 1970, S. 37).

Das materialistische Programm, das Max Horkheimer in MATERIALISMUS UND METAPHYSIK skizziert, könnte daher als Vorlage einer diskursanalytisch angelegten Gouvernementalität beschrieben werden: „Das Prinzip, welches sie (die materialistische Philosophie, F.K.) als Wirklichkeit bezeichnet, taugt nicht dazu, eine Norm abzugeben. Die Materie ist an sich selbst sinnlos, aus ihren Qualitäten folgt kein Maxime für die Lebensgestaltung" (Horkheimer 1988 [1933], S. 79). Horkheimer deutet ebenso die Unablässigkeitsthese an, wie die Notwendigkeit eines begriffskritischen Le[ ]rstellen-Konzepts (Lacan), wenn er schreibt, dass menschliche Aktivität „nicht die unabhängige Erkenntnis eines festen Gegenstands, sondern ein Produkt der sich verändernden Realität" darstelle (Horkheimer 1988 [1933], S. 88). Das Aushalten einer endgültigen *Nicht-Bestimmbarkeit von Gültigkeit*, wovor sich Vertreter der Kritischen Theorie scheuten und eine ganze Reihe ihrer selbsterklärten Erben noch immer scheuen, ist das Programm eines *relativistischen Materialismus*, den diskursanalytische Vorgehensweisen zu vollziehen versuchen: „Ein moderner Philosoph sucht nicht nach Ursprüngen, enthüllt keine Totalitäten und modelliert auch nicht Utopien. Er begegnet der Eigentümlichkeit der Gegenwart mit Neugier" (Rabinow 2004, S. 69).

Zweiter Teil

—

Aktivierende Jugendhilfe – die Rekonstruktion eines Dispositivs

5 Eine diskursanalytische Materialrekonstruktion

„Es gilt, das ungeheure, ferne und so versteckte Land (...) mit lauter neuen Fragen und gleichsam mit neuen Augen zu bereisen: und heisst dies nicht beinahe so viel als dieses Land erst e n t d e c k e n?...“
(Friedrich Nietzsche: Zur Genealogie der Moral, S. 254)

„Der Verstand verleitet den Menschen dazu, überall scharfe Trennstriche zu ziehen und alles sprachlich bestimmen zu wollen“
(Samuel Butler, Erewhon oder Jenseits der Berge, S. 249)

Regelmäßigkeiten des aktuell Sagbaren und Sichtbaren in den Feldern der bundesrepublikanischen Kinder- und Jugendhilfe lassen sich als Dispositiv *Aktivierende Jugendhilfe* charakterisieren. Diese Behauptung kann als das Ergebnis der im Folgenden dokumentierten diskursanalytischen Materialrekonstruktion formuliert werden.

Der zweite – materialgestützte Teil – der vorliegenden Gouvernementalität Sozialer Arbeit zielt auf die Dechiffrierung eines Netzes von Regelmäßigkeiten, auf eine Beleuchtung markierender Kräfteverhältnisse, hegemonialer Macht- und Wissensmomente, in einem pädagogisch ausgeprägten Teilbereich aktueller Regierungsweisen des Sozialen (vgl. Kap. 4). Dispositive sind „Strategien von Kräfteverhältnissen, die Typen von Wissen stützen und von diesen gestützt werden“ (Foucault 1978[4], S. 123; vgl. Becker 1981, S. 115ff.). Diskursanalytische Rekonstruktions- und Reflexionstätigkeiten hoffen diese Stützpfeiler, diese Macht-Wissens-Markierungen, beleuchten zu können, damit greifbar werden kann, was aktuell in der Weise glauben macht, wie geglaubt wird. Das Regelmäßigkeitssystem aktuell dominierender politischer Rationalitäten innerhalb der Felder der Kinder- und Jugendhilfe macht uns beispielsweise glauben, dass zunehmend Passivität unser Handeln bestimme und dieses insbesondere hinsichtlich des Handelns von Nutzerinnen sozialer Sicherungsangebote festzustellen sei. Jugendliche Arbeitssuchende, Familien mit mehreren Kindern, die sich in ihrem Leben in Armut überfordert sehen, auf Bedürfnisse und Erwartungen ihrer Kinder angemessen zu reagieren, oder Bewohnergruppen bestimmter als benachteiligt charakterisierter Quartiere sehen sich demzufolge seit einigen Jahren mit einer ganzen Reihe von Aktivierungsprogrammen konfrontiert – sei es durch Maßnahmen, die das so genannte Job-AQTIV-Gesetz, eine wachsende Zahl so genannter Familienaktivierungsprogramme („Familie im Mittelpunkt“ (FIM), „Familienaktivierungsmanagement (FAM), „Familienaktivierung“ (Fakt) oder Initiativen zur „Bewohneraktivierung“ im Rahmen „sozialraumorientierter“ Vorgehensweisen vorsehen.

Seine Analyse des „Sexualitätsdispositivs“ hat Foucault am Ende des ersten Bandes von SEXUALITÄT UND WAHRHEIT mit folgender Einschätzung abgeschlossen: „Ironie dieses Dispositivs: es macht uns glauben, daß es darin um unsere ‚Befreiung‘ geht“ (Foucault 1999[1], S. 190). Hinsichtlich des Aktivierungsdispositivs kann man analog formulieren, dass „es“ viele Beteiligte in den Feldern der Kinder- und Jugendhilfe – und darüber hinaus – glauben macht, mit diesen Strategien sei ein höherer Grad an Lebensgestaltungsmöglichkeiten für alle Beteiligten erreichbar. Oder in den Worten von Aktivierungspropagandisten: die „Bürger (sollen) nicht lediglich als Kunden und Adressaten von Verwaltungshandeln, sondern als aktive Staatsbürger in die Reformüberlegungen einbezogen (werden)“ (Fretschner/Hilbert/Stöbe-Blossey 2003, S. 47).

Das Dispositiv *Aktivierende Jugendhilfe* wurde auf Basis der genealogischen Rekonstruktionsskizze im ersten Teil dieser Studie dechiffriert. Materialbasis bildeten dabei die zugänglichen Periodika der bundesrepublikanischen Landesjugendämter (LJÄ).

Den LJÄn kommt unterhalb der ministeriellen Entscheidungsebene eine *koordinierende Steuerungsfunktion* gegenüber den Jugendämtern und freien Trägern als exekutive Instanzen auf Kreis- und Kommunalebene zu. Ohne relevante direkte pädagogische Interventionsaufgaben in Bezug auf die direkten Nutzer von Leistungsangeboten in den Feldern der Kinder- und Jugendhilfe (Kinder, Jugendliche und Familien) sind sie auf der Ebene der Bundesländer oder der Region eines Landschaftsverbandes primär für Informations-, Beratungs- und Fortbildungsaufgaben zuständig.[1]

Zur Information der Fachkräfte stellt die Mehrzahl der LJÄ in unterschiedlicher Weise Periodika bereit, die für öffentliche Träger und Spitzenverbände der freien Wohlfahrtspflege zumeist kostenlos zur Verfügung gestellt werden.[2] Die

---

1 Die Landesjugendämter waren bereits vor Beginn ihrer ersten gesetzlichen Konstitution umstrittene Einrichtungen. Christa Hasenclever weist in ihrer Historiographie der JUGENDHILFE UND JUGENDGESETZGEBUNG auf den kommunalen Widerstand gegen deren Einrichtung Anfang der 1920er Jahre hin. Kommunen sahen sich damals in ihrer Selbstverwaltung begrenzt und befürchteten einen ihres Erachtens unnötigen Kostenaufwand (vgl. Hasenclever 1978, S. 71). Diese Einwände konnten sich im Einführungsgesetz zum RJWG 1924 insofern auch durchsetzen, als nach Artikel 1 der „Verordnung über das Inkrafttreten des Reichsgesetzes für Jugendwohlfahrt“ die Errichtung von LJÄn dem Ermessen der Länder anheim gestellt wurde. Der entsprechende § 12 des RJWG wurde als § 19 des JWG 1961 wieder in Kraft gesetzt.

Eine bis heute gültige Besonderheit der LJÄ ist ihre Trägerschaft, die in Baden-Württemberg und Nordrhein-Westfalen bis heute Landeswohlfahrtsverbänden überantwortet ist. In allen anderen Bundesländern, die über ein LJA verfügen, liegt die Trägerschaft in den Händen der Landesbehörden.

2 Das MITTEILUNGSBLATT des bayerischen Landesjugendamts wurde im Untersuchungszeitraum sechsmal pro Jahr angeboten, Rheinland-Pfalz oder das Saarland haben nur eine Ausgabe bereit gestellt. Zumeist geben die LJÄ zwei bis drei Ausgaben pro Jahr heraus.

Periodika der LJÄ wurden als Untersuchungsmaterial ausgewählt, weil sie eine Transponder-Funktion übernehmen, die deutlich macht, wie aktuelle politische Programmierungen von den beteiligten Akteuren in den Feldern der Kinder- und Jugendhilfe aufgenommen, relativiert oder verstärkt werden. Während sich eine reine Programmanalyse auf die Dechiffrierung beispielsweise ministerialer Programme zu konzentrieren hätte, wird in der vorliegenden Studie die Ebene in den Blick genommen, auf der diese Programme bekannt gemacht werden, übersetzt, aber vor dem Hintergrund sozialpädagogischer Interventionserfahrungen und institutioneller Selbstverständnisse auch diskutiert werden. Untersuchungsgegenstand sind somit soziale Praktiken der Thematisierung (*Thematisierungsweisen*), im vorliegenden Fall einer Thematisierung politischer Rationalitäten in den Feldern der Kinder- und Jugendhilfe. Die diskursanalytische Rekonstruktion des Dispositivs *Aktivierende Jugendhilfe* ist damit aber auch von einer Analyse sozialpädagogischer Interventionspraktiken zu unterscheiden. In welcher Form Aktivierungsstrategien aktuell in den Einrichtungen, von den Fachkräften und den direkten Nutzerinnen der Kinder- und Jugendhilfe realisiert werden, kann im Folgenden nur vermittelt über die Thematisierung in den untersuchten Periodika betrachtet werden.

Für die vorgenommene Materialanalyse ist ein zweijähriger „synchroner Schnitt" gezogen worden (vgl. Jäger 1999, S. 158ff.). Es fanden somit ausschließlich zwei Jahrgänge der LJA-Periodika Berücksichtigung. Die vorgenommene zeitliche Begrenzung auf die Jahre 1999 und 2000 begründet sich dadurch, dass mit dem Regierungswechsel auf Bundesebene im Jahr 1998 politische Programme einer „Aktivierenden Sozialpolitik" in bemerkenswer-

---

Die Erscheinungshäufigkeit einzelner Periodika variierte im Untersuchungszeitraum, bspw. bei den bremischen SPIELRÄUMEN oder auch den hessischen LJA-INFOS. Im Fall des hessischen LJA-INFOS war dies unweigerliche Folge der Schließung des hessischen LJAs im Jahr 2000. Während die Periodika der LJÄ Bremen und des Rheinlandes Wert auf thematische Schwerpunkte legen und dazu auch eigene Redaktionen unterhalten, das bayerische MITTEILUNGSBLATT, der badische INFOSERVICE und das STICHWORT:JUGENDHILFE aus Hamburg jeweils einen einführenden thematischen Beitrag und im Fall des INFOSERVICES ein ergänzendes „Aktuelles Interview" anbieten, ist der Großteil der Hefte primär aus aktuellen Informationen, Hinweisen und Tagungsberichten zusammengestellt.

Die grafische und drucktechnische Ausgestaltung der Hefte ist extrem unterschiedlich und deutet auf einen West-Ost- und einen Bias zwischen (groß)städtisch geprägten und eher ländlich strukturierten Bezugsgebieten hin. Die jeweils letztgenannten LJÄ legen entweder deutlich weniger Wert auf ein aufwändiger gestaltetes und relativ umfangreich informierendes Periodika oder verfügen nicht über die dazu notwendigen Mittel. Während beispielsweise der JUGENDHILFEREPORT des LJAs Rheinland im Mehrfarbdruck gestaltet ist, stellen das thüringische RUNDSCHREIBEN, das sachsen-anhaltinische INFORMATIONSBLATT und das brandenburgische wie das rheinland-pfälzische LANDESJUGENDAMT-INFO Loseblattsammlungen dar. Eine gewisse Ausnahme hinsichtlich des Ost-West-Bias stellt das sächsische Mitteilungsblatt dar, dass zwar inhaltlich ähnlich, wie die Periodika aus Thüringen und Sachsen-Anhalt aufgebaut ist, allerdings gebunden erscheint.

ter Weise dynamisiert wurden (Hombach 1998, S. 69; vgl. Bandemer/Hilbert 1998; Gewerkschaftliche Monatshefte 6/1999; Mezger/West 2000).[3]

In den 1990er Jahren ergänzen und transformieren neo-liberale Freiheitsideologien und neo-klassische Ökonomiemodelle konservative wie linksliberale Sozialstaatskritiken auf eine äußerst erfolgreiche Art und Weise.[4] Bisherige wohlfahrtsstaatliche Arrangements des Sozialen erfahren eine zunehmende Neuprogrammierung: öffentliche Unterstützung, so die *neo-soziale* Leitformel, habe sich primär darauf zu beschränken, private Verantwortlichkeit zu fordern und zu fördern (vgl. Gilbert/Gilbert 1989). Sozialpolitische Handlungskonzepte sollen demnach in einer Weise (re)formuliert werden, dass eine möglichst optimale „Aktivierung“ aller Reproduktionspotenziale, über die Gesellschaftsmitglieder verfügen können, erreicht werde – und zwar unabhängig vom Grad ihrer sozialen Teilhabe. Der Regierungswechsel von 1998 erwies sich für diese Programme eines Neuarrangements des bisherigen wohlfahrtsstaatlichen Gestaltungsmodells des Sozialen als entscheidendes Diskursereignis (vgl. Blair/Schröder 1998; Hombach 1998; Schröder 2000). Im Rahmen einer ersten explorativen Untersuchungsphase zeigte sich, dass die seither grundlegend veränderte politischen Programmierung und damit verbundene Positionsbestimmungen auch in den Feldern der Kinder- und Jugendhilfe nachzuzeichnen sind (vgl. Dahme u.a. 2002; Dahme/Wohlfahrt 2002; dies. 2004; Olk 2000; Völker 2001).[5] Die vorliegende Materialrekonstruktion wurde als permanenter Verdichtungsprozess vorgenommen, um Regelmäßigkeitsstrukturen symbolischer Ordnungen in den Feldern der Kinder- und Jugendhilfe sichtbar machen zu können. Aus den untersuchten Textmaterialen wurden dazu *Thematisierungsweisen* (re)konstruiert, die aktuell dominierende symbolische Ordnungen markieren. Dieser Dechiffrierungsprozess machte sichtbar, in welcher Weise, politische Rationalitäten in den Feldern der Kinder- und Jugendhilfe artikuliert werden. Ziel der Rekonstruktion dieser Thematisierungsweisen war

3 Ähnliche Entwicklungen sind in vielen OECD-Staaten seit den 1980er Jahren zu beobachten. Am weitesten entwickelt waren diese Aktivierungspolitiken am Ende der 1990er Jahre im angelsächsischen Raum (vgl. für Großbritannien: Walters 1997; für die USA: Gilbert/Gilbert 1989).

4 Friedrich Hayek hat seit den 1940er Jahren sein Plädoyer für eine VERFASSUNG DER FREIHEIT vorgetragen (vgl. Hayek [1960] 1991): das einzige moralische Prinzip, das die Entwicklung einer fortgeschrittenen Gesellschaft erlaube, sei das Prinzip individueller Freiheit (vgl. Hayek 1979). Volkswirtschaftlich argumentieren vor allen Milton Friedman und seine „Chicago Boys“, liberale Zivilisationen seien aufgrund wohlfahrtsstaatlicher Vollbeschäftigungsideologien und der damit verbundenen keynesianistischen Nachfragepolitik ernsthaft gefährdet, da diese „in der längeren Frist lediglich zu unhaltbaren Inflationsraten (führten)“ (Schui/Blankenburg 2002, S. 73).

Die Anschlussfähigkeit dieser Einwände an konservative (vgl. Schelsky 1976) wie linksliberale Sozialstaatskritiken (vgl. Habermas 1981; Illich 1975) hat es sozialdemokratischen und grünen Partiestrategen deutlich erleichtert, einen „Dritten Weg“ auf Basis dieser neuen liberalen Freiheitsprogramme auszubuchstabieren (vgl. Giddens 1997).

5 Damit erfährt die oben formulierte epistemologische Annahme, Soziale Arbeit und Sozialpolitik seien nicht als substantiell differente Handlungseinheiten, sondern als die beiden Seiten derselben Medaille zu erfassen, eine aktuelle Illustration (vgl. Kap. 3).

also eine Dechiffrierung dominierender *Themenfelder*, das heißt die Beleuchtung eines Regelmäßigkeitssystems aktueller politischer Rationalitäten.

Am Ausgangspunkt dieses Rekonstruktionsprozesses standen theoretische Vorannahmen und erste stichprobenartige Materialsichtungen. Dazu wurden für die vorliegende Studie die LJA-Periodika einer ersten unsystematischen Lektüre unterzogen und erste Deutungshypothesen hinsichtlich der hier dominierenden Thematisierungsweisen ausformuliert. Deren Gültigkeit wurde bereits in diesem ersten Schritt durch eine parallele Sichtung von ministerialen Programmpapieren, Veröffentlichungen verschiedener Träger von Kinder- und Jugendhilfe-Angeboten und der (Kinder- und) Jugendberichte überprüft. Mit dieser (Re)Konstruktion erster Deutungshypothesen wurden somit die späteren *Themenfelder* vorkonstruiert (1. Phase). In einem daran anschließenden kontinuierlichen Verdichtungsprozess wurden auf dieser Basis Regelmäßigkeiten im Untersuchungsmaterial analysiert (2. Phase). Dazu wurde im Rahmen der vorliegenden Studie eine paraphrasierende Transkription aller Beiträge in den ausgewählten LJA-Periodika durchgeführt (Phase 2a).[6] Dieses Transkriptionsmaterial wurde anschließend in mehrfachen Zuordnungsstadien sortiert, ergänzt, verändert und neu zusammengeführt. Die in der ersten Phase vorkonstruierten Themenfelder konnten damit bestätigt, erweitert oder neu zugeschnitten werden (Phase 2b).

Ergebnis dieser materialgebundenen Rekonstruktion ist eine verdichtete *Themenfelder-Matrix*, die sich im vorliegenden Fall als System der drei unten genannten Themenfelder charakterisieren lässt (Phase 2c). Diese Themenfelder-Matrix verdeutlicht ein Netz von Regelmäßigkeiten aktueller Denkweisen, sie skizziert das Gewebe eines Dispositivs – im vorliegenden Fall des Dispositivs *Aktivierende Jugendhilfe*. Eine aktuell dominierende symbolische Ordnung in den Feldern der Kinder- und Jugendhilfe stellt somit die politische Rationalisierung sozialpädagogischer Interventionslogiken in Form von Aktivierungsstrategien dar. Die Regelmäßigkeitsstrukturen des aktuell Sagbaren und Sichtbaren in den Feldern der Kinder- und Jugendhilfe lassen sich daher mit dem Stichwort „Aktivierung“ beschreiben. Der Verdichtungsprozess wurde im gesamten Verlauf der Materialanalyse durch einen punktuellen Einbezug von ministerialen Programmpapieren und Verlautbarungen abgesichert[7] und in Korrespondenz zur genealogischen Rekonstruktionsskizze, dem literaturgestützten Teil der Studie, gebracht.

Die im Folgenden dokumentierten Rekonstruktionsergebnisse stellen Themen*felder*, nicht Themen*einheiten* dar. Themenfelder werden von ihren Grenzen her bestimmt, die mit jeweils zwei begrifflichen Polen gekennzeichnet werden (vgl. Kap. 4.4). Die drei Themenfelder, die das Dispositiv „Aktivierende Jugendhilfe“ bestimmen, docken aneinander an, überlappen sich und bilden eine gemeinsames Gewebe von Regelmäßigkeiten.

6 Tagungshinweise, Informationen über Arbeitshilfen, Literaturankündigungen oder Veröffentlichungen von Gesetzesänderungen sind weitgehend unberücksichtigt geblieben.

7 Bei der nachfolgenden Dokumentation der Ergebnisse werden aus Gründen der Nachvollziehbarkeit ausschließlich die (Kinder- und) Jugendberichte herangezogen.

Themenfelder sind nicht von einem konzeptionellen Zentrum her zu bestimmen, wie dies für Themeneinheiten angenommen werden müßte. Beschreibbar sind Themenfelder nur anhand ihrer Binnenstrukturierung. Im Unterschied zu themeneinheitlichen, das heißt *kategorialen* Bestimmungen, deren Grundstrukturierung in einer stabilen Grenzziehung um einen angenommenen kategorialen Nukleus herum besteht, können Themenfelder ihre fluide und temporäre Stabilität nur aus der Strukturierung ihrer kontingenten thematischen Füllung erfahren. Die gewählten begrifflich polaren Themenfeldkonstruktionen stellen somit keine substantiellen Gegensatzpaare dar, sondern Pole, zwischen denen sich thematische Kräftefelder aufspannen, die sich in permanenter Bewegung befinden. Thematische Kräftefelder stellen damit eine Konkretisierung der begriffskritischen Dimension achtsamer Wissenschaftsprogramme dar (vgl. Kap. 4). Dementsprechend kann das Ergebnis der vorgenommenen Rekonstruktion nicht als *Regelstruktur* von Denkweisen in den Feldern der Kinder- und Jugendhilfe gelesen werden, sondern stellt ein Feld von Regelmäßigkeiten zu einem bestimmten historisch-spezifischen Zeitpunkt dar.

Folgende drei Themenfelder werden im zweiten Teil der vorliegenden Studie als Ergebnis der vorgenommenen Materialrekonstruktion skizziert.

- Themenfeld von *(Re)Moralisierung und Demoralisierung*
- Themenfeld von *Individualisierung und Vergemeinschaftung*
- Themenfeld von *Standardisierung und Entstandardisierung*

Die Darstellung der historisch-spezifischen Füllungen dieser Themenfelder geschieht anhand der im Untersuchungszeitraum dominierenden Thematisierungsweisen. Nachdem diese als Bestandteile eines der drei Themenfelder bestimmt werden konnten, wurden diese unter Rückgriff auf das Originalmaterial in den folgenden Unterkapiteln des zweiten Teils dieser Studie dokumentiert (3. Phase). Verdeutlicht man diese Vorgehensweise am Themenfeld von *(Re)Moralisierung und Demoralisierung* zeigt sich dessen thematische Füllung unter anderem an den Thematisierungen eines „sozialen Wandels" (vgl. Kap. 6.1), einer „Verantwortungslosigkeit der Gesellschaft" (vgl. Kap. 6.2) oder der „Jugendhilfe als präventiver Intervention" (vgl. Kap. 6.3). Diese Thematisierungen sind *Knotenpunkte* innerhalb der Themenfelder, machen ihrer Regelmäßigkeitsstrukturen fassbar und ihre Oberflächen beschreibbar. Allerdings stellen sie keine Säulen eines Regelfundaments dar, auf dem diese aufliegen. Ebenso wie die Pole jedes einzelnen Themenfeldes, sind sie nur im inhärenten Spannungsfeld zu verorten. Thematisierungsweisen *markieren* die Themenfelder.

Die damit realisierten Verdichtungen (*Knotenpunkte*) lenken somit aber auch ab von der Inblicknahme anderer, marginalisierter und damit nicht-dominierender, beispielsweise nicht publizierter Thematisierungsweisen. Diese wären in den Themenfeldern theoretisch auch zu finden, würde man nicht veröffentlichte Beiträge oder Stellungnahmen zu Vorformen der veröffentlichten Beiträge und nicht verfasste Beiträge in die Analyse einbeziehen können. Da dies allerdings forschungspraktisch mindestens extrem auifwändig, teilweise gar unmöglich ist, hofft eine diskursanalytische Rekonstruktion durch die Beleuchtung der Markierungen, also der dominierenden Denkweisen, darauf aufmerksam machen zu können, dass im Schatten dieser Markierungen andere Thematisierungswiesen verschwinden. Nicht-dominierende Thematisierungsweisen sind vorhanden, wenn auch nur sehr schwer sichtbar zu machen. Themenfelder sind *un-eindeutig*, da ihre Markierungen mit ihren Schatten nicht dominierende Thematisierungsweisen verdecken. Das Dilemma ist, dass sie im Moment ihres „Heraustretens ans Licht" selbst zu Markierungen werden.

Die Rekonstruktion eines Dispositivs setzt gerade an den Markierungen, den Verdichtungspunkten oder Knotenpunkten, an. Nur deren Beleuchtung kann das Netz von Regelmäßigkeiten innerhalb der Themenfelder sichtbar machen.[8] Bestimmte politische Rationalitäten kennzeichnen die Arrangements des Sozialen zu bestimmten historischen Zeitpunkten (*hegemoniale Denkweisen*). Diese Oberflächenmarkierungen werden im Rahmen diskursanalytischer Materialrekonstruktionen beleuchtet.

Die Regelmäßigkeiten eines Themenfeldes bezeichnen somit eine „kontingente Materialität" dessen, was „zu einer bestimmten Zeit und an einem bestimmten Ort gesagt wird" und gesagt werden kann (Bublitz 2003, S. 49). Diskursanalytische Rekonstruktionsprozesse stellen damit Eintragungen in das *Archiv* einer Zeitgeschichte der Gegenwart bereit, die sich neben andere, bereits vorhandene Archivbestände stellen, bestehende Register durcheinander bringen, Aufbewahrungsräume erweitern, neue Datenbanken anlegen und bisherige Sortiermuster vervielfältigen. Sie behaupten allerdings nicht, damit könne ein gänzlich neues Archiv entworfen werden, das dann ein Ende oder ein evolutionäres Ziel historisch-spezifischer Formierungsprozesse des Sozialen bestimmbar machen könnte. Das bisherige Archiv wird zwar unter Umständen kräftig durcheinander gewirbelt, vielleicht ist es anschließend sogar nicht wiederzuerkennen, vielleicht sind aber auch nur bei genauer Betrachtung seine Veränderung wahrzunehmen. Neue Aufgänge, Anbauten oder Aufenthaltsräume sind durchaus möglich, allerdings nicht im Rahmen von Rekonstruktions- und Reflexionsarbeiten abzuschließen. Der eine oder andere Mauerdurchbruch allerdings könnte durchaus bereits gelingen.

8 Ein Vorgehen, mit dem sich diskursanalytische Perspektiven den – allerdings vorschnellen – Vorwurf einhandeln, selbst an der Konstitution von dominierenden Thematisierungsweisen beteiligt zu sein (vgl. Reitz 2003).

6 (Re)Moralisierung und Demoralisierung

6.1 Sozialer Wandel und neue Ungewissheit

„Es ist schon ein erhebendes Gefühl,
Zeitzeuge einer Jahrtausendwende sein zu dürfen.
Zwar geht es nur um eine (Jahres-)Zahl,
aber um eine wahrlich besondere."
[Ba 499; 1,1]

„Wir befinden uns in einer Zeit gravierender Umbrüche
im gesellschaftlichen und ökonomischen Bereich."
[HB 300; 13,2]

„Unsere Kinder werden vor Aufgaben gestellt sein, die schnellen Veränderungsprozessen unterliegen und so umfassend neu sein werden, dass sie für uns heute noch nicht einschätzbar sind. (...) Angesichts der Unvorhersehbarkeit der gesellschaftlichen Entwicklung kann das, was gelernt werden soll, nicht nur aus den aktuellen gesellschaftlichen Bedürfnissen abgeleitet und auf kognitive Leistungsfähigkeit, auf den Erwerb von Fähigkeiten und Fertigkeiten begrenzt werden. Es muss daneben um Bildungsprozesse gehen, um die Entwicklung der Gesamtpersönlichkeit, einer Persönlichkeit, die mit Selbstvertrauen und humaner Kompetenz die Gewissheit in sich trägt, auch neu offene Situationen bewältigen und gestalten zu können." Mit diesen Worten schildert eine Mitarbeiterin des Allgemeinen Sozialen Dienstes (ASD) in den SPIELRÄUMEN die neue Anforderungsstruktur, innerhalb die sie Kinder im Vorschulalter hinsichtlich ihrer Bildungsprozesse zu Beginn des 21. Jahrhunderts gestellt sieht [HB 300; 13,2].[1] Diese Äußerung steht stellvertretend für häufig formulierte Einschätzungen im untersuchten Material, mit denen immer wieder betont wird, dass heutige Gesellschaften durch ein sehr hohes Tempo sozialen Wandels bestimmt seien [vgl. Rl 399; 4,1, Rl 399; 13,1, HB 300; 13,2]. Im Bericht über eine Anhörung des rheinland-pfälzischen Landesjugendhilfeausschuss ist beispielsweise davon die Rede, dass der „gesellschaftliche ‚Ernstcharakter' die Kinder in vielerlei Hinsicht erreicht (habe)"

1 Signaturen in eckigen Klammern verweisen immer auf die dieser Materialanalyse zu Grunde liegenden LJA-Periodika. Die Signaturen verweisen auf die jeweiligen Fundstellen im untersuchten Material (Herausgeberin; Erscheinungszeitpunkt; Textstelle). Eine detaillierte Beschreibung der vorgenommenen Codierungen ist in der angefügten Legende zur Materialanalyse am Ende dieses Buches zu finden.

[RP 199; 8]. Die Hamburger Jugendamtsleiterin sieht den sozialen Wandel gar als den entscheidenden Punkt an, an dem sich Kinder- und Jugendhilfe ausrichten müsse: „Anknüpfungspunkte sind Veränderungen der Lebenslagen von Kindern, Jugendlichen und ihrer Familien, mit denen neue Anforderungen auf die Jugendhilfe zukommen" [HH 100; 2,1].

Der rasante soziale Wandel führe dazu, dass sich *Grade an Ungewissheit* in der menschlichen Lebensführung stetig erhöhten. Kinder und Jugendliche sähen sich zunehmend der Anforderung gegenüber gestellt, solchen Ungewissheitssituationen angemessene Umgangsweisen auszubilden. Die nachwachsende Generation habe „Lebenskompetenzen" zu erlernen ohne bereits abschätzen zu können, in welcher konkreten Lebenssituation diese Anwendung finden werden, wie das Bundesjugendkuratorium in diesem Zusammenhang formuliert (vgl. Münchmeier/Rabe-Kleberg/Otto 2002). Die „Halbwertzeit' von als fest und sicher geglaubten Wissensbeständen", so ist auch im 11. Kinder- und Jugendbericht zu lesen, nehme mehr und mehr ab (BT-Drucksache 14/8181, S. 156). Wissensvermittlung und -zertifizierung werde daher zunehmend unsinniger, denn Wissen sei zukünftig informationstechnologisch potenziell jederzeit für potenziell jedermann zugänglich. Entscheidend seien nun selbstbewusste und kompetente Einzelpersönlichkeiten, die mit den neuen Anforderungen eines *selbstgesteuerten* Lernens klar kommen. Einzig „Persönlichkeitsbildung" ermögliche Gewissheit in ungewissen Zeiten, wie die bremische ASD-Mitarbeiterin am Ende ihres Statements betont. Sozialer Wandel als Herausforderung für Einrichtungen der Kinder- und Jugendhilfe? „Lebensverhältnisse wandeln sich, veränderte Lebensbedingungen führen zu veränderten und auch zu neuen Aufgaben für die Tagseinrichtungen für Kinder. Die Tageseinrichtung muss sich darauf einstellen", schreibt ein Ministerialrat des Ministeriums für Frauen, Familie und Gesundheit Nordrhein-Westfalen im JUGENDHILFEREPORT [Rl 399; 4,1]. Warum diese Fingerzeige auf eine konstitutive Übereinkunft innerhalb der Sozialwissenschaften? Denn wie anders als im Prozess eines permanenten Wandels könnten sich soziale Zusammenhänge darstellen?

Georg Simmel schreibt in seiner SOZIOLOGIE, Vergesellschaftung bezeichne den „gesellschaftlichen Lebensprozess", ein fortwährendes Knüpfen und Lösen, „ein ewiges Fließen und Pulsieren, das die Individuen verkettet, auch wo es nicht zu eigentlichen Organisationen aufsteigt" (Simmel 1958, zit. nach Ritsert 2000, S. 32). Der gesellschaftliche Lebensprozess, der permanente Gestaltwandel des Sozialen, kennzeichnet funktional differenzierte, arbeitsteilige Gestaltungsformen des Sozialen. Emile Durkheim macht in seinen Studien anhand von Solidaritätsformen deutlich, dass arbeitsteilige Gesellschaften gegenüber den vorgängigen stratifizierten konstitutiv durch Wandel geprägt sind (vgl. Durkheim [1893] 1996).[2] Formen *mechanischer Solidarität* kennzeichneten das anorganische Modell des sozialen Zusammenhalts, in dem die einzelnen Moleküle „keine Eigenbewegung haben", so Durkheim, während arbeits-

2 Mit SOLIDARITÄT kennzeichnet Durkheim den Sachverhalt, dass einzelne Akteure ihre Bemühungen vereinigen, sich untereinander verbinden (vgl. Brunkhorst 2002).

teilige Gesellschaften durch *organische* Formen der *Solidarität* bestimmt seien (ebd., S. 182).[3] Hierbei werde die „Gesellschaft (...) fähiger, sich als Ganzes zu bewegen, während zugleich jedes ihrer Elemente mehr Eigenbewegungen hat" (ebd., S. 183). Da sich nun die Form eines Körpers notwendigerweise wandle, „wenn seine molekularen Verbindungen nicht mehr dieselben sind", führe die (Re)Produktion organischer Solidaritätsstrukturen zu einem kontinuierlichen Wandlungsprozess (ebd., S. 229). Denn innerhalb arbeitsteilig organisierter Arrangements des Sozialen finde die Reproduktion von Solidarität nicht mehr automatisch statt (vgl. Brunkhorst 2002, S. 113ff.).

Feudale und merkantilistische Arrangements waren demgegenüber größtenteils geprägt von der Überzeugung, menschliche Notlagen seien „göttlicher" Handlungsverantwortung bzw. „charakterlicher Schwäche" zuzuschreiben. Eine Begründungsnotwendigkeit für das Entstehen marginalisierter Lebenslagen und die Konstitution möglicher solidarischer Reaktionen war damit systematisch ausgeschlossen, denn individuelle Lebenslagen wurden nicht unabhängig erfasst, sondern als Teil des „Kollektivtypus" (Durkheim [1893] 1996, S. 182). Mit der Durchsetzung arbeitsteiliger Formationen des Sozialen verliert diese Selbstverständlichkeit sozialer Stratifikation allerdings ihre Gültigkeit.

Durkheim folgert daraus eine Natürlichkeit sozialen Fortschritts gegenüber pathologischen Formen (*Anomie*) des moralischen Zerfalls des Sozialen (ebd., S. 421). Dass arbeitsteilige Formationen des Sozialen quasi selbstverständlich „ein tiefes Gefühl ihrer selbst und ihrer Einheit (gewinnen)", kann allerdings nicht erst mehr als ein Jahrhundert nach Durkheims Deutungen angesichts der Marginalisierungsprozesse, die arbeitsteilige Formationen des Sozialen begleiten, wenig überzeugen (ebd. 228).

Die sozialpädagogischen Frühdenker hoffen im Angesicht der Industrialisierung auf Prozesse der Re-Vergemeinschaftung, eine Möglichkeit der Inszenierung mechanischer Solidaritätsstrukturen – GEMEINSCHAFTSERZIEHUNG nennen sie dieses Programm (vgl. Bergemann 1899; Natorp [1899] 1925). Demgegenüber setzt Durkheim auf deren Substitution durch ein organisches Modell sozialen Zusammenhalts, das gerade durch die Freisetzung der Einzelnen (*Individuen*) seine Stabilität erhalte. Allerdings mache dies einen gemeinsamen (moralischen) Rahmen zur Ausbildung notwendig: „Staat oder die Regierung" müssten, so Durkheim im Anschluss an Comte und Espinas, eine moralische Einheit der Gesellschaftsmitglieder realisieren und bewahren (ebd., S.

3 Um Missverständnissen vorzubeugen, sei an dieser Stelle noch einmal darauf verwiesen, dass die vorliegende Studie ihre Blickrichtung auf Denkweisen, politische Rationalitäten, wendet (vgl. Kap. 1.5). Da diese *Programmierungen des Sozialen* den Untersuchungsgegenstand darstellen, wird auch an dieser Stelle auf die programmatischen Dimensionen der modernisierungstheoretischen Überlegungen Durkheims Bezug genommen. Es soll daher keineswegs behauptet werden, sozialer Wandel kennzeichne ausschließlich arbeitsteilige Formationen des Sozialen seit dem 19. Jahrhundert. Allerdings wird hier ihre programmatische Relevanz für die Ausbildung des sozialen Sektors hervorgehoben, die sich grundlegend von statischen Begründungsweisen stratifizierter Formationen des Sozialen unterscheidet, wie sie sich während der Aufklärung in Mitteleuropa zeigten.

426, 466ff.). Auch Durkheim erweist sich damit als Teil der neu entstehenden Sozialwissenschaften, deren Rechtfertigung dem wohlfahrtsstaatlichen Arrangement des Sozialen gilt und das wiederum als Grundlage sozialwissenschaftlicher Reflexionen dient. Die entstehenden Sozialwissenschaften und unter ihnen Soziale Arbeit und Kinder- und Jugendhilfe legitimieren sich mit Hinweis auf diese *soziale Frage* und legitimieren wiederum durch ihre Erkenntnisse die Forderungen sozialpolitischer Initiativen nach einer öffentlichen Reaktion auf menschliche Notlagen (vgl. Kap. 1).

Hinweise auf einen sozialen Wandel als Herausforderung für sozialpädagogische Interventionsprozesse erweisen sich somit zuerst einmal als basale Hinweise. Dennoch finden sie sich im Untersuchungszeitraum sowohl im Material, wie in anderen Programmpapieren in relativ großer Zahl. Forderungen nach einer größeren Zahl von Betreuungsplätzen für Schulkinder werden beispielsweise folgendermaßen begründet: „Die Lebenssituation von Kindern und deren Familien hat sich in den vergangenen Jahren kontinuierlich verändert" [Rl 399; 10,1]; Fachberatung im Bereich der Kindertagesstätten wird damit legitimiert, dass „(d)ie Förderung von Kindern in Tageseinrichtungen aufgrund struktureller und gesellschaftlicher Veränderungen weiterentwickelt werden (muß)" [Th 199; 36]. Aber auch über „die Weiterentwicklung von Organisation und Struktur der Jugendhilfe" insgesamt sei aus „Anlaß" des „gesellschaftlichen Wandel(s)" nachzudenken [He 199; 9]. Derartige Einschätzungen beschränken sich auch keineswegs auf die untersuchten LJA-Periodika und den untersuchten Zeitraum.

Ähnliche Argumentationslinien finden sich beispielsweise in den letzten (Kinder- und) Jugendberichten der Bundesregierung.[4] Der Hinweis auf einen dynamisierten sozialen Wandel und daraus entstehende erhöhte Anforderungen an die Lebensbewältigung von Kindern und Jugendlichen wird seit dem fünften Jugendbericht fast kontinuierlich reproduziert.[5] Die damalige

4 § 84 des Achten Buches Sozialgesetzbuch (KJGH) verpflichtet – als Nachfolger des § 25 im Gesetz für Jugendwohlfahrt (JWG) – die Bundesregierung, dem Bundestag und dem Bundesrat in jeder Legislaturperiode einen Bericht über die Lage junger Menschen und die Bestrebungen und Leistungen der Jugendhilfe vorzulegen. Jeder dritte Jugendbericht (seit 1998: *Kinder-* und Jugendbericht) soll einen Überblick über die Gesamtsituation der Jugendhilfe in der Bundesrepublik geben: dies wurde bisher im ersten (1965), fünften (1980), achten (1990) und elften (2002) (Kinder- und) Jugendbericht unternommen. Der neunte Bericht (1994) stellt eine gewisse Ausnahme dar, da mit ihm auf die Wiedervereinigung reagiert wurde und er daher bezüglich der östlichen Bundesländer den Charakter eines Berichtes über die Gesamtsituation der Jugendhilfelandschaft erhalten hat (vgl. Richter/Coelen 1997).

5 Eine Ausnahme bildet der sechste Jugendbericht, in dem die Wandlungsthese nicht in demselben Maße aufgenommen wird. Der sechste Jugendbericht unterscheidet sich allerdings insgesamt von den vorhergehenden und nachfolgenden (Kinder- und) Jugendberichten. Als einziger der bisher vorgelegten 11 Berichte ist er mit einem explizit programmatischen Titel versehen worden: „*Verbesserung* der Chancengleichheit von Mädchen in der Bundesrepublik Deutschland" (BT-Drucksache 10/1007; Hervorh., F.K.). Auf einen „sozialen Wandel" mussten die Autorinnen und Autoren somit in diesem Fall nicht mehr explizit hinweisen, war die Notwendigkeit des Wandels doch schon im Titel festgeschrieben.

Sachverständigenkommission formulierte 1980: „Viele Anzeichen deuten darauf hin, daß sich die Probleme (...) in der Gegenwart verschärfen" (BT-Drucksache 8/3685 1980, S. 32). Für die Jugendhilfe folgerten die Autoren: „Die Beschäftigung mit Folgeproblemen ungelöster gesellschaftlicher und öffentlicher politischer Aufgaben hat in der Jugendhilfe wie anderwärts an Umfang und Dringlichkeit erheblich zugenommen und ist auch in Bereiche vorgedrungen, die bisher von derartigen Problemen unbelastet waren. (...) Die Lage der Jugendhilfe ist demnach zur Zeit dadurch charakterisiert, daß sie sich unter einem Problemdruck sieht, der ihr traditionelles Aufgabenverständnis, die ihr zur Verfügung stehenden Ressourcen und ihre herkömmlichen Formen und Mittel der Problemlösung in jeder Hinsicht sprengt" (BT-Drucksache 8/3685, S. 129). Es habe sich eine „neue Lage im Bereich der Erziehung und Sozialisation" ergeben (ebd.).[6]

Die Autoren des siebten Kinder- und Jugendberichts sprechen von einem Wandel der „Familie und Jugend", der „Familienleitbilder" und der „Eltern-, Kindes- und Jugendrolle" (BT-Drucksache 10/6730 1986, S. 50), im achten Bericht ist von einem Wandel von „Kindheit und Jugend" die Rede (BT-Drucksache 11/6576 1990, S. 29), die Kommission des neunten Berichts verweist auf eine „grundsätzliche Neuorientierung des gesamten gesellschaftlichen und sozialen Lebens" (BT-Drucksache 13/70 1994, S. 581). Nach Diagnose des zehnten Kinder- und Jugendberichts haben sich die „gesellschaftlichen Rahmenbedingungen (...) in einer Weise dramatisch entwickelt" (BT-Drucksache BT-13/11368 1998, S. 177) und die Autoren des 11. Berichts attestieren schließlich einen „tiefgreifende(n) sozio-kulturelle(n) Wandel" (BT-Drucksache 14/8181, S. 180). Einige derjenigen, die an der Ausarbeitung von Jugendberichten beteiligt waren, unterstreichen diese Lesart auch an anderen Stellen: „Der Ausbau der Sozialpädagogik (...) ist ebenso bestimmt durch die in der Entstehung der Sozialen Arbeit angelegten Strukturen wie durch ein Problemverständnis, das sich gesellschaftlichen Wandlungen und Verschiebungen der letzten 30 Jahre verdankt, Verschiebungen, die zwar in den schon benannten Entwicklungen der Moderne von langer Hand angelegt sind, die aber in den letzten Jahren in eine neue Phase getreten sind" (Thiersch 2000, S. 245). Denn, so eröffnen Lothar Böhnisch und Werner Schefold wenige Jahre nach Abgabe des fünften Jugendberichts, ihren Entwurf einer LEBENSBEWÄLTIGUNG: „Wir leben in einer unentschiedenen Zeit" (Böhnisch/Scheffold 1985, S. 7).[7] Alle diese Diagnosen werden in dieselbe Argumentationsweise eingebettet: mit dem Hinweis auf den diagnostizierten sozialen Wandel werden Veränderungsvorschläge für die Felder der Kinder- und Jugendhilfe legitimiert.[8]

---

6 Der fünfte Jugendbericht stellt damit ein entscheidendes Diskursereignis dar, auf das im weiteren Text noch eingegangen wird (vgl. Kap. 6.5).

7 Lothar Böhnisch und Werner Schefold waren als wissenschaftliche Mitarbeiter des Deutschen Jugendinstituts Mitglieder der Arbeitsgruppe des Fünften Jugendberichts.

8 In den ersten vier Jugendberichten sind die Darstellungen demgegenüber eher darauf ausgerichtet, einen als notwendig erachteten Auf- und Ausbau einer öffentlichen Unterstützungs-

Auffällig an diesen Einschätzungen ist die im Laufe der Jahre immer vehementer formulierte Diagnose eines sozialen Wandels, eine damit verbundene fundamentale Infragestellung bisheriger wohlfahrtsstaatlicher Rationalitäten im sozialen Sektor und eine daraus wiederum abgeleitete Verbindung von Wandlungsthese und grundlegend neuen Anforderungen an alle Beteiligten. Das Soziale in seinem bisherigen – wohlfahrtsstaatlichen – Arrangement befinde sich demnach in einem radikalen Veränderungsprozess. „Wir befinden uns in einer Zeit gravierender Umbrüche im gesellschaftlichen und ökonomischen Bereich“, formuliert die bereits eingangs zitierte ASD-Mitarbeiterin [HB 300; 13,2, vgl. HH 199; 3,1].

Innerhalb der untersuchten LJA-Periodika fällt nun auf, dass gerade Vertreter aus den Ministerien den Aufforderungscharakter sozialen Wandels an die Kinder- und Jugendhilfe explizieren. Auf das Statement eines nordrhein-westfälischen Ministerialbeamten zur Änderung des Gesetzes über Tageseinrichtungen für Kinder (GTK) wurde bereits hingewiesen. Im selben Heft wird über eine Rede der NRW-Ministerin Fischer zum 75-jährigen Bestehen des LJA Rheinland am 18.9.1999 berichtet: „Gesellschaftlicher Wandel stellt wachsende Anforderungen“, heißt es da [Rl 399; 13,1].

Während sich Kinder- und Jugendhilfe bisher ihres Auftrags, ihrer Mittel und ihrer gesellschaftlichen Legitimation gewiss sein konnte (vgl. Vahsen 1975), befinde sich „Sozialarbeit‘ (nun) im Fluss“, wie die bremischen SPIELRÄUME einen gleichlautenden Heftschwerpunkt überschreiben [HB 200; 1]. Welche Konsequenzen werden aus dieser Annahme gezogen? Wie soll Kinder- und Jugendhilfe demnach auf den radikalisierten sozialen Wandel reagieren?

Im ihrer Einführung zum oben genannten Themenschwerpunkt schreibt die Redaktion der SPIELRÄUME dazu: „Traditionelle Methoden der Sozialarbeit werden zunehmend in Frage gestellt, ihre Effizienz bestritten. An ihre Stelle treten neue – zum Teil noch mit großen Vorbehalten besetzte – Herangehensweisen, die sich vor allem durch eine veränderte Orientierung auf den Adressaten auszeichnen“ [HB 200; 1,1]. Der Einzelne müsse also verstärkt in den Fokus von Leistungsangeboten der Kinder- und Jugendhilfe gerückt werden. Denn nur Persönlichkeitsbildung ermögliche Gewissheit in ungewissen Zeiten – so hatte die anfangs zitierte bremische ASD-Mitarbeiterin ausgeführt.

Wie kommt es dazu, dass nach Ansicht vieler Autoren in den LJA-Periodika gerade die einzelnen Akteure und nicht „strukturelle Gegebenheiten“, „diskursive Strategien“ oder „herrschende Staatsapparate“ auf den diagnostizierten Wandel zu reagieren haben? In welcher Weise und weshalb sollen die Akteure der geforderten subjektiven Lebensgestaltungsverantwortung nachkommen? Wie kommt es außerdem dazu, dass gerade in den letzten Jahren, diese „Verantwortung an die Subjekte“ einen höheren Stellenwert bekommt – und das

und Versorgungsstruktur für Eltern und ihre Kinder detailliert erfassbar zu machen. In den ersten drei Jugendberichten wird beispielsweise immer wieder ein großer Fachkräftemangel beklagt bzw. Möglichkeiten einer kurzfristigen Rekrutierung von Mitarbeitern skizziert.

keineswegs nur im bundesrepublikanischen Zusammenhang (Vobruba 1983, S. 34)?[9]

Vorerst bleibt festzuhalten, dass Ungewissheit eine wesentliche Strebe in den Thematisierungsweisen aktueller politischer Rationalitäten darstellt. Schienen im wohlfahrtsstaatlichen Arrangement des Sozialen Risiken menschlichen Lebens wissenschaftlich kalkulierbar, also von Experten bestimmbar (Hygieneprogramme, Bevölkerungsstatistik, Sozialversicherung), wird diese universelle Mathematisierung menschlichen Lebens in *neo-sozialen Arrangements* zunehmend in Frage gestellt.[10] Risikokalkulation wird in neosozialen Gesellschaftsprogrammen, die mit den Adjektiven wie „pluralisiert" und „individualisiert" überschrieben werden, zum einen den einzelnen „Subjekten" überantwortet (*subjektive Vorbeugung*) und zum anderen wieder eine politische Frage (vgl. Stehr 2003).[11] Fragen von Normsetzung und Normüberwachung kehren in den Alltag politischer Entscheidungsfindung zurück. In den Feldern der Kinder- und Jugendhilfe zeigt sich dieser Zusammenhang unter anderem als Konjunktur der Thematisierung von *Normverdeutlichung und Grenzsetzung* (vgl. Kap. 8.4).

Bestimmend für neo-soziale Formationen des Sozialen in den Feldern von Kinder- und Jugendhilfe ist somit eine zunehmende Thematisierung sozialen Wandels. Als Konsequenz eines diagnostizierten sozialen Wandels wird eine allgemeine *Ungewissheit* für alle beteiligten Akteure behauptet.

---

9 William Walters zitiert einen Vertreter der British Steel von Anfang der 1990er Jahre hinsichtlich veränderter Anforderungen an junge Berufstätige in Großbritannien mit den Worten: „Most important of all, they need to learn to cope with change" (Walter 1997, S. 229; vgl. für die US-Debatten: Gilbert/Gilbert 1989).

10 Mit dem Terminus einer *neo-sozialen Gestaltung* des Sozialen wird auf den aktuellen Prozess grundlegender Veränderungen in der Übereinkunft zur Gestaltung des Sozialen hingewiesen. Konnte dieser bis in die 1970er Jahre als wohlfahrtsstaatlich bestimmt werden, befindet er sich seither in einer umfassenden Transformation. Für das wohlfahrtsstaatliche Arrangement des Sozialen war die Ausbildung eines eigenen Sektors des Sozialen, der unter anderen Kinder- und Jugendhilfeeinrichtungen umfasst, charakteristisch (vgl. Kap. 3). Im aktuellen Transformationsprozess wird daher gerade die Legitimation und Funktion dieses Sektors in Frage gestellt.

11 Modernisierungstheoretische Diagnosen, wie die Becksche Risikogesellschafts-Diagnose, erweisen sich vor diesem Hintergrund als unzureichend. Der diagnostizierte soziale Wandel wird in derartigen Konzeptionen nicht weiter problematisiert, weil er als logische Konsequenz einer (Risiko)Diagnose erscheint. Diese wird als faktisches Bedrohungspotenzial hingenommen und beschrieben. Francois Ewald hat hinsichtlich der Risikothese deutlich gemacht, dass sich Risiko als Kennzeichen sozialen Wandels gerade nicht im Beckschen Sinne „durch Gefahr, Ausnahme oder Unheil (...), sondern durch Wahrscheinlichkeit, Regelmäßigkeit und Berechnung" auszeichne (Lemke 2000, S. 35). Das heißt für eine problematisierende Betrachtung steht nicht die Faktizität eines Wandels des Sozialen im Mittelpunkt, sondern die Rekonstruktion der veränderten „Regierung der Ereignisse", die Form veränderter politischer Rationalitäten (ebd.). Andernfalls produzieren Thematisierungsweisen sozialen Wandels mit Verweis auf essentialisierte „Bedrohungen" oder „Herausforderungen" ausschließlich immanente Sachzwanglogiken (vgl. Vobruba 1983).

6.2 Verantwortungslosigkeit der Gesellschaft

„Kindern (fehlen) Zuwendung und eine kindgerechte Erziehungsumgebung"
[Br 199; 24,2]

Im MITTEILUNGSBLATT des Bayerischen LJA berichtet die Leiterin des Jugendamtes im Kreis Ansbach auf mehreren Seiten von dortigen kriminalpräventiven Maßnahmen, die ein „kooperatives, aufeinander abgestimmtes, behörden- und institutionsübergreifendes Bündnis" ermöglicht habe [By 699; 1,1]. Motivation für dieses Engagement seien stark gestiegene jugendliche Tatverdächtigenzahlen im Landkreis Ansbach.[12] Hinsichtlich einiger Bemühungen um eine Reduzierung von Ladendienstählen merkt die Verfasserin im weiteren Text an, dass „bereits Gespräche mit den Vertretern des örtlichen Einzelhandels in Ansbach stattgefunden (haben), um gemeinsam nach Wegen zu suchen, die Ladendiebstähle einzudämmen. Leider ist die Bereitschaft des Einzelhandels offensichtlich nicht groß, hier etwas zu ändern" [By 699; 9,1]. Die Amtsleiterin bedauert das fehlende Engagement der Einzelhändler in Ansbach. In welcher Form sich diese Nicht-Bereitschaft äußert, schreibt sie im nächsten Satz: „Die von der Arbeitsgemeinschaft eingebrachten Vorschläge wurden nicht angenommen" [By 699; 9,1]. Bemerkenswerter Weise verliert sie kein Wort über die Verhandlungen zwischen „Bündnis" und Einzelhändlern. Für die Leserinnen ist nicht nachvollziehbar, welche Vorschläge das „Bündnis" den Einzelhändlern vorgelegt hat und warum sich die Einzelhändler diesen Vorschlägen nicht angeschlossen haben. Welche Funktion hat diese Form der Thematisierung fehlender Engagementbereitschaft? Zu Beginn des Beitrags weist die Autorin als „Ursachen" für den Anstieg der Tatverdächtigenzahlen unter anderem einen „zunehmende(n) Werteverlust bei ausgeprägtem Egoismus" [By 699; 1,2], eine „fehlende Verantwortungsbereitschaft der Eltern" und eine unzureichende „Aufmerksamkeit" gegenüber „Auffälligkeiten im Verhalten von Kindern und Jugendlichen" aus [By 699; 2,1]. Ursachen „für den Anstieg der Kinder- und Jugendkriminalität" scheinen demzufolge ein allgemeiner Normverlust und eine Verantwortungslosigkeit gegenüber Kindern und Jugendlichen [By 699; 1, 2]. Ein ähnliche Diagnose stellt der Leiter der Jugendgerichtshilfe in einem Hamburger Bezirk: „Ich habe auch den Eindruck, dass sich die materielle Lebenssituati-

12 Wie unzureichend die Bezugnahme auf die Tatverdächtigenstatistiken ist, zeigen kriminologische Problematisierungen seit vielen Jahren (vgl. Lehne 1998). An dieser Stelle sei daher nur noch einmal erwähnt, dass derartige Zählungen nur polizeiliche Meldung summieren und nicht die tatsächliche strafrechtliche Verfolgung, die im Fall jugendlicher Tatverdächtiger zumeist nicht vorgenommen wird. Bezieht man sich ausschließlich auf die Nennungen innerhalb der Tatverdächtigenstatistiken, gerät außerdem häufig aus dem Blick, das sich das Anzeigeverhalten gegenüber Jugendlichen in den letzten Jahren insgesamt deutlich erhöht hat. Schließlich erlauben solche Summierungen keinerlei Bezug auf die Gründe des (erhöhten) Anzeigeverhaltens, worauf in einem Exkurs zur Berichterstattung der Hamburger Enquete-Kommission „Jugendkriminalität" im STICHWORT:JUGENDHILFE auch ausdrücklich hingewiesen wird [HH 400; 4,3].

on vieler Mädchen und Jungen verschlechtert hat. Darüber hinaus fehlen ihnen zu Hause Vorbilder, aber auch in der Gesellschaft fehlen Jugendlichen positive Identifizierungsmöglichkeiten" [HH 400; 9,3]. In ihren sechs skeptischen „Thesen zur geschlossenen Unterbringung" weist eine Mitarbeiterin des rheinland-pfälzischen LJA im LANDESJUGENDAMTINFO das Fehlen von Orientierungsmöglichkeiten ebenfalls als einen der zentralen Gründe für „Normverletzungen Minderjähriger" aus: „Neben der allgemeinen Problematik, daß die Gesellschaft offensichtlich auch zentrale Normen nicht mehr überzeugend und hinreichend vermittelt, steht der Eindruck, daß hinter allen hier zur Diskussion stehenden Normverstößen auch gravierende Mangelerfahrungen stehen...", und weiter: „nicht unbedingt nur materielle Mangelerfahrungen, (...), sondern Mangelerfahrungen im Hinblick auf Liebe, Zuwendung, persönliche Wertschätzung, Fürsorge, Verläßlichkeit, Nachvollziehbarkeit des Handelns Erwachsener" [RP 199; 28]. Folgt man diesen Einschätzungen, wäre zu konstatieren, dass Kindern und Jugendlichen zunehmend Handlungsmaßstäbe abhanden kommen, weil die Bedingungen ihres Aufwachsens durch Formen einer Verantwortungslosigkeit von Erziehungsberechtigten und von Akteuren anderer Sozialisationsinstanzen geprägt sind. Folgerichtig scheint den Beteiligten daher eine Initiierung von Projekten, die „neue Wege erproben, um soziale Normverdeutlichungsprozesse in der Erziehung zu unterstützen", wie das vom Hamburger Senat Ende 1999 beschlossene „PILOT-Projekt" [HH 400; 8f.].

Ist der Kinder- und Jugendhilfe die Selbstverständlichkeit ihres Normalisierungsfokus abhanden gekommen? Steht die Kinder- und Jugendhilfe damit stellvertretend für die gesamte Gesellschaft in Zeiten eines „radikalen sozialen Wandels" (vgl. Kap. 6.1)? Über welche Handlungsmaßstäbe in der Führung nachwachsender Generationen kann Kinder- und Jugendhilfe angesichts eines solchen Verlusts „zentraler Normen" nach Ansicht der Autorinnen und Autoren (dann) noch verfügen? Oder dient der Hinweis auf Normverluste nur einer neuerlichen Explikation der generellen Homogenisierungsaufgabe, die der Kinder- und Jugendhilfe als Instanz sozialer Ordnungskonstruktion übertragen wird (vgl. Kap. 3.2)? Wird diese Aufgabe also in den letzten Jahren deutlicher expliziert, weil universelle Normalisierungsmuster im neo-sozialen Transformationsprozess bisheriger wohlfahrtsstaatlicher Arrangements des Sozialen zur Diffusion gebracht werden?

Die beiden im STICHWORT:JUGENDHILFE befragten Mitarbeiterinnen des Hamburger PILOT-Projekts betonen als eine zentrale Perspektive des PILOT-Projekts die Fokussierung auf die „Sichtweise des Kindes": sie achteten genau darauf, dass „das Kind und seine Einschätzungen des Problems nicht untergehen" [HH 400; 8,2]. Einige Zeilen weiter wird die Konkretisierung dieser Handlungsmaxime an einem Fallbeispiels dargestellt: Die beiden Mitarbeiterinnen besuchen den Schulunterricht eines Kindes, um einen Eindruck von der Gruppensituation, von Konfliktreaktionen der Lehrkräfte und dem sozialen Klima zu bekommen [vgl. HH 400; 8,3]. Diese Hospitation habe gezeigt, dass das Kind im Unterricht ausschließlich in störender Form wahrgenommen werde: „Bei jeder Störung wurde der Name des Schülers an die Tafel geschrieben und ein Strich für die Störung vermerkt" [HH 400; 8,3]. Die PILOT-Mitarbeiterinnen hätten diesbezüglich interveniert, was dazu geführt habe, dass „nicht mehr nur das negative Verhalten des Schülers auf der Tafel vermerkt (wird), sondern auch jede Situation, in der Ruhe und ein ansprechendes Lernklima in der Klasse herrschte" [HH 400; 8,3]. Positive Verstärkung von kindlicher Anpassung an die schulischen Strukturerfordernisse („Ruhe", „ansprechendes Lernklima") als Handlungsmaxime sozialpädagogischer Handlungsvollzüge?

Am 10. November 1976 hat Dieter Sengling, damaliger Städtischer Direktor in Münster, in seinem einleitenden Referat zum 68. Fürsorgetag in Dortmund die Aufgabe der Jugendhilfe als die einer Instanz definiert, „die immer dann für den jungen Menschen Partei ergreift, wenn er dem Zugriff normativer, sozialer und politischer Interessen einseitig ausgeliefert wird, auch dann, wenn sich hieraus Spannungen gegenüber dem natürlichen Recht der Eltern auf Pflege und Erziehung ihrer Kinder oder gegenüber anderweitigen gesellschaftlichen Instanzen ergeben sollten", zum Beispiel der Schule, könnte man ergänzen (Sengling 1976, S. 30f.). Martin Rudolf Vogel schreibt bereits 1966 in einem der fünf Diskussionsbeiträge ZUR BESTIMMUNG VON SOZIALPÄDAGOGIK UND SOZIALARBEIT IN DER GEGENWART: „Kein Sozialarbeiter hat demnach heute noch die Möglichkeit, von der Vorstellung einer ‚richtigen' Lebensführung auszugehen, er hielte denn stillschweigend seine eigene dafür. Und keine Erziehung kann heute noch guten Gewissens zur ‚richtigen' Gesellschaft erziehen. Er kann lediglich erziehend auf die Fähigkeiten und den Willen zu einer gerechten Sozialordnung hinwirken, so wie der Sozialarbeiter lediglich zur selbstverantwortlichen Klärung und Ordnung vorgegebener Lebenskreise verhelfen kann" (Vogel 1966, S. 83). Die Kommission des fünften Jugendberichts forderte hinsichtlich der JWG-Reform in ähnlicher Weise eine Verpflichtung der Jugendämter „für Veranstaltungen zu sorgen, die jungen Menschen die Möglichkeit zu kritischer Auseinandersetzung mit sich selbst und der Gesellschaft geben" (BT-Drucksache 8/3685, S. 118). Soziale Arbeit und Jugendhilfe sollten die Selbstbestimmungsfähigkeit der Nutzer ermöglichen, was eine Parteilichkeit für deren Interessen und damit unter Umständen ein Agieren gegen die Interessen anderer Akteure erforderlich mache, so Sengling und Vogel.[13] Derartige Einschätzungen kennzeichnen politische Rationalitäten in den Felder der Sozialen Arbeit und der Kinder- und Jugendhilfe bis in die 1970er Jahre.[14]

---

13 Mit dem Terminus „Nutzer" wird im hier gewählten Zusammenhang nur die Gruppe derjenigen Personen beschrieben, die an Erbringungssituationen *direkt* beteiligt sind und auf die sich Unterstützungs- und Versorgungsleistungen direkt beziehen. „Indirekte Nutzer" der Leistungserbringung, wie die Öffentlichkeit, bleiben somit definitorisch ausgeschlossen.

14 Diese Hinweise auf dominierende politische Rationalitäten in den 1970er Jahren dürfen nicht darüber hinweg täuschen, dass behaviorale Verhaltensregulierung auch in diesen Jahren einen festen Bestandteil eines sozialpädagogischen Methodeninstrumentariums darstellten, wie damalige Arbeitshilfen verdeutlichen, so der Band VERHALTENSTHERAPIE IN DER SOZIALARBEIT von Nicolas Hoffmann und Michael Frese aus dem Jahr 1977. Hoff-

Demgegenüber sprechen die beiden PILOT-Mitarbeiterinnen davon, sehr aufmerksam zu sein („genau darauf achten"), das die Nutzerinteressen nicht zurückbleiben („nicht untergehen"). Nicht eine autonome Selbstbestimmung der Nutzerinnen wird angestrebt, sondern eine Einbeziehung von deren Interessen. Eine ausschließlich semantische Verschiebung: von der „Selbstbestimmung" zur „Interessenseinbeziehung"?

Sengling argumentiert 1976 durchaus positivistisch, wenn er auf der Basis der eben erschienenen 8. Shell-Studie sozialstrukturell auf eine Gruppe der „Verdrossenen" verweist, die sich stark aus Teilgruppen mit geringer Bildung rekrutiere (vgl. Sengling 1976, S. 26f.). Daher habe sich Jugendhilfe „eben nicht vorrangig den jungen Menschen zuzuwenden, die in der Lage sind, initiativ und aktiv zu werden, sondern diejenigen anzuregen, zu fördern, zu unterstützen, die mutlos in dieser Gesellschaft geworden sind, d.h. junge Menschen geringer Bildung" (ebd., S. 27). Das „Wohin" sozialer Integration scheint Sengling unzweifelhaft, unzureichend ist nur das „Inwiefern" und „In welcher Weise". Doch eben diese soziale Integrationsorientierung stellen aktuelle Diagnosen angesichts „gravierender Umbrüche" vehement in Frage [HB 300; 13,2]. Das Soziale in seinem wohlfahrtsstaatlichen Arrangement, eine politische Denkweise sozialer Solidaritäten und deren institutionelle Ausprägung in einem spezifischen Sektor des Sozialen stehen im Rahmen einer *neosozialen Transformation des Sozialen* zur Disposition (vgl. Lessenich 2003[1]).

Wohlfahrtsstaatliche Arrangements des Sozialen basieren auf einer programmatischen Übereinkunft kollektiv-solidarischer Schadensregulierung. Die Übereinkunft, es bestehe eine öffentliche Verantwortung für die soziale Integration der Gesellschaftsmitglieder erlaubt im Fall der Desintegration somit deren Skandalisierung. Denn Desintegration kann als fehlende oder unzureichende Reaktionen auf soziale Problemlagen ausgewiesen werden. Diffundiert allerdings diese Übereinkunft einer notwendigen Überbrückung von wirtschaftlichem und politischem System (vgl. Kap. 1), das heißt die Vereinbarung einer kollektiven Risikoregulierung, verliert der Verweis auf soziale Probleme seine Skandalisierungskraft, denn die Bezugsgrößen werden nicht mehr als gültig anerkannt. Doch nicht nur die Skandalisierung sozialer Probleme wird in Frage gestellt, die Bestimmung sozialer Probleme als eben solche steht in der Gefahr, ihre Gültigkeit zu verlieren.

Menschliche Problemlagen werden zunehmend der subjektiven Lebensgestaltungsverantwortung überantwortet. Die Frage sozialer Bindungen entfällt damit keineswegs, allerdings lautet die Antwort auf die Frage, wie diese ermöglicht werden soll, nicht mehr soziale Integration, sondern sektorale nahräumliche Inklusion (vgl. Kap. 7). Der Einzelne soll weitgehend freigestellt werden, um seine Lebensführung zu gestalten, wie es ihm behage. Dazu notwendige Ressourcen werden ihm öffentlich allerdings in immer geringerem Maß zur Verfügung gestellt. Ressourcenverfügungsmöglichkeiten und

---

manns und Freses Schrift erschien in einer Reihe von „Arbeitsbüchern zur psychologischen Schulung".

-zugänge werden zur Privatsache deklariert, das heißt in die *Nahräume* von Familie und informellen sozialen Netzwerken überwiesen.

Diese grundlegenden Veränderungen bisheriger wohlfahrtsstaatlicher Regierungsweisen des Sozialen werden von den Beteiligten in den Feldern der Kinder- und Jugendhilfe zumeist als naturgegeben beschrieben, als das Ergebnis eines sozialen Wandels. Die Argumentation der Hamburger PILOT-Mitarbeiterinnen zeigt dies ebenso, wie die der Ansbacher Jugendamtsleiterin oder der rheinland-pfälzischen LJA-Mitarbeiterin: sie diagnostizieren keine Transformation wohlfahrtsstaatlicher Arrangements des Sozialen, sondern weisen auf einen „allgemeine(n) Normverlust", „Normverletzungen", „fehlende Verantwortungsbereitschaft" und „Mangelerfahrungen" hin, wodurch veränderte Reaktionen erforderlich würden.

Da die Übereinkunft zur kollektiven Schadensregulierung und damit verbunden zur analogen Normalisierung der Lebensführung (Normalerwerbs- und Reproduktionsarbeitsbiografien) zugunsten individualisierter Lebensgestaltungsentwürfe unterminiert werden, scheint ihnen die Gewissheit ihrer Handlungsstrategien abhanden zu kommen. Sengling konnte noch ein positivistisches Expertenwissen antizipieren, um anhand sozialstruktureller Marginalisierung öffentlich an eine Pflicht sozialer Integration zu erinnern. Die zitierten LJA-Beiträge sind dagegen von Unsicherheit erfüllt, was denn an die Stelle der sozialen Integrationsorientierung gesetzt werden könnte. Gewissheit versprechen sie sich aus einer Orientierung sowohl an *sektoralen Inklusionsprinzipien* als auch an *subjektiven Vorbeugungsstrategien.*

6.3 Jugendhilfe als präventive Intervention

> *„Kriminalität ist ein gesamtgesellschaftliches Problem. Die Verhinderung und vorbeugende Bekämpfung der Kriminalität ist deshalb Aufgabe aller gesellschaftlichen Kräfte und ihrer Institutionen. Dies gilt in besonderem Maße für die Bekämpfung der Jugendkriminalität."*
>
> [By 699; 1,1]

> *„In diesem Bereich ist die Jugendhilfe fast mit allen Angeboten präsent, da sie alle in gewisser Weise der Vorbeugung von Straftaten dienen."*
>
> [HH 400; 7,2]

Eine vorbeugende Ausrichtung ihrer Leistungsangebote fordern politische Reformperspektiven für die Kinder- und Jugendhilfe mindestens seit der Deklaration von „Handlungsmaximen" im Achten Jugendbericht[15]: „Schwierig-

15 Im Achten Jugendbericht schlägt die damalige Berichtskommission, an der Hans Thiersch als programmatischer Vordenker einer *lebensweltorientierten Sozialen* Arbeit maßgeblich beteiligt war, fünf Strukturmaximen als Charakteristika der Entwicklung von Jugendhilfe vor: „Prävention", „Dezentralisierung/Regionalisierung", „Alltagsorientierung", „Integration – Normalisierung"und „Partizipation" (BT-Drucksache 11/6576, S. 85ff.). Thiersch nennt an anderer Stelle als weitere Maximen noch „Vernetzung" und „Einmischung"

keiten (...) würden sich häufig nicht entwickeln, wenn die Situationen weniger belastend wären und wenn Hilfen rechtzeitig gelängen, also: wenn präventive Hilfen erreichbar gewesen wären" (vgl. BT-Drucksache 11/6576, S. 85f.). Seither wird immer wieder eine „präventive Orientierung" gefordert, die eingreife „bevor das Kinde in den Brunnen gefallen ist" [HB 299; 1]. Die Diagnose der Sachverständigenkommission des 10. Kinder- und Jugendberichts, ein solcher „Präventionsgedanke" habe allgemeine Akzeptanz erfahren und sei ein „handlungsleitendes Prinzip" geworden, ist insofern sehr einsichtig (BT-Drucksache 13/11368, S. 116). Man könnte sogar von einer gesetzlichen Fixierung präventiver Interventionslogiken in den Feldern von Kinder- und Jugendhilfe sprechen, denn im § 1 Abs. 3 des Achten Buches SGB VIII ist zu lesen: „Jugendhilfe soll (...) junge Menschen in ihrer individuellen und sozialen Entwicklung fördern und dazu beitragen, Benachteiligungen zu *vermeiden* oder abzubauen" (Hervorh., F.K.). Stellt also der Verweis einer präventiven Orientierung von Leistungsangeboten in den Feldern der Kinder- und Jugendhilfe nur eine Übersetzung pädagogischer Regierungskonzeptionen im Sinne einer zeitlichen Hierarchisierung von Fremd- und Selbstführung dar (vgl. Kap. 2)? Ist Soziale Arbeit und Jugendhilfe generell präventiv? In welcher Weise realisiert sich dann allerdings die geforderte präventive Orientierung ihrer Leistungsangebote?

Prävention meint das „Zuvorkommen" oder das „vorbeugende Eingreifen" (vgl. Caplan 1964; Böllert 2001). Präventive Maßnahmen beziehen ihre Handlungsbegründung damit aus einem noch nicht eingetretenen Ereignis. Insofern sind sozialpädagogische Interventionen immer präventiv bestimmbar, denn selbstverständlich führt die Aufnahme eines Kindes in eine Wohngruppe zur Verhinderung bestimmter Situationen, die im familiären Kontext entstanden wären. Gleichzeitig werden andere Situationen nicht entstehen können, die im oder aus dem familiären Kontext heraus hätten entstehen können. Die Rede von Prävention antizipiert ein angenommenes zukünftiges Geschehen. Gerade dessen Eintreten soll durch präventives Handeln verhindert werden, wie der Karies durch das Zähneputzen. Präventive Maßnahmen erfahren ihre Berechtigung durch das Nicht-Eintreten des zur Begründung der Maßnahme angenommenen Ereignisses: Die Zähne werden geputzt, weil man den Karies verhindern möchte.

Sozialpädagogischen Angebote als präventiv zu bestimmen ist daher aus drei Gründen dilemmatisch:

1. Die Begründung einzelner präventiver Maßnahmen ist zumeist auch für andere Maßnahmen eine gültige Begründung, die gewählte Zuordnung somit das Ergebnis nicht explizierter Vorannahmen.

(Thiersch 2002, S. 136f.). Die hierbei veränderte Kategorisierung der „Strukturmaximen" in „Handlungs- und Strukturmaximen" ist bemerkenswert und wohl nicht zufällig. Denn bereits im Achten Jugendbericht beschreiben die Maximen eine spezifische programmatische Handlungsorientierung Sozialer Arbeit und keine analytischen Streben zur Rekonstruktion von Praxisweisen (ebd., S. 136).

2. Die Begründung präventiver Maßnahmen in der Form nachträglicher Deutung aktueller Situationen basiert auf einer Annahme unbestätigter Kausalitätszusammenhänge.
3. Die Wirksamkeit präventiver Maßnahmen ist erst im Nachhinein feststellbar, und damit muss ihre Begründung als Verhinderungshandeln immer prekär bleiben.

Jedes Leistungsangebot in den Feldern der Kinder- und Jugendhilfe kann je nach Begründungszusammenhang als präventiv bestimmt werden (vgl. Ziegler 2004). Beispiele dafür sind Maßnahmenkataloge, wie sie die Ansbacher Jugendamtsleiterin in ihrem oben genannten Bericht über die kriminalpräventiven Bestrebungen im ihrem Landkreis vorstellt. In der langen Liste finden sich Angebote aus dem gesamten Leistungsspektrum der Kinder- und Jugendhilfe wieder: zum Beispiel „soziale Gruppenarbeit", „Fortbildung und Anleitung der ehrenamtlichen Gruppenleiter", „Einsatz von Streetworkern in den Kommunen", „Unterstützung sportlicher Freizeitbetätigung", „Beratung und Information", „Schulschwänzerprogramme" oder eine „Photoausstellung zu Jugendproblemen" [By 699; 6f.].

Insofern erweisen sich Versuche der analytischen Differenzierung von Prävention und Intervention, wie sie die Debatten um Kinder- und Jugendhilfe in den 1990er Jahre mit bestimmten, als unzureichend (vgl. Böllert 1995). Kinder- und Jugendhilfe ist *präventive Intervention.* Wenn präventive Intervention allerdings ein Konstituens der Kinder- und Jugendhilfe darstellt, bleibt die Frage, auf welche Weise in den vergangenen beiden Dekaden diese verstärkte und damit neue Thematisierung einer präventiven Neustrukturierung von Leistungsangeboten erreicht wurde. Wenn Leistungen in den Feldern der Kinder- und Jugendhilfe generell als präventiv bestimmt werden können, wie kommt es dann zur aktuellen *präventiven Neuprgrammierung* der Kinder- und Jugendhilfe?

Hans Scherpner geht 1962 in seiner THEORIE DER FÜRSORGE von einer bestimmbaren „Hilfebedürftigkeit" der Nutzer Sozialer Arbeit aus: „Verarmung" und „Verwahrlosung" scheinen ihm dabei die entscheidenden Aspekte (vgl. Scherpner 1962, S. 138ff.). Wann interveniert werden musste, schien deutlich, also bestimmbar, wie auch die oben zitierten Stellungnahmen von Sengling und Vogel zeigen (vgl. Kap. 6.2). Die Frage des Interventionszeitpunktes war für die Kinder- und Jugendhilfe im Rahmen wohlfahrtsstaatlicher Arrangements des Sozialen ein Ergebnis professioneller Risikokalkulation. Gesellschaftliche Risiken schienen wissenschaftlich einschätzbar und auf dieser Basis von Professionellen bearbeitbar (*Expertise*). Ob diese Interventionen einen präventiven Charakter zugewiesen bekamen oder nicht, war von nebensächlicher Relevanz, denn dass ein zu substitutierendes Problem vorlag, schien bei vorliegender Expertise unstrittig. Bei aller programmatischen Differenz waren sich Autoren bis in die 1970er Jahre relativ einig, dass es Kinder- und Jugendhilfeangeboten um irgendeine Form gesellschaftlicher Integration und eine Verbesserung bestehender Lebenslagen gehen müsse. Das *Ganze* des Sozialen bildete den Bezugspunkt – ob nun die soziale Revolution mit der

Mobilisierung des Proletariats ausgerufen (vgl. Autorenkollektiv 1972) oder statt materieller „Nothilfe“ nun „seelische Hilfe“ gewährleistet werden sollte (Bäuerle 1970, S. 53).

Demgegenüber verweist der Jugendkommissariatsleiter der Polizeidirektion Dresden im MITTEILUNGSBLATT des Sächsischen Landesjugendamts im Jahr 2000 auf die „bedrohliche Entwicklung“ eines „bundesweiten Anstieges der Kinder- und Jugendkriminalität“, um die Einrichtung des Dresdner „Interventions- und Präventionsprojekts (IPP)“ zu erklären [Sn 100; 30]. Nicht der Verweis auf Teilhabebeschränkungen, sondern die „Bekämpfung der Kinder- und Jugendkriminalität und die Zurückdrängung von Gewalt aus unserem Alltag“ dient nun der Rechtfertigung von Kinder- und Jugendhilfemaßnahmen [Sn 100; 29].

Kinder- und Jugendhilfe erfährt ihre präventive Neustrukturierung also aktuell mit Verweis auf scheinbar nicht tolerierbare Verhaltensweisen. Allerdings dient dieser Verweis der Legitimation *präventiver* Interventionen, das heißt sozialpädagogischen Maßnahmen, die zu einem Zeitpunkt vollzogen werden *bevor* abweichende Verhaltensweisen überhaupt beobachtet werden (können): „Was tut die Jugendhilfe, kann die Jugendhilfe tun, um junge Menschen vor dem Abgleiten in eine kriminelle Karriere zu bewahren?“ [RP 199; 4].

Die herausragendsten Beispiele einer Implementierung von Vorbeugungsstrategien findet sich in den letzten Jahren auch im Bereich der so genannten „Kommunalen Kriminalprävention“. In einer Vielzahl bundesrepublikanischer Städte und Gemeinden wurden in den 1990er Jahren häufig mit dem Verweis auf gestiegene Tatverdächtigenquoten unter Jugendlichen solche freien Zusammenschlüsse verschiedener lokaler Akteure gegründet. Zumeist sind neben Vertreterinnen der kommunalen Administration, Polizeimitglieder und Vertreter anderer einflussreicher kommunaler Gruppen – zum Beispiel Einzelhändler – Fachkräfte der Kinder- und Jugendhilfe beteiligt. Das Bundeskriminalamt bestimmt die Aufgabe Kriminalpräventiver Räte 1997 aus ihrer Sicht in folgender Weise: „Die Gemeinde und nichtpolizeiliche Verwaltungseinrichtungen haben ihrerseits Verantwortung für Problemlösungsansätze *außerhalb* der polizeilichen Zuständigkeit zu übernehmen. Eine Netzwerkbildung ist auch mit Vereinen und Organisationen anzustreben, wobei der Polizei eine leitende Funktion zugeschrieben wird“ (www.bundeskriminalamt.de/vorbeu....ty_policing_projektbericht_1997-5.html, S. 2., Stand: 03/2001; Hervorh. im Orig.).

Als „Wunder von Dresden“ bezeichnet der Leiter des Jugendkommissariats der Polizeidirektion Dresden die kriminalpräventive Initiative des IPP der dortigen Jugendgerichtshilfe [Sn 100; 29ff.]. Jugendamt und Polizei hätten mit dieser 1997 begründeten Einrichtung „trotz strittiger Vergangenheit einen positiven Nenner im Interesse unserer Kinder und Jugendlichen (gefunden)“ [Sn 100; 29]. Dies habe dazu geführt, „dass die bisherige Arbeit des IPP bei einem Teil unserer Klienten (...) die Wirkung gezeigt hat, die wir erhofft haben, dass das IPP aus unserer polizeilichen Arbeit mit Kindern und Jugendlichen mittlerweile nicht mehr wegzudenken ist und dass es mit Sicherheit in der Vergangenheit mehrfach das ‚polizeiliche Gewissen' entlastet hat, wenn wir jetzt wissen, dass von uns erkannte Probleme gerade im familiären oder schulischen Bereich durch eine entsprechende Stelle schnell aufgegriffen und gelöst werden" [Sn 100; 32].

Leistungsangebote der Kinder- und Jugendhilfe zur Entlastung des polizeilichen Gewissens? Auch hier zeigt sich, in welchem Maße Ungewissheit im Handlungsvollzug erfahren zu werden scheint – wenn auch dieses Mal auf Seiten der Polizei. Wie sollen die Polizisten in der alltäglichen Arbeit mit den Kindern und Jugendlichen umgehen, denen sie begegnen, ist die in vielen Fällen vermutlich ganz engagiert formulierte Frage. Allerdings führt diese Frage auch an dieser Stelle keineswegs zur grundlegenden systematischen Problematisierung, sondern zur pragmatischen Bearbeitung nach dem Motto: Verdrängung von Kinder- und Jugendkriminalität und jugendlichem Gewalthandeln aus den urbanen Sphären, die der Mehrheitsgesellschaft und einflussreichen Gruppierungen einsichtig scheinen. Derartige Strategien zielen dann notwendiger Weise auf potenziell alle Kinder und Jugendlichen, stellt „Jugendkriminalität" doch ein „allgemein verbreitetes", wenn auch „vorübergehendes und in Phasen auftretendes Phänomen" dar [HH 400; 5.2]. Aus Ungewissheit wird ein generellen Misstrauen, ein „präventive(s) Misstrauen" (Böllert 2001, S. 1397). Ein Generalverdacht gegen alle potenziellen Risikoquellen wird erhoben, da die damit verbundenen Gefahren als uneinschätzbar gelten: Kinder und Jugendliche werden als potenzielle Delinquenten (kriminal)präventiv bearbeitet. Allerdings in ihrem eigenen Interesse und „unter Einbeziehung der Betroffenen selbst, nämlich der Kinder und Jugendlichen" [Sn 100; 29]. Eine systematische Risikokalkulation scheint zwar nicht mehr möglich, dafür aber eine Bestimmung des *Grades an Gefährdung*. Nicht mehr der Grad ihrer Integration oder Desintegration macht Kinder und Jugendliche und ihre Familien zu Nutzerinnen sozialpädagogischer Angebote, sondern der Grad der ihnen zugeschriebenen Gefährdung – für sich selbst oder für andere.

„Besonders gefährdete Subjekte" werden als „Präventionsziele" identifiziert – seien dies nun einzelne Kinder, Jugendliche, Familien oder komplette Bevölkerungsgruppen. An diesen Stellen wird dann intensiv und möglichst früh präventiv interveniert (vgl. Kap. 7.2).[16] Und dies nun keineswegs nur

16 Auf strukturelle Schwierigkeiten wird in diesem Zusammenhang durchaus verwiesen, wie der Bericht im STICHWORT:JUGENDHILFE über die Arbeit der Enquete-Kommission „Jugendkriminalität und ihre gesellschaftlichen Ursachen" verdeutlicht: „Ein großer Teil der Jugendlichen, die durch Straftaten auffallen, leidet unter sozialer Benachteiligung und Perspektivlosigkeit. Vor diesem Hintergrund sind Programme und Maßnahmen für die gesellschaftliche Integration benachteiligter Jugendlicher durch Jugendhilfe, Schule, Berufsbildungs- und Arbeitsmarkt-, Sozial-, Wirtschafts- und Einwanderungspolitik für eine wirksame Bekämpfung der Jugendkriminalität unabdingbar" [HH 400; 7,2]. Angesichts dieser sozialstrukturellen Hinweise ist die Schlusswendung im Text umso bemerkenswerter, die als relevante Handlungsperspektive für die Kinder- und Jugendhilfe gerade keine Konsequenzen hinsichtlich der sozialstrukturellen Verformungen zieht, sondern darauf verweist, dass die Jugendhilfe im Bereich der primären Prävention „fast mit allen Angeboten präsent (ist), da sie alle in gewisser Weise der Vorbeugung von Straftaten dienen." [HH 400; 7,2].

kriminalpräventiv, denn auch durch „gesunde Ernährung und prophylaktische zahnärztliche Untersuchungen und regelmäßiges Zähneputzen etwa lernen Kinder schrittweise, mit *ihrer Gesundheit* verantwortungsvoll umzugehen“ [Sl 199; 11,2; Hervorh. F.K.].

Neben der Kriminalprävention erweisen sich die hier fokussierten gesundheits- und suchtpräventiven Strategien als ein zweiter Schwerpunkt in den Feldern der Kinder- und Jugendhilfe. In den INFORMATIONEN des Thüringer Landesjugendamts wird auf einen „europaweiten Wettbewerb“ zur Suchtprävention unter dem Titel „Be smart – don't start“ aufmerksam gemacht [Th 200; 48f.]. Teilnehmende Schulklassen müssen sich für 1/2 Jahr zur „Nichtraucherklasse“ erklären, um bei erfolgreicher Teilnahme an einer Lotterie teilnehmen zu können, die verschiedene Geld- und Sachpreise auslobt. Der Entschluss zur Teilnahme wird in den Klassen kontraktuell fixiert und von den beteiligten Klassen im Peer-Controll-Verfahren überprüft. Wöchentlich wird eine (Selbst)Kontrolle des (Nicht)Rauchverhaltens durch die Schülerinnen und Schüler durchgeführt, wobei die Ausschreibung eine 10%ige-Toleranzgrenze von Rauchern erlaubt.

Im Unterschied zu institutionell verfassten (Präventions)Strategien, wie sie die wohlfahrtsstaatliche Formationen des Sozialen prägten, zielen neo-soziale Vorbeugungsprogramme also auf die *Aktivierung* subjektiver Vorbeugung. Die einzelnen „Subjekte“ (Personen, Organisationen, Bevölkerungsgruppen) sollen ihre subjektive Lebensgestaltungsverantwortung mobilisieren, da heutige Gesellschaften „von jeder und jedem einzelnen (...) Entscheidungs-, Steuerungs- und Gestaltungsleistungen (erwarten)“, so die Schlussfolgerungen des Landesjugendhilfeausschusses Rheinland-Pfalz aus der Anhörung „Erziehung in Kindertagesstätten“ vom 26. Oktober 1998 [RP 199; 7ff.]. Subjektive Lebensgestaltungsverantwortung konkretisiert sich demzufolge in Form „emotionale(r) Stabilität, soziale(r) Kompetenz und kognitive(r) Leistungsfähigkeit“ [RP 199; 8]. Diese Erfordernisse habe das einzelne „Subjekt“ zu realisieren und die Kinder- und Jugendhilfe als Instanz geplanter Beeinflussung und aktiver Unterstützung von Selbstführungsweisen der nachwachsenden Generation im Fall nicht-normaler Verhaltensweisen die notwendigen Anreize bereitzustellen und bei „Nicht-Annahme“ einzufordern.

Weshalb aber sollen Kinder und Jugendliche die anstrengende Aufgabe einer Ausbildung und permanenten Realisierung subjektiver Lebensgestaltungsverantwortung auf sich nehmen – außer sie werden dazu gezwungen? Welche Motivation sehen die Protagonisten neosozialer Strategien für die nachwachsende Generation?

6.4 Zweckrationale Kalkulation

„Ohne Fleiß kein Preis"
[Th 200; 49]

Thüringische Schülerinnen und Schüler sollen sich an dem suchtpräventiven Wettbewerb „Be smart – don't start" als eine 1/2-jährige „Nichtraucherklasse" beteiligen, um einen der ausgelobten Preise zu gewinnen: „Ohne Fleiß kein Preis" [Th 200; 49]. Nur wer sich engagiert, wird belohnt. Der Hauptpreis, der unter den erfolgreichen Teilnehmerklassen verlost wird, ist „eine Reise in ein am Projekt ebenfalls teilnehmendes europäisches Land" [Th 200; 49], das heißt ein Preis für die gesamte „Klassengemeinschaft". Subjektive Lebensgestaltungsverantwortung wird zur gemeinschaftlichen Aufgabe oder manageriell formuliert: zur *Teamaufgabe* (vgl. Kap. 7.5). Denn „Subjekte" meint hier keineswegs nur einzelne Personen, sondern Handlungseinheiten: individuelle wie kollektive „Subjekte". Garantiert also die Konstruktion einzelner Klassen als Teams eine ausreichende Motivation zur anstrengenden Teilnahme, zur Ausbildung subjektiver Lebensgestaltungsverantwortung? Stellt Rauchen oder Alkoholgenuss nicht ein „Symbol der Selbstinitiation" und ein „wesentliches Moment der Identitätsbildung" dar, wie Risikoforscher konstatieren? Weshalb sollten Jugendliche bei Wettbewerbsteilnahme darauf „bewusst" verzichten (vgl. Raithel 2002, S. 388)?

Zur Ausbildung subjektiver Lebengestaltungsverantwortung soll die beteiligten Schülerinnen und Schüler ihre eigene Klugheit motivieren: „Nach dem Motto: ‚Sei schlau und clever – fang gar nicht erst an" wird die Möglichkeit geboten, sich am größten europäischen Präventionsprojekt bei Schülern zu beteiligen", so die Ausschreibung des Wettbewerbs [Th 200; 49]. Es wird davon ausgegangen, dass rauchende Schülerinnen die rationale Kalkulation eigener Handlungsschritte unterlassen und deren „Kosten" vernachlässigen. Denn Rauchen führe zu erheblichen Einschränkungen individueller Lebensgestaltungsmöglichkeiten (finanzieller Aufwand) und damit verbunden, dem Maß an realisierbarer Lebensqualität. Die Botschaft an die Kinder und Jugendlichen lautet also: Risikoverhalten kostet – Gesundheit, Lebensgestaltungsmöglichkeiten, Lebensqualität, unter Umständen das Leben selbst („Rauchen kann tödlich sein") – und ein solches Verhalten erscheine wohl wenig zweckrational, also wenig rational gemessen an einem möglichen Erfolg, den das eigene zielgerichtete Handeln mit sich bringen könne. Diese Einsicht soll den Schülern vermittelt werden. Das zeigt sich auch in den gewählten Instrumenten so genannter Schüler- und Klassenverträge. Schüler werden zu gegenseitigen Vertragspartnern erklärt, sollen sich auf Basis eines vereinbarten und damit einklagbaren Leistungsaustausches gegenüber treten. Klar scheint, so unterstellt eine derartige kontraktuelle Fixierung, welches Interesse von den einzelnen Vertragsseiten vertreten wird.

Ähnliches gilt für die Strategien kommunaler Kriminalprävention. Mit Verweis auf ein zweckrationales Kalkulationshandeln der Bürgerinnen und Bürger in den Kommunen wird ihnen das Versprechen gemacht, sie gewännen durch die Installierung solcher Präventionsprogramme die „Herrschaft über den eigenen Lebensraum zurück“ (Frehsee 1998, S. 136). Sicherheit im eigenen Stadtteil wird suggeriert. Auch das Bild, das wohl manche Bürger von Nutzern der Kinder- und Jugendhilfe haben, soll auf diesem Weg ausgewischt werden. Der Autor eines Themenbeitrags im bayerischen MITTEILUNGSBLATT skizziert ein solches Bild in ironischer Zuspitzung: „(F)ast allerorten (sind) Jugendliche augenscheinlich, die prügeln, Fremde anpöbeln, sich eine Spritze setzen. Jugendliches Graffiti ist an jeder Art Gebäude sichtbar. Zeitungen sind voll von Kindern, die – knapp den Windeln entstiegen – arg- und wehrlose Großmütter am hellichten Tag überfallen und ihnen ihre Handtaschen ausrauben. An Bahnhöfen und großen Plätzen belästigen – zumindest nach der Wahrnehmung der Stammtischdiskutanten – Punker oder jugendliche Penner wohlsituierte Geschäftsreisende oder den betuchten Mittelstand“ [By 300; 4,1].

Zur *subjektiven Vorbeugung*, zum Gebrauch der eigenen Kräfte soll die Akteure ihr „subjektives“ zweckrationales Kalkulieren motivieren. Kinder- und Jugendhilfe kann und soll daher ihr Tun auch verstärkt an „individuellen Bedürfnissen und Möglichkeiten“ und weniger „am Nachvollzug der ‚normalen‘ Entwicklung“ ausrichten [Br 199; 14f.]. Individualisierung statt Normalisierung.

Einzelne Akteure seien fähig, über ihre Handlungsressourcen relativ unabhängig zu verfügen. Ihnen sei bewusst, welche Handlungsressourcen ihnen bereit stünden und sie kalkulierten deren Einsatz, abhängig von ihren „subjektiven“ Handlungszielen, sehr viel effizienter als dies in Form institutioneller Arrangements möglich sei. Mit derartigen Überlegungen schließen neosoziale Vorbeugungsstrategien an rationale Handlungstheorien an, die davon ausgehen, dass die einzelnen „Subjekte“ über eine bestimmte Menge an Handlungsressourcen verfügen und auch dazu in der Lage sind, deren Einsatz im Sinne ihrer Eigeninteressen zu kontrollieren (vgl. Coleman 1991). Ein solches *zweckrationales* Handeln erfordere allerdings eine weitgehende individuelle Handlungsfreiheit, um wirklich die subjektiv beste Handlungsoption wählen zu können. Diese Freiheit werde innerhalb wohlfahrtsstaatlicher Arrangements des Sozialen durch kollektive Normalisierungsstrategien blockiert. Professionelle Expertise definierten dabei die Freiheitskorridore, „denen der Einzelne nicht aus eigener Kraft entrinnen kann“, wie Friedrich Hayek, einer der geistigen Väter neo-liberaler Programmatiken bereits Ende der 1950er Jahre in seiner fundamentalen Sozialstaatskritik formulierte (Hayek [1960] 1991, S. 386). Die mit den wohlfahrtsstaatlichen Arrangements entstandene und weiter wachsende „überdimensionierte Staatsmaschine“ beginne die Fortdauer des wachsenden Wohlstandes zu bedrohen, so Hayek in seiner VERFASSUNG DER FREIHEIT (ebd.).

Am Beispiel der Suchtprävention lässt sich die neo-soziale Weiterführung dieser Argumentation verdeutlichen: Rauchen koste bisher zu wenig, da die Folgeschäden nicht von den verantwortlichen Akteuren selbst, den Rauchenden, sondern von der Gesellschaft übernommen werden. „Bequeme“ Verhaltensweisen, das heißt eine unterlassene Kalkulation eigenen Handelns, sei die Folge daraus, dass sich die Einzelnen solange nicht um ihre Angelegenheiten kümmern müssten, solange die Gesellschaft diese Tätigkeiten durch öffentliche Versorgungsleistungen substituiere.

Der einzelne Akteur wird „nicht länger als ein soziales Geschöpf verstanden, das die Befriedigung seines oder ihres Bedürfnisses nach Sicherheit, Solidarität und Wohlfahrt sucht, sondern als Individuum, das aktiv sein oder ihr eigenes Leben zu gestalten und zu verwalten sucht, um seine Erträge hinsichtlich Erfolg und Leistung zu maximieren" (Miller/Rose 1994, S. 100). Kindern und Jugendlichen, so könnte man im Sinne neo-sozialer Propaganda weiter formulieren, muss diese Orientierung vehement verdeutlicht werden, damit sie erst gar nicht von derartigen „Bequemlichkeiten" übermannt werden.

Peter Miller und Nikolas Rose weisen damit bereits auf die zweite Annahme neosozialer Regierungsstrategien hinsichtlich der „subjektiven" Handlungsmotivation hin: die neue Ungewissheit verhindere durch den immer höheren Grad an Kontingenz zunehmend eine kollektive Risikokalkulation, das Strukturprinzip der sozialstaatlichen Interventionsstrategien. Sozialstaatliche Regierungsweisen gelte es daher, so wird in neo-sozialen Programmen weiter argumentiert, nicht nur zur Wiederermöglichung persönlicher Freiheit abzubauen, sondern auch aufgrund der zunehmenden Uneinschätzbarkeit biografischer Lebensmuster. „Individualisierung" und „Pluralisierung" machten eine kollektive Risikokalkulation, wie sie im Rahmen wohlfahrtsstaatlicher Arrangements professionellen Expertisen überantwortet war, immer schwieriger. Ein bemerkenswerter Zirkelschluss, denn das Argument lautet: Subjektive Freisetzung sei dadurch zu ermöglichen, dass man kollektive Risikokalkulation und damit verbundene wohlfahrtststaatlich verfasste normalisierende Interventionsweisen reduziere. Und gleichzeitig wird die damit erst erreichbare Pluralisierung von Lebensweisen als Argument *für* die Reduktion eben dieser kollektiven Risikokalkulation angeführt. Denn nur damit werde den „Subjekten" eine passgenauere und damit effizientere individuelle Risikokalkulation erlaubt. Die Einzelne wird mit Verweis auf das gewachsene Maß an Uneinschätzbarkeit biografischer Entwicklungen zur Risiko-Kalkulantin, zur *subjektiven Kontingenzmanagerin*, erklärt. Diese Uneinschätzbarkeit ist aber wiederum Folge einer politisch induzierten Reduzierung kollektiven Kontingenzmanagements.

Die unterschiedlichen Risikomanagement-Zirkel, in denen der einzelne Mitglied sich wiederfindet (Familien, Arbeitskollegien, einzelne Bevölkerungsgruppen, Nachbarschaften oder eine „ganze Bürgergesellschaft") bilden eine weitere ganz entscheidende Strebe neo-sozialer Regierungsstrategien. Kollektive Risikokalkulation basiert auf der Annahme einer normalisierbaren national-staatlichen Gemeinschaft. Neo-soziale Programme argumentieren dagegen unter Rückgriff auf die Idee unterschiedlicher nahräumlicher Gemeinschaften. Hier soll die persönliche Freiheit gemeinschaftliche Rückendeckung erhalten (vgl. Kap. 7.5). Versicherungsmathematische Logiken verdeutlichen diese Inklusionslogik gegenüber der Logik wohlfahrtsstaatlicher Integrationsstrategien: Prämien zur Hausratsversicherung berechnen sich nach der Wohnadresse, Beiträge zur Kraftfahrzeugsversicherung anhand der Unfallquote von Fahrern dieses Wagentypus und monatliche Abgaben zu einer Berufsunfähigkeitsversicherung anhand der Zugehörigkeit zu einer spezifischen Berufsgruppe – Bonuspakete, die seit kurzem von gesetzlichen Krankenversicherern angeboten werden und die den Einzelnen zur individuellen Risikokalkulation anhalten sollen, sind ein Symbol, dass diese Logik in wachsendem Maße auch in die Sozialversicherungssysteme Einhalt nimmt (vgl. Ericson/Barry/Doyle 2000; Schmidt-Semisch 2000). Risiko-Ungleiche sind in Sozialversicherungssystemen in gegenseitiger Abhängigkeit (zwangs)versichert, um (berechenbare) Lebensrisiken durch die – anhand der Einkommenshöhe errechneten – Versicherungsbeiträge im Fall ihres Eintretens gemeinsam zu tragen. Risiko-Gleiche werden dagegen in privatwirtschaftlich strukturierten Versicherungssystemen zusammengeführt, um die (berechenbaren) analogen Risiken über die Beiträge im Schadensfall auf Basis kaufmännischer Kalkulation finanziell weitgehend beheben zu können. Inwieweit der Einzelne sich für eine solche Schadensvorsorge entscheidet, scheint im letztgenannten Fall seiner subjektiven Entscheidung überlassen (vgl. Hayek [1960] 1991, S. 382). Reduzieren neo-soziale Regierungsstrategien also den „Zwang“ für den Einzelnen, wie es die neo-liberale Propaganda verspricht, damit der Einzelne „seine geistigen Fähigkeiten voll nütz(en kann), und damit auch (...) den besten seinen Fähigkeiten entsprechenden Beitrag für die Gemeinschaft leistet“ (ebd., S. 162)?

6.5 Steuern auf Abstand

„Die direkte ‚Führung‘ tritt zurück,
die eigen-bestimmte Selbsttätigkeit tritt in den Vordergrund.“
[RI 100; 23,1]

Subjektive Lebensgestaltungsverantwortung wird innerhalb neo-sozialer Programme als Freisetzung der Einzelnen gegenüber sozialstaatlich-normalisierenden Integrationsstrategien präsentiert. Dennoch ist damit keineswegs eine generelle Reduzierung von staatlicher (Fremd)Regierung verbunden. Im Gegenteil.

Seit den 1970er Jahren hatten Kritiker ganz unterschiedlicher Couleur und mit unterschiedlicher Motivation beklagt, sozialstaatliche Interventionen übergingen die „subjektiven“ Interessen von Gesellschaftsmitgliedern (vgl. Gerhard/Schwarzer/Slupik 1988; Negt/Kluge 1974; Schelsky 1976). Neo-soziale Programme nehmen diese sozialstaatskritische Semantiken auf und geben ihr eine erstaunliche Wende. Nicht mehr die Gesellschaftsmitglieder werden als „Leidtragende“ staatlicher Interventionsmaßnahmen beklagt. „Der Staat“ selbst sei nun vor allzu großem Anspruchsdenken zu schützen. Warum dies zu geschehen habe, verdeutlicht der Leiter des badischen Landesjugendamts: „So müssen wir uns zu Recht wehren gegen ein ‚überzogenes Anspruchsdenken‘. Das betrifft die Kinder im erzieherischen Prozess, das betrifft den Sozialstaat in seiner Gestaltung von Hilfen“ [Ba 499; 5,3]. Ein solcher Schutz des Staates vor dem nicht näher ausgewiesenen „überzogenen Anspruchsdenken“ soll durch eine Neuformierung staatlicher Steuerung realisiert werden: ein „Steuern auf Abstand“ [HB 200; 11,1].

Im LJA-INFO des LJA Hessen berichtet ein Selbstevaluations-Berater über die Erarbeitung eines Selbstevaluationskonzepts im Rahmen eines Qualitätsentwicklungsprozesses im Feld der Jugendstraffälligenhilfe, um an diesem Beispiel die seiner Ansicht nach dominierenden programmatischen Grundlegungen von Selbstevaluationskonzepten zu problematisieren [He 200; 10ff.]. Mit Bezug auf Arbeitspapiere von Maja Heiner und Wolfgang Beywl[17] bestimmt der Autor das vorherrschende Verständnis von Selbstevaluation in zweifacher Weise: als *Selbstkontrolle* der beteiligten Fachkräfte über den Evaluationsprozess und als eine *selbständige Realisierung* von Evaluationsmaßnahmen in den Arbeitsbereichen der beteiligten Fachkräfte [He 200; 11]. Dem letztgenannten Aspekt stimmt er angesichts der hessischen Begleitforschungsergebnisse zu, dem erstgenannten allerdings nicht. Selbstevaluationsprozesse stellten nämlich „kein Privatvergnügen“ dar, sondern „eine dienstliche Angelegenheit“. Aus diesem Grund habe „auch der Arbeitgeber die Kontrolle über Planung, Durchführung und Nutzung der Evaluation“ [He 200; 12]. Der Autor fasst daher seine Einschätzung folgendermaßen zusammen: „Die Planung, Durchführung und Nutzung der Selbstevaluation liegt vor allem in der Hand der betreffenden Fachkraft, die Kontrolle darüber, oder etwas freundlicher formuliert, die Sicherstellung der Rahmenbedingungen, obliegt der Leitung“ [He 200; 12,2].

Strukturanalog argumentiert eine Fachberaterin der Diakonie in Düsseldorf im JUGENDHILFEREPORT des LJA Rheinland mit Bezug auf Qualitätssicherungsfragen in Kindertageseinrichtungen [Rl 100; 20ff.]. Das Qualitätsmerkmal „Gruppengröße und Zeitstruktur“ sei in entscheidender Weise durch den jeweiligen Erziehungsstil gekennzeichnet, so die Autorin [Rl 100; 22,3f.]. Vor allem in kleinen Gruppen bestehe die Möglichkeit der Aushandlung und Realisierung von Interessen der Beteiligten, denn dann trete „die direkte ‚Führung‘ (...) zurück, die eigenbestimmte Selbsttätigkeit (dagegen) in den Vordergrund“ [Rl 100; 23,1]. Selbstregierung erfordert demnach eine transparente und deutliche Form der Fremdregierung. Immer wieder wird in Beiträgen des Untersuchungsmaterials darauf verwiesen, dass ein solches „Steuern auf Abstand“ einen der entscheidenden „Bausteine einer neuorientierten Sozialarbeit“ darstelle [HB 200; 1,1]. Steuerungsleistungen seien zu konzentrieren und zu stärken, um die einzelnen Handlungseinheiten dadurch verstärkt zu eigenverantwortlichem Handeln zu aktivieren.

Organisationsstrukturell finden diese Strategien ihre Umsetzung im Regulationsprinzip einer Trennung von „Leistungskäufern“ und „Leistungserbringern“. Dieser *purchaser-provider-split* wurde in den Feldern der Kinder- und

17 Der Autor weist diese Papiere als „Handouts für die Weiterbildung zum Selbstevaluationsberater“ aus und verweist in der Literaturangabe auf das Weiterbildungs- und Forschungsprojekt im Rahmen einer Initiative des Bundesministeriums für Familien, Senioren, Frauen und Jugend (BMFSFJ) vom 31. Mai 1997 [He 200; 11].

Jugendhilfe im Rahmen der so genannten Neuen Steuerungsformen seit Anfang der 1990er Jahre implementiert (vgl. Otto/Schnurr 2000, S. 4ff.). Am Beispiel der Mobilen Jugendarbeit verdeutlicht eine „Orientierungshilfe", die der Sächsische Landesjugendhilfeausschuss im Juni 2000 verabschiedete, diese Entwicklung: „Gewährleistungsverantwortung und Planungsverpflichtung obliegt in jedem Fall dem örtlichen Träger der öffentlichen Jugendhilfe (...). Die Aufgabenwahrnehmung selbst sollte im Sinne der Subsidiarität und Flexibilität an einen geeigneten Träger der freien Jugendhilfe übertragen werden" [Sn 200; 6]. Stefan Schnurr und Hans-Uwe Otto machen in ihrer organisationstheoretischen Vergewisserung darauf aufmerksam, dass diese Veränderungen im Gefüge der Kinder- und Jugendhilfe nur teilweise erfasst werden, wenn von einem Modell zweier Vertragsparteien – Käufer und Erbringer – ausgegangen werde. Für systematische Betrachtungen der Kinder- und Jugendhilfepraxen sei dieses in ein Drei-Parteien-Verhältnis von Käufer, Erbringer und Nutzer zu erweitern, um die Gruppe der Nutzerinnen systematisch mit einzubeziehen[18]: Die öffentliche Administration tritt als Auftraggeberin in Erscheinung, die Leistungen werden von Non-Profit- oder For-Profit-Organisationen erbracht und die Nutzer werden zu „Kunden" der Leistungsangebote. In diesem Sinne beschreibt ein Modell des „Steuerns auf Abstand" eine Veränderung auf der Ebene von Organisationsstrukturen. Auf diese grundlegenden Neuerungen in den Feldern der Kinder- und Jugendhilfe weisen organisations- und regulationstheoretische Arbeiten hin (vgl. Gilbert 2000; Muetzelfeldt 1992).

Allerdings ist diesen Studien zumeist nicht im Blick, dass nicht nur die Organisationseinheiten aus der „Distanz regiert" werden (sollen), wie Miller und Rose diese veränderten Steuerungslogiken im Anschluss an Bruno Latour bezeichnen (vgl. Miller/Rose 1994, S. 69). Das zeigt die oben genannte Einschätzung einer Fachberaterin zu Qualitätssicherungsfragen in Kindertageseinrichtungen. Auch sie fokussiert indirekte Führungsstrukturen, allerdings nicht im Hinblick auf institutionelle Strukturierungsaspekte von Kindertageseinrichtungen, sondern als Bestandteil gruppenpädagogischer Handlungsprinzipien. Strukturanalog plädiert ein Unternehmensberater in einem Beitrag für die SPIELRÄUME für eine „entschiedene und ganzheitliche Wende im Management" [HB 200; 6ff.][19]. Als „Erfolgsgeheimnis" hebt der Autor

18 Das Drei-Parteien-Verhältnis ergibt sich bereits aus den sozialrechtlichen Vorgaben der Leistungserbringung (vgl. Maas 1996: 287ff.). Während zwischen Leistungsträgern und Nutzern ein „Grundverhältnis" besteht, auf dem die Erbringung rechtlich aufruht, besteht zwischen Leistungsträger und Einrichtungsträger eine „Vereinbarungsverhältnis", das dann zu schließlich zum „Leistungserbringungsverhältnis" zwischen Einrichtungsträger und Nutzer führt.

19 Bereits im einleitenden Artikel der SPIELRÄUME-Redaktion zum Heftschwerpunkt „Sozialarbeit ‚im Fluss?' wird dieses Plädoyer explizit hervorgehoben: „Und weil der Blick über den Tellerrand häufig zu ungeahnten Lösungen führt, haben wir einen Artikel, der uns aus einem ganz anderen Bereich zuging – dem der Unternehmenswelt – ebenfalls an den Anfang des Heftes platziert. Vielleicht können wir uns ja aus dem ‚Plädoyer für eine Wende im Management' für unsere behördlichen und amtlichen Strukturen einiges ‚abkupfern'?" [HB 200; 1,1].

das veränderte Führungsverständnis in diesen „anderen Unternehmen“ hervor. Führungskräfte hätten zwar das Sagen, aber „nie gegen, sondern immer stellvertretend für, und wo immer es geht, im Einverständnis mit den Geführten (...) Führen so verstanden, heißt dann auch: lassen, buchstäblich in Ruhe lassen“ [HB 200; 6,3f.]. Der Autor spitzt seine Thesen im weiteren Text schließlich unter dem Motto eines „Führen(s) ohne Macht“ zu [HB 200; 7,2]. Aus der Distanz sollen somit nicht nur die Erbringungsorganisationen (*freie Träger* und *privatwirtschaftliche Anbieter*) durch die Auftraggeber (*Kreise* und *Kommunen*) regiert werden. Indirektes Regieren soll zunehmend auch die pädagogischen Handlungsvollzüge kennzeichnen. Das klassische Paradigma pädagogischer Regierung, (pädagogische) Fremdregierung zur Mobilisierung (subjektiver) Selbstregierung, scheint sich innerhalb neo-sozialer Programme zu einem allgemeinen Führungsprinzip zu entwickeln. In seinem Bericht über die Arbeit eines Hamburger Kinderschutzzentrums zitiert der Redakteur des STICHWORT:JUGENDHILFE eine Fachkraft mit den Worten, es gehe bei der Arbeit nicht „um die Klärung von irgendwelchen Schuldfragen. Zentral ist, dass die Eltern Verantwortung für sich und das Wohl und Wehe ihrer Kinder übernehmen. Wenn wir allerdings den Eindruck haben, dass Eltern die Verantwortung nicht übernehmen und das Kindeswohl gefährdet ist, arbeiten wir auch mit dem Jugendamt zusammen“ [HH 300; 6,3]. Bemerkenswert an diesen Erläuterungen ist zum einen, dass die Zusammenarbeit mit der öffentlichen Jugendhilfe als möglichst zu vermeidender Notnagel verstanden wird. Eine weitere Fachkraft unterstreicht diese Deutung im gleichen Beitrag nochmals: „Durch unser positives Herangehen an die Familie schaffen wir es meist auch so, dass Eltern zur Zusammenarbeit bereit sind und das Wohl des Kindes gesichert ist“ [HH 300; 6,3]. Man kann nun annehmen, unter diesen Mitarbeiterinnen der Hamburger Jugendhilfe herrsche eine etwas anachronistische Vorstellung von Jugendämtern als Eingriffsbehörden oder man vermutet, dass bestimmte Verhaltensweisen der Jugendamtsmitarbeiter, mit denen die Fachkräfte in dem vorliegenden Fall zusammenarbeiten, zu einer derartigen Einschätzung führen. Beides ist anhand des vorliegenden Materials nicht zu rekonstruieren. Vielleicht deuten diese Bemerkungen aber auch in die Richtung eines veränderten Regierungsverständnisses in den Feldern der Kinder- und Jugendhilfe. Solange die Nutzer, im geschilderten Fall also die Eltern, ihrer Lebensgestaltungsverantwortung nachkommen, das heißt sich von den Fachkräften aktivieren lassen, wird die Steuerungsstelle nicht eingeschaltet, scheint „Fremdregierung“ nicht notwendig. Erst wenn die „positiven Herangehensweisen“ des Kinderschutzzentrums nicht fruchten, werden direkte Eingriffe als erforderlich deklariert. Ein ausreichendes Maß an Selbstregierung verhindert den Eingriff der Fremdregierungsinstanz, lautete dann die Botschaft an die Nutzerinnen. Ein Steuern auf Abstand erlaubt Erbringungsorganisationen wie Fachkräften damit einerseits den eigenen Handlungsdruck an die Nutzer weiterzugeben, und andererseits die Fremdregierungsbestandteile des eigenen Interventionshandelns in die Verantwortung anderer zu verweisen.

Die „Regierung aus der Distanz“ findet im Verborgenen statt, sie will nicht ans Licht. Sichtbar werden soll möglichst nur die vorbeugende Selbstregierung der „Subjekte“ werden, die als ein partnerschaftliches Regieren aller Beteiligten ans Licht tritt. So kann das Land Hessen die Zahl eigener Fortbildungsangebote deutlich reduzieren und sich aufs „Fortbildungsmanagement“ konzentrieren [He 200; 4,2] oder bremische Case-Managerinnen können die Leistungserbringung freien Trägern überlassen und sich selbst nur noch auf die koordinierende Leitung von Einzelfällen konzentrieren [HB 200; 10,2].

Ist es den Akteuren allerdings nicht möglich, ihrer subjektiven Lebensgestaltungsverantwortung nachzukommen, verwandelt sich die Regierung aus der Distanz schnell in eine distanzlose Regierung, die mit aller Härte in die Lebensgestaltung eingreift, um die erforderliche Selbstregierung zu aktivieren oder wenigstens mit einer solchen deutlich sichtbaren Sanktionierung Einzelner eine Warnung an alle anderen Gesellschaftsmitglieder auszusprechen.

6.6 Partnerschaftliches Regieren

„Eine gleichberechtigte, partnerschaftliche Zusammenarbeit zwischen den örtlichen und überörtlichen Trägern der Jugendhilfe ist unter den Gesichtspunkten der Effektivität, aber auch der Effizienz, das Sinnvollste.“

[He 200; 5,1]

Neo-soziale Regierungsweisen haben den Primat der Selbstführung zu einem leitenden politischen Rationalitätsprinzip erklärt. Während partizipative Führungsstile innerhalb von Konzepten einer „Alternativen Pädagogik“ bis in die 1970er Jahren als Gegenmodelle zu hierarchischen und autoritären Führungsstrukturen galten (vgl. Harms/Purmann/Werder 1978), bilden sie inzwischen einen festen Bestandteil dominierender politischer Rationalitäten im Bereich sozialer Sicherung.

Wenzel sieht 1970 einen der zentralen Gründe für die Heimmisere in den „hierarchischen Strukturen und ein(em) fragwürdigen, meist autoritäre(n) Führungsstil“ (Wenzel 1970, S. 194). Deshalb formuliert er als Gegenentwurf einen „beteiligend-sozialintegrativen Führungsstil“(ebd.) . „In einer demokratisch geführten Gruppe (...), die horizontal gegliedert ist und von einem Partner-Mitarbeiter-Verhältnis ausgeht, bei dem die Partner fragen, zur Entscheidung stellen, akzeptieren, tolerieren und die Gruppe als ganze diskutiert, entscheidet, verantwortet und aktiv ist, ist die Teilnahme am Gruppengeschehen freudig-bejahend, die Stellung zum Gruppenleiter gekennzeichnet durch Zuneigung beziehungsweise Akzeptierung, die Zusammenarbeit durch gegenseitige Hilfe, und die Leistung ist insgesamt stärker“ (Wenzel 1970, S. 200). Im Jahr 2000 skizziert der bremische Unternehmensberater in den SPIELRÄUMEN die von ihm geforderte „ganzheitliche Wende“ in ganz ähnlicher Weise (vgl. Kap. 6.5). „Da ist dieser gegenseitige Respekt. Egal ob Geschäftsführer oder Küchenhilfe, es gibt hier keine ‚besseren‘ Menschen (...). Hier wird niemand ernster genommen als ein anderer. Nichts anderes als dieser unteilbare gegenseitige Respekt ist das Erfolgsgeheimnis (...). Es ist die Basis allen Planens, Entscheidens und Handelns. Hier hat jeder Einfluss auf die Art und Weise seiner Zusammenarbeit mit anderen. (...) Jeder trägt soviel Verantwortung wie er kann und möchte. Jeder tut das, was er am besten kann!" [HB 200; 6,3]. Würde man die Quellen schwärzen, wäre es Rezipienten wohl nur schwer möglich, einen der beiden Textausschnitte einer sozialpädagogischen und den anderen einer managerieller Denkweise zuzuordnen. Die einer solchen Differenzierung zu Grunde gelegten Logiken spezifischer Sektoren scheinen zunehmend schwerer unterscheidbar. Während wohlfahrtsstaatliche Arrangements des Sozialen auf dieser Unterscheidungsmöglichkeit des ökonomischen von einem sozialen Sektor basiereno, zielen neo-soziale Strategien auf deren Verflüssigung (vgl. Ganßmann 2000, S. 22). Das Soziale (im engen Sinne) wird ökonomisiert (vgl. Kap. 8.1), aber auch das Ökonomische sozialpädagogisiert.

Forderungen nach einer Verflachung von Hierarchien, nach partnerschaftlichen Arbeits- und Entscheidungsformen und kooperierenden Führungspersonen haben sich verallgemeinert. Sie sind keineswegs mehr beschränkt auf (sozial)pädagogische Felder. Sie sind angekommen im Zentrum politischer Auseinandersetzungen. So formuliert die Oberbürgermeisterin einer mittelgroßen Stadt in der Bundesrepublik: „Politik für eine Stadt kann heute nicht mehr so gemacht werden, daß an der Spitze entschieden und von der Verwaltung buchstabengetreu exekutiert wird. Die traditionellen Formen der Politikgestaltung funktionieren nicht mehr, und alte Lösungen sind unzureichend geworden" (Weber 1997, S. 61). Die *Herrschenden* selbst reagieren auf die vormalige *Herrschaftskritik* und fordern ein partnerschaftliches Regieren. Der neu gewählte Bundeskanzler verkündigte die entsprechende Parole der rot-grünen Bundesregierung in seiner Regierungserklärung Ende 1998: „Diese Generation steht in der Tradition von Bürgersinn und Zivilcourage. Sie ist aufgewachsen im Aufbegehren gegen autoritäre Strukturen und im Ausprobieren neuer gesellschaftlicher und politischer Modelle. Jetzt ist sie (..) aufgerufen, einen neuen Pakt zu schließen, gründlich aufzuräumen mit Stagnation und Sprachlosigkeit, in die die vorherigen (..) uns (...) geführt ha(ben). An ihre Stelle setzen wir eine Politik, die die Eigenverantwortlichkeit der Menschen fördert und sie stärkt". Wird damit auf die Forderungen nach einer Demokratisierung von Institutionen und pädagogischen Erbringungssituationen reagiert? Hat die „Gesellschaft wichtige Forderungen der Revolutionäre integriert" (Noack 1999, S. 11; vgl. Koch u.a. 2002, S. 25) und ist daher zu attestieren: „Die Revolution ist vorbei, wir haben gesiegt" (Hinte/Lüttringhaus/Oelschlägel 2001, S. 35)?

Derartige Lesarten könnten eine ganze Reihe von Beiträgen aus den untersuchten LJA-Periodika nahe legen. Eine Referentin des LJAs Brandenburg stellt beispielsweise auf einer Tagung zur „Qualitätsentwicklung in Einrichtungen und Diensten der Erziehungshilfe", die den Folgen der Implementierung der §§ 78ff. SGB VIII Achtes Buch nachgehen sollte, folgende Forderung an die Fachkräfte: „Beteiligen Sie junge Menschen und ihre Familien: sie sind die ‚Co-Produzenten' der Hilfeleistung" [BR 199; 10,2]. Auf kleinräumiger Ebene versprechen sich auch Thüringische Sozialraumprotagonisten durch die Einführung „Runder Tische" eine Beteiligung von Kindern und Jugendlichen [Th 299; 6]. Aber nicht nur zwischen Fachkräften und Nutzern soll sich ein partnerschaftliches Regieren durchsetzen, auch Leitungen und Fachkräfte sollen ein solches Verhältnis zueinander aufbauen: „Dabei ist jeweils eine Projektleitung zuständig für Koordination und die Qualitätssicherung. Sie überprüft die Indikationsstellung und die Auftragsformulierung mit allen Beteiligten nach dem Konsensprinzip" [Rl 400; 8,2]. Ein partnerschaftliches Regieren fordert die Staatsministerin im Hessischen Sozialministerium schließlich auch für die inter-institutionelle Kooperation, als sie in einem Interview des LJA-INFO auf die Fragen zur „Neugestaltung der Jugendhilfeverwaltung in Hessen"[20] unter anderem mit dem Hinweis auf eine solche Kooperation antwortet: „Eine gleichberechtigte, partnerschaftliche Zusammenarbeit zwischen den örtlichen und überörtlichen Trägern der Jugendhilfe ist unter den Gesichtspunkten der Effektivität, aber auch der Effizienz, das Sinnvollste" [He 200; 5,1]. Auch Wenzel hatte sein Plädoyer Mitte der 1960er Jahre mit dem Hinweis bekräftigt, dass ein „beteiligend-sozialintegrativer Führungsstil (...) die Leistung insgesamt stärker (macht)" (Wenzel 1970, S. 200). Partnerschaftliches Regieren als die effizientere Variante? Davon wird auch in einem Kurzbericht über eine Tagung zur „Lokalen Agenda 21 und Sozialplanung" im thüringischen LJA-INFO ausgegangen: „Nunmehr kommt es darauf an, über eine Vernetzung von Sozial- und Jugendhilfeplanung mit Agenda-Prozessen eine Bündelung von Ressourcen" zu erreichen" [Th 199; 9]. Die Referentin des LJA Brandenburg unterstreicht in ihrem Statement zur Qualitätsentwicklung in den Erziehungshilfen diese Einschätzungen im brandenburgischen LANDESJUGENDAMT-INFO in appellativer Weise: „Seien Sie solidarisch mit anderen Trägern von Einrichtungen und Diensten in der Region, auch den privat-gewerblichen" [BR 199; 10,2].

Indirekte Regierungsweisen stellen allerdings kein „Führen ohne Macht" dar, wie der Bremer Unternehmensberater terminologisch suggeriert, sondern ein *Regieren ohne Machtdemonstration* (vgl. Schuppert 1998). Freiräume der Selbstregierung werden systematisch in Fremdregierungsstrategien eingebaut, wie das Instrument der Erprobungsklausel beispielsweise im Gesetz über Tageseinrichtungen für Kinder (GTK) in Nordrhein-Westfalen zeigt. Dreieinhalb Jahre sollen verschiedene Organisationsmodelle und pädagogische Erbringungskonzepte in Tageseinrichtungen des Landes ausprobiert werden, um auf dieser Basis ein für alle Träger verbindliches Modell zu entwickeln. Die Hoffnung auf einen selbstkontrollierten Qualitätsentwicklungsprozess hegt auch das hessische LJA mit der Installierung eines Selbstevaluationsprozesses im Bereich der Jugendstraffälligenhilfe. Ziel ist aber auch

20 In Hessen wurde mit Beschluss des Landtags 1999 das Ausführungsgesetz zum KJHG geändert. Mit dieser Änderungsnovelle wurde das Landesjugendamt in Hessen zum 1. Januar 2001 als eigene Landesbehörde abgeschafft, und die diesem bis dahin unterliegenden Aufgaben in die Verantwortung der Kommunen überführt.

hier die Entwicklung verbindlicher fachlicher Standards für alle Träger im Land [He 200; 10,1ff.]. Die elaborierteste Version partnerschaftlichen Regierens für die Felder der Kinder- und Jugendhilfe hat bisher vermutlich das nordrhein-westfälische Ministerium für Familien, Jugend, Frauen und Gesundheit (MFJFG) entwickelt: den so genannten „Wirksamkeitsdialog". In verschiedenen handlungsfeldspezifischen Arbeitsgruppen soll insbesondere auf die Einführung der Neuen Steuerungsmodelle mit einem umfassenden Qualitätsentwicklungsprozess reagiert werden. Die dazu eingesetzten „Steuerungsgruppen" setzen sich in unterschiedlicher Weise zumeist aus Vertreterinnen der landesweiten Zusammenschlüsse oder Arbeitsgemeinschaften, der Träger und Verbände, der Kommunen und des Ministeriums zusammen. Moderiert werden diese Gesprächsrunden von Mitarbeiterinnen der Landesjugendämter. Ein zuständiger Referent des LJA Rheinland deutet in seiner einführenden Darstellung im JUGENDHILFEREPORT bereits an, dass auch dieses dialogische Qualitätsentwicklungsinstrument keineswegs nur der Selbstkontrolle obliegt: „Mit dieser von der Obersten Landesjugendbehörde eingeführten Qualitätsentwicklung *müssen* sich Einrichtungen, Träger und MitarbeiterInnen auseinander setzen" [Rl 300; 4,1; Hervorh, F.K.]. Etwas deutlicher bringt ein Vertreter der Landesarbeitsgemeinschaft Jugendsozialarbeit auf den Punkt, was *Regieren ohne Machtdemonstration* in diesem nordrhein-westfälischen Fall bedeutet: „Systematisch betrachtet ist (...) der Wirksamkeitsdialog eine ‚Sei-spontan-Paradoxie' ersten Grades. Da ‚Voraussetzung für die Förderung aus dem Landesjugendplan die Beteiligung am Wirksamkeitsdialog' ist (Allg. Förderrichtlinie, Pkt. 14), darf dieser durchaus als eine Form staatlich verordneten Korporatismus aufgefasst werden" [Rl 300; 8,1].

Regieren ohne Machtdemonstration realisiert sich somit als *verordnete Selbststeuerung*: Erbringungsorganisationen wird Verantwortungsübernahme auferlegt, womit es der Aufsichtsbehörde, in den Feldern der Kinder- und Jugendhilfe also dem Jugendamt, möglich gemacht werden soll, sich von „bloßer Kontrolle weg und zu Beratung und Moderation von Konflikten hin (zu) bewege(n)" [Rl 100; 25,2]. Auch hier wird noch einmal sehr deutlich, dass sich „distanzierte Regierungsstrategien" dadurch auszeichnen, dass sie nicht als Fremdregierungsmaßnahmen erkannt werden sollen. Der Regierende will Partner sein, nicht verantwortlicher Leiter.

Terminologisch bildet sich diese Überzeugung in der Ablösung des Begriffs „government" durch den Begriff des „governance" ab. Governance-Programme sehen staatliche Instanzen seit einigen Jahren in ein größer werdendes Netzwerk verschiedener politischer Akteure einmünden, in dem sie nur noch ein Partner unter anderen darstellten. Die dazu notwendige erhöhte Beteiligungsbereitschaft der beteiligten Akteure werde durch einen „Aktivierenden" oder „ermöglichenden Staat" gefordert und gefördert (vgl. BT-Drucksache 14/8900, S. 100). Die bisherige zentral- und lokalstaatliche Machtausübung bräche damit auf und werde reduziert. In den Feldern von Kinder- und Jugendhilfe werden derartige partnerschaftliche Regierungsstrukturen als Kooperationsstrukturen eines „welfare mix" von freien, privatgewerblichen und öffentlichen Trägern, Selbsthilfeinitiativen und politisch Verantwortlichen beschrieben und propagiert (vgl. Evers/Olk 1996; Esch/Hilbert/Stöbe-Blossey 2001).

Doch nicht nur eine verordnete Selbststeuerung, wie sie mit Verweis auf eine aktivierende oder ermöglichende Staatsprogrammatik häufig propagiert wird, kennzeichnet die neo-sozialen Regierungsstrategien in den Feldern der Kinder- und Jugendhilfe, sondern auch eine höhere Akzeptanz gegenüber unterschiedlichen (lokalen) Einrichtungskulturen in einem zunehmend *standardisierten Freiraum*. Darauf verweisen besonders die in Nordrhein-Westfalen implementierten Instrumente einer „Erprobungsklausel" im GTK und eines „Wirksamkeitsdialog" zur Qualitätsentwicklung. Der zuständige Ministerialrat für das GTK des MFJFG macht in seinem Beitrag für den JUGENDHILFEREPORT keinen Hehl daraus, welchen spezifischen „Freiraum" die Erprobungsklausel zulassen will: „Personalbudgets, Öffnungszeiten, Blocköffnungszeiten in Kindergartengruppen, neue Formen der Elternbeteiligung, einrichtungsübergreifende Personaleinsatzkonzepte" [Rl 399; 4,3]. In den Einschätzungen zum Wirksamkeitsdialog, die von der Redaktion des JUGENDHILFEREPORT zusammengestellt werden, zeigt sich eine ebenso ausdrückliche Strukturierungslogik durch die politisch Verantwortlichen: „Neue Steuerungsmodelle als Hintergrund", „zielgenauer Einsatz der öffentlichen Mittel", Suchen nach „neuen Steuerungsverfahren" [Rl 300; 4ff.]. Daher scheint der skeptische Einwand des LJA-Referenten, mit Blick auf den Wirksamkeitsdialog in der Kinder- und Jugendarbeit könne nur auf eine Gestaltung von „Konzepten, Arbeitsansätzen, Projekten" Einfluss genommen werden, nicht „nicht direkt auf die bei Kindern und Jugendlichen erhofften Wirkungen der Jugendarbeit" zwar im ersten Moment sehr einsichtig, wenn auch relativ hilflos [Rl 300; 9,1]. Allerdings geht es – das zeigt sich im zweiten Vergewisserungsmoment – neo-sozialen Regierungsstrategien nicht (mehr) um eine universelle Standardisierung von Subjektivierungsweisen (*Normalisierung*). Diese könnten sich sehr wohl „selbstgesteuert" und damit heterogen in allerdings *vorgegebenen* „Freiräumen" entwickeln, solange sie nur deren abgesteckte Grenzen einhalten. In diesem Sinne dürfen Kindertageseinrichtungen während der Experimentierphase des GTK alles Erdenkliche erproben, wenn dieses *innerhalb* der vorgegebenen Grenzen geschieht. Wie diese Grenzen gezogen werden, ist je nach Handlungsfeld sehr unterschiedlich. Verhaltensregeln für Kinder und Jugendliche werden in stationären Wohngruppen zumeist sehr viel rigider aufgestellt als in selbstorganisierten Jugendcafes der offenen Jugendarbeit. Gezielte grenzüberschreitende kreative Äußerungen sind das Potenzial von vielen künstlerisch und gestalterisch Tätigen, das können Jugendliche in manchen Jugendzentrums-Workshops erfahren. Grenzüberschreitende kreative Äußerungen von Jugendlichen in Graffiti-Pieces oder -Tags an der Wand von Ein-, Mehrfamilienhäusern oder öffentlichen Gebäuden werden allerdings strafrechtlich verfolgt oder führen zur intensiven sozialpädagogischen Einzelbetreuung – je nach Alter.

Solche als abweichend bestimmten Verhaltensweisen konnten im Kontext wohlfahrtsstaatlicher Arrangements des Sozialen als das Ergebnis desintegrierter Lebenslagen ausgewiesen werden und damit eine öffentliche Verantwortung zumindest eingefordert werden. Jugendlicher Widerstand wurde dementsprechend in manchen Entwürfen auf unzureichende Sozialisationsbedingungen und ein Fehlen politischer Partizipationsmöglichkeiten für die nachwachsende Generation zurückgeführt (vgl. Heitmeyer 1992). Eine derartige Argumentation weisen neo-soziale Konzeptionen mit Verweis auf die Bereitstellung größerer Freiräume zur Lebensgestaltung zurück: „Wie jemand seine Zeit verwendet oder seine Räume gestaltet, ist seine Sache", so beschreibt Astrid Woog dies aus Sicht der Sozialpädagogischen Familienhilfe (Woog 1998, S. 40). „Lebensstile – *alle* Lebensstile – liegen griffbereit parat", so scheint der Subtext der Autorin zu lauten (Bauman [1990] 2000, S. 291). Diese Freisetzung zur subjektiven Lebensgestaltung hat fundamentale Konsequenzen.

Sah sich der Einzelne im Rahmen wohlfahrtsstaatlicher Arrangements mit sozialstaatlichen Interventionen konfrontiert, die sich im Fall der Sozialen Arbeit auf Basis herrschender Normalitätsvorstellungen als *vergesellschaftete* Sozialisationsinstanz begreifen konnten, wird er inzwischen dazu verpflichtet, sein scheinbar „frei gewähltes" Tun sitationsadäquat zu kalkulieren, das heißt sein Verhalten flexibel den jeweils geltenden Grenzsetzungen anzupassen (*Flexibilisierung*). Gelingt ihr das nicht, hat sie auch die Konsequenzen des Vollbrachten zu (er)tragen.

An dieser Stelle zeigt sich nochmals, warum sozialpädagogisch vermittelte Präventionsprogramme aktuell als hoch funktional angesehen werden (vgl. Kap. 6.3): der nachwachsenden Generation soll das dargestellte Selbstverantwortungsprinzip in immer vielfältigerer und umfassenderer Weise nahe gebracht werden, wozu die Fachkräfte der Kinder- und Jugendhilfe geradezu prädestiniert scheinen – treibt man ihnen nur systematisch die Überzeugung aus, soziale Probleme hätten etwas mit den bestehenden Arrangements des Sozialen zu tun. Dies geschieht beispielsweise durch eine generelle Desavouierung gesellschaftspolitischen Engagements, wie sie nicht zuletzt die zuständige Bundesministerin formuliert: „Lange hat sich die Sozialpädagogik damit begnügt, auf den Nutzen ihrer Arbeit für einzelne Kinder und Jugendliche und die Gesellschaft als Ganze zu verweisen, ohne im Rahmen nachvollziehbarer Verfahren konkrete Ziele ihrer Bemühungen zu formulieren, die einzelnen Schritte nachvollziehbar zu planen und deren Erreichen zu überprüfen". Wie die entsprechende Alternative aussehen soll, liefern die Autoren der so genannten JUGENDHILFE-EFFEKTE-STUDIE nach, einer Evaluationsstudie zu „Effekten erzieherischer Hilfen", deren Dokumentation das eben zitierte Vorwort der Ministerin einleitet [Ba 400; 1,1ff.].[21] Auf Basis standardisierter Klassifikationsschemata aus dem Bereich klinischer Psychologie sollen Sym-

21 Die JUGENDHILFE-EFFEKTE-STUDIE wurde vom Deutschen Caritasverbandes und dem Bundesverband katholischer Einrichtungen und Dienste der Erziehungshilfen verantwortet und vom Bundesministerium für Familie, Senioren, Frauen und Jugend finanziell gefördert.

ptome erfasst, das heißt eine *de-kontextualisierte* Einteilung kindlicher Verhaltensweisen vorgenommen werden. Dass allerdings gerade kontextabhängig Handlungsoptionen für die betroffenen Kinder und Jugendlichen systematisch verstellt bleiben, scheint den Autoren in keiner Weise problematisierungsbedürftig, obwohl sie doch auf den Zusammenhang von sozialen Problemlagen und erfolgreicher Erbringung explizit hinweisen: „Dabei ergibt sich, dass die Durchführbarkeit der geplanten Hilfe um so eher gelingt, je geringer die Problematik des Kindes ist“ (Schmidt u.a. 2002, S. 540). Diese Einsicht hindert die Autoren nicht, unter besonders schweren Problemkonstellationen beispielsweise „Störungen des Sozialverhaltens“, das heißt in vielen Fällen milieubedingte Verhaltensweisen, die dem Common Sense zuwiderlaufen, einzuordnen (Schmidt u.a. 2002, S. 149). Man weiß zwar um entscheidende Einflussgrößen – so auch einer Signifikanz des Zusammenhangs zwischen sozialen Problemlagen und einer Inanspruchnahme von Leistungsangeboten (vgl. Schmidt u.a. 2002, S. 79) – zieht daraus aber keine weiteren Schlüsse. Ganz im Gegenteil: Individualfokussierte Verhaltensklassifikationsschemata werden am Ende der umfangreichen Dokumentation sogar als entscheidendes Kriterium für zukünftige Entscheidungen über Forschungsförderungen in den Feldern der Kinder- und Jugendhilfe propagiert. Denn Jugendhilfeforschung könne nur in einer solchen Ausrichtung eine „Einordnung (ihrer) Befunde in einen Gesamtrahmen“ gelingen (vgl. Schmidt u.a. 2002, S. 548). Ein Gesamtrahmen, der sozialpädagogische Interventionen nur noch in Bezug auf „Verhaltensauffälligkeiten“ bestimmt (vgl. Schmidt u.a. 2002, S. 143ff.).

Kinder und Jugendliche sollen nach beobachtbaren Verhaltensmustern kategorisiert werden, Lebenslagen bleiben systematisch unberücksichtigt. Sind „Verhaltensauffälligkeiten“ damit erst einmal identifiziert, sollen den Kindern und Jugendlichen und den Herkunftsfamilien passgenaue kontextunabhängige Verhaltenstrainings verpasst werden.

Verordnete Selbststeuerung und *Standardisierung von Freiräumen* stellen damit zwei zentrale Merkmale neo-sozialer Regierungsweisen dar, und verweisen zugleich darauf, dass aktuell dynamisierte partnerschaftliche und indirekte Regierungsweisen zumeist nicht zu einer Befreiung führen, wie sie sich die Protagonisten beteiligend-sozialintegrativer Führungsstile erhofften. Gleichzeitig stellen sie strukturanaloge Forderungen an die Beteiligten. Diese scheinbare Widersprüchlichkeit lässt sich erst systematisch erfassen, wenn die Semantik eines „Weniger an Herrschaft“ und eines „Mehr an Freiheit“, das nicht nur neo-soziale Strategien predigen, sondern auch von Selbstbestimmungsprogrammen in den Feldern der Kinder- und Jugendhilfe propagierten, nicht mehr als substantieller Gegensatz reproduziert wird. Wie oben bereits gezeigt wurde, überdeckt die Suggestion eines „subjektiven“ Freiheitsgewinns durch ein Mehr an Selbststeuerung, dass Machtverhältnisse nicht überwunden werden (können), sondern das Verhältnis von Fremd- und Selbstregierung eine historisch-spezifische Neujustierung erfährt. Dieses kann allerdings durch sehr unterschiedliche Grade einer Demokratisierung oder Entdemokratisierung, das heißt einer Erweiterung und Pluralisierung oder eben Begrenzung öffentlicher Räume gekennzeichnet werden (vgl. Kap. 4).

Betrachtet man die aktuellen neo-sozialen Regierungsweisen vor diesem machtanalytischen Reflexionshorizont wird einsichtig, dass das programmatische Mehr an Selbststeuerung, diese neo-soziale Aufnahme des Primats der Selbstführung keineswegs im Gegensatz zu der gleichzeitig feststellbaren Konjunktur von Kulturen der *Top-Down-Führung* steht. Ganz im Gegenteil. Die beiden Aspekte stehen in einem gegenseitigen Verweisungszusammenhang. Mit den aktuellen Selbstregierungssemantiken werden Fremdregierungsstrategien gestärkt und umgekehrt. Fachkräfte in den Feldern der Kinder- und Jugendhilfe weisen dementsprechend auf eine neue „Führungsqualität"hin, wie ein Bericht im MITTEILUNGSBLATT des LJA Sachsen über eine Jahrestagung von Fachberaterinnen ebenso verdeutlicht – „Die Qualitätsdebatte kommt zwar nicht von der Basis, diese kann sich ihr aber nicht entziehen" [Sn 199; 21] -, wie die Bilanzierung eines LJA-Referenten zur „Kommunale(n) Verwaltungsmodernisierung in Sachsen": „Ernsthafte Zweifel an der Relevanz des umzusetzenden Modernisierungsmodells kamen auf. Kritik wurde laut, daß der erarbeitete Teilbereich Jugendhilfe die Vielschichtigkeit des Kinder- und Jugendhilferechts nur unzureichend widerspiegeln könne. Trotzdem verständigte man sich darauf, die beschriebenen Produkte mit Meßgrößen (...) zu versehen, da nur über die Quantifizierung von Dienstleistungen eine interkommunale Vergleichbarkeit gewährleistet werden konnte" [Sn 199; 33f.].

6.7 Ganzheitlichkeit

„Ich musste mich dabei auch zeigen und hinterfragen lassen"
[HH 200; 8,3]

Politische Rationalitäten in den Feldern der Kinder- und Jugendhilfe sind aktuell durch eine Forderung und Ausarbeitung von „Verfahrensstandards" bestimmt [Rl 300; 10,1] (vgl. Kap. 8.2). Angebotsbeschreibungen und Konzeptentwicklung seien anhand „von konkreten (...) Zielsetzungen und (einer) Benennung von Zielgruppen" zu vollziehen, ist im thüringischen RUNDSCHREIBEN im Rahmen eines Berichts über einen „Erfahrungsaustausch der JugendhilfeplanerInnen zur Fortschreibung von Jugendförderplänen unter qualitativem Gesichtpunkt" zu lesen [Th 199; 1]. Gegen derartige Standardisierungen erheben andere Autoren deutlichen Einspruch, denn diese Entwicklung bürge eine Gefahr der Sozialtechnologisierung des Pädagogischen in Form von Qualitätssicherungs- oder neo-diagnostischen Verfahren.[22] Einig sind sich allerdings beide Positionen dahingehend, dass das Kind mit „seiner individuellen

22 Timm Kunstreich leitet in diesem Sinne das Themenheft der Widersprüche NEO-DIAGNOSTIK – MODERNISIERUNG KLINISCHER PROFESSIONALITÄT mit einem Verweis auf einen Beitrag von Erwin Jordan ein: dieser stelle „zwar zu Anfang seiner Ausführungen über die Indikation zur Vollzeitpflege/Pflegefamilie fest (...): ‚das Reden von der Indikation ist – für mich jedenfalls – gewöhnungsbedürftig' (S. 93), aber dann (bete er) ohne jede weitere kritische Reflexion das ganze Vokabular von Indikation, Kontraindikation, Risiken

Persönlichkeit und seinen Bedürfnissen im Mittelpunkt" sozialpädagogischer Angebote stehen müsse [He 199; 12; vgl. Sn 200; 4].

Standardisierung und Entstandardisierung spannen eines der drei Themenfelder des Dispositivs Aktivierung auf (vgl. Kap. 8). Mit einer *Standardisierung von Freiräumen* werden zwar Zielsetzungen festgeschrieben und Grenzsetzungen vorgenommen, deren Ausgestaltung allerdings bleibt mehr denn je den Beteiligten überantwortet. Fachkräfte werden deshalb dazu aufgefordert und sehen sich selbst dazu herausgefordert, sich stärker als bisher zu engagieren, die „ganze Person" einzubringen, *ganzheitlich* zu agieren.

Im LANDESJUGENDAMT-INFO des LJA Württemberg-Hohenzollern wird über ein „Box-Training im Jugendheim Schönbühl" berichtet [WH 100; 20]. Ein Mitarbeiter, der auch über „einschlägige' sportliche Vorerfahrung" als Boxer verfüge, trainiere dort einmal die Woche neun männliche Jugendliche zwischen 12 und 20 Jahren [WH 100; 20f.]. Drei Charakteristika dieses Box-Trainings werden im Text besonders hervorgehoben: erstens werde mit diesem Angebot jugendlichen Bedürfnissen entgegen gekommen; zweitens initiiere das Training ein Lernen „verbindlicher Regeln" („Wer wiederholt gegen die Regeln verstößt, mehrfach das Training schwänzt, zu Alkohol oder Drogen greift oder wiederholt Straftaten begeht, fliegt raus" [WH 100; 21]); und drittens werde unter allen Beteiligten „Teamgeist" erzeugt: „Das gemeinsame Schinden von Jugendlichen und Erziehern" [WH 100; 21]. Das spezifische des hier beschriebenen Engagements eines Mitarbeiters ist nicht dessen professionelle Distanz zu den Jugendlichen, sondern vielmehr die Herausforderung seiner „ganzen Person". Mit derselben Argumentation markiert eine Mitarbeiterin der „Stadtteilbezogenen Milieunahen Erziehungshilfen" in Hamburg ihre Arbeit im Ambulanten Team. Dabei erzählt sie von einer neugegründeten Saunagruppe von Frauen: „Sie können sich kaum vorstellen, wie schwer es den Frauen fiel, ihre – ja man muss es so sagen – geschundenen Körper zu zeigen. Fast alle trugen Spuren von Gewalt, fast alle hatten Probleme mit ihrer Figur. (...) Am Ende des Abends wogen wir uns alle und wenn dann die Waage bei den Frauen nach unten oder nach oben ausschlug, sprachen wir darüber was letzte Woche passiert ist. Ich musste mich dabei auch zeigen und hinterfragen lassen. So wurde ich für die Frauen überprüfbar und wirkte echt. Ich konnte mich nicht hinter irgendwelchen Theorien verschanzen" [HH 200; 8,3].

Das bereits zitierte Plädoyer eines Bremer Unternehmensberaters für eine Wende im Management qualifiziert die geforderte Wende nicht zufällig mit dem Adjektiv „ganzheitlich" [HB 200; 6]. „Persönlichkeitsentwicklung" bildet eine der zentralen Streben seiner Vision, wie er am Beispiel von Führungskräften zu verdeutlichen versucht: „Ganzheitlichkeit ist deshalb kein Modegag, kein Tribut an den Zeitgeist, sondern ein Gebot der ökonomischen Vernunft" [HB 200; 7,3]. Neo-soziale Strategien zeichnen sich nicht nur durch eine verordnete Selbststeuerung aus, diese wird an das einzelne „Subjekt",

---

und Nebenwirklungen, Kunstfehlern usw. herunter, wobei er inhaltlich genau das Gegenteil naturwissenschaftlich-positivistischer Diagnostik darstellt – nämlich, dass gelingende Pflegestellenvermittlung auf gelungener Verständigung basiert" (Kunstreich 2003, S. 8).

an die Entwicklungsfähigkeit seiner „ganzen Person" gebunden. Dies werde unter Umständen zu gewaltigen Veränderungen führen: „Wer sich darauf einlässt, muss auf echte Veränderungen gefasst sein! Und er muss bereit sein, auf Gewohntes zu verzichten. (...) Zur Belohnung winken (...) ungeahnte Überraschungen. Ein Leben, das geprägt ist durch mehr Klarheit und Gelassenheit. Und eine solide Basis für beruflichen Erfolg" [HB 200;7,3f.]. Das neo-soziale Glaubensbekenntnis der Ganzheitlichkeit lautet: „Glaube an die eigene Person. Dies sei Dir Motivation und gleichzeitig Bekenntnis Deiner Übernahme subjektiver Lebensgestaltungsverantwortung".

Der verantwortliche Mitarbeiter des Schönbühler Box-Trainings übersetzt diese Aufforderung folgendermaßen: „Schläger haben bei uns keine Chance. Die würden das Training nicht durchhalten. (Das nämlich sei) richtige Maloche. Wer nicht richtig mitmacht, kann gehen" [WH 100; 20]. Nur wer will, der kann. Das erfordere von der Fachkraft allerdings die volle Beteiligung am „gemeinsamen Schinden": „Nach rund zwei Stunden sind nicht nur die ‚Buben' ganz schön geschafft. Die Erzieher absolvieren ebenfalls das volle Programm – nicht nur der Fitness, auch der Glaubwürdigkeit wegen" [WH 100; 20f.]. Nur eine solchermaßen vorbildhafte, also ganzheitliche Beteiligung des Mitarbeiters motiviere die Teilnehmer zu vollem Engagement. Allerdings sei diese dann auch einzufordern: Die „Chance für Teenie-Mütter", die ein Bremer Modellprojekt zur „beruflichen Lebensplanung für junge Mütter" bereit stellt, wird in einem Beitrag der SPIELRÄUME dementsprechend charakterisiert: „Es ist eine enorme Herausforderung der erst siebzehnjährigen Mädchen, Kind, Schule, Haushalt, finanzielles Zurechtkommen, Alleinerziehen und vieles andere mehr unter einen Hut bringen zu müssen! Aber der Wille, es zu schaffen, ist bei allen da!" [HB 300; 7,3].

Die neue Moral subjektiver Selbstführung kleidet sich im Gewand eines ganzheitlichen Selbstverständnisses. Sie soll in alle Poren der Fachlichkeit und von dort aus in die Lebensführung der Nutzer einsickern: „Qualität ist eine Haltung, die alle Ebenen und Prozesse einer Einrichtung durchdringt und sie so erfolgreich macht" [Rl 100; 19,2].

Ganzheitlich agierende Fachkräfte machen eine Individualisierung von Leistungsangeboten möglich, so die Annahme. Ist die entsprechende Haltung ausgebildet, könne man „(w)egkommen von starren Rahmen und vielen, teilweise sehr engen Reglementierungen" [Rl 399; 5,3]. Angebote könnten somit „bewusst offen (gehalten werden), um individuelle Bedürfnisse (...) flexibel berücksichtigen zu können" [Sn 200; 4].

Präventive Intervention, partnerschaftliches Regierung und Ganzheitlichkeit – neo-soziale Strategien sind nicht nur an sozialpädagogische Logiken anschlussfähig, Soziale Arbeit ist Teil dieser Strategien, befördert, entwickelt und verändert diese. Dennoch scheint manchen Apologeten neo-sozialer Strategien noch einiges an Überzeugungsarbeit erforderlich, damit Fachkräfte eine entsprechende, nämlich ganzheitliche Haltung ausbilden. So beklagen zwei Referentinnen des Caritasverband im Bistum Essen mit Blick auf skeptische Einschätzungen gegenüber der Erprobungsklausel im GTK: „Für viele scheint das innovative Konzept eines gut durchdachten Projektes seine Grenzen genau da zu finden, wo eigentlich die Landesregierung und die freie Wohlfahrtspflege weitergehen wollen“ [Rl 399; 5,3]. Staatliche Steuerungsinstanzen erscheinen den Autorinnen gegenüber Einrichtungen und Fachkräften als Modernisierungsvorreiter. Die *Herrschenden* reagieren damit nicht nur auf die vormalige *Herrschaftskritik*, sondern so manche Einrichtung und manche Gruppe von Fachkräften tritt mit wehenden Fahnen ein den Wettbewerb um die konsequenteste Dynamisierung einer neo-sozialen Transformation des bisher wohlfahrtsstaatlich geprägten Selbstverständnisses der Kinder- und Jugendhilfe ein. Zu den erfolgreichsten Wettbewerbern werden diejenigen Akteure erklärt, die ganzheitlich Verantwortung für die Gestaltung der Angebote übernehmen. Fachlichkeit wird dagegen eher als Hindernis ausgemacht, denn es gehe nicht mehr primär um systematische Analysen (WISSEN) und reflexive Routinisierung (*Kompetenz*), sondern um ein effizientes „Anschmiegen“ an die Einzelfälle (vgl. Hinte 1999, S. 95; vgl. Ba 199; 2ff.).

Damit wird deutlich, dass die Deutung einer punktuellen Vor- und Nachrangigkeit von Fremd- und Selbstführung, die Annahme, Akteure in den Feldern der Kinder- und Jugendhilfe reagierten auf einen sozialen Wandel und eine damit verbundene Veränderung in den Führungsstrategien, wie sie beispielsweise im STICHWORT:JUGENDHILFE vorgeschlagen wird, nicht überzeugen kann [HH 200; 4ff.; vgl. Kap. 6.6]. Kinder- und Jugendhilfe ist neo-soziale Regierungsinstanz, nicht erst Re-Agierende im Gefüge neo-sozialer Regierungsweisen.

Neo-soziale Moralisierungsstrategien erscheinen häufig eigenartig inhaltsleer. Sie verweigern sich in ihrer Selbstdarstellung, an eine bestimmte präskriptive Wertevorstellung gebunden zu werden. Die Ausrichtung sozialpädagogischer Handlungsvollzüge an Vorstellungen sozialer Gerechtigkeit und eine damit verbundene Verpflichtung zur sozialen Teilhabesicherung, wie sie zumindest programmatisch im Kontext der wohlfahrtsstaatlichen Formationen des Sozialen besteht, wird immer weiter abgelöst durch eine situativ angepasste Chancengerechtigkeit (*Sektoralität*): besser wir stärken, was da ist an Ressourcen der Nutzerinnen statt verzweifelt Utopien nachzujagen; besser wir kultivieren die Armut in bestimmten Stadtteilen anstatt sozialpolitisch gegen Windmühlen anzurennen, so oder ähnlich lautet die neo-soziale Propaganda (vgl. Kap. 7.2). Neo-soziale Regierungsstrategien präsentieren somit eine *funktionale Moral*: alle beteiligten Akteure werden nur noch auf ein einziges normatives Postulat hinsichtlich der Gestaltung des Sozialen verpflichtet: die *Folgenhaftigkeit* ihres Handeln für die je subjektiven Lebenschancen und eine damit verbundene Lebensqualität zu kalkulieren (vgl. Krasmann 2003, S. 339). Folgt man dieser Annahme ist die Forderung für Soziale Arbeit und Kinder- und Jugendhilfe, hier müsse es um die Aktivierung funktionaler Moral gehen, anschlusslogisch. Mehr scheint nicht mehr erforderlich. Und die Botschaft scheint bei der nachwachsenden Generation durchaus anzukommen, wie die Ergebnisse der Shell-Jugendstudie von 2002 zeigen: „Jugend bewerten Werte danach, „ob sie ihnen im Leben nützlich und für sie sinnvoll sind. (...) Jugendliche sind somit Trendsetter eines individuellen Wertekonzepts, das Werte vor allem vom persönlichen Nutzenkalkül her bewertet" (Deutsche Shell 2002, S. 158f.). Klaus Hurrelmann liefert als Verantwortlicher für die Konzeption und Koordination der 14. Shell-Jugendstudie die entsprechende (neo-soziale) Deutung gleich mit: „Als ‚modernes Individuum' benötigen ein Jugendlicher und eine Jugendliche hohe Flexibilität und ausgeprägte Kapazität der Selbststeuerung, mit der Fähigkeit, das eigene Handeln selbstwirksam zu beeinflussen" (Deutsche Shell 2002, S. 34). Die *De-Moralisierung* neo-sozialer Strategien gegenüber bisherigen Übereinkünften zur Gestaltung des Sozialen (soziale Gerechtigkeit, soziale Rechte, soziale Teilhabe) erweist sich somit gleichzeitig als *Re-Moralisierungsstrategie*. Der kalkulierend-selbstsorgende Einzelne, der „Unternehmer seiner selbst" erweist sich als neuer Idealtypus: Er soll der nur an seinem Eigeninteresse interessierte Einzelne sein, der die sozialen Zusammenhänge nicht mehr mit der Einforderung „irgendwelcher" Schutz- oder Unterstützungs- oder Rechtsforderungen „traktiert". Die „neue Freiheit" wird zu einer „Verbündete(n) des ökonomischen Erfolgs" (Miller/Rose 1994, S. 101).

Eine derartige funktionale Moralisierung hatte Durkheim allerdings nicht vor Augen, als er von der Notwendigkeit eines moralischen Rahmens für arbeitsteilige Gesellschaften sprach (vgl. Kap. 6.1). Sind neo-soziale Strategien somit dazu bereit, das in Kauf zu nehmen, was Durkheim prognostizierte, falls Gesellschaften eine soziale Solidarität verlustig geht: „Es ist unmöglich, daß die Verletzung der grundlegendsten Kollektivgefühle geduldet würde, ohne daß die Gesellschaft desintegrierte" (Durkheim [1893] 1996, S. 467)? Findet sich Soziale Arbeit und Kinder- und Jugendhilfe also zunehmend eingespannt im Dilemma von Autonomie und Anomie, da die neu bereit stehenden „subjektiven" Freiheiten (*Individualisierung*) nur mit neuen Zwängen zu haben sind, mit diesen erkauft werden müssen (vgl. Rauschenbach 1992, S. 44)?

7 Individualisierung und Vergemeinschaftung

7.1 Flexibilisierung

„Hier möchte ich Kind sein."
[He 199; 12,1]

In einem Bericht des hessischen LJA-INFO über den ersten „Frankfurter Krippentag" wird davon berichtet, dass sich die „Schwerpunkte und Standards der pädagogischen Arbeit" in den Kindergrippen seit einigen Jahren wandelten. Inzwischen stehe das Kind „mit seiner individuellen Persönlichkeit im Mittelpunkt" [He 199; 12,1]. Ein „Modellprojekt zur Weiterentwicklung des sozialpädagogischen Profils in Kindertageseinrichtungen mit Hortkindern" in Sachsen erfährt seine Legitimation mit einem analogen Verweis. In „einrichtungszentrierte(n) Werkstätten zur Beobachtung kindlicher Entwicklung" soll ermittelt werden, „wo die Stärken und die Möglichkeiten der Kinder (liegen und) was ihnen bedeutsam (ist)" [Sn 299; 39]. Pädagogische Regierung scheint demnach stärker denn je das (Fremd)Führen von *Individuen* zu bedeuten.

Mit welchen Mitteln soll eine derartige *Individualisierung* in den Feldern von Kinder- und Jugendhilfe erreicht werden?

Der Sächsische Landesjugendhilfeausschuss verabschiedet am 14. Juni 2000 eine „Orientierungshilfe zur Mobilen Jugendarbeit" [Sn 200; 3ff.]. In deren Vorbemerkungen verweisen die Autoren darauf, dass diese Orientierungshilfe bewusst offen gehalten werde, um die individuellen Bedürfnisse der Nutzerinnen und Nutzer *flexibel* berücksichtigen zu können [Sn 200; 4, Kap. 6.7]. Freiräume zur Selbststeuerung sollen für die Nutzer geschaffen werden, um „die strukturellen, sozialen und emotionalen Ressourcen von Gleichaltrigengruppen (Cliquen), ihre Synergieeffekte und Konflikte (...) zu begleiten und zu unterstützen" [Sn 200; 7]. Flexibilisierungsstrategien werden aber nicht nur für ein zentrales Mittel Mobiler Jugendarbeit gehalten, um eine stärkere Individualisierung zu erreichen. Das Flexibilisierungsargument dient anderen Akteuren auch zur Legitimation einer grundlegenden Neuorganisation der gesamten Kinder- und Jugendhilfe: „Von den Trägern draußen erwarten wir flexible, ganzheitliche Denk- und Arbeitsansätze – und wir wollen auch selbst diesen Anforderungen entsprechen", so der stellvertretende Amtsleiter des württembergischen Landesjugendamtes in einem Gespräch über dessen Neuorganisation [WH 299; 13]. In Hessen führten ähnliche Überlegungen zu einer vollständigen Verlagerung der bisherigen Aufgaben des LJA in die Zuständigkeit der kommunalen und Kreisjugendämter (vgl. Kap. 6.6). Noch weiter reichen die Einwände, die der Beigeordnete für Soziales, Jugend und Gesundheit des Deutschen Städtetages im Rahmen des „2. Berliner Diskurses zur Jugendhilfe" äußert. Aufgrund der erheblich gewandelten Rahmenbedingungen müsse „nach alternativen und effektiveren Formen der Organisation (...) gesucht werden." Das KJHG erweise sich angesichts dieser Herausforderung „mit seinen rigiden Vorgaben" als ein „Experimentierverhinderungsgesetz" [Rl 100; 25,2].

Flexibilisierung erfährt somit nicht nur ihre Legitimation durch Hinweise auf die Notwendigkeit einer individuellen Anpassung von Leistungsangeboten, sondern auch durch eine Kritik an der institutionellen Ausdifferenzierung der Kinder- und Jugendhilfe. Die Bremer Jugendsenatorin äußert sich in diesem Sinne in einer Presseerklärung angesichts von Reformplänen im Bereich der integrativen Hilfen: „Mit der Differenzierung ist es nicht automatisch zu einer Verbesserung der individuellen Förderung gekommen." Das bestehende Hilfeplanverfahren erweise sich sogar zunehmend „als starres, personal- und zeitaufwendiges Verfahren" [HB 199; 2,2]. Darauf weist auch der Eröffnungsbeitrag des INFOSERVICE angesichts der „Diskussion um die Jugend-Enquete Baden-Württemberg" hin: Jugendlicher Alltag sei nicht analog zu institutionellen Differenzierungen zu erfassen: „Jugend ist eben nicht da und dort, sondern fast überall" [Ba 299; 2,1]. Daher seien dringend „verbindliche und effektive Strukturen zu schaffen, in denen gebündelter als bislang für die Belange der Jugend gearbeitet werden kann?" [Ba 199; 2,2].

Individualisierungsstrategen halten somit vor allem zwei Flexibilisierungsaspekte für erforderlich, um eine individuelle Passgenauigkeit von Jugendhilfeangeboten zu erreichen: eine Flexibilisierung *sozialpädagogischer Interventionslogiken* und eine Flexibilisierung des *institutionellen Arrangements.*[1] Flexibilisierungsweisen werden dabei explizit von Differenzierungsverfahren abgesetzt. Differenzierung wird zumeist als spezialistische Institutionalisierung beschrieben, als eine funktionale Differenzierung von Organisationseinheiten also, die entlang fachlicher Expertise unterschieden werden: zum Beispiel ein nach Fachbereichen getrenntes Jugendamt. Flexibilisierung dagegen trenne die je spezifischen Interventionsprozesse personal: jeder Fall unterscheide sich vom anderen und liege damit unter Umständen auch quer zur Expertise bestimmter spezialistischer Fachkräfte. Solche flexibilisierte Strukturen zei-

1 Forderungen nach einer Flexibilisierung von Leistungsangeboten in den Feldern der Kinder- und Jugendhilfe werden seit einigen Jahren im Nachklang zu den „Heimrevolten" vor allem im Bereich der Hilfen zur Erziehung erhoben. Die Ausdifferenzierung und Spezialisierung der Hilfen zur Erziehung habe zu einer Standardisierung der Angebote geführt, die nicht mehr individuellen Lebenslagen angepasst sei und außerdem durch eine selektive Fallverantwortung verschiedener Erbringungsinstanzen Maßnahmekarrieren befördere, so die zentralen Kritikpunkte der Protagonisten „Flexibler" oder „Integrierter" Hilfeformen (vgl. Hinte 1999; Klatetzki 1995; Koch u.a. 2000). Gegenüber den vielfach überbürokratisierten Angebotsstrukturen der Kinder- und Jugendhilfe gelte es „Konzepte der Ressourcen- und Netzwerkarbeit zu integrieren", in der Überzeugung, dass das Milieu den „konstituierenden Faktor für sozialpädagogische Hilfen" darstelle (Wolff 2000, S. 57) und damit „möglichst passgenaue Hilfen" möglich würden (Hinte 1999, S. 94). Unter der griffigen Programmformel „Vom Fall zum Feld" sind diese Forderungen nach einer verstärkten Lebenswelt- oder Lebenslagenorientierung durchaus diskursprägend (vgl. Hinte/Litges/Springer 1999).

gen sich in den letzten Jahren beispielsweise in der Dezentralisierung von Jugendämtern oder freien Träger in „Stadtteil-“ oder „Sozialraumteams“.

Bemerkenswerter Weise lassen sich nun parallel zu diesen Flexibilisierungsforderungen eine ganze Reihe von Positionen im untersuchten Material nachzeichnen, die *für* eine *weitere Differenzierung* in den Feldern von Kinder- und Jugendhilfe plädieren. Wie kommt es zu diesen unterschiedlichen Einschätzungen? Zeigen sich hier differente regionale „Entwicklungsstände“ in Bezug auf den Grad der bereits erreichten Differenzierung oder die diese transformierende Flexibilisierung? Folgt auf eine erste Stufe von Differenzierungs- eine zweite, darauf aufbauende Stufe von Flexibilisierungsprozessen? Oder brechen Differenzierungs- und Flexibilisierungsforderungen entlang der Grenzen unterschiedlicher Handlungsfelder?

Auf einen unterschiedlichen Entwicklungsgrad könnten auf den ersten Blick einzelne Berichte hindeuten, wie beispielsweise derjenige aus dem sächsischen Landesjugendamt über die geplante Neueinrichtung von „Sonderpädagogischen Pflegestellen“ nach § 33 Satz 2 KJHG:[2] „In der vergangenen Zeit wurde es (...) zunehmend schwieriger, bei Anfragen eine geeignete Einrichtung oder Pflegestelle, die ganz individuellen und speziellen Bedürfnissen des jeweiligen Kindes oder Jugendlichen gerecht werden kann, zu vermitteln“ [Sn 199; 8]. Die Autoren rechtfertigen die Implementierung der Pflegestellen außerdem durch den Verweis auf derartige Einrichtungen in den westlichen Bundesländern. Wird somit im Osten der Republik noch differenziert, während im Westen bereits bestehende institutionelle und fachliche Ausdifferenzierungen flexibilisiert werden?

Eine solche Lesart kann nicht überzeugen, denn zum einen sind Flexibilisierungsstrategien auch in den so genannten neuen Bundesländern nachzuzeichnen, wie beispielsweise das Bundesmodellprojekt „Integra“ im Bereich der Erziehungshilfen verdeutlicht [Sn 199; 10f.].[3] Zum anderen werden Differenzierungsforderungen nicht nur hinsichtlich von Infrastrukturen laut, sondern ebenso mit Bezug auf bisherige *sozialpädagogische Handlungsorientierungen.*

Im Rahmen einer Auftaktveranstaltung eines „Förderprogramms Jugendberufshilfe“ des Landesjugendamtes Württemberg-Hohenzollern empfiehlt beispielsweise ein zu dieser Veranstaltung eingeladener Referent, „junge, sozi-

2 § 33 KJHG bestimmt eine der „Standardhilfen“, die durch die Kinder- und Jugendhilfe erbracht wird: die Vollzeitpflege, das heißt die stationäre Unterbringung von Kindern und Jugendlichen in einer anderen als der Herkunftsfamilie. Insofern konkretisiert § 33 den Rechtsanspruch der Personensorgeberechtigten auf öffentliche (Erziehungs)Hilfe nach § 27 KJHG, die bei Nicht-Gewährleistung einer „dem Wohl des Kindes oder des Jugendlichen entsprechenden Erziehung“ besteht (vgl. Münder 2000, S. 107).

3 Von Oktober 1998 bis September 2001 wurde in fünf bundesrepublikanischen Städten das Bundesmodellprojekt „Integrierte regionalisierte Angebote in der Jugendhilfe“ (Integra) durchgeführt. Ziel der Projektinitiativen war eine „gezielte Weiterentwicklung und Qualifizierung von integrierten und sozialräumlich organisierten Hilfen“ [Sn 199; 10]. Drei der fünf ausgewählten Städte liegen in Brandenburg, Sachsen und Thüringen (vgl. Koch u.a. 2000).

al benachteiligte Menschen, die mit einer Ausbildung überfordert oder dazu nicht zu motivieren sind, lieber auf eine Jobberkarriere vorzubereiten oder in eine solche zu vermitteln" [WH 299; 28]. Die Leiterin des Hamburger Amtes für Jugend verweist auf die Notwendigkeit einer ihres Erachtens bereits in der Aufgabenstellung von Jugendämtern angelegten Differenzierung: „Die bezirklichen Jugendämter haben die Aufgabe, die angebotenen Leistungen Kindern, Jugendlichen und ihren Familien zugänglich zu machen, Einzelleistungen dem persönlichen Bedarf entsprechend zu vermitteln" [HH 100; 2,1].

Sind Grade der Differenzierung und Flexibilisierung also doch handlungsfeldspezifisch zu unterscheiden? Wird Individualisierung beispielsweise im Bereich der Kindertageseinrichtungen, aus dem die eingangs genannten Beispiele aktueller Flexibilisierungsprogramme stammen, in völlig anderer Form thematisiert als beispielsweise in den Bereichen der Erziehungshilfen oder der Jugendsozialarbeit?

Auch diese Lesart erweist sich bei genauerer Recherche als wenig überzeugend, denn Flexibilisierungsstrategien sind in all diesen Bereichen zu finden, und zwar sowohl hinsichtlich der sozialpädagogischen Interventionslogiken als auch der institutionellen Arrangements [vgl. für den Kindertagesbereich: He 499; 14,1; für den Bereich der Erziehungshilfen: WH 100; 15ff.].

Wenn aber Differenzierungsforderungen weder einen nachholenden Ausbildungsprozess von Angebotsstrukturen darstellen, noch auf die spezifische Logik bestimmter Handlungsbereiche zurückzuführen sind, wie kommt es dann zur Kontrastierung von Flexibilisierungs- und Differenzierungsperspektiven? Oder würden Protagonisten einer flexibilisierten Kinder- und Jugendhilfe den Plädoyers für eine Differenzierung der institutionellen Infrastruktur wie der Handlungsorientierungen überhaupt nicht widersprechen? Würden sie vielleicht vielmehr darauf verweisen, dass eine Differenzierung von Leistungsangeboten an sich nicht das Problem darstellt, sondern „nur" zu verhindern sei, dass mit einer solchen Entwicklung eine „Versäulung" spezialisierter Leistungsangebote entsteht [Ba 199; 2,2]?

Die Lage stellt sich noch etwas komplizierter dar. Denn auch Flexibilisierungsstrategien sehen sich grundsätzlichen Einwänden ausgesetzt. Neben theorie-konzeptionellen Einwänden, die seit einigen Jahren vor allem gegenüber den Bestrebungen im Bereich der Erziehungshilfen auf die Gefahren einer Überlastung von Fachkräften und einer De-Professionalisierung hinweisen (vgl. Winkler 1996; Möser 1996), wird als Konsequenz von Implementierungsprozessen flexibler Angebotsstrukturen auf organisatorische Schwierigkeiten aufmerksam gemacht.[4] Im württembergischen Landesjugendhilfeausschuss wird mit Verweis auf den erreichten Grad an „Flexibilisierungen" der Erziehungshilfen in diesem Zusammenhang festgestellt, „dass eine fundier-

---

4 Erste Evaluationen von Versuchen der Implementierung integrierter und flexibilisierter Erziehungshilfen bestätigen inzwischen diese Vermutungen: Fachkräfte weisen in Befragungen auf höhere Arbeitsanforderungen und eine häufig fehlende Anerkennung, Unterstützung und Kooperationsbereitschaft von Seiten der Leitungsebene hin (vgl. Koch u. a. 2002, S. 172).

te Einschätzung der Versorgungssituation (...) schwieriger wird" [WH 100; 15]. Diese Problemdiagnose hat den Landesjugendhilfesausschuss dazu motiviert, eine „überörtliche Rahmenplanung" für die stationären Angebote zu beschließen [WH 100; 15f.]. Damit formuliert der württembergische Landesjugendhilfeausschuss eine bemerkenswerte Umgangsweise mit dem Dilemma von Flexibilisierung und Differenzierung, die durchaus symptomatisch zu sein scheint.

Die Problematisierungen von Flexibilisierungsprozessen führt, zumindest auf der Handlungsanweisungsebene, nicht zu einer Infragestellung der Individualisierungsstrategien von Leistungsangeboten in den Feldern der Kinder- und Jugendhilfe. Gleichzeitig wird eine Form der Standardisierung auf überörtlicher Planungsebene entwickelt, um den örtlichen Trägern „Planungsentscheidungen" zu ermöglichen [WH 100; 16]. Entscheidend scheint damit eine Konzentration der Steuerung, Verantwortung und Realisierung auf *regionaler Ebene*. Der vorgenommenen Problemdiagnose wird deshalb mit einem Plädoyer für „eine zukünftig noch stärkere Regionalisierung" begegnet [WH 100; 19]. Planungssicherheit soll somit ein (überörtlicher) Kalkulationsrahmen bereit stellen. Hier werden Grade der *Differenzierung* empfohlen oder vorgegeben – zumeist auf einem generellen Niveau von Differenzierungen im Sinne einer Präferenz von ambulanten gegenüber stationären Angeboten, wie sie im Bereich der Erziehungshilfen häufig nachzuzeichnen ist. Die *flexible* Angebotsrealisierung innerhalb dieses Rahmens wird dann in eine weitgehende Selbstverantwortung der örtlichen Träger überwiesen (*verordnete Selbststeuerung*). Das Dilemma von Flexibilisierung und Differenzierung wird somit transformiert in eine Form *regionaler Selbststeuerung*.

Differenzierung und Flexibilisierung sollen damit auf einer neuen Ebene verkoppelt werden, stabilisiert durch ein drittes Element: eine verstärkte *Standardisierung* in überörtlichen Erbringungskontexten (*Verfahrensstandards* und *Outcome-Festsetzung*). Denn die „Schwierigkeit liegt zentral in dem Versuch begründet, sowohl den sicherlich sehr unterschiedlichen lokalen Strukturen Rechnung tragen zu können, als auch eine stärkere Festlegung von Standards zu verknüpfen" [Rl 300; 11,2].

Neo-soziale Individualisierungsstrategien werden durch Verfahren der Flexibilisierung in den Feldern der Kinder- und Jugendhilfe verstärkt implementiert. Diese Flexibilisierung akzeptiert einen wachsenden Grad an Differenzierung, solange er sich nicht zu einem institutionellen Arrangement verfestigt. Regional orientierte und zumeist auch regional stationierte Träger scheinen am ehesten flexibel reagieren zu können und Veränderungsprozesse am wenigsten stark durch eigene institutionelle Reproduktionslogiken und bereits fixierte Programmatiken zu verlangsamen oder zu bremsen.

In einem vielfältigen Geflecht regionaler Durchführungsinstanzen, so die Hoffnung, ist nicht nur eine relativ hohe Akzeptanz von Differenzierungen möglich, Differenzierung wird dann sogar zur notwendigen Konsequenz einer Individualisierung durch Flexibilisierung. Denn als Ausgangsannahme wird immer wieder formuliert, dass zum Beispiel Qualitätskonzepte nur im Rahmen einer spezifischen Einrichtung entwickelt werden könnten [RP 199; 7; SA 200; 1]. Die angestrebte Anerkennung von Differenz ist dabei durchaus von grundlegender Bedeutung für eine Angebotsdurchführung. Denn nicht mehr der „Nachvollzug der ‚normalen' Entwicklung" stelle eine primäre Orientierungsmarke für sozialpädagogische Interventionen dar, sondern die Orientierung „an den individuellen Bedürfnissen und Möglichkeiten des einzelnen Kindes in seinem Umfeld", wie der Leiter der überregionalen Arbeitsstelle „Frühforderung" in Brandenburg während des „4. Schlossgesprächs des LJA zum Thema Frühförderung/Integration" anmerkt [BR 199, S. 14,2f.]. Individualisierung akzeptiert Differenzierung insofern auch in Form von De-Normalisierungsprozessen, wenn diese nämlich eine regionale Spezifizierung begünstigen, das heißt eine Inblicknahme des „Nahraums" von Nutzerinnen und Nutzern vornehmen (vgl. Kap. 7.5). Nahräumliche Inklusionsstrategien lösen innerhalb neo-sozialer Regierungsstrategien universelle Normalisierungsmuster als Grundlage sozialer Integration ab. Marginalisierte Jugendliche, „die mit einer Ausbildung überfordert oder dazu nicht zu motivieren sind" sind besser in Richtung „Jobberkarriere" zu lotsen als in Richtung illusorischer Integrationsbemühungen in den ersten Arbeitsmarkt, so übersetzt der Referent im Rahmen der Auftaktveranstaltung zum „Förderprogramm Jugendberufshilfe" des LJA Württemberg-Hohenzollern im LJA-INFO diese neo-soziale Strategie [WH 299; 28].

Im Themenfeld von (Re)Moralisierung und Demoralisierung wurden zwei Reaktionsformen auf die konstatierte erhöhte Unsicherheit im Rahmen neosozialer Formationen des Sozialen rekonstruiert: eine *Orientierung an subjektiven Vorbeugungsstrategien* und eine *Orientierung an sektoralen Inklusionsprinzipien* (vgl. Kap. 6.2). Im Modell einer „Nahraumorientierung" von Leistungsangeboten konkretisiert sich im Themenfeld Individualisierung und Vergemeinschaftung die letztgenannte Reaktionsform: Sektorale Inklusionsprozesse (*Vergemeinschaftung*) sollen zukünftig primär nahräumlich (*familial* und *territorial*) realisiert werden. Übergreifende („überörtliche") Verfahrensstandards sind zwar weiter auszubauen, sie sind aber nur noch als Aktionsrahmen für eine regionale oder eben besser: *nahräumliche Selbststeuerung* zu gestalten, das heißt auf Verfahrensstandards und Outcome-Vorgaben zu beschränken (vgl. Kap. 8.2, 8.4). Die Konstitution eines generellen Normalisierungsmodells, wie es für die Integrationsstrategien innerhalb wohlfahrtsstaatlicher Arrangements des Sozialen grundlegend war, wird mit Verweis auf eine wachsende Ungewissheit subjektiver Lebensführung als nicht mehr erwartbar eingeschätzt. Gleichzeitig ist aber gerade diese Differenzierung von Biografieverläufen gewollt (vgl. Kap. 6.4). Gesetzliche Standards innerhalb einzelner Erbringungsinstanzen sollen flexibel gehandhabt werden, darauf weist eine Autorin im LJA-INFO Hessen zur Frage des Umgangs mit Lebensmitteln in Kindergärten angesichts der im Februar 1998 verabschiedeten Lebensmittelhygiene-Verordnung: „Hygiene soll nicht die Pädagogik lähmen" [He 499; 12,1].

Bestimmte Rahmenbedingungen durch die Träger sollen eine Selbststeuerung von Nutzern ermöglichen, die diese dann allerdings auch zu verantworten haben: „In diesem (Ideal-)Fall ist niemand in der Gemeinschaft immer der Verlierer und die Gruppe selbst hat keinen Führer“ [He 499; 10]. Dafür lautet das Versprechen: „Die direkte ‚Führung‘ tritt zurück, die eigenbestimmte Selbsttätigkeit tritt in den Vordergrund.“ [Rl 200; 23,1].

7.2 Perspektivenwechsel durch Verhaltenstraining

„Geschieht endlich etwas in die Richtung, dass mit den entsprechenden Jugendlichen veränderte Verhaltensmuster eingeübt und gelebt werden?“

[Ba 199; 1,1]

„Wer wiederholt gegen die Regeln verstößt (...) fliegt raus.“

[WH 100; 21]

Innerhalb ihrer „Thesen zur geschlossenen Unterbringung“ nennt die Autorin im rheinland-pfälzischen LANDESJUGENDAMT-INFO „Verläßlichkeit (und) Nachvollziehbarkeit des Handelns Erwachsener“ als entscheidende Handlungsimperative angesichts von Mangelerfahrungen der Kinder und Jugendlichen. Kinder- und Jugendhilfe müsse sich dabei nicht in erster Linie auf „materielle Mangelerfahrungen“ beziehen, sondern auf „Mangelerfahrungen im Hinblick auf Liebe, Zuwendung, persönliche Wertschätzung (...)“ [RP 199; 28]. Im rheinland-pfälzischen LJA-INFO wird über einige Empfehlungen des Landesjugendhilfeausschusses vom 14.12.1998 „für die Mitwirkung der Jugendhilfe im Jugendstrafverfahren“ berichtet [RP 199; 4]. Der Autor fragt dabei mit Blick auf Jugendgerichtshilfe und „Jugendstrafrecht“: „Was tut die Jugendhilfe (...), um junge Menschen vor einem Abgleiten in eine kriminelle Karriere zu bewahren?“ [RP 199; 4]. Jugendhilfe habe ihr Tun seines Erachtens nicht daran auszurichten, dass die Nutzer „rechtliche Normen verletzt haben und dafür bestraft werden müssen, sondern (...) daß sie durch Erziehung wirksam zur Verhaltensänderung bewegt werden können“ [RP 199; 4]. Entscheidend seien engagierte, persönlich anteilnehmende und zugleich konsequente Pädagoginnen und Pädagogen: „Nur eine intensive pädagogische Arbeit könne wieder ‚herrichten‘, was an ihnen (den Jugendlichen, F.K.) in ihrer bisherigen Entwicklung versäumt worden sei“ [RP 199; 5]. Innerhalb des bereits zitierten Berichts des württembergischen LJA-INFO über Berufsvorbereitungs-Absolventen wird in ähnlicher Weise davon ausgegangen, dass berufsvorbereitende Maßnahmen „zu stark auf die berufliche Integration bezogen“ seien und andere wichtige Teilbereiche des Lebens daher unberücksichtigt blieben [WH 199; 28]: beispielsweise Aspekte von „Legalität (...), Gesundheit, Wohnsituation, Zivilkompetenz (...), soziale Beziehungen und Freizeitverhalten“ [WH 299; 29].

Soziale Teilhabeaspekte, wie eine Gültigkeit rechtlicher Normen, eine Verfügbarkeit über materielle Ressourcen oder die Erreichbarkeit einer beruflichen Integration werden Beziehungsdimensionen und Verhaltensaspekten nachgeordnet.

Wird damit die Hoffnung auf soziale Teilhabemöglichkeiten aufgegeben oder sind sie die Konsequenz eines Eingeständnisses, dass sozialpädagogische Interventionen im besten Fall einige Verhaltensweisen beeinflussen können, umfassende Veränderungen im Arrangement des Sozialen aber immer Illusion geblieben sind? Wird innerhalb der Kinder- und Jugendhilfe inzwischen quasi ungeschminkt erkannt, dass sie eine dispositionsbezogene Interventionsinstanz ist – mehr aber auch nicht? Weisen die hier zitierten Beiträge somit vor allem darauf hin, dass Kinder- und Jugendhilfe nicht zu viel wollen dürfe, da sie die bestehenden Arrangements des Sozialen und damit verbundene Macht- und Herrschaftslogiken nicht aushebeln könne und sich aber gleichzeitig mit den Konsequenzen eben dieser Strukturierungen, den sozialen Problemen, konfrontiert sehe?

In einem Schwerpunktbeitrag des INFOSERVICE mahnt der Autor, Kinder- und Jugendhilfe solle sich trotz ihrer generellen „Anwaltsfunktion" nicht in „fachmethodischer Hinsicht anwaltlich gerieren" [Ba 199; 5,2]. Damit gebe sie eine Orientierung am Prinzip der Hilfe zur Selbsthilfe auf und konzentriere sich auf ein „Herausboxen" der Jugendlichen. Es helfe Jugendlichen aber nichts, so der Autor weiter, wenn „ihre Taten verharmlost und sie selbst (auch dadurch) nur begrenzt ernst genommen werden. Jugendliche sollen doch lernen, Verantwortung für ihr eigenes Tun zu übernehmen" [Ba 199; 5,2]. Das aber setze „ggf. auch Konfrontation voraus". Es gehe darum, schreibt der Autor bereits einige Zeilen vorher, „mit allen Mitteln den Zugang zu gefährdeten Jugendlichen zu bahnen, d.h. authentisch und beherzt, ggf. auch mit Härte, aber fair" [Ba 199; 5,1]. Eine solche Forderung nach „konsequentem Verhalten" taucht im untersuchten Material mehrmals auf. Ein besonders herausragendes Beispiel ist die bereits genannte Darstellung über das „Box-Training' im Jugendheim Schönbühl" [WH 100; 20f.; vgl. Kap. 6.7]. Dieses Angebot sei nicht nur ein sportliches, sondern werde „auch als ‚sozialer Trainingskurs' geführt", so der zuständige Einrichtungsleiter. Es gehe neben dem Training der korrekten Boxtechnik, um Fähigkeiten, wie „sich Ein- und Unterordnen können, Durchhaltevermögen, Disziplin und (...), einstecken zu können ohne auszurasten" [WH 100; 20]. Dazu sei das „Training (...) minutiös durchorganisiert" und nach „verbindlichen Regeln" aufgebaut, deren strikte Einhaltung eine Teilnahmevoraussetzung darstelle [WH 100; 20f.]: „Pünktliches Erscheinen in Sportkleidung, Teilnahmepflicht an allen Bestandteilen des Trainings sowie beim Auf- und Abbau der Geräte, Stehen bleiben beim zugewiesenen Gerät bis zum nächsten Trainingsintervall und Aufmerksamkeit und Schweigen, während der Trainer spricht" [WH 100; 21].

Eine historische Vergleichsskizze zeigt, dass derartige Schilderungen auch an dieser Stelle auf Veränderungen sozialpädagogischer Regierungsstrategien in den vergangenen Jahren hindeuten.

Denn in ganz ähnlicher Weise, wie der Autor des Schwerpunktbeitrags im badischen INFOSERVICE, schreibt ein Jugendhausleiter Ende der 1970er Jahre in seinen Theorie-Praxis-Reflexionen über die eigenen Erfahrungen in einem großstädtischen Jugendhaus, Jugendliche sollten nicht „auf den positiven Aspekt (reduziert werden)“, das sei „idealistisch und nicht realistisch“ (Roß 1978, S. 28). Mit Bezug auf Berichte, die er von der örtlichen Polizei über ihm bekannte Nutzer des Jugendhauses bekommt, schreibt er: „Ich kannte sie doch anders. Dennoch, ich mußte es begreifen: Sie waren liebenswürdig und sie waren kriminell“ (ebd.). Auch das Fazit, dass der Autor am Ende seiner Überlegungen anstellt, wirkt auf den ersten Blick, wie eine Analogie zu den oben zitierten aktuellen Thesen: „Wo der Anspruch, Sozialarbeit im Interesse der Adressaten als Gebot aufgestellt wird, (...) da kommt nur wieder der Anwalt für die Jugend dabei heraus und die Chance, daß sie ihre eigene Sache vertreten, ist vertan.“ (Roß 1978, S. 29). Eine fehlgeleitete Anwaltlichkeit wird hier ebenso beklagt, wie vom Autor des Schwerpunktbeitrags im INFOSERVICE 20 Jahre später. Die Differenz zeigt sich allerdings im Einschub, der in dieser Zitation herausgenommen wurde. Die vollständige Aussage lautet nämlich: „Wo der Anspruch, Sozialarbeit im Interesse der Adressaten als Gebot aufgestellt wird, *ohne den Zusatz: wenn du bereit bist, deine eigenen Interessen herauszufinden und bloßzulegen*, da kommt nur wieder der Anwalt für die Jugend dabei heraus und die Chance, daß sie ihre eigene Sache vertreten, ist vertan.“ (ebd.; Hervorh., F.K.). Die Reflexionsforderung richtet der sozialpädagogisch Tätige hier an sich selbst, während Ende 1999/2000 in LJA-Periodika als Konsequenz einer „fehlgeleiteten Anwaltlichkeit“ ein stärker „konsequentes Verhalten“ von den Nutzerinnen gefordert wird – Regeleinhaltung und Regelsanktionierung statt fachlicher Selbstreflexion, könnte man zuspitzen. Sätze wie der Folgende scheinen daher aktuell nur noch schwer vorstellbar: „Allmählich weiß ich, was ich will“, formuliert der Autor und ergänzt in Richtung Einrichtungsnutzer: „Um das herauszufinden, habe ich mir reichlich zehn Jahre Zeit lassen dürfen. Billigerweise sollte ich dasselbe auch anderen Menschen einräumen“ (Roß 1978, S. 29). Der Mitarbeiter im Schönbühler Box-Training erwartet im Jahr 2000 denn auch eine ganz andere Konsequenz aus einer Selbstführungsbereitschaft der Nutzer: „Wer wiederholt gegen die Regeln verstößt, mehrfach das Training schwänzt, zu Alkohol oder Drogen greift oder wiederholt Straftaten begeht, fliegt raus“ [WH 100; 21]. Derartige Positionierungen scheinen selbstreflexive Schleifen, wie sie der Jugendhausleiter vor 20 Jahren angesichts der Erfahrungen anstellte, „wie kurz die Arme des Pädagogen wirklich sind“, unnötig zu machen (Roß 1978, S. 23; vgl. Treptow 1985, S. 195).

Solche Fragen sollen sich den Beteiligten aktuell nicht mehr stellen. Zwar wird in Beiträgen des Untersuchungsmaterials immer wieder an soziale Teilhabebeschränkungen erinnert, die durch pädagogisches Handeln nicht substituiert werden könnten: „Ein großer Teil der Jugendlichen, die durch Straftaten auffallen, leidet unter sozialer Benachteiligung und Perspektivlosigkeit“ [HH 400; 5,3]. Gleichzeitig scheinen dieselben Berichterstatter diese Einsicht einige Zeilen weiter bereits wieder ausgeblendet zu haben, wenn sie Kinder- und Jugendhilfe nicht nur zusprechen, „zumindest mittelbar auch zur Gewaltprävention bei(tragen)“ zu können, sondern im Text die sozialpädagogische Intervention zur Generalprävention erklären: „In diesem Bereich (primäre Prävention; F.K.) ist die Jugendhilfe fast mit allen Angeboten präsent, da sie alle in gewisser Weise der Vorbeugung von Straftaten dienen“ [HH 400; 6,3, 7,2]. Kinder- und Jugendhilfe verfüge an sich über alles, was sie für eine gelungene Intervention brauche. Allerdings kämen ihre Möglichkeiten nur zum Einsatz, wenn sie „konsequent“ vorgehe und sich evaluativ vor Augen führe, was „die Verhaltensänderung bei einem Jugendlichen herbeigeführt hat“ [Ba 400; 1,1]. Tue sie dies, könne ans Tageslicht kommen, dass sie „(in ihrer Effektivität) deutlich besser zu sein (scheint) als ihr Ruf!“ [Ba 400; 16,2].

Der oben zitierte Jugendhausleiter hat Ende der 1970er Jahre aus der Tatsache, dass Kinder- und Jugendhilfe gegenüber den direkten Nutzern dispositionsorientiert agiert, gefolgert, dass man mit großer Achtsamkeit vorgehen müsse, um nicht vorgeformte Verhaltenscodices zum Interventionsziel zu erheben. Der Schönbühler Box-Trainer folgert dagegen im Einklang mit dem badischen LJA-Leiter knapp 30 Jahre später, heute sei ein „konsequentes Auftreten“ erforderlich. Zweifel, wohin die Reise für die Nutzer gehen soll, welche Verhaltensveränderungen die Fachkräfte ihnen abzuverlangen haben, scheinen sie im Unterschied zu dem Jugendhausleiter 30 Jahre früher nicht mehr zu kennen. Es ist angesichts der im Themenfeld von (Re)Moralisierung und Demoralisierung rekonstruierten „neuen Ungewissheit“ beachtlich, dass in den Feldern der Kinder- und Jugendhilfe aktuell selbstverständlich Verhaltenscodices aufgestellt werden, an denen sich eine gelungene Intervention messen lassen soll. Eine Referentin am brandenburgischen „Runden Tisch zum Thema ‚Kinder von Suchtkranken“ schlägt der Kinder- und Jugendhilfe eine entsprechende *Positivliste* vor: „ein Temperament des Kindes, das positive Aufmerksamkeit hervorruft, mindestens durchschnittliche Intelligenz und ausreichend Kommunikationsfähigkeit sowie eine generelle Leistungsorientierung und eine verantwortliche, sorgende Einstellung. Weiterhin sind ein positives Selbstwertgefühl, der Glaube an Selbsthilfemöglichkeiten, internale Kontrollüberzeugungen, positive Zukunftserwartungen und eine aktive Beteiligung am Leben und an Aufgaben von großer Bedeutung. Kinder mit flexiblen Denk- und Handlungsmodellen, einer gewissen – nicht übertriebenen – Risikofreude und hoffnungsvollen Zukunftsentwürfen können auch sehr schwierige Situationen meistern, insbesondere wenn sie einen Erwachsenen haben, der an sie glaubt und ihre Stärken fördert“ [BR 199; 25,1]. Möglich macht dies in diesem Fall die Resilienzforschung – Lebenslagendimensionen spielen in dieser Liste keine Rolle mehr. Eine dazu analoge *Negativliste* liefert die JUGENDHILFE-EFFEKTE-STUDIE (vgl. Kap. 6.6). Im Anschluss an Klassifikationsschemata aus der klinischen Kinderpsychologie werden hier zur Bestimmung von „Gesamtauffälligkeiten des Kindes“ Listen von „Problemkonstellationen“ und „Einzelsymptomen“ zusammengestellt, deren Schweregrad jeweils von 1-3 gewichtet wird (vgl. Schmidt u.a. 2002, S. 143ff.). Als beobachtbare Phänomene werden hier auf Stufe 1 der „Problemkonstellationen“ unter anderen die „Reaktion auf schwere Belastung und Anpassungsstörung“

und „Sexuelle Reifungskrise“, auf Stufe 3 „Störungen des Sozialverhaltens“ genannt (ebd., S. 145). In der Symptomliste finden sich auf Stufe 2 „Aggressives Verhalten“ oder „Schulschwänzen“ und auf Stufe 3 unter anderen „Delinquenz“ (ebd., S. 146). Auch hier tauchen Lebenslagendimensionen nicht mehr als eigenständige Aspekte auf. Dies ist insofern schwer nachvollziehbar als die Autoren in ihrer zusammenfassenden Darstellung explizieren, dass „Hilfe um so eher gelingt, je geringer die Problematik des Kindes ist“ und dann auch „Veränderungen bei den Eltern“ leichter gelängen (ebd., S. 540). Die Ergebnisse der Studie selbst zeigen also, dass eine starke Korrelation zwischen der „sozioökonomischen Beeinträchtigung der Familien“ und der Inanspruchnahme von Angeboten generell besteht und diese wiederum mit der Intensität der Angebotsform in Zusammenhang steht (ebd., S. 79). Der Zusammenhang zwischen sozioökonomischen Beeinträchtigungen und den Verhaltensweisen der Kinder und Jugendlichen liegt auf der Hand, ist sogar benannt, und wird dennoch konzeptionell nicht berücksichtigt.

Die frühere Hilflosigkeit angesichts sozialer Problemlagen scheint trotz der Diagnose einer neuen Ungewissheit – oder vielleicht genau deswegen – in eine neue konzeptionelle Sicherheit überführt zu werden. Eine für theoriekonzeptionelle Überlegungen wohl relativ unerwartete Reaktion auf die „frustrierenden Wirkungen der Regelmäßigkeit des Alltäglichen“ wird realisiert (Treptow 1985, S. 184): Wenn schon die Problemlagen nicht beseitigt werden können, beseitigt man soweit es geht wenigstens die Verhaltensweisen der Nutzer „konsequent“, die sich mit solchen Lebenslagen konfrontiert sehen. Das als problematisch markierte Verhalten wird innerhalb neo-sozialer Tarnsformationsprozesse des Sozialen durch Sozialkartographien sichtbar gemacht, um anschließend die identifizierten (individuellen wie kollektiven) „Subjekte“ *verhaltensverändernden Trainingsmaßnahmen* zu unterziehen. Die Gültigkeit der Verhaltensrichtlinien wird dabei immer seltener problematisiert, sondern zumeist als gegeben hingenommen. Das zeigt sich auch an dem bereits dargestellten Beispiel der Hamburger PILOT-Mitarbeiterinnen: „Bei jeder Störung wurde der Name des Schülers an die Tafel geschrieben und ein Strich für die Störung vermerkt“ [HH 400; 8,3]. Das Verhalten des Schülers soll positiv und nicht negativ unterstützt werden, so fordern die sozialpädagogischen Fachkräfte gegenüber der Schule. Die Verhaltensforderungen der Institution Schule werden allerdings in keiner Weise in Zweifel gezogen.

Derartige *behaviorale Regierungstechnologien* verlieren im Rahmen neosozialer Transformationen des Sozialen ihr negatives Image, weil sie den „Subjekten“ die Rückgewinnung einer Kontrolle über die eigenen Verhaltensweisen in Aussicht zu stellen scheinen (vgl. Rose 1999, S. 269). Voraussetzung dafür ist allerdings, dass sich die Akteure dazu dem Regime behavioraler Verstärkungstechniken „freiwillig“ unterwerfen. Wenn der einzelne Jugendliche sich in das rigide Regelmuster des Schönbucher Boxtrainings einpasst, wird ihm als Belohnung des „gemeinsame(n) Schinden(s)“ eine *funktionierende* – „Wenn ein Schönbühler einen Kampf hat, ist es für den Rest der Mannschaft Ehrensache dabei zu sein“ – und *sichtbare* moralische Gemeinschaft versprochen [WH 100; 21]. Und dabei kann auch durchaus etwas Habhaftes herausspringen: „Ausdruck des Zusammengehörigkeitsgefühl ist nicht zuletzt das eigene Team-Trikot“ [WH 100; 21].

7.3 Subjektive Lebensgestaltungsverantwortung

„Es gibt nicht Gutes, ausser man tut es!“
[RI 399; 9,3]

„Verantwortungsübernahme für sich selbst und andere im jeweiligen sozialen Umfeld ein(...)üben“
[Sn 299; 19]

Im Rahmen ihres Beitrages zur Frage von „Bildungsprozesse(n) im Vorschulalter“ zitiert die Autorin in den SPIELRÄUMEN als Beleg für die Relevanz einer vorschulischen Bildung die folgende Stelle aus der Delphi-Studie: „Mit Blick auf das Ziel der Erziehung und Anleitung hin zu eigeninitiativem und selbstgesteuertem Lernen dürfen die ersten, sehr lernintensiven Lebensjahre von Kindern und die wichtige Rolle ihrer Begleitung in vorschulischen Institutionen nicht vernachlässigt werden“ [HB 300; 13,2]. Deutet ein solches Zitat nicht doch einen gewissen Grad erreichter „Normalisierung“ an, mit dem die „Grenze zwischen ‚problematischen‘ und ‚normalen‘ Lebenslagen im wachsendem Maße unscharf wird“ (Lüders/Winkler 1992, S. 363) – zumindest für bestimmte Handlungsfelder innerhalb der Kinder- und Jugendhilfe, wie den hier in Blick genommenen Kindertageseinrichtungen? Bleibt Soziale Arbeit somit zwar in ein historisch-spezifisches Arrangement des Sozialen eingebunden, aber ihre Gestaltung findet nicht mehr notwendigerweise in einem spezifischen Sektor des Sozialen statt, sondern als Bestandteil einer „normalen‘ Infrastruktur der Bildungs- und Dienstleistungsangebote“ (Lüders/Winkler 1992, S. 362)?

Im Themenfeld von (Re)Moralisierung und Demoralisierung hatte sich bereits gezeigt, dass Selbststeuerung im Rahmen neo-sozialer Regierungsstrategien als subjektive Vorbeugung konzipiert wird. Neo-soziale Regierungsweisen realisieren sich in den Feldern von Kinder- und Jugendhilfe als *institutionelle Strategien einer Aktivierung subjektiver Lebensgestaltungsverantwortung*.

Eine „Normalisierung“ von Leistungsangeboten in den Feldern von Kinder- und Jugendhilfe war in wohlfahrtsstaatlichen Arrangements des Sozialen erreicht – allerdings in ganz anderem Maße als dies die sozialpädagogischen Normalisierungstheorien suggerierten: Soziale Arbeit und Kinder- und Jugendhilfe waren selbstverständlicher Bestandteil einer *Normalisierungsgesellschaft* (vgl. Kap. 3). Normalisierung ist Kennzeichen liberaler Regierungsstrategien des Sozialen. Allerdings stellten Soziale Arbeit und Kinder- und Jugendhilfe keineswegs „normale“ Leistungsangebote für die Mehrheit der Gesellschaftsmitglieder dar. Zwar richteten sich sozialpädagogische Interventionen als Teil des wohlfahrtsstaatlichen Arrangements an Modellen universalisierter Normalbiographien aus. Konstitutiv für Soziale Arbeit wie Kinder- und Jugendhilfe war allerdings ihr Bezug auf soziale Problemlagen ihrer Nutzerinnen und Nutzer. Im Rahmen neo-sozialer Transformationen des Sozialen verlieren wohlfahrtsstaatliche Normalisierungsmodelle inzwischen ihre Regulationskraft, sie sollen sie verlieren, um die geforderte Flexibilisierung zu ermöglichen (vgl. Kap. 7.1).[5]

Nutzerinnen und Nutzer von ganz unterschiedlichen Angeboten in den Feldern von Kinder- und Jugendhilfe sehen sich dennoch in wachsendem Maße vor *dieselben programmatischen Herausforderungen* gestellt. Die bisher vorgenommenen Rekonstruktionen zeigen, dass die nachwachsende Generation ganz unabhängig von den jeweils zur Verfügung stehenden Möglichkeiten, das heißt ihrer „subjektiven" Belastung durch soziale Probleme, vor die Herausforderung gestellt wird, subjektive Lebensgestaltungsverantwortung zu übernehmen. Jugendlichen, die als Straftäter markiert werden, wird diese Forderung ebenso entgegengebracht wie Kindern in Kindertageseinrichtungen – der Grad differiert allerdings erheblich [vgl. Rl 200; 11,1ff.; Sn 200; 15f.; Sn 299; 18; RP 199; 8; HB 300; 13ff.]. Die wohlfahrtsstaatlichen Normalisierungsmodelle diffundieren und erfahren aber zugleich eine Substitution durch ein Programm individueller Selbstbestimmung. Zwar können sich sozialpädagogische Interventionen nicht mehr an nachvollziehbaren universalisierten Lebensführungsmodellen orientieren, aber jedem einzelnen Nutzer wird die „gleiche" Aufgabe gestellt: die Aufgabe „subjektiver Selbstführung" bei voller Eigenverantwortung.

Bemerkenswerterweise erfahren damit „antipädagogische" Programme eine späte und unerwartete Bestätigung. Denn nun sind sie gefragt, die Türwächter in eine befreite Welt, in welcher die Nutzerinnen ihre autonome Selbstführung realisieren sollen (vgl. Kap. 1). Allerdings konnte Braunmühl diese Forderung vor dem Hintergrund wohlfahrtsstaatlicher Arrangements des Sozialen, das heißt einem relativ umfangreichen Ausbau sozialer Infrastrukturen, formulieren. Wenn die Sachverständigenkommission des 11. Kinder- und Jugendberichts in ähnlicher, fast „antipädagogischer" Weise, knapp 25 Jahre später konstatiert: „Der Aufbau einer personalen Identität ebenso wie die Übernahme gesellschaftlich anerkannter Vorgaben, Erwartungen und Zwänge, erfolgt für viele Jugendliche wesentlich als Selbstsozialisation und wird damit zunehmend durch die Jugendlichen selbst gesteuert" (BT-Drucksache 14/8181, S. 128), dann bekommt eine solche Deutung einen bitteren Beigeschmack.

Denn der Primat der Selbstführung geht als Programm subjektiver Lebensgestaltungsverantwortung aktuell eine verheerende Symbiose mit einer wachsenden öffentlichen Verantwortungslosigkeit ein (vgl. Kap. 6.2). Die geforderte subjektive Selbstführung, die Übernahme von Lebensgestaltungsverant-

5 Die sozialpädagogische Normalisierungsthese wurde in den letzten Jahren auch empirisch mehrfach widerlegt: Soziale Arbeit und Kinder- und Jugendhilfe haben es nicht nur weiterhin und zum Teil in verstärktem Maße mit sozial marginalisierten Nutzergruppen zu tun (vgl. Otto/Seelmeyer 2004; Pothmann 2001), sondern werden auch aktuell – quantitativ betrachtet – nur von einer gesellschaftlichen Minderheit nachgefragt (vgl. Brumlik 2000).

wortung, setzt voraus, dass Akteure Einfluss nehmen können auf eben diese Gestaltung ihrer Handlungsvollzüge. Verfügungsmöglichkeiten über Handlungsressourcen geraten aber aus dem Blick, wenn Kinder- und Jugendhilfe im Konzert mit anderen Protagonisten neo-sozialer Regierungsstrategien zunehmend Verhaltenstrainings statt Verhältnisproblematisierung betreibt. Die aktuell dynamisierten Strategien einer „subjektiven Verantwortlichmachung" entzieht einer gegenseitigen Verantwortungsübernahme, das heißt kollektiven Solidaritätsstrukturen, systematisch den Boden. Der Einzelne soll sich in Konkurrenz und Wettbewerb mit den anderen begreifen, sein eigenes Handeln nach „subjektiven" Effizienz- und Effektivitätskriterien kalkulieren. Damit wäre allerdings der Kinder- und Jugendhilfe nicht nur im wohlfahrtsstaatlichen Arrangement der Boden entzogen, weil eine soziale Solidarität im Durkheimschen Sinne nicht mehr greifen kann, sondern auch ausschließlich sektoral orientierte Inklusionsstrategien würden damit desavouiert, denn auch hier ist zumindest eine interpersonale Solidarität erforderlich. Dieses Dilemma war auch neo-liberalen Denkern bereits bewusst. Denn eine „freie Gesellschaftskonzeption", wie sie Hayek vorschlägt, ist zwar anti-kollektivistisch und damit auch anti-wohlfahrtsstaatlich konstruiert, stellt aber keineswegs ein rein individualisiertes Arrangement des Sozialen dar. Vielmehr will Hayek Vergemeinschaftung über einen Verbund überschaubarer Kleingemeinschaften sichern: „Wir können echte Sorge um das Schicksal des vertrauten Nachbarn fühlen und werden gewöhnlich wissen, wie zu helfen ist, wenn Hilfe gebraucht wird; aber wir können nicht in derselben Weise für die Tausenden oder Millionen Unglücklicher fühlen, die wir in der Welt wissen, deren persönliche Umstände wir nicht kennen" (ebd., S. 103). Der substantialistische Kommunitarismus á la Etzioni findet genau an dieser Stelle seine Passung mit neo-liberalen Programmatiken, wie konservative Wohlfahrtsstaatskritiker längst erkannt haben: Es gehe um das „soziale Kapital natürlicher Gemeinschaften", kann Wolfgang Schäuble dementsprechend in seinen Überlegungen zu BÜRGERTUGENDEN UND GEMEINSINN IN DER LIBERALEN GESELLSCHAFT formulieren (Schäuble 1996, S. 68).

Debatten um „Bürgerschaftliches Engagement" und eine „neue Freiwilligkeit" setzen an dieser Stelle an und beschwören als Alternative zur (teil)kollektiven Solidarität sozialstaatlicher Sicherungssysteme die Hoffnung auf sektorale Solidaritäten. Doch nicht nur für die (Wieder)Herstellung kleinräumiger lokaler Gemeinschaften seien die Einzelnen aufgrund ihres Selbstinteresses zu gewinnen, dieses strahle außerdem über diese Kleingemeinschaften hinaus (*Spill-Over-Effekte*).

Allerdings erweist sich diese Hoffnung für Nutzerinnen und Nutzer Sozialer Arbeit und Jugendhilfe als ziemlich illusionär, da derartige organische Solidaritätsstrukturen in den allermeisten Fällen entlang sozialer Milieus begrenzt sind (vgl. Vester u.a. 2001). Statusheterogene Gruppen, die Akteuren aus verschiedenen sozialen Milieus Teilhabemöglichkeiten über die „exklusive Solidarität" statutshomogener Verbünde hinaus eröffnen können, sind äußerst selten (Brömme/Strasser 2001).

Für die Protagonisten neo-sozialer Regierungsstrategien erweist sich bereits die Frage, ob Soziale Arbeit und Kinder- und Jugendhilfe zunehmend im Dilemma von Autonomie und Anomie eingespannt seien, als anachronistisch. Denn der Hinweis, neu bereit stehende „subjektive Freiheiten" müssten mit neuen Zwängen erkauft werden, wird der Radikalität neo-sozialer Transformationen nicht mehr gerecht (vgl. Rauschenbach 1992, S. 44). Denn solchen Infragestellungen unterliegt weiterhin die Durkheimsche Annahme, Gesellschaft erfordere eine moralische und das heißt kollektive Integration. Diese Annahme, die wohlfahrtsstaatliche Übereinkunft zur Gestaltung des Sozialen, ist aber inzwischen selbst in Frage gestellt, wenn „soziale Gerechtigkeit" heute als „Pflichterfüllung des Einzelnen" übersetzt wird, wie dies beispielsweise der nordrhein-westfälische Ministerpräsident im Jahr 2000 in Berlin vorgeschlagen hat. Innerhalb derartiger Argumentationen muss Anomie nicht mehr als „Problem" thematisiert werden. Sektorale Inklusionsprinzipien akzeptieren soziale Stratifizierungsprozesse nicht nur, sie befördern diese. Das Programm neo-sozialer Aktivierungsstrategien lautet: „Öffentliche Unterstützung privater Verantwortlichkeit" (Gilbert/Gilbert 1989). Und wer sich dieser „Verantwortlichmachung" verweigert, zeige dadurch, dass er auf öffentliche Unterstützung verzichten wolle. Wenn soziale Teilhabebeschränkungen oder mangelnde Bildungsteilhabe die Konsequenzen einer solchen „subjektiven Entscheidung" sind, ist das in einer fortgeschritten liberalen Gestalt des Sozialen kein für „die Gesellschaft" relevantes moralisches Problem mehr. Neo-soziale Strategien gehen sogar noch einen Schritt weiter: das Engagement der Einzelnen müsse als relevant für „das Land" bestimmt werden können, nur dann könne öffentliche Unterstützung eingefordert werden. Dem gemäß kann der darauffolgende nordrhein-westfälische Ministerpräsident drei Jahre nach seinem eben zitierten Vorgänger in bis dahin selten öffentlich gezeigter Verbalradikalität formulieren: „Soziale Gerechtigkeit muss für uns heißen, eine Politik für jene zu machen, die etwas für die Zukunft unseres Landes tun. (...) Um sie – und nur um sie – muss sich Politik kümmern" (Die Zeit vom 17.12.2003).

7.4 Sozialkartographie

„Ausgangspunkt für jegliche effektive und unter dem Gesichtspunkt der Prävention möglichst frühzeitig einsetzende Hilfe- und Fördermaßnahme ist ein entwickeltes System der Früherkennung“

[BR 199; 19,1]

„Mit einer Informationserfassung auf der Ebene von Sozialräumen bzw. Planungsbezirken lassen sich soziale Brennpunkte statistisch darstellen“

[By 499; 3,2]

„Besonders große Probleme haben benachteiligte Jugendliche“

[WH 299; 7]

Ein Bremer Referatsleiter beim Senator für Arbeit, Frauen, Gesundheit, Jugend und Soziales in Bremen überschreibt seinen Kommentar zur Frage, wie mit Jugenddelinquenz umgegangen werden soll: „Wenn wir nur wüßten, warum!“ [HB 299; 9ff.]. Das Ausrufezeichen scheint bewusste Irritation, denn diese Frage leitet bereits die Antwort des Autors ein: „Bestimmte Signale (...), die kriminelles Verhalten auslösen und/oder verstärken können“ sollten erfasst und ausgeschaltet werden [HB 299; 10,1]. Um dieses zu realisieren, seien diese „Signale in der führen Kindheit überhaupt zu *identifizieren*“ [HB 299; 10,2; Hervorh. im Orig.]. Erst auf der Basis einer solchen Beschreibung von „Tätergruppen und deren Lebenslagen“ sowie der „begangenen Delikte und der Opfergruppen“ seien „individuell abgestimmte Maßnahmen“ durchzuführen [HB 299; 9,2]. Auch im STICHWORT:JUGENDHILFE weisen einige Autoren darauf hin, dass es notwendig sei: „schädigende Problemlösungsversuche (...) zum Ausgangspunkt einer geeigneten Lösung zu machen“ [HH 200; 5,3]. Individuell angemessene und in diesem Sinne adäquate Angebote zu erbringen, mache deren zielgruppenorientierte Ausrichtung notwendig. Bestimmte Nutzergruppen oder einzelne „Kinder und Jugendliche(n) mit abweichenden Verhaltensweisen, deren Problemlagen sich besonders gravierend darstellen“ seien zu identifizieren, *sichtbar zu machen* [Sn 200; 15]. In einem ersten Schritt müsse die „Jugendhilfe (...) kontinuierlich alle wesentlichen, auf den Einzelfall bezogenen Informationen zu den Problemlagen erfassen und dokumentieren“ [By 499; 3,2] und im zweiten Schritt sollten Angeboten dann „brennpunktorientiert ausgebaut“ werden [WH 299; 7].

Sichtbarmachung und gezielte Intervention sind die beiden aufeinander aufbauenden Aspekte solcher *sozialkartographischer* Vorgehensweisen, denn damit seien passgenaue Interventionen möglich. Besonders effektiv erweise sich eine möglichst frühzeitige Identifizierung von „Problemsignalen“, eine „Früherkennung und Früherfassung“ von „auffälligen“ Kindern [BR 199; 17,2ff.]. Die Erfassung gefährdender Signale könne weitere Verhaltensstörungen „im Vorfeld verhinder(n) oder bereits bestehende(n) Auffälligkeiten und Symptome ein(schränken)“, wie drei Rehabilitationsforscher in den SPIELRÄUMEN zur Frage von Prävention anmerken [HB 299;

6,1]. Mit welchen „Fällen“ es Kinder- und Jugendhilfe ansonsten zu tun bekomme, charakterisiert eine Beraterin im Bereich Erziehungshilfen an anderer Stelle: „Seine Problemliste war lang. Zum Tragen kamen im Laufe der Zeit: Delinquenz, mangelnde soziale Kompetenz im Umgang mit Gleichaltrigen, mangelndes Gefühl für eigenes Fehlverhalten, Überschätzung der eigenen Möglichkeiten, sexuelle Probleme im Jugendalter, Fetischismus, Exhibitionismus. Es kam zu mehreren Anzeigen. In der Schule war er wenig leistungsbewusst“ [Rl 400; 9,3f.].

Die nachwachsende Generation wird also anhand ihrer Verhaltensweisen kartographiert, um diejenigen Kinder und Jugendlichen markieren zu können, für die Angebote der Kinder- und Jugendhilfe bereit gestellt werden (sollten). Sozialkartographie kann daher als die andere Seite der Medaille bezeichnet werden, deren vordere Seite mit *Zielgruppenorientierung* bezeichnet ist. Sei es die Arbeit mit „rechtsextremen Jugendszenen“ [Th 100;4], mit „behinderten Kindern“ [WH 199; 13], mit Jugendlichen in bestimmten „sozialen Brennpunkten“ [By 499; 3,2], mit „jungen Menschen aus Zuwanderungsfamilien“ [RP 199; 15] oder schlicht mit „gefährdeten Jugendlichen“ [Ba 199; 5,1]. Kinder- und Jugendhilfe scheint entgegen aller Normalisierungsdiagnosen nicht umhin zu können, ihr Handeln mit Hinweis auf „problematische Lebenslagen“ zu legitimieren (Lüders/Winkler 1992, S. 363) – sowohl hinsichtlich einzelner Kinder oder Jugendlicher oder bestimmter „gefährdeter“ oder „gefährlicher“ Bevölkerungsgruppen innerhalb bestimmter Territorien [Th 200; 26].

7.5 Nahraumorientierung

„Wir müssen es schaffen, dass wir quasi wie der Pennymarkt als Bestandteil des sozialen Lebens akzeptiert werden“
[HH 200; 9,3]

„Mobile Jugendarbeit ist ein lebenswelt- und zielgruppenorientiertes Angebot der Jugendhilfe. Sie setzt dort an, wo sich gewohnte Bindungen und Beziehungen auflösen und damit gewohnte Handlungssysteme durch andere gemeinschaftliche Handlungssysteme im unmittelbaren Sozialraum ersetzt werden“ [Sn 200; 5]. Diese im Rahmen der „Orientierungshilfe Mobile Jugendarbeit“ im sächsischen MITTEILUNGSBLATT formulierte Einschätzung weist auf ein aktuell weithin geteiltes Verständnis von Kinder- und Jugendhilfe hin: Kinder- und Jugendhilfe sucht ihren Ansatzpunkt in den „sozialen Nahräumen“ von Nutzerinnen (vgl. Kessl 2004).

Nahraumorientierung kann damit als die fachliche Konsequenz aus sozialkartographischen Vorgehensweisen verstanden werden und realisiert sich in zweifacher Weise, als *Einzelfallorientierung* und als *Sozialraumorientierung*. Kinder- und Jugendhilfe soll ihre Leistungsangebote an einzelnen Personen (*Einzelfall*) und zugleich an dem jeweiligen Umfeld dieser Nutzerinnen (*Sozialraum*) ausrichten: „Professionelle werden damit zu VermittlerInnen zwischen Einzelfall und Sozialraum" (Wolff 2000, S. 192). Dementsprechend bestimmen die Autoren des 11. Kinder- und Jugendberichts „soziale Nahräume (...) als ein Gefüge mehr oder minder dauerhafter sozialer Beziehungen, in die eine Person einbezogen ist" (BT-Drucksache 14/8181, S. 122). Oder wie ein Mitarbeiter in der Abteilung Junge Menschen des bremischen Amtes für Soziale Dienste formuliert: „Hilfesuchende sind immer Einzelpersonen, (die aber) ihre ganzen sozialräumlichen Bezüge mit(bringen), so dass sowohl das Einzelschicksal, wie auch das zugehörige Netz den Raum füllen" [HB 300; 35,1].

Nahraumorientierung bezeichnet damit erstens eine „Adressaten- bzw. Kundenorientierung" von Kinder- und Jugendhilfe, ihre Leistungen sollen „subjektorientiert" durchgeführt werden [HB 200; 18,1]. Zweitens weisen demnach Kinder- und Jugendhilfeleistungen eine Orientierung an territorial begrenzbaren Nahräumen auf, sie sollen deshalb „sozialraumorientiert" durchgeführt werden [Sn 200; 8]

Nahräume beschreiben somit nicht nur Quartiere, Wohnareale, einzelne Nachbarschaften oder Straßenzüge, wie innerhalb der aktuellen Debatten um eine „Sozialraumorientierung" Sozialer Arbeit und Kinder- und Jugendhilfe oft vermutet wird (vgl. Riege/Schubert 2002; Projektgruppe „Netzwerke im Stadtteil – Wissenschaftliche Begleitung von E&C" 2004). Nahräume sind Gefüge sozialer Beziehungen. Nahraumorientierung wird im untersuchten Material vor allem in zweifacher Weise operationalisiert: als *Territorialisierung* und als *Familialisierung*.[6]

Soziale Nahräume stellten den „Nährboden" von Entwicklungsprozessen der Kinder und Jugendlichen dar [Rl 100; 15,1ff.] und „vor Ort (könne) schneller, besser und effektiver gehandelt werden, weil die Bedarfe genauer bekannt sind" [He 200; 4,1] – so die Grundüberzeugungen nahraumorientierter Konzeptionsdenker. Sozialkartographisch hergestellte *Sichtbarkeiten* eröffneten dazu das nötige Maß an *Erreichbarkeiten* [HH 200; 6,1]: eine Erreichbarkeit der Angebote *für* die einzelnen Nutzer und die Erreichbarkeit *der* einzelnen Nutzerinnen durch die Kinder- und Jugendhilfe.

Familialer und territorialer Nahraum werden auch innerhalb nahraumorientierter Strategien zueinander in Beziehung gesetzt. Im nahräumlichen Nährboden finden sich demnach zwei übereinanderliegende Sedimentschichten: Familien als Unterboden und eine darauf aufliegende Humusschicht von nahräumlichen sozialen Netzwerken im jeweiligen „Sozialraum" (Quartier, Nachbarschaft). Familialer und territorialer Nahraum werden als zwei ineinander greifende nahräumliche Inklusionsräume beschrieben. Im 11. Kinder- und Jugendbericht wird von konzentrischen Kreisen gesprochen, von denen der innere die Familie beschreibe, und vom nahräumlichen Territorium der Peers, der Nachbarschaft und anderen informellen Netzwerken umschlossen werde.

6 Als eine weitere nahräumliche Dimension könnten peer-groups bestimmt werden. Bemerkenswerter Weise spielen Gleichaltrigengruppen im Untersuchungsmaterial in diesem Zusammenhang fast keine Rolle.

Das Modell konzentrischer Kreise durch die Autoren des 11. Jugendberichts macht die Struktur von Interventionslogiken der Kinder- und Jugendhilfe sehr deutlich: Konzentrische Kreise bauen sich um einen Kernpunkt herum auf. Dieses Zentrum ist in diesem Modell das Individuum. Das Leistungsangebot soll sich an diesem einzelnen Nutzer orientieren, an ihm und auf ihn hin sei es auszurichten. Denn Kinder- und Jugendhilfe stelle personenzentrierte Angebote bereit: „Die erzieherische Hilfe soll auf den Bedarf im Einzelfall hin entwickelt und ausgestaltet werden“ [RP 199; 28], es gehe „um die Berücksichtigung der individuellen Ressourcen“ [HB 200; 19,1] bzw. um die Erstellung „spezielle(r) Förderpläne (...), die sich an den individuellen Fähigkeiten des Kindes orientieren“ [HB 300; 33,2].[7] Diese Individualisierungsstrategien haben entgegen der formelhaften Forderungen nach einer Transformation bisheriger Interventionslogiken vom „Fall“ hin zum „Feld“ als Teil neo-sozialer Transformationen des Sozialen eine weitere Stärkung erfahren (vgl. Hinte/Litges/Springer 1999). Wolfgang Hinte wiederholt dieses Plädoyer im Interview mit dem badischen INFOSERVICE dennoch: es gelte, „nicht Menschen, sondern soziale Räume zu verändern“ [Ba 199; 3,3]. Demgegenüber zeigen gerade einzelne der vielbesprochenen „Praxismodelle“ nahräumlicher Reformen im Bereich der Erziehungshilfen, dass nahraumorientierte Strategien eine Einzelfallorientierung keineswegs aufgeben. Die leitende Jugendhilfeplanerin des so genannten Stuttgarter Modells beschreibt den im diesem Kontext gewählten Weg als Weg „vom Fall zum Feld und zurück“ (Stiefel 2002, S. 61). Es gehe dabei darum, „dass man neben den Stärken der Betroffenen auch die Möglichkeiten ihres Umfelds aktiviert und nutzt“ – Individualisierung *und* Territorialisierung (ebd.). Oder nochmals in den Worten des bremischen ASD-Mitarbeiters: „Hilfesuchende sind immer Einzelpersonen, (die aber) ihre ganzen sozialräumlichen Bezüge mit(bringen)“ [HB 300; 35,1].

Dennoch nehmen sozialraumorientierte Vorgehensweisen frühere Kritiken am starken Einzelfallbezug der Sozialen Arbeit und der Kinder- und Jugendhilfe auf, zumindest wenn man manchen Protagonistinnen glauben darf. Denn mit nahraumorientierten Strategien scheint sich die Forderung nach situationsbezogenen Ansätzen zu realisieren, wie sie vor 20 Jahren aufgestellt wurde (vgl. Meinhold 1982). Marianne Meinhold als eine diese Vorkämpferinnen liefert die konzeptionelle Übersetzung ihres damaligen Einwandes in aktuellen Beiträgen: der Auf- und Ausbau von „Case-Management-Strukturen“ solle nun

---

7 Ihre Ausprägung finden diese oben bereits dargestellten Individualisierungsstrategien in jüngster Zeit durch eine immer stärkere Verschiebung in der Leistungspalette von Kinder- und Jugendhilfeangeboten hin zu ambulanten Vorgehensweisen. Auf „deutliche Trends“ hin zu stärker individualisierten Betreuungskonzepten wird dabei ebenso verwiesen [WH 100; 18] wie auf „niedrigschwellige“ Förderangebote [HH 200; 9,2]. Diese programmatischen Hinweise werden auch von empirischen Studien bestätigt. Allerdings weisen diese auch darauf hin, dass der deutliche Ausbau ambulanter Angebote nicht zu Ungunsten von stationären vor sich geht, sondern deren Anzahl auf hohem Niveau stagniert, allerdings bis Ende der 1990er Jahre in den meisten Bundesländern noch immer die Anzahl ambulanter Angebote übertroffen hat (vgl. Pothmann/Schilling 1999).

die Konzentration auf Einzelfallhilfe überwinden helfen: Die „Case Managerin (nutzt) ihren Kontakt zum Klienten zur Moderation der formellen und informellen Netzwerke“ (Meinhold 2002, S. 516). Worauf Meinhold in ihren aktuellen Überlegungen allerdings nicht weiter eingeht, ist das Phänomen, dass die früheren professionskritischen Einwände nun als Teil neo-sozialer Strategien umgesetzt werden, das heißt sie sich systematisch mit Individualisierungsstrategien verkoppelt sehen, die auf der Annahme subjektiver Lebensgestaltungsverantwortung aufbauen und Familialisierungs- wie Territorialisierungsstrategien die Aufgabe zuweisen, hierzu passgenaue Aktivierungsmaßnahmen zu liefern. Kinder- und Jugendhilfe erfährt seit einigen Jahren eine bisher nicht gekannte öffentliche Anerkennung als nahraumorientierte *Aktivierungsinstanz*. Am prominentesten ist dies in der Programmlogik der Partnerprogramme des Bundesprogramms „Soziale Stadt“: „Entwicklung und Chancen junger Menschen in sozialen Brennpunkten (E&C)“ und des daran anknüpfenden EU-Programms „Lokales Soziales Kapital (LOS)“ nachzuvollziehen. Hier wird ein Jugendhilfe- und Quartiersmanagement vorgesehen, das dafür sorgen soll, brachliegende Ressourcen der Bevölkerungsgruppen in den als besonders benachteiligt bestimmten Wohnarealen zu aktivieren.

7.5.1 Familialisierung

„Ich fühle mich wie ein Baum, den der Orkan entwurzelt hat.
Ich weiß nicht mehr, wer ich bin,
wo ich hingehöre und was aus mir wird“
[RI 100; 15,1]

„Kräfte und Fähigkeiten der Familie, ihre Krise selbst zu meistern, ist Basis der Arbeit“, so beschreibt die stellvertretende Leiterin eines Kinder- und Jugendhilfeverbunds in Hamburg das Ziel des dortigen „Familienaktivierungsprogramms“ [HH 300; 8,2]. Nahraumorientierte Perspektiven gehen davon aus, dass „die Familie im Mittelpunkt unserer praktischen Arbeit“ steht, denn „die Eltern sind und bleiben die wichtigsten Personen für ihre Kinder“ [HB 300; 32,3]. Diese Überzeugungen könnten als wenig bemerkenswert gelten, weist doch Art. 6 GG der Familie einen besonderen Schutz durch die staatliche Ordnung zu. Außerdem könnte sie als eine Konsequenz aus den langjährigen Diskussionen um die gesetzliche Platzierung der Kinder- und Jugendhilfe betrachtet werden, die mit der Verabschiedung des Achten Buches, Sozialgesetzbuch (KJHG) Ende der 1980er Jahre einen vorläufigen Abschluss gefunden hat und der Kinder- und Jugendhilfe Familienorientierung – wenn auch in der parlamentarisch leicht modifizierten Version – ins Stammbuch eingetragen hat.[8]

---

8 Der ursprüngliche Regierungsentwurf zum Achten Buch, SGB VIII aus dem Jahr 1989/90 sah eine noch stärkere Familienorientierung vor (vgl. BT-Drucksache 11/5948), als ihn das verabschiedete Gesetz seit 1990 realisiert hat (vgl. Münder 2000, S. 37ff.). Nach heftigen Einwänden von wissenschaftlichen Beobachtern und von Träger- wie Verbandsvertretern hat der damalige Bundestag den Regierungsentwurf dahingehend abgeändert, dass die recht-

Derartige Bezüge spielen für die im Material vorgefundenen Begründungen einer Familialisierung jedoch keine Rolle. Dennoch wird auf eine notwendige Familialisierung in den Beiträgen der LJA-Periodika immer wieder ausdrücklich hingewiesen. Familie wird in diesen Zusammenhängen zumeist naturalisiert. Die Autoren greifen in ihrer Argumentation nicht auf eine öffentlich-rechtliche oder sozialrechtliche Festschreibung, eine fixierte Übereinkunft also, sondern auf eine scheinbar natürliche Relevanz von Familien zurück. Sehr deutlich macht dies die Verwendung entsprechender Deutungsmuster in einem Bericht über Trennungs- und Scheidungssituationen, in dem der Frage entsprechender, diesen Situationen angepassten, Leistungsangeboten nachgegangen wird. „Die Mitteilung über eure Trennung hat mich zutiefst erschüttert. Ich fühle mich wie ein Baum, den der Orkan entwurzelt hat. Ich weiß nicht mehr, wer ich bin, wo ich hingehöre und was aus mir wird" [Rl 100; 15,1]. Diese fiktive Selbstbeschreibung eines Kindes aus einer Trennungsfamilie nutzt die Autorin zur Eröffnung ihrer Darstellung im JUGENDHILFE-REPORT. Im weiteren Text spricht sie vom „Nährboden", den das Kind bisher in der Paarbeziehung der Eltern für seine Entwicklung gefunden habe und einer nun erfahrenen „Erschütterung des Urvertrauens" [Rl 100; 15,1f.]. Welche Konsequenzen mit einer „Erschütterung des Urvertrauens" durch Trennungserfahrungen für die Kinder ihres Erachtens verbunden sind, stellt die Autorin im ersten Teil des Beitrags dar: „Kinder aus geschiedenen Ehen haben oft das Modell verinnerlicht: ‚Jede Beziehung endet irgendwann!' Diese negative Erwartung kann dazu führen, dass sich jemand erst gar nicht auf eine intensive Beziehung einlässt oder diese bei Krisen – auch aus Angst vor dem Verlassenwerden von anderen – selber sofort beendet" [Rl 100; 15,2].

Fragen des Umgangs mit den diagnostizierten „neuen Ungewissheiten" erfahren für die Kinder- und Jugendhilfe an dieser Stelle eine überraschende Wendung. Die Programme einer Aktivierung subjektiver Lebensgestaltungsverantwortung erfahren nicht nur eine zweckrationale, sondern auch eine wertrationale Aufladung. Das Idealmodell bürgerlicher Vergemeinschaftung erfährt trotz aller negativen Erfahrungen, die gerade die Nutzerinnen von Angeboten der Kinder- und Jugendhilfe alltäglich erfahren, und der modernisierungstheoretischen Propaganda so genannter „Patchwork-Konstruktionen", eine neue Renaissance: die Ehe als lebenslange Beziehung heterosexueller Partner wird zum Lebensziel erklärt. Die damit angestrebten Re-Moralisierungsprozesse sind nicht mehr auf einer gesellschaftlichen Dimension angesiedelt, im Sinne der Durkheimschen Annahme einer für arbeitsteilige Gesellschaften erforderlichen moralisch-kollektiven Integration. Vergemeinschaftung wird ins Private verwiesen. Die nahräumliche Programmierung ermöglicht es damit neo-sozialen Strategien Re-Moralisierungsstrategien und funktionale Moralisierung miteinander zu verkoppeln. Während das normative Postulat der *Folgenhaftigkeit* zum generellen moralischen Prinzip fortgeschrit-

---

liche Position von Minderjährigen gestärkt wurde. „Dennoch blieb es dabei, dass rechtlich die wesentlichen Bestimmungen auf die Personensorgeberechtigten und nicht auf die Minderjährigen ausgerichtet sind" (Münder 2000, S. 38).

ten liberaler Gesellschaften wird, Handlungsimperative somit der zweckrationalen Kalkulation unterworfen werden, werden wertrationale Imperative neu gestanzt und in die privaten Zusammenhänge bürgerlicher Familienkonstellation überwiesen. Das ermöglicht der Kinder- und Jugendhilfe einen Umgang mit der faktischen Erosion wohlfahrtsstaatlicher Übereinkünfte und deren programmatischen Delegitimation.

Kollektive Integration wird innerhalb neo-sozialer Strategien mit Verweis auf scheinbare finanzielle Überforderungen sozialer Sicherungssysteme und „marktwirtschaftliche Globalisierungsentwicklungen", die nationalstaatliche Sicherungssysteme schwächten, argumentativ unterminiert. Korrespondierend dazu wird der bisherige soziale Sektor an vielen Stellen radikal umgebaut, wie verdeutlicht wurde (vgl. Kap. 3; 6.4). Demgegenüber wird ein Bild selbstsorgender, selbstunternehmerischer Einzelner im Rahmen scheinbar *natürlicher Gemeinschaften* entworfen. Nahraumorientierungsprogramme stellen damit funktionalen Moralisierungsstrategien Inklusionsmuster zur Seite, ohne diese weiterhin mit kollektiven Übereinkünften zu „belasten". Kinder- und Jugendhilfe übernimmt die Aktivierung dieser „natürlichen" Inklusionsinstanzen nicht zuletzt durch die Wiederbelebung von Konzeptionen einer Gemeinschaftserziehung, wie sie die sozialpädagogischen Debatten des ausgehenden 19. und beginnenden 20. Jahrhunderts bestimmt haben (vgl. Gängler 2000).

Die Implementierung öffentlicher Erziehungsinstanzen, wie sie sich in den Auseinandersetzungen um eine gesetzliche Fixierung der Kinder- und Jugendhilfe nicht erst mit Bezug auf die Reform des JWG, sondern bereits Ende der 1910er Jahre innerhalb der Debatten um das RJWG manifestierten, wird wieder zurückgenommen. Kinder- und Jugendhilfe als öffentliche Sozialisationsinstanz verliert angesichts solcher Familialisierungsstrategien ihre Nutzwert-Legitimation (vgl. Pühl 2003; Richter 2004). Die neo-konservative Annahme einer *natürlichen Ordnung der Familie* und sozialer Netzwerke weist ihr nun nur noch die Funktion einer Nothilfeinstanz in den Fällen zu, in denen das private „soziale Netz" nicht mehr ausreichend zur Verfügung steht, „das Kindern und Eltern Unterstützung anbietet" [Rl 100; 16,3]. Verfehlt das ‚naturgegebene Gefüge' seine Aufgaben, muss die Kinder- und Jugendhilfe intervenieren, um „langfristige Schäden für die Kinder zu reduzieren" [Rl 100; 16,3].

Dieses ist nach Einschätzung der Autorin erst der Fall, wenn Familie *und* soziales Netz nicht mehr leistungsfähig genug sind. Dieser Hinweis offenbart eine erstaunliche – und bisher nicht diskutierte – neo-konservative Dimension nahraumorientierter Strategien. Denn die Annahme einer natürlichen Ordnung der Familie verweist auch Territorialisierungsstrategien (*Sozialraumorientierung*) in einen vom Nutzer aus betrachtet äußeren Kreis sozialer Nahräume. In territorialen Nahräumen soll zwar sehr wohl der Humus gewässert und gedüngt werden, allerdings letztlich nur mit dem Ziel, dem inneren Kreis, dem familiären Unterboden eine neue Stabilität, eine neue Fruchtbarkeit zu verleihen. Territorialisierung und Familialisierung werden in diesem Sinn konstitutiv miteinander verkoppelt. Für eine solche Denkweise finden sich prominente Quellen nicht zuletzt innerhalb des substantialistischen Kommunitarismus: Amitai

Etzioni lässt keinen Zweifel an der Verkopplung von Territorialisierungs- und Familialisierungsstrategien in seiner kommunitaristischen Vergemeinschaftungskonzeption, wobei die Familie den Nukleus dieses Prozesses darstellen soll: „Die Familie (...) ist kein isoliertes Gebilde, sondern vielmehr eine Einrichtung, die in einen weiteren sozialen Kontext eingebettet ist, der sie entweder fördert oder aber schwächt" (Etzioni 2001, S. 36).

Frühere territorial orientierte nahräumliche Interventionsstrategien, wie sie beispielsweise in gemeinwesenarbeiterischen Konzeptionen ausgearbeitet wurden, waren häufig mit der umgekehrten Blickrichtung ausgestattet.[9] Vor allem in den 1960er und 70er Jahren weisen Gemeinwesenarbeitsprogramme häufig einen gesellschaftskritischen Impetus auf, aus dem heraus sie sich nicht zuletzt gegen bürgerliche Kleinfamilienkonstruktionen als Keimzellen einer bürgerlich-kapitalistischen Gesellschaftsformation richten wollten. Strukturen kollektiver Solidarität jenseits der familialen Versorgungs- und Sozialisationsstrukturen schienen den verantwortlichen Akteuren durch eine aktivierende Gemeinwesenarbeit installierbar. Nicht nur diese Euphorie einer teilkollektiven Selbstorganisation ist angesichts einer Integration vormals gesellschaftskritischer Einwände zweifelhaft geworden, die staatlichen Versorgungs- und Unterstützungsstrukturen befinden sich selbst in deutlichen Diffusionsbewegungen. Was der Kinder- und Jugendhilfe zu bleiben scheint sind die Familien. Das haben auch die direkten Nutzerinnen längst erkannt und beschreiben daher ihre Familien in Befragungen als „Orte, wo sie soziale, emotionale und sachliche Unterstützung, d.h. Halt und Orientierung, erfahren" (Wolff 2000, S. 174). Nimmt Kinder- und Jugendhilfe diese Aussagen ihrer Nutzer allerdings schlicht als *Beleg* für eine weitgehende Relevanz der Familie, akzeptiert sie deren Verkopplung mit einer funktionalen Moral neo-sozialer Transformationen des Sozialen und bringt sich in die Gefahr, zu einem Motor sozial stratifizierender Reproduktionslogiken von Familien zu werden. In welcher Weise diese greifen, hat die kritische Bildungsforschung schon im Rahmen wohlfahrtsstaatlicher Formationen des Sozialen verdeutlicht. Die jüngsten Ergebnisse aus der internationalen Bildungsforschung bestätigen diese Einsichten mit Blick auf die formale Bildungsteilhabe der nachwachsenden Generation nochmals und deuten sogar eher eine weitere Dynamisierung sozialer Stratifizierung im Rahmen neo-sozialer Arrangements an (vgl. Baumert u.a. 2001, 2003). Insofern sollte der Hinweis Bourdieus nicht nur in Bezug auf Schulen sondern alle nicht-familialen Sozialisationsinstanzen wieder wachgerufen werden: „Die Primärerziehung in der Familie muß in Rechnung gestellt werden, und zwar je nach dem Abstand zu den Erfordernissen (...) entweder als positiver Wert, als gewonnene Zeit und Vorsprung, oder als negativer Faktor,

9 Gemeinwesenarbeit war von Beginn an territorial ausgerichtet. Arnold Schwendtke hat sie dementsprechend als „unterschiedliche(n) Arbeitsformen, die auf die Verbesserung der sozio-kulturellen Umgebung als problematisch definierter, territorial oder funktional abgegrenzter Bevölkerungsgruppen (Gemeinwesen) gerichtet (sind)" definiert (Schwendtke 1977: 607, zit. nach Oelschlägel 1983, S. 173f.).

als *doppelt* verlorene Zeit, weil zur *Korrektur* der negativen Folgen nochmals Zeit eingesetzt werden muß" (Bourdieu 1997, S. 56; Hervorh. im Orig.).

7.5.2 Territorialisierung

„wir hatten soziale Räume,
zum Beispiel Scheune, Kirchendach und Straße
und es zeigt sich, unser öffentlicher Raum ‚Straße' ist bedroht"
[WH 299; 34]

Seit Beginn ihrer Implementierung im zweiten Drittel des 19. Jahrhunderts richtet Soziale Arbeit ihr Handeln an territorialen Einheiten aus. Bewohnerinnen und Bewohner in Armutslagen werden in ihren Wohnquartieren von Armenkommissionen (Berlin) oder Armenpflegern unter der Regie eines Armenvorstehers (Elberfeld) beaufsichtigt, ihre Notlage untersucht und dann entsprechend unterstützt oder an öffentliche Unterstützungsinstanzen vermittelt. In Armutsquartiere aufgeteilte Städte stellen frühe sozialkartographische Modelle dar.[10] Im bergischen Elberfeld wurden im 19. Jh. 252 Armutsquartiere administrativ markiert, die jeweils einem ehrenamtlichen Armenpfleger unterstellt und auf einer nächsthöheren Ebene in Bezirke mit jeweils 14 Quartieren zusammengefasst wurden. Diese waren wiederum jeweils einem Armenvorsteher überantwortet. Aktuell bilden strukturanaloge Sozialkartographien die Grundlage für bundesrepublikanische Stadtentwicklungsprogramme, wie das Beispiel des Bundesprogramms „Soziale Stadt" zeigt: so genannte besonders „entwicklungsbedürftige" Stadtteile werden knapp 150 Jahre nach der Implementierung des Elberfelder Systems wieder als „Behälter-Räume" identifiziert und anschließend in administrative Planungsräume der Stadtentwicklung und sozialraumorientierten Kinder- und Jugendhilfe umdefiniert (Läpple 1991, S. 37ff.).[11] Kinder- und Jugendhilfe wird in diesen Zusammenhängen die bereits erwähnte Aufgabe einer Aktivierungsinstanz zugewiesen: „Ein wichtiges Anliegen ist es, betroffene Jugendliche, Eltern und Bürger im jeweiligen sozialen Raum zu aktivieren und Selbsthilfeprozesse zu initiieren, um auf diese Weise zur Verbesserung der Lebensqualität der Bewohner beizutragen" [Sn 200; 8].

Eine solche „Verortung der Projekte in überschaubaren und territorial begrenzten Gebieten" stellt seit einigen Jahren wieder einen wesentlichen Bestandteil sozialpädagogischer Programmstrategien dar [Sn 200; 8]. In ganz unterschiedlichen Kontexten wird im untersuchten Material eine territoriale Nahraumorientierung gefordert: Präventionsansätze erfordern demnach eine „Er-

10 Quartiere wurden in Elberfeld administrativ nach Hausnummern eingeteilt (vgl. § 9 der Armenordnung für die Stadt Elberfeld vom 9. Juli 1852, in: Sachße/Tennstedt 1980, S. 286ff.)

11 Der informationstechnologische Fortschritt erlaubt heute den Fachkräften wie den Nutzern im Unterschied zu den Elberfelder Vorfahren mit einem Mausklick die Information auf einer übersichtlichen Karte abzufragen, ob ein bestimmtes Wohnquartier als eines mit „besonderem Entwicklungsbedarf" eingestuft wird oder nicht (vgl. http://www.sozialestadt.de/gebiete/programmgebiete00-tabelle.shtml).

forschung des Quartiers“ [HB 299; 1,3], Schulsozialarbeit sei „brennpunktorientiert“ auszubauen [WH 299; 7], die Integration ausländischer Kinder durch den Stadtteilbezug einer Kindertagesstätte zu realisieren [He 200; 8,1], junge Aussiedler in „das soziale Leben der Stadtteile“ zu integrieren [HH 199; 7,2] oder ein Angebot „für Schulkinder in jedem Ortsteil“ zu entwickeln [He 299; 17,2]. Ziel all dieser Strategien ist eine Mobilisierung von Inklusionspotenzialen *innerhalb* der Bevölkerungsgruppen spezifischer Wohnareale (vgl. Reutlinger 2002). Territorial identifizierte soziale Probleme (*Sozialkartographie*) werden als Probleme dieser spezifischen Territorien und ihrer Wohnbevölkerung beschrieben, woraus die Schlussfolgerung gezogen wird, staatliche Reaktionen seien in Form von Interventionsmaßnahmen in diese örtlich bestimmten Bevölkerungsgruppen zu konzipieren: „Ausgehend von der Hypothese, dass sich in Planungsräumen sehr unterschiedliche Konzentrationen von Problemlagen finden lassen, sollen zum einen eine sozialräumliche Prioritätensetzung und Ressourcenkonzentration ermöglicht, zum anderen eine höhere Adressatennähe erreicht werden“ [Th 200; 26].

Inzwischen liegen eine ganze Reihe „sozialraumorientierter“ Instrumente vor, mit denen nahräumlich-territoriale Inklusionsprozesse aktiviert werden sollen: „sozialräumliche Planungsverfahren“ [Th 299; 6], „Sozialraum-/Lebensweltanalysen“ [Rl 300; 9,2], „kleinräumige Jugendhilfeplanung“ [Sn 200; 8], „Schnittstellenprojekte“ in den Stadtteilen mit dem Ziel die Kooperation von Einzelfallhilfe und offenen Angeboten zu erleichtern und um „neue Arbeitsansätze (...) mit präventiver Wirkung zu ermöglichen“ [HH 200; 3,2f.], eine „enge Kooperation (der Kinder- und Jugendhilfe, F.K.) mit anderen gesellschaftlichen Institutionen“ [Sn 199; 11], die „Beteiligung von Kindern und Jugendlichen auf kleinräumiger Ebene“ [Th 299; 6], aber auch „regionaler Versorgung“ sei gegenüber „überregionaler Versorgung“ einen deutlichen Vorrang einzuräumen [Sn 199; 11].

Wie umfassend der mit nahräumlichen Territorialisierungsstrategien verbundene Reformanspruch ist, zeigt sich exemplarisch in einem Bericht über eine Tagung zu „Sozialräumlichen Planungsverfahren“ in Thüringen: „Sozialräumliche Planungsverfahren gewinnen angesichts von Diskussionen über einen effizienteren Einsatz von Ressourcen, Gemeinwesenorientierung und -aktivierung, Ganzheitlichkeit, Lebensweltorientierung, Vernetzung und Partizipation einen immer größeren Stellenwert innerhalb kommunaler Planungsprozesse“ [Th 299; 6]. Nahraumorientierung möchte hier eine allumfassende Antwort auf das „Exklusionsproblem“ fortgeschritten liberaler Gestaltung des Sozialen anbieten.

Die Alternative zur moralisch-kollektiven Integrationsperspektive wohlfahrtsstaatlicher Arrangements sollen diese Programme nahräumlicher Inklusion anbieten. Nutzerinnen und Nutzer sollen hier Vergemeinschaftungsformen konstituieren, die im nationalstaatlichen Rahmen nicht mehr zu gewähren seien. Kinder- und Jugendhilfe könne für den „kommunikativen Kitt (sorgen...), da gesellschaftliche Zusammenhänge immer brüchiger werden und der zivile Konsens mehr und mehr schwindet“ (Hinte 2001, S. 124). Welche Anforderungen an die Kinder- und Jugendhilfe damit verbunden werden, wird auch bereits benannt. Fachkräfte müssten sich dafür in den „Lebenswelten" der Nutzer auskennen, sie sollten über ein ausreichendes Maß an „Milieunähe" verfügen [HH 200; 7ff.], um die hier verfügbaren Ressourcen und „konstruktiv funktionierenden Teile (...) für diejenigen Menschen (zu nutzen), die (...) sich für eine Form der Lebensgestaltung entschieden haben, mit der sie selbst nicht zufrieden sind oder mit der sie in ihrer Umwelt nachhaltig anecken" [Ba 199; 4,1].

Nicht nur die Semantik erinnert an dieser Stelle wieder an substantialistische Kommunitarismen. Kinder- und Jugendhilfe soll nahraumorientiert gleichsam zur kommunitären Vergemeinschaftungsinstanz mutieren, deren selbstgestellte Aufgabe sich nicht primär an einer Erfüllung, Verteidigung und Implementierung von Nutzerrechten orientiert, sondern an Modellen einer „guten Gemeinschaft": „Wenn wir soziales Verhalten fördern und die gegen die Gesellschaft gerichteten Handlungen zügeln wollen (...), dann täten wir gut daran, uns mehr auf die feinsinnigen und informellen Druckmittel der Gemeinschaft zu verlassen, wie etwa Zustimmung und Tadel, als auf staatliche Zwangsmaßnahmen" (Etzioni 2001, S. 146). Ein derartiges „wertevermittelndes" Vergemeinschaftungsprogramm, wie es Etzioni, dem US-amerikanischen Vordenker der kommunitaristischen Bewegung, vorschwebt, scheint auch der Leiter des Referats für Kinder-, Jugend- und Familienförderung beim bremischen Senator für Arbeit, Frauen, Gesundheit, Jugend und Soziales zu bevorzugen. Etzioni plädiert bereits in THE SPIRIT OF COMMUNITY für eine „große soziale Bewegung" mit dem Ziel, „die soziale Verantwortung und öffentliche und private Moral zu stärken und das Gemeinwohl zu fördern" (Etzioni 1995, S. 23). In welcher Weise diese „soziale Bewegung" aktiv werden solle, schildert er in seinen erziehungskonzeptionellen Überlegungen am Beispiel gesundheitspräventiver Aktionen gegen den Verkauf von Zigaretten an Minderjährige: „Anti-Raucher-Aktivisten können ihre Besorgnis gegenüber Ersttätern dadurch zum Ausdruck bringen, dass sie dem Ladenbesitzer einen Brief schicken, wenn man ihn auf frischer Tat ertappt hat. Und Teenager täten gut daran, die Geschäfte von Wiederholungstätern zu bestreiken" (Etzioni 2001, S. 124f.). Wenn diese zivilen Kontrollformen versagen, sei die Zusammenarbeit mit der Polizei eine notwendige „Bürgerpflicht" (ebd., S. 125).

In den Worten des bremischen Referatsleiters klingt die analoge Forderung angesichts „neuer Erscheinungsformen" von Jugenddelinquenz, wie sie von „intensiv-delinquenten Tätergruppen" verübt würden [HB 299, S. 9,2], folgendermaßen: „Wo erfahren wir in der Alltagsarbeit etwas über Signale (der Autor spricht vorher von „Signalen", die auf biographische Verläufe von jugendlichen Intensiv-Straftätern" hinweisen; F.K.)? Vom Kinderarzt, von den Nachbarn, Lehrern, den Erzieherinnen des Kindertagesheims, den Übungsleitern des Sportvereins, den Eltern selbst, den Jugendeinrichtungen ... Die Aufzählung zeigt unsere Lücken im Informations- und Hilfesystem auf" [HB 299; 10,3]. Das Wissen der Kinderärzte sei aber „unverzichtbar" für die „kleinräumigen Netzwerke der Jugendhilfe" [HB 299; 10,3]. Damit sei selbstverständlich keine „Durchdringung der Privatsphäre ‚verdächtiger und unverdächtiger' Personen im Stadtteil (...) gedacht. Wenn aber an diesen verschiedenen öffentlichen Orten den Profis des Gesundheits-, Jugend- und Sozialbereichs, aber auch den Schulen, Vereinen und Nachbarschaften bekannt wäre, daß bestimmte zugespitzte Problembeschreibungen tatsächlich Signalcharakter haben können (...), könnte die präventive Chance häufiger genutzt werden" [HB 299; 10,3f.].

Der angestrebte nahraumorientierte Umbau der Kinder- und Jugendhilfe soll grundlegend sein. Zwar hat sich Soziale Arbeit in ihrer Geschichte als öffentlich verfasste Interventionsinstanz immer schon territorial ausgerichtet (vgl. Natorp [1899] 1925; Pfaffenberger 1968, S. 45; Becker/Eigenbrodt/May 1984; Becker/Hafemann/May 1984; Winkler 1988, S. 278f; Böhnisch/Münchmeier 1993; im Überblick Kessl/Maurer 2005), allerdings im wohlfahrtsstaatlichen Arrangement auf Basis einer „*Entterritorialisierung*" sozialer Sicherung: „Insoweit sie auf Systemen rechtlicher Regulierung basieren, stützen sich diese (...) Sicherungen nicht notwendigerweise auf gegenseitige Abhängigkeit, ebensowenig auf Unterwerfung und personengebundene Beziehungen wie den Paternalismus des Arbeitgebers oder gegenseitige Bekanntschaften, welche die unmittelbare Sicherung in Gang setzen können" (Castel 2000, S. 406; Hervorh., F.K.). Doch diese öffentlichrechtlich verfasste Entterritorialisierung stellen neo-soziale Regierungsstrategien zur Disposition (vgl. Clarke 2001). Insofern ist Thomas Olk zuzustimmen, wenn er angesichts der *nahräumlichen Territorialisierungsstrategien* von einer „Revolution" in der Praxis der Jugendhilfe spricht, „einem tiefgreifenden Umsturz in den fachlichen Konzepten, Handlungsstrategien und Organisationsstrukturen" (Olk 2002^2, S. 10).

Die Themenfelder von (Re)Moralisierung und Demoralisierung und von Individualisierung und Vergemeinschaftung reichen sich die Hände. Ein zunehmender Werteverlust (*Anomie*) wird als Ergebnis eines radikalen sozialen Wandels diagnostiziert. Diesem sollen nahräumliche Re-Vergemeinschaftungsstrategien (*Familialisierung* und *Territorialisierung*) entgegenwirken. Gleichzeitig erscheint eine weitere Individualisierung nicht nur als unausweichlich, sondern auch als Prozess subjektiver Freisetzung aus traditionellen sozialen Zwängen, der durchaus zur Überwindung sozialer Kontrollstrukturen führen könne (*partnerschaftliches Regieren*). Die neo-soziale Aufgabenstellung für die Kinder- und Jugendhilfe lautet demnach, Möglichkeiten subjektiver Lebensgestaltungsverantwortung zu aktivieren und diese mit der Aufforderung an die Nutzer zu verbinden, nahräumliche Kohäsionsstrukturen zu (re)produzieren.

Einschätzungen, wie sie innerhalb der Debatten um ein „bürgerschaftliches Engagement" und eine „neue Freiwilligkeit" häufig zu finden sind, dass Selbst- und Gemeinwohlbezug inzwischen eine neue Verbindung eingingen, erfahren damit eine bisher noch wenig diskutierte Konnotation (vgl. Keupp 2000). Inwieweit der soziale Zusammenhalt noch funktioniert, wird nämlich zunehmend vom „subjektiven" Engagement abhängig gemacht, das in einzelnen nahräumlichen Gebilde mobilisiert werden kann. Darin liegt der zynische Moment einer Figur „freiwilliger Selbstverpflichtung", wie sie Herfried Münkler vorschlägt (Münkler 2000, S. 28), und auf die von der Enquete-Kommission „Zukunft des Bürgerschaftlichen Engagements" explizit Bezug genommen wird (vgl. Enquete-Kommission „Zukunft des Bürgerschaftlichen Engagements" Deutscher Bundestag 2002, S. 123). Freiwillig ist die Verpflichtung des Einzelnen dadurch, dass sie nicht mit Rechten verbunden und stattdessen (re)territorialisiert wird. Ziel einer „freiwilligen Selbstverpflichtung" ist eine Stärkung (nahräumlicher) sozialer Kohäsion, der zivilen Bindekraft kleiner Gemeinschaften, nicht die Realisierung sozialer Integration. Können Bürgerinnen und Bürger in wohlfahrtsstaatlichen Arrangements des Sozialen zumindest formal darauf vertrauen, dass sie das, was ihnen zugesprochen wird, durch rechtmäßige Verfahren auch potenziell erhalten (können), rücken neo-soziale Strategien interpersonale Vertrauensstrukturen in den Mittelpunkt des Geschehens. Strukturen also, die auf personenabhängigen Aspekten, wie Dankbarkeit, Respekt und Loyalität aufruhen, nicht auf generalisierbaren personen-unabhängigen Rechtsverbindlichkeiten. Universalistische Orientierungen (*generalisiertes Vertrauen*) geraten zugunsten partikularistischer (*personalisiertes Vertrauen*) aus dem Blick. Ein solcher Prozess führt durchaus zu Freisetzungspotenzialen, denn die wohlfahrtsstaatliche „Verteidigung der Gesellschaft" (Foucault 1999), die bio-politische Normalisierung wird zerbröckelt – allerdings verbunden mit neuen Willkürlichkeiten, was gerade für Nutzer von Angeboten in den Feldern der Kinder- und Jugendhilfe zu verheerenden Konsequenzen führen kann. Gerade im Fall sozialer Teilhabebeschränkungen führt eine „freiwillige Selbstverpflichtung" nicht nur häufig eher zu einer weiteren Festschreibung bestehender Ausgrenzungsprozesse (vgl. Brömme/Strasser 2001; Landolt 2004), sondern erweist sich – wie im Fall angestrebter Kriminalitätsreduzierung – auch als dysfunktional (vgl. Albrecht 2002, S. 765; Karstedt 2004).

Doch die Substitution sozialer Integrationskonzepte durch sektorale Inklusionsprogramme verspricht der Kinder- und Jugendhilfe bedeutende Entlastung und politische Anerkennung. Erstens müssen nun die „Subjekte" für sektorale Inklusionsprozesse selbst verantwortlich zeichnen, während die wohlfahrtsstaatliche Aufgabe sozialer Integration eine öffentliche war. Zweitens wird die Aufforderung subjektiver Lebensgestaltungsverantwortung an alle Akteure gerichtet, was dazu führt, dass Soziale Arbeit und Kinder- und Jugendhilfe sich zumindest in Teilen „normalisieren" kann und Aktivierungsprogramme „nicht nur für Arme" realisiert (Freiwilligenagenturen mit mehrheitlich Mittelschichtangehörigen, Nachmittagsbetreuung für Schulkinder berufstätiger Mütter o.ä.). Und drittens bietet sich Kinder- und Jugendhilfe eine weitere „Chance", den anstrengenden, nicht standardisierbaren Einzelfallbezug abzulegen: Denn für die verschiedenen selbstverantwortlichen Handlungseinheiten – vom Individuum bis zur Stadtteilbevölkerung – wird dieselbe Aufgabenstellung vorgesehen: ihnen ist nahezubringen, dass sie Verantwortung für ihr Tun auf Basis der ihnen zur Verfügung stehenden Ressourcen übernehmen. Gefragt wird weniger nach dem Grad der für sie erreichbaren sozialen Teilhabe (*soziale Rechte*), sondern nach dem Grad ihrer zivilen Teilnahme (*bürgerschaftliche Pflichten*).

Wie stark diese Überzeugungen in die Denkweisen von Kinder- und Jugendhilfe eingedrungen sind, macht das Beispiel der kritischen Einwände deutlich, die von der AGJ bezüglich der jugendhilferechtlichen Auseinandersetzungen im Anschluss an die Implementierung der §§ 78ff. des KJHG ausgearbeitet wurden. In ihren „Rothenburger Thesen zur gegenwärtigen Diskussion über Organisation und Struktur der Jugendhilfe" merken die Jugendhilfevertreter kritisch an, dass die Rolle eines „abhängigen Leistungserbringers" die Eigenständigkeit und die eigenverantwortliche Tätigkeit freier Träger zunehmend beschränke und „in das Wunsch- und Wahlrecht der Anspruchberechtigten ein(greife)" [SA 299; 58]. Ihre Folgerung hieraus lautet allerdings: „Angesichts dieser Entwicklungen sollten die Träger der freien Jugendhilfe ihre Aufgaben und Funktionen, ihre Bedeutung und Wirkung erneut beschreiben und geltend machen und die Finanzierung ihrer Leistungen und ihr Verhältnis zu den Trägern der öffentlichen Jugendhilfe selbstbewußt aushandeln" [SA 299; 58]. Es läuft nicht alles, wie es soll, aber zuständig seid Ihr letztlich schon selbst, im Rahmen des Bestehenden das Beste daraus zu machen. So könnte man dieses Statement – etwas spöttisch – übersetzen.

8 Standardisierung und Entstandardisierung

8.1 Ökonomisierung

„Fehleinschätzung des Humankapitals für Bremens Zukunft“
[HB 300; 29,3]

Im ersten Themenfeld von (Re)Moralisierung und Demoralisierung wurden neo-soziale Programmstrategien einer *verordneten Selbststeuerung* und einer *Standardisierung von Freiräumen* rekonstruiert. Die Rekonstruktion des Themenfeldes von Individualisierung und Vergemeinschaftung machte deutlich, dass die aktuell dominierenden politischen Rationalitäten in den Feldern der Kinder- und Jugendhilfe außerdem auf eine Aktivierung *subjektiver Lebensgestaltungsverantwortung* zielen und diese mit der Aufforderung an die Nutzer verbinden, *nahräumliche Kohäsionsstrukturen* zu (re)produzieren. Im dritten Themenfeld von Standardisierung und Entstandardisierung rückt in den Blick, in welcher Weise die fachliche Ausgestaltung dieser Aktivierungsstrategien und damit die Gestaltungsweisen standardisierter Freiräume vorgenommen werden soll.

Neo-soziale Regierungsweisen in den Felder der Kinder- und Jugendhilfe setzen auf eine Flexibilisierung von Leistungsangeboten, um die Einzelnen zur selbstgesteuerten Lebensführung zu verpflichten (*Aktivierung*). *Zweckrationale Kalkulation* setzt diesen „Freiräumen“ allerdings klare Grenzen (vgl. Kap. 6.4): An den Stellen, an denen die Folgekosten höher erscheinen als die Entwicklungsmöglichkeiten, wird der Freiraum der Selbststeuerungsmöglichkeiten beschnitten. Dazu sind Instrumente einer Standardisierung von Freiräumen vorgesehen. Ihre gesetzliche Fixierung fand diese Strategie in dem Instrument der „Rahmenvereinbarungen“, wie sie das veränderte SGB VIII Achtes Buch seit Anfang 1999 vorsieht (vgl. §§ 78aff.). Beteiligte sehen darin ein Versprechen von Handlungstransparenz und -effizienz: „Der Rahmenvertrag gibt den Einrichtungen klare Verfahrensgrundsätze an die Hand, wonach sie ihre Leistungsbeschreibungen zu erstellen und das Entgelt festzusetzen haben“ [Ba 299; 2,2] und „(d)ie Mitarbeiter (...) werden ein ganz anderes Bewusstsein zu ihrer Arbeit bekommen: Weil sie bilanzieren können, werden sie mehr Berufszufriedenheit erlangen“ [Ba 299; 2,3].

Freiräume können soweit ausgedehnt werden, eine Ausdifferenzierung von Leistungsangeboten ist also solange möglich, wie die Grenzen zur rahmenvertraglich fixierten Ineffizienz nicht überschritten werden. Die Leiterin der Abteilung „Junge Menschen“ beim bremischen Senator für Frauen, Gesundheit, Jugend, Soziales und Umwelt schlägt daher in einem Beitrag, den sie gemeinsam mit einer Abteilungs-Mitarbeiterin verfasst, vor, dass in Bezug „auf eine unökonomische Aufwendigkeit des Zugangssystems Alternativen zu entwickeln (seien)" [HB 199; 4,3]. Derartige Alternativen sehen viele Autoren in der Dynamisierung von *Entstandardisierungs*prozessen mit dem Ziel, modernisierungshemmende Strukturen abzubauen (vgl. Kap. 7.1). Gleichzeitig sei aber eine *Ineffizienz durch Differenz* zu verhindern. „Qualitätssicherung" und eine „Dämpfung der Kostenentwicklung" werden als die zentralen Gründe für eine daher notwendige grundsätzliche Überprüfung vorhandener Leistungsstrukturen benannt [HB199; 4,3]. *Verfahrensstandards* als Umgrenzungen vielfältig differenzeirter Vorgehensweisen sollen in Zukunft also garantieren, dass sich effiziente und effektive Vorgehensweisen durchsetzen.

Die Einführung von Verfahrensstandards ist somit keine Gegenstrategie zur Differenzierung des Leistungsspektrums, wie immer wieder unterstellt wird (vgl. Krölls 2000). Gerade die Verkopplung von Strategien der Standardisierung *und* der Differenzierung ist ein zentrales Kennzeichen neo-sozialer Programme (vgl. Kap. 7.1). Im Instrument „innovative(r) Praxismodelle" zeigt sich diese Vorgehensweise, Vielfalt zuzulassen und gleichzeitig ineffiziente Differenzierungen zu vermeiden: Konkurrenzdynamiken sollen genutzt werden ohne dass der Rahmen von Effizienz und Effektivität gesprengt wird. Die Darstellung und kommunikative Verbreitung von solchen *besten Praxisbeispielen* sollen andere Einrichtungen zur „Qualitätsentwicklung" anregen und mobilisieren [HB 300; 1,1ff.]. Die Autorinnen des 11. Kinder- und Jugendberichts schlagen in diesem Sinne einen „fachlich regulierten Qualitätswettbewerb" vor, innerhalb dessen ein eben solches Best-Practice-Prinzip für die Durchsetzung der besten Ideen sorgen soll (vgl. BT-Drucksache 14/8181, S. 259f.).

Fragen der Standardisierung von Freiräumen werden also im untersuchten Material vor allem hinsichtlich ihrer Effektivität und Effizienz thematisiert [By 499; 1ff.]. Eine effektive, also wirksame Leistungserbringung, wird vor allem als Frage nach einer Implementierung von Verfahrensstandards und von Qualität thematisiert. In welcher Weise sollen Erbringungsprozesse gerahmt werden, um eine möglichst wirksame sozialpädagogische Intervention bereit stellen zu können (*Verfahrensstandards*)? Und wie muss die Beschaffenheit solcher Leistungsangebote strukturiert sein (*Qualität*)?

Effizienz findet ihren Ausdruck primär in der Auseinandersetzung um eine Implementierung betriebswirtschaftlicher Instrumente in den Feldern der Kinder- und Jugendhilfe.[1] In welcher Form können Kosten-Nutzen-Analysen

1 Leistungsanbieter sind zum effizienten Handeln gesetzlich verpflichtet, denn „Wirtschaftlichkeit" stellt neben Sparsamkeit und Leistungsfähigkeit einen der drei Grundsätze für Leistungsvereinbarungen im Rahmen der Kinder- und Jugendhilfe dar (vgl. § 78b, SGB VIII Achtes Buch Abs. 2). Der Grundsatz der Wirtschaftlichkeit ist – im Anschluss an einen Beschluss des Oberverwaltungsgerichts Lüneburg (vgl. OVG Lüneburg, FEVS 34, 64) – dann gegeben, „wenn mit dem geringstmöglichen Aufwand bestmöglicher Erfolg erstrebt wird" (Schellhorn 2000: 439). Aktuelle Ökonomisierungsstrategien werden allerdings zumeist nicht auf diese gesetzliche Verpflichtung bezogen. Neo-soziale Ökonomisierungsstrategien zielen, so die hier vertretene These, auf einen *umfassenden Prozess der Ökonomisierung* (vgl. Kessl 2002).

Vergleichsmöglichkeiten zwischen verschiedenen Angeboten bereit stellen und damit auch „das Kostenbewußtsein bei den sozialpädagogischen Fachkräften“ stärken [By 499; 7,2]?

Strategien einer *Ökonomisierung* der Kinder- und Jugendhilfe werden in den Beiträgen der LJA-Periodika sehr kontrovers diskutiert: einerseits wird häufig darauf verwiesen, dass eine Übernahme von Termini „aus der gewerblichen Wirtschaft in die Irre“ führe [By 599; 2,1], da damit die „Diskussion um pädagogische Inhalte und Fragen (...) in den Hintergrund getreten ist“ [HH 200; 2,1]. Andererseits wird die Übernahme von „Begriffen aus der Betriebwirtschaft“ nicht nur als wachsender „Druck“ beschrieben, dem sich die Kinder- und Jugendhilfe nicht mehr entziehen könne [By 499; 1,1], sondern auch selbstverständlich vollzogen: die Einführung von Qualitätsmanagementsystemen wird häufig nur als Frage der gewählten Form diskutiert, ihre Implementierung dargestellt, aber nicht weiter problematisiert [Rl 100; 19,1ff.; SA 200; 1ff.], Kinder- und Jugendhilfe wird als „Markt der Angebote“ charakterisiert [HH 100; 2,1], an einen „Unternehmergeist“ von Fachkräften wird appelliert [HB 300; 1,3], das schlechte Bild der Jugendhilfe in der Öffentlichkeit wird als „Verkaufsproblem“ beschrieben [By 300; 1,2], Nutzerinnen und Nutzer als „Kunden“, wenn auch manches Mal noch in Anführungszeichen gekennzeichnet [By 499, 2,2] und eine Reduzierung von Spielflächen für Kinder als eine „Fehleinschätzung des Humankapitals“ bestimmt [HB 300; 29,3].

Ein besonders herausragendes Beispiel einer solchen affirmativen Thematisierung von Ökonomisierungsprozessen ist der bereits erwähnte Beitrag aus der „Unternehmenswelt“ als innovativer Orientierungspunkt für Neuentwicklungen in den Feldern der Kinder- und Jugendhilfe in den SPIELRÄUMEN [HB 200; 6ff.]. Der Autor schreibt: „Am Ende der Talsohle besinnen wir uns darauf, dass Wirtschaft ohne Menschen nicht möglich ist. Und wir fangen an zu begreifen, dass Kundenorientierung nicht erst am Ladentisch beginnt (...) Schon jetzt gibt es allerdings Unternehmen, die sind ganz anders. Es beginnt am Telefon. Es ist diese natürliche Art, der verbindliche Ton. (...) das Interesse auf das sie stoßen ist echt. (...) Ganz gleich, ob Packer, Konstrukteur, ob Schreibkraft oder Großkundenbetreuer. Jeder tut hier sein Bestes!“ [HB 200; 6,1f.].

Der Prozess einer Einführung betriebswirtschaftlicher Steuerungsinstrumente und Organisationslogiken in den Feldern von Kinder- und Jugendhilfe ist seit Anfang der 1990er Jahre in der Bundesrepublik in vollem Gange. Die Veröffentlichung des ersten grundlegenden Berichts zum so genannten Neuen Steuerungsmodell durch die Kommunale Gemeinschaftsstelle für Verwaltungsvereinfachung (KGSt) 1993 führte wohl zur entscheidenden Diskurswendung. Seither ist ein deutlicher Ökonomisierungsprozess innerhalb der bundesrepublikanischen Kinder- und Jugendhilfe zu beobachten (vgl. KGSt-Bericht 5/1993).[2] Auf der Ebene von Trägerstrukturen seien entsprechende

2 Für die Jugendhilfe wurden kurz darauf spezifisch zugeschnittene Berichte verfasst (vgl. KGSt-Berichte 9/1994 und 3/1996). Inzwischen liegen bereits eine umfangreiche und ausdifferenzierte Zahl von Handreichungen zu Einzelfragen der Implementation managerialer

Umstrukturierungen zwar noch nicht bei der Mehrheit von Trägern zu beobachten, berichten erste empirische Studien[3]. In Großstadtjugendämter werden diesen Daten zufolge deutlich eher Umstrukturierungen vollzogen als in Kreisjugendämtern (ebd.). Von 90 in einer Pilotstudie für Nordrhein-Westfalen befragten Fachämtern (Gesundheit, Jugend und Soziales) gaben laut Karl-Heinz Boeßenecker 36 an, „Auslagerungen bzw. Privatisierungen realisiert zu haben" (Boeßenecker 2000, S. 89). Für NRW wäre damit zu konstatieren, 4 von 10 Fach- und damit auch Jugendämter haben sich bis Anfang 2000 „ökonomisiert". Der Anteil privatgewerblicher Anbieter im Feld der erzieherischen Hilfen lag nach Berechnungen von Nicole Janze und Jens Pothmann 1998 in den alten Bundesländern bei 8,1 % und in den neuen Ländern bei 3,7 % (vgl. Janze/Pothmann 2002), allerdings könne organisationsintern bereits von einer „Aneignung" entsprechender „Rationalitätsmuster" gesprochen werden (Messmer 2003, S. 29f.). Heinz-Jürgen Dahme und Norbert Wohlfahrt sprechen sogar davon, Soziale Arbeit befinde sich bereits mitten in einem „Systemwechsel" vom „Sozialsektor zur Sozialwirtschaft" (Dahme/Wohlfahrt 2003, S. 44ff.). Ein verstärktes Kosten-Nutzen-Kalkül, die Etablierung eigenständiger betriebswirtschaftlicher Entscheidungsstrukturen in den Einrichtungen (*Geschäftsführungen*), eine Implementierung managerieller Steuerungs- und Controllingverfahren (*Budgetierung, Berichtswesen*) und die Differenzierung des Mitarbeiterpersonals (*Polarisierung zwischen Management und direkter Leistungserbringung*) prägten inzwischen die Denkweisen innerhalb der Felder von Kinder- und Jugendhilfe[4].

Gleichzeitig begegnet der Leserin im untersuchten Material immer wieder der eingangs bereits erwähnte Hinweis, dass es sich „bei der Jugendhilfe nicht um Prozesse der Produktion materieller Güter oder Dienstleistungen handelt, die sich am Markt behaupten müssen und deren Erfolg sich letztlich an Verkaufserlösen messen läßt" [Ba 200; 1,1]. Wie kommt es zu dieser Ambivalenz von affirmativer Rezeption betriebswirtschaftlicher Denkweisen und einer gleichzeitig fast argwöhnenden Betrachtung derselben?

Felder der Kinder- und Jugendhilfe werden mehrheitlich als Sektor außerhalb „des Ökonomischen" betrachtet. Dessen Logiken würden nun „auf sanften jugendhilfeverträglichen Wegen" kopiert [By 300; 3,2]. Ökonomisierung scheint den beteiligten Akteure daher häufig ein Prozess der Kolonialisierung bisheriger sozialpädagogischer Praktiken, ein Eindringen bisher feldfremder

---

Organisations- und Steuerungsinstrumente in der Kommunalverwaltung, der Sozialen Arbeit und der Kinder- und Jugendhilfe vor (vgl. u.a. KGSt-Berichte 8-11/2000).

3 Eric van Santen berichtet 1998 von 21% der Jugendämter, die bereits Umstrukturierungsmaßnahmen im Sinne der KGSt-Empfehlungen vorgenommen haben und weiteren 41%, die diese in nächster Zeit anstreben (vgl. van Santen 1998, S. 37).

4 Matthias Nauerth weist auf Basis einer Hamburger Expertenbefragung zur Implementation des 1999 novellierten § 93 BSHG darauf hin, dass der sich vollziehende Ökonomisierungsprozess nicht primär als Fremdbestimmungsprozess realisiert wird, sondern eher eine „Selbstbestimmung von Organisationen (darstelle), deren Leistungserbringung durch eine betriebswirtschaftliche Logik überformt wird" – wofür vor allem die Leitungsebenen verantwortlich zeichneten (Nauerth 2003, S. 18).

Denkweisen in das Feld der Kinder- und Jugendhilfe. Aus einer solchen Perspektive wird dann beispielsweise beklagt, dass die Implementierung von Qualitätsmanagement-Systemen daran hake, dass „wenig Jugendhilfe-Kompetenz" vorhanden sei: „Was ein von außen kommender Berater wirklich kennen muss, ist die Jugendhilfe" [Rl 100; 17,2f].

Ökonomisierung erscheint den Akteuren in den Feldern der Kinder- und Jugendhilfe insofern als inhaltsleeres Strukturanpassungsprogramm. Darauf weisen die durchaus unterschiedlichen Reaktionsmuster hin, die von Autoren in den LJA-Periodika angesichts einer solchen *Verbetriebswirtschaftlichung* der Kinder- und Jugendhilfe vorgeschlagen werden. Die „Neue Steuerung" habe zwar deutlich gemacht, dass Wirtschaftlichkeits- und Wirksamkeitsorientierung in den Feldern von Kinder- und Jugendhilfe vernachlässigt worden sei. Allerdings müsse letzterer ein fachlicher Vorrang zukommen. Wirkungsanalysen solle daher eine Priorität vor managerieller Steuerungsmethoden zukommen [Ba 200; 1,1ff.]. Eine solches zielorientiertes Vorgehen erfordere primär nicht betriebswirtschaftliches Know-how, sondern einen *beruflichen Ethos* als Ausgangsbasis jeder Leistungserbringung, und außerdem ein besseres Auftreten der Kinder- und Jugendhilfe in der Öffentlichkeit [By 300; 1,1ff.]. Eine dazu für nötig befundene veränderte „Haltung" der Fachkräfte sei innerhalb von Qualitätsentwicklungsprozessen auszubilden [Rl 100; 17,1ff.].

All diesen Vorschlägen ist eine Deutung gemeinsam: betriebswirtschaftliche Instrumentarien, wie sie als Teil der Umstrukturierungsprozesse der „Neuen Steuerung" implementiert wurden, werden als *inhaltsleer* betrachtet, solange sie keine *fachlich-programmatische* Ausrichtung erführen: „Es reicht nicht aus, über modische oder modernisierte Ausdrucksweisen zu versuchen, einen besseren Stellenwert in unserer Gesellschaft oder in der politischen Diskussion zu erreichen. Das, was produziert wird, muss von einem beruflichen Ethos getragen werden" [By 300; 4,1].

8.2 Verfahrensstandards

„Minimalkonsens über Erziehungskonzepte und -fragen"
[He 299; 15,2]

Aus Sicht der freien Träger beschreibt ein Vertreter der Arbeitsgemeinschaft „Haus der Offenen Tür" (AGOT) als ein entscheidendes Ergebnis des ersten Jahres nordrhein-westfälischen Wirksamkeitsdialogs die Entwicklung eines „siebenseitigen Katalogs der ‚Verfahrensstandards'" [Rl 200; 10,1]. Standardisierung meine dabei nun keineswegs eine schlichte Implementierung managerieller oder anderer betriebswirtschaftlicher Instrumentarien. Vielmehr sei für eine Orientierung an Effektivität „ein entsprechendes Leitbild und Leitungsverständnis von wesentlich größerer Bedeutung als ein Berichtswesen, das darauf basieren muß" [By 499; 7,3]. Nicht die Mittel, sondern der Zweck stehe im Mittelpunkt des Standardisierungsprozesses, es gehe um die gezielte Begrenzung von Freiräumen. Nicht die betriebswirtschaftlichen Instrumentarien, sondern die *Leitbilder* seien die „Richtschnur für die Handelnden, an der sie sich messen lassen müssen“ [He 499; 5,2].

Eine Fachtagung zu Präventionsfragen angesichts des sexuellen Mißbrauchs von Kindern hat als eine solche Richtschnur einen „umfangreichen Maßnahmekatalog“ beschlossen, wie im sachsen-anhaltischen INFORMATIONSBLATT zu lesen ist [SA 200; 2]. Mit der Ausformulierung dieser Standards sei „der erste Schritt auf dem Weg zu einem landesweiten Präventionskonzept“ gegangen worden [SA 200; 2]; einen „Minimalkonsens über Erziehungskonzepte und -fragen“ soll die Installierung eines Runden Tisches in einer hessischen Kleinstadt unter der Beteiligung von Kindergärten, Grundschulen und Vertretern der Kommune erbringen: ein „gemeinsames Erziehungskonzept“ könne frühzeitig dazu beitragen, dass „schwerwiegende Folgen im Jugendalter (...) (wie aggressives Verhalten, Sucht u.ä.)“ nicht entstünden [He 299; 15,2f.]; und im Rahmen eines „Erfahrungsaustauschs“ von Jugendhilfeplanern „zur Fortschreibung von Jugendförderplänen unter qualitativem Gesichtspunkt“, von dem das RUNDSCHREIBEN des thüringischen LJA berichtet, heißt es: „Am Beispiel (...) wurde vorgestellt, wie anhand von konkreten sozialräumlichen Zielsetzungen und Benennung von Zielgruppen sowie den Ergebnissen der Evaluation der Einrichtungen eine detaillierte Maßnahmebeschreibung erfolgen kann“ [Th 199; 10].

Konkretisieren derartige Ausformulierungen eines landesweiten Präventionskonzeptes, eines Minimalkonsenses über erzieherisches Handeln oder einer konkreten sozialräumlichen Zielsetzung und eine Benennung von Zielgruppen die Forderungen nach fachlich-programmatischen Leitbildern, mit denen den als *inhaltsleer* beschriebenen Umstrukturierungslogiken einer „Neuen Steuerung“ begegnet werden soll (vgl. Kap. 8.1)?

Am Beispiel des sachsen-anhaltischen Maßnahmekatalogs zur Vorbeugung gegen einen sexuellen Missbrauch von Kindern zeigt sich, welche Form den in diesem Rahmen angestrebten Verfahrensstandards gegeben werden soll: Drei Punkte, mit denen der „Maßnahmekatalog (...) in die Praxis umgesetzt werden soll“ nennt der Bericht als Ergebnis der Beratungen, die im Rahmen der Fachtagung vorgenommen wurden [SA 200; 2]: eine landesweite Vernetzung aller beteiligten Stellen, mehr gezielte Fortbildungen, „um mit den betroffenen Kindern fachgerecht umgehen zu können“, und eine Intensivierung der Vorbeugung durch das Land [SA 200; 2]. Die Zielmargen, mit denen die Verfahrensstandards hier bestückt werden oder noch bestückt werden sollen, bleiben merklich abstrakt. Zwar soll mit Verfahrensstandards eine „durchgängig gute Qualität“ von Leistungsangeboten garantiert werden, wobei häufig auf eine Einführung so genannter Qualitätsmanagementsysteme abgehoben wird. Dennoch bleibt festzustellen, dass sich die hier vorgelegte programmatische Bestimmung von Verfahrensstandards als wenig fassbar erweist. Dieses Phänomen zeigt auch ein Beispiel aus Rheinland-Pfalz [RP 199; 10]. In ihren Schlussfolgerungen aus einer Anhörung „Erziehung in Kindertagesstätten“ kommen die Mitglieder des Landesjugendhilfeausschusses zu folgendem Ergebnis: „Die Kindertagesstätten sind so zu entwickeln, dass sie ihre zentrale Rolle im Rahmen einer Kultur des Aufwachsens (...) einnehmen können" [RP 199; 10]. Doch: In welcher Weise bezeichnet eine „Kultur des Aufwachsens" Verfahrensstandards?[5] Auch in diesem Text findet sich einige Sätze vorher der Hinweis, dass zur „Verbesserung der Qualität in Kindertagesstätten" ein Qualitätsmanagement notwendig sei: „Zeit und Aufmerksamkeit für die Qualitätsentwicklung" [RP 199; 10].

Sind programmatische Richtlinien für eine wirksame Kinder- und Jugendhilfe, also Orientierungspunkte für eine Standardisierung von Freiräumen, somit in Qualitätsbestimmungen und nicht in Verfahrensstandards eingeschrieben? Stellen Verfahrensstandards nur eine Transformation, Ergänzung und Erweiterung betriebswirtschaftlicher Instrumentarien dar, die im Rahmen „Neuer Steuerung" von der Kinder- und Jugendhilfe „gefordert werden", während „die Ableitung von Zielvorstellungen aus normativen Leitideen, die Formulierung nachprüfbarer und kontrollierbarer Kriterien zur Erreichung dieser Ziele und die Entwicklung entsprechender Instrumente und Verfahren" in der Qualitätsdiskussion vorgenommen wird [BR 199; 37,1]?

8.3 Qualität

„Hilfe (...) als gut zu betrachten (...), wenn sie wirksam ist."

[By 499; 1,2]

In der bisher „vergleichsweise nebulöse(n)" Thematisierung von „Ergebnisqualität" gegenüber den Dimensionen von Prozess- und Strukturqualität sieht der verantwortliche Redakteur des bayerischen MITTEILUNGSBLATTES in einem, gemeinsam mit einem Co-Autoren verfassten Schwerpunktbeitrag das „größte Hindernis auf dem Weg zur Beschreibung" von Qualität [By 599; 21f.].[6] Die Autoren legen drei Fragen vor, deren Beantwortung ihres Erachtens einer Realisierung von Ergebnisqualität gleichkomme. Zu beantworten

5 Vor dem Hintergrund ihrer Analyse, dass „Kinder und die Bedingungen ihres Aufwachsens nicht einer der zentralen Lebensbereiche der Gesellschaft (sind)" fordern die Autorinnen und Autoren des 10. Kinder- und Jugendberichts die Entwicklung einer „Kultur des Aufwachsens"(BT-Drucksache 13/11368, S. 297). Dazu müssten „Sinn, Handlungsmöglichkeiten, Beziehungen und Ausdrucksformen in ein stimmiges Verhältnis gebracht werden" (BT-Drucksache 13/11368, S. 298).

6 Im Anschluss an die Überlegungen von Avedis Donabedian wird im Rahmen von Qualitätsmessungsverfahren zumeist zwischen drei grundsätzlichen Dimensionen unterschieden: Struktur- oder Inputqualität, Prozessqualität und Output-/Outcome- oder Ergebnisqualität (vgl. Donabedian 1980, S. 6). Joachim Merchel wendet gegen diese Dreiteilung hinsichtlich einer Qualitätsdebatte in den Feldern von Sozialer Arbeit ein, es sei „bisweilen problematisch, genauere Abgrenzungen vorzunehmen zwischen den Elementen Strukturqualität, Prozessqualität und Ergebnisqualität" (Merchel 1998, S. 14). Eine dennoch vorgenommene kategoriale Zuordnung berge die Gefahr, dass Erbringungsanteile je nach Zuordnung relativ unterschiedliche Interpretationen und Bewertungen erführen. In jüngster Zeit wird vor allem durch die Implementierung eines *relationalen Qualitätsbegriffs* versucht, diesen Gefahren zu entgehen und die *Aushandlungsprozesse* jeweils situativ gültiger

seien die Fragen nach einer Beschaffenheit des Ergebnisses, einer nachvollziehbaren und überprüfbaren Beschaffenheit und nach dem Lernerfolg und der Verhaltensänderung von Nutzerinnen und Nutzern [By 599; 2,2]. Am Beispiel der Sozialpädagogischen Familienhilfe skizzieren die Autoren anschließend den Versuch des bayerischen LJA anhand einer „idealtypisch gedachten Handlungslogik", wie Antworten auf diese Fragen für einen spezifischen Bereich der Kinder- und Jugendhilfe vorgenommen werden können. In einem „Glossar" unterscheiden sie drei Arbeitsebenen: „Fachkraft/Klient", „kollegiale Kooperation" und „Administrationsarbeit", und außerdem zwei Dimensionen der Realisierung: „Sprachebene" und „Handlungsebene". So werden für die „Administrationsarbeit" auf der „Handlungsebene" „dokumentieren, beantragen, bescheiden, kalkulieren, planen und auswerten" vorgesehen, auf der „Sprachebene" für die Interaktion von „Fachkraft – Klient": „informieren, beraten, besprechen und befragen" [By 599; 3]. Diese zwar durchaus nachvollziehbaren, aber keineswegs durch einen herausragenden Grad an Konkretisierung gekennzeichneten Operationalisierungsversuche von Qualität, lassen Fragen programmatischer Handlungsvorgaben weiterhin unbeantwortet. Gelingt deren Konkretisierung mit anderen Qualitätsentwicklungsverfahren?

Einen anderen Weg der Qualitätsentwicklung will das brandenburgische LJA mit seinem Vorschlag für einen „Leitfaden zur Qualitätsentwicklung in der Fortbildung der Landesjugendämter" beschreiten [BR 199; 36,1ff.]. Nicht die Ergebnisqualität sei in den Mittelpunkt zu stellen, sondern „Prozess- und Durchführungsqualität", das „Wie" der Qualitätsentwicklung bekomme die entscheidende Bedeutung für eine inhaltlich hochwertige Qualität" [BR 199; 37,1]. Um einen solchen Qualitätsentwicklungsprozess zu unterstützen und zu befördern, legt das LJA den Verantwortlichen in der Fortbildungsarbeit eine knapp 3,5-seitige Liste mit 73 Fragen vor.[7] Zwar soll mit dieser Vorgehensweise der Fokus von einer Output-Orientierung hin zu einer Prozessorientierung verschoben werden. Dieser Perspektivenwechsel scheint aber keinen Einfluss auf die programmatische Grundlegung der aufgestellten Fragen zu nehmen. Denn wie kommt es eigentlich dazu, dass genau diese gestellten Fragen als entscheidende Fragen aufgeworfen werden und nicht andere, ebenso mögliche? Im dritten Themenbereich, den die Autoren vorschlagen – „Qualitative Fragen bei der Planung konkreter Veranstaltungen" – soll unter anderem danach gefragt werden, wie Referentenhonorare festgelegt werden oder ob bei der Auswahl von Referentinnen und Referenten ein „bestimmter Bekanntheitsgrad" eine Rolle spiele [BR 199; 38,2]. Nun könnte doch ebenso

---

Qualitätsbestimmungen ins Zentrum der Beobachtung zu rücken (vgl. Beiträge in: Beckmann/Otto/Richter/Schrödter 2004; Köpp/Neumann 2003).

7 Der Fragekatalog ist in die folgenden neun Bereiche eingeteilt: „Qualitative Fragen bei der generellen Planung von Fortbildungen"; „qualitative Fragen bei der Formulierung der Fortbildungsziele"; „Fragen der Qualitätsentwicklung bei der Planung konkreter Veranstaltungen"; „qualitative Fragen bei der Durchführung von Fortbildungsveranstaltungen"; „Erhöhung von Effektivität"; „Verbesserung der Effizienz, Einbeziehung in das Berichtswesen"; und „Berücksichtigung des Qualitätsmanagements" [BR 199; 37,2ff.].

danach gefragt werden, ob Referenten Honorare bekommen, ob überhaupt mit Referentinnen gearbeitet wird, und wenn dies getan wird, mit welcher didaktischen Begründung? Oder es könnten Fragen dahingehend aufgeworfen werden, ob mehrheitlich männliche oder weibliche Referenten eingeladen werden und bei welchen thematischen Schwerpunkten welche Genderspezifik gewählt wird? Doch derartige und eine wohl unendliche Zahl anderer Fragen sind im Fragenkatalog nicht zu finden. Der Vergleich mit dem Operationalisierungsvorschlag vom bayerischen LJA zeigt, dass eine Prozessorientierung sehr viel detaillierter Aspekte einer Beschaffenheit von Leistungsangeboten (*Qualität*) aufschlüsseln kann, eine normative Fundierung der vorgenommenen Auswahl bleibt allerdings auch dabei ungenannt. Es bleibt die Frage: Wie kommt es dazu, dass bestimmte Fragen gestellt werden und andere Fragen ausgeschlossen bleiben? Wo und in welcher Weise werden die programmatischen Richtlinien für die geforderte Standardisierung von Freiräumen gezogen?

Hilfe sei dann „als gut zu betrachten, wenn sie wirksam ist", schreibt der Sprecher eines bayerischen Regionalarbeitskreises Jugendhilfeplanung [By 499; 1,2]. Deshalb sei auch bei der Auswahl von Leistungsangeboten die „wirksamere, bessere Hilfe" auszuwählen [By 499; 1,2]. Das Plädoyer des Sprechers lautet somit: Soll ein Leistungsangebot gut sein, muss das bessere Leistungsangebot ausgewählt werden. Eine bemerkenswerte Tautologie, die aber keineswegs nur als solche abgetan werden sollte. Im Gegenteil: Sie verweist auf das konstitutive Problem einer Bestimmbarkeit von Leistungszielen in den Feldern der Kinder- und Jugendhilfe. Eine Qualität von Leistungsangeboten, die Beschaffenheit des Resultats einer Leistungserbringung, stellt eine fallabhängige Übereinstimmungskonstellation von unterschiedlichen Erwartungen (Nutzer, Professionelle, Erbringungsorganisation, öffentlicher Träger, politisch Verantwortliche, Öffentlichkeit) und verwirklichter Erbringung dar. Als gelungen kann ein Erbringungsprozess dann bezeichnet werden, wenn das Resultat mit den – in den Leistungsvereinbarungen fixierten – Erwartungen übereinstimmt. Entscheidend für die Kategorisierung einer Leistung als gelungen, teilweise gelungen oder nicht gelungen ist somit der Prozess der Erwartungsfestlegung. Je nachdem, was erbracht werden soll, wird ein Prozess mehr oder weniger „erfolgreich" sein können. Zu untersuchen sind also folgende und ähnliche Fragen: In welcher Weise werden Zielvereinbarungen entwickelt? Welche Interessenkonstellationen finden sich in diesem politischen Aushandlungsprozess? Wie gestalten sich die situativ unterschiedlichen und insofern nur relational erfassbaren Qualitätsbestimmungen (vgl. Beckmann/Otto/Richter/Schrödter 2004; Honig 2002)?[8]

8 Welche Problematik mit einer Realisierung von Aushandlungsprozessen zur Leistungsvereinbarung verbunden ist, symbolisiert die Hilfeplanung im Bereich der Erziehungshilfen (§ 36 SGB VIII, Achtes Buch). Seit einigen Jahren wird dieses kommunikative Verfahren als Kern von Interessensaushandlungen im Rahmen der Leistungserbringung angesehen. Dabei zeigen sich Schwierigkeiten auf ganz unterschiedlichen Ebenen. Um dem gesetzlichen Beteiligungsauftrag nachzukommen und häufig auch aus einem fachlichen Glauben an die Relevanz von Partizipation ist die Zahl von Beteiligten in den letzten Jahren deut-

Mit dem Verweis auf die Relationalität einer Qualitätsbestimmung soll nun allerdings nicht behauptet werden, Kinder- und Jugendhilfe sei über die Gestaltung von Erbringungsprozessen und damit über vorgesehene wie realisierte Leistungserbringung nicht rechtfertigungspflichtig. Er weist allerdings darauf hin, dass in den Feldern von Kinder- und Jugendhilfe keine Prozesse einer „Produktion materieller Güter und Dienstleistungen" erbracht werden, sondern „Erfolg von Jugendhilfe" von „Sozialisationsfortschritten der jungen Menschen" abhängig gemacht wird [Ba 200; 1,1].

Die Frage bleibt: Wie wird ein solcher „Sozialisationsfortschritt" von Kindern und Jugendlichen bestimmt?

8.4 Normverdeutlichung und Grenzsetzung

„Bei uns gibt es, ob Streit oder nicht,
immer um 19 Uhr Abendessen"
[HH 200; 7,3]

„Die Kinder, die wir beraten, sind bei uns, weil sie nicht tun, was Erwachsene von ihnen erwarten" [HH 400; 8,1]. Mit diesen Worten bestimmen die beiden vom STICHWORT:JUGENDHILFE befragten PILOT-Mitarbeiterinnen die Legitimation ihres sozialpädagogischen Interventionshandelns (vgl. Kap. 6.2). Mit „sozialer Normverdeutlichung" ist das PILOT-Projekt überschrieben. Erfolgreich müsste demnach eine erbrachte Leistung sein, wenn Kinder gültige soziale Normen (wieder) einhalten. In ähnlicher Weise argumentiert ein Mitarbeiter der „stadtteilbezogenen milieunahen Erziehungshilfen" in Hamburg, wenn er darauf verweist, dass Kinder einen „strukturierten Alltag und feste Regeln" bräuchten, da sie in ihren Familien bisher eher das Gegenteil erlebt hätten: „Es gab keine festen Regeln, es gab keine Strukturen und es gab Willkür in den Beziehungen" [HH 200; 7,3]. Daher stelle eine konsequente Regelsetzung eine zentrale Handlungsprämisse für die bereit gestellten Angebote dar:

---

lich angestiegen. Möglichst alle relevanten Personen sollen unter der Leitung zuständiger Jugendamts-Mitarbeiterinnen in den Entscheidungsprozess einbezogen werden: Kinder und Jugendliche, Eltern, je nach Einzelfall: Lehrer, Psychotherapeutin und Vertrauenspersonen, nehmen neben den erbringungsverantwortlichen Fachkräften an Hilfeplangesprächen teil. Damit entstehen teilweise umfangreiche Aushandlungsrunden, in denen sich die direkten Nutzer (Kinder, Jugendliche und Eltern) innerhalb einer Gruppe unterschiedlicher Fachkräfte wiederfinden, die ihre Lebenslage und die damit verbundenen sozialen Probleme verbal sezieren und bewerten. Hilfeplangespräche finden zudem in deutlich veränderten jugendhilfepolitischen Konstellationen statt: radikale Begrenzungen von kommunalen Haushalten stellen eine Hilfeplanung häufig vor die Schwierigkeit, nur über eine begrenzte Anzahl von Fachleistungsstunden verfügen zu können, Jugendamts-Mitarbeiter drängen die Erbringungsinstitutionen zu kostengünstigeren ambulanten gegenüber möglicherweise fachlich präferierten teilstationären oder stationären Angeboten oder Budgets begrenzen eine Mittelvergabe in bestimmten Bereichen von vornherein. Darüber hinaus werden regional wie trägerspezifisch durchaus unterschiedliche Interventionskonzepte präferiert, was Leistungsvereinbarungen auf einer weiteren Ebene prägt.

„Bei uns gibt es, ob Streit oder nicht, immer um 19 Uhr Abendessen" [HH 200; 7,3]. Der Leiter des LJA Baden schreibt dazu in seinem Schwerpunktbeitrag für den INFOSERVICE unter dem Titel „Grenzen öffnen, Grenzen setzen", die deutliche Botschaft für die gesamte Gesellschaft laute bereits seit langer Zeit, „dass wir lernen müssten, über unsere Grenzen hinweg zu schauen, im wörtlichen wie im übertragenen Sinne" [Ba 499; 5,2]. Grenzöffnungen hätten „geradezu eine „mystisch-symbolische Bedeutung" bekommen. Angesichts dieses „Trends" würde es wohl kaum jemand wagen, „heutzutage dazu aufzufordern, wieder Grenzen aufzubauen" [Ba 499; 5,2]. Doch es werde gewagt: „Erziehung vom Kleinkind bis zum erwachsenen Menschen bedeutet eben nicht nur einzuladen, immer wieder Grenzen zu öffnen, sondern auch und wohl zugleich das Gegenteil" [Ba 499; 5,2]. Auch der „Minimalkonsens über Erziehungskonzepte und -fragen", der am Runden Tisch in einer hessischen Kleinstadt erarbeitet werden soll, ziele darauf, so die Information im hessischen LJA-INFO, dass für Fachkräfte wie Nutzer zukünftig eine größere „Verlässlichkeit" bestehe, sowohl hinsichtlich der gefundenen „Erziehungs- und Verhaltensregeln" als auch der „Einhaltung von Regelverstößen und einem konsequenten Erziehungsverhalten" [He 299; 16,1]. Im Bericht der Hamburger Enquete-Kommission zur „Jugendkriminalität" fassen die Autoren die Notwendigkeit einer „schnelle(n) und normverdeutlichenden Reaktion" in einem Satz griffig zusammen: „Die Zunahme der Gewaltkriminalität erfordert jedoch konsequente und zügige staatliche Reaktionen" [HH 400; 5,2].

Folgt man diesen Stellungnahmen sind sozialpädagogische Interventionen dann als gelungen zu bezeichnen, das heißt Sozialisationsfortschritte dann erreichbar, wenn gültige gesellschaftliche Normen Kindern und Jugendlichen verdeutlicht werden und deren Verhaltensweisen durch eine konsequente Grenzsetzung in Richtung Normeinhaltung verändert wurden. Oder wie es in den rheinland-pfälzischen „Empfehlungen für die Mitwirkung der Jugendhilfe im Jugendstrafverfahren" heißt: „Nur eine intensive pädagogische Arbeit könne wieder ‚herrichten', was an ihnen (den Kindern und Jugendlichen, F.K.) in ihrer bisherigen Entwicklung versäumt (wurde)" [RP 199; 6]. Kinder- und Jugendhilfe „richtet" das Verhalten nachwachsender Generationen demnach wieder „her", sie überführt es wieder in einen Zustand, in dem diese es wieder „recht machen".

Nur: Wie können es die „Noch-Nicht-Normalisierten" den „Bereits-Normalisierten" recht machen, wenn eine allgemeine *Ungewissheit* für alle beteiligten Akteure bestimmend scheint (vgl. Kap. 6.1)? Werner Panzer und Claus Stahl konnten in ihrem Beitrag in der SOZIALPÄDAGOGIK 1972 – analog zu Vogel und Sengling – noch proklamieren, es gehe nicht darum, „den Gefährdeten einfach an die Normen der Gesellschaft anzupassen" (Panzer/Stahl 1972, S. 19; Sengling 1976). Stattdessen müsse sich die „Pädagogik und die Gesellschaft selbst immer wieder in Frage (...) stellen, um dadurch neue Wege zu finden (...)" (ebd.). Dies erfordere eine „Bereitschaft zum Risiko, den Mut, sich nicht von bestimmten gesellschaftlichen Normen prägen zu lassen, sondern eigene Wege zu finden" (ebd.). Nun ist eben dieses Selbstbestimmungsprogramm inzwischen zum Kernbestandteil der Regierungsweisen des Sozialen geworden (vgl. Kap. 6.2), so fordert beispielsweise der Präsident des Chemieverbands VCI, Jürgen Hambrecht in einem Interview mit der Süddeutschen Zeitung in der zu Panzer und Stahls Worten fast wortgleichen Formulierung: „Wir (brauchen) eine höhere Risikobereitschaft der Bevölkerung“ (SZ vom 21. Mai 2004).

Der neue *aktivierende Staat* will „Partner bei der eigenen Lebensbewältigung“ sein (Hombach 1998, S. 79). Es sei ein Ende des Versuches erreicht, „über den Menschen ausschütten zu wollen, was ihnen qua Norm zugestanden wird“ (ebd., S. 68). Zukunftsforscher propagieren aktuell das *Ende der Ausbeutung* in einer entstehenden „neuen Arbeitsgesellschaft“, innerhalb derer Engagement und Eigenständigkeit die entscheidende „Substanzen der Wissensarbeit“ darstellten (Horx 2001, S. 44). Diskussionen über das informelle Lernen betonen in ähnlicher Weise und in wachsender Zahl die Relevanz eines offeneren, lebensnäheren und praktischeren Lernens außerhalb der formalen Bildungsinstanz Schule (vgl. Dohmen 2001, S. 133ff.). Und auch Humankapitalstrategien stellen die individuellen Ressourcen in den Mittelpunkt aktueller Programme einer „Wissensgesellschaft“ (*knowledge society*) (vgl. Europäische Kommission 2002).

Gertrud Bäumer bestimmte Vorbeugung, Schutz oder Heilung bei „nicht normalen Verhältnissen“ noch selbstverständlich als sozialpädagogische Aufgabe (vgl. Kap. 1.5; 3.2). In den 1970er Jahren wandten sich Autoren innerhalb der Debatten um Soziale Arbeit häufig gegen deren Normalisierungsfunktion – schien ihnen die bürgerlich-kapitalistische Lebenslaufnormierung doch gewiss. Neo-soziale Flexibilisierungsstrategien setzen dagegen bereits konstitutiv auf Differenzen in der Lebensgestaltung (vgl. Kap. 7.1). Normal wird das Nicht-Normale – insofern ist auch Soziale Arbeit als Unterstützungsinstanz nicht-normaler Lebenslagen normalisiert.

Neo-soziale Programme versprechen eine *allgegenwärtige Zugänglichkeit*: Jeder Lebensstil und alles Wissen stehe potenziell allen zur Verfügung (vgl. Bauman 2000, S. 289). Wahlfreiheit lautet das neo-soziale Credo. Dementsprechend scheint es einer Autorin im JUGENDHILFE-REPORT mit Blick auf eine „Intensivmaßnahme“ im Umgang mit jugendlichen Straftätern notwendig, individuelle Ressourcen und *nicht* die Normverletzung als Ausgangspunkt sozialpädagogischer Intervention zu betrachten: „In dem pädagogischen Umgang mit jungen Menschen sollte es nicht in erster Linie um die Straftat, sondern um die Bereitstellung von individuellen an der Persönlichkeitsstruktur orientierten Jugendhilfeangeboten gehen“ [RI 200; 13,2]. Allerdings ist diese Vorrangigkeit der Individualisierung vor der Standardisierung auch an dieser Stelle nur scheinbar, denn vergleichbar der „Erprobungsklausel“ im GTK und des nordrhein-westfälischen „Wirksamkeitsdialog“ zur Qualitätsentwicklung (vgl. Kap. 6.6) werden auch hier die angesprochenen „Freiräume“ bereits einige Zeilen vorher im Text klar begrenzt (*Standardisierung*). Vor Beginn der Teilnahme an der Projektarbeit werden nämlich zwischen der für die Maßnahmen zuständigen Organisation und den Jugendlichen Kontrakte geschlossen, in denen festgehalten wird, welche Verhaltensweisen die Jugendlichen einzuhalten haben, um die angebotenen „Freiräume" zur Persönlichkeitsentwicklung nutzen zu dürfen: „Mit allen Teilnehmer/innen wurden im Vorfeld schriftliche Vereinbarungen abgeschlossen, in denen die Regeln (Pünktlichkeit, Teilnahmepflicht, Verschwiegenheit, Alkohol/Drogenverbot, respektvoller Umgang miteinander sowie Ausschlusskriterien) festgelegt sind" [Rl 200; 12,3]. Im Mittelpunkt stehen „Arbeitsleistungen" der teilnehmenden Jugendlichen, die das Jugendamt vom örtlichen Umweltamt erhält. Doch ist die Zielsetzung des Projekts nicht sehr einsichtig, wenn von „echte(n) Handlungsalternativen zum kriminellen Handeln" die Rede ist [Rl 200; 13,1]? Was anderes als bisher verstellte und nicht berücksichtigte Handlungsoptionen sollten sozialpädagogische Interventionen den Nutzerinnen im gelungenen Fall eröffnen?

Kinder- und Jugendhilfe ist Normalisierungsarbeit, wie gezeigt wurde (vgl. Kap. 1.5). Dennoch ist eine grundlegende Differenz der Thematisierungsweisen im Untersuchungsmaterial und den Ausführungen von Vogel, Panzer/Stahl oder Sengling aus den 1960er und 70er Jahren festzustellen: Herrschende Normen werden wieder verstärkt zum Orientierungspunkt aktueller Rationalitäten – im vorliegenden Fall beispielsweise „Arbeitsleistung", „Teilnahmepflicht" oder „Pünktlichkeit", von denen sich die Autoren in den 1960er und 1970er Jahren kritisch abgesetzt haben.

Neo-soziale Programme suchen den diagnostizierten Normverlust somit nicht nur in der bisher rekonstruierten zweifachen Weise durch eine Orientierung an subjektiver Vorbeugung (vgl. Kap. 6.3; 7.5) und sektoraler Inklusion (vgl. Kap. 7.5) zu kompensieren. Gegenüber Nutzerinnen Sozialer Arbeit wird durch eine vehemente Einforderung bürgerlicher Umgangsformen auch Homogenität betont, wie das Beispiel der Intensivmaßnahme im JUGENDHILFE-REPORT zeigt. Doch kann diese Differenzierung aktueller Normsetzungen gegenüber den Vorgehensweisen der 1970er Jahre überzeugen? War nicht gerade damals die Integration in die festgeschriebenen wohlfahrtsstaatlichen Normalbiographien letztlich das Ziel sozialpädagogischer Interventionsprozesse – trotz aller kritischen Einwände vieler Autoren?

Eine solcher Einwand wäre vorschnell, denn die neo-soziale Forderung erlaubt im Unterschied zur grundsätzlichen Homogenitätsforderung im Rahmen wohlfahrtsstaatlicher Arrangements eine Ausdifferenzierung von Umgangs- und Lebensformen – allerdings auf Kosten des Einschlusses in der eigenen „Lebenswelt". Homogenitätsforderungen können damit auf bestimmte Sektoren beschränkt, das heißt auf die Wohnareale bestimmter Bevölkerungsgruppen oder einzelne Gruppen bezogen werden – Gruppen nämlich, die sich nicht zuletzt dadurch auszeichnen, „dass sich die materielle Lebenssituation (...) verschlechtert hat", sondern eben auch dadurch, dass „zu Hause Vorbilder (fehlen), aber auch in der Gesellschaft (...) positive Identifikationsmöglichkeiten und Leitbilder (fehlen)" [HH 400; 9,3].

Damit realisiert sich in den Felder der Kinder- und Jugendhilfe eine neue soziale Konfliktlinie (*cleavage*), die Zygmunt Bauman in seinen ANSICHTEN DER POSTMODERNE bereits Anfang der 1990er Jahre diagnostizierte. Eine

Trennlinie zwischen „Verführung und Repression; zwischen Wahlfreiheit und fehlender Wahlfreiheit, zwischen der Fähigkeit zur Selbstkonstitution und der Verweigerung einer solchen Fähigkeit, zwischen autonom entwickelten Selbstdefinitionen und aufgezwungenen Kategorisierungen" (Bauman 1995, S. 233). Zwar werden die beteiligten Fachkräfte immer wieder dazu aufgefordert, die Nutzer als „Co-Produzenten' der Hilfeleistung" zu betrachten [BR 199; 10,2]; Kontrakte werden geschlossen mit den vom Jugendrichter sanktionierten Jugendlichen und Jugendämtern [Rl 200; 11,1ff.], innerhalb der Teilnahmeklassen am Nichtraucher-Wettbewerb [Th 200; 49] oder zum Abschluss von Hilfeplangesprächen. Doch bleiben diese Verträge *Verträge unter Ungleichen*, denn: Welche Einspruchsmöglichkeiten stehen den Kindern und Jugendlichen bei Nichteinhaltung der Vertragsvereinbarungen zur Verfügung? Wer definiert überhaupt, welche Vertragsvereinbarungen wie gültig und wie zu verstehen sind? Weiter noch: sie werden, wie im Falle der im JUGENDHILFE-REPORT dargestellten „Intensivmaßnahmen" abhängig gemacht von bestimmten Verhaltensweisen der teilnehmenden Jugendlichen. Und gerade ihre vom herrschenden Common Sense abweichenden Verhaltensweisen machen sie erst zu dem, was für die Perspektive der Kinder- und Jugendhilfe relevant ist: sie werden zu Nutzerinnen sozialpädagogischer Angebote. Eine paradoxe Situation: Während in gut ausgestatteten Milieus das kreative Spiel mit dem normalisierenden Common Sense die einzelnen Akteure auszeichnet, Entwicklungspotenziale freizusetzen verspricht, werden schlecht ausgestattete Milieus aufgrund ihres kreativen Spiels, zu dem sie sich aufgrund beschränkter Teilhabemöglichkeiten häufig gedrängt fühlen, auf den Common Sense verpflichtet. Am deutlichsten symbolisieren sich diese Strategien aktuell in den veränderten Interventionsmaßnahmen im Berufshilfebereich. Das Modell „unternehmerischer Einzelner" wird hier Erwerbslosen entgegengebracht, die sich häufig längst durch ein bemerkenswertes „Selbstmanagement" auszeichnen, das notwendig wird in der Alltagsgestaltung zwischen saisonaler Anstellung, Zeitarbeitsverträgen und Phasen der Erwerbslosigkeit (vgl. Cremer-Schäfer 2004).

Gertrud Bäumers Differenzierung zwischen normalen und nicht-normalen Verhältnissen basierte auf der Annahme einer universellen Normalitätsvorstellung. „Normalisierung setzt (...) die Homogenisierung und Kontinuierung des Heterogenen und Diskontinuierlichen unbedingt voraus. Nur in einem homogenen und kontinuierlichen Feld können kontinuierliche Datenerhebungen und Bildungen von Gesamtdurchschnitten vorgenommen werden" (Link 1997, S. 156). Doch gerade die Infragestellung der Gültigkeit eines derartigen universellen Normalismus auf Basis einer mathematischen „Erfindung des Sozialen" (Donzelot 1980) ist Motor neo-sozialer Programmierung. Als universell verfügbar wird eben inzwischen die potenzielle Allzugänglichkeit selbst ausgesuchter Lebensstile, der differente Entwurf subjektiver Lebensgestaltung, präsentiert: „Ihre angebliche Zugänglichkeit ist die notwendige Bedingung ihrer Verführungskraft" - der Verführungskraft neo-sozialer Strategien (Bauman 2000, S. 289). Wahrscheinlichkeitsrechnung und Statistik, mit denen der soziale Raum der Gesellschaft berechnet, als quantifizierbare Basisgröße des wohlfahrtsstaatlichen Arrangements bestimmt wurde, werden damit aber keineswegs belanglos. Diese Instrumentarien werden allerdings innerhalb neosozialer Programme transformiert und verfeinert, um sie auf die unterschiedlichen sozialen Räume des Lokalen auszurichten (vgl. Kap. 7.2). Für welche dieser Räume Kinder- und Jugendhilfe zuständig ist, soll anhand „bestimmter Signale" im kindlichen Verhalten [HB 299; 10,1], der Identifizierung „einzelner Kinder, die mehrfach durch deviantes Handeln auffallen" [Sn 299; 18] oder der „Erforschung des Quartiers" [HB 299; 1,3] festgestellt werden. Für die damit als normalisierungsbedürftig erfassten (individuellen wie kollektiven) Subjekte werden entsprechende nahraumorientierte Interventionsstrategien entwickelt und durchgeführt, wie dies am Beispiel vieler sozialraumorientierter Strategien seit einigen Jahren einprägsam zu beobachten ist (vgl. Projektgruppe Netzwerke im Stadtteil – Wissenschaftliche Begleitung von E&C 2004).

Epilog: Von der Notwendigkeit einer Politischen Theorie Sozialer Arbeit

„Ist das so? Ich meine muss das so?
Ist das so? Ich meine muss das so?
Ist das so oder ist es vielleicht viel leichter?"
(Wir sind Helden, Die Reklamation, 2003)

„Aus dem Individualismus erwachsen Freiheit und Selbstgefühl
sowie das Bedürfnis, sich von anderen zu unterscheiden
und sich ihnen überlegen zu fühlen"
(Michel Houllebecq, Elementarteilchen, S. 181)

Soziale Arbeit ist innerhalb wohlfahrtsstaatlicher Arrangements des Sozialen Teil des institutionalisierten Versprechens sozialer Integration. Soziale Ordnung wird als gesamtgesellschaftliche Aufgabe verstanden und staatliche Instanzen mit ihrer Aufrechterhaltung beauftragt. Sozialpädagogische Fachkräfte sind gleichzeitig alltäglich damit konfrontiert, dass die Lebenslagen von Angebotsnutzern durch – teilweise immense – soziale Teilhabebeschränkungen gekennzeichnet sind. Klaus Mollenhauer schien daher „die Gesellschaft im Sozialpädagogen einen ihrer heftigsten Kritiker" zu erzeugen: „Durch die immer wieder neu auftretenden Schäden gibt sie der Kritik immer neue Nahrung" (Mollenhauer [1964] 1993, S. 21).

Mollenhauers Formel liest sich vor dem Hintergrund eines wohlfahrtsstaatlichen Programms kollektiver Risikokalkulation sehr einsichtig: Staatliche Instanzen werden mit der Aufrechterhaltung sozialer Ordnung beauftragt und zugleich erfahren die in diesen Feldern sozialpädagogisch Tätigen permanent, dass diese Ordnung nur unzureichend realisiert werden kann. Soziale Arbeit stellt insofern eine institutionelle Form gesellschaftlicher Selbsterinnerung an die Integrationsvereinbarung dar. Darüber herrscht(e) weitgehend Einigkeit. Über die Konsequenzen dieser Selbsteinschätzung allerdings keineswegs. Alltagsorientierte Ansätze plädieren für eine Ansiedlung sozialpädagogischer Hilfeformen in den Alltagswelten der Nutzer (vgl. Thiersch 1995, S. 215). Professionalisierungskonzeptionen erhoffen sich eine doppelte Überwindung von „repressiven Interventionskataloge(n)" und rein „arbeitsinterne(r) Problematisierung", womit die individuelle Einzelfallproblematik immer auch als Ausdruck sozialer Verhältnisse erfasst werden könne (Otto 1973, S. 253; vgl. Otto 2003, S. 256). Aneignungsmodelle setzen auf die Installierung (sozial)pädagogischer Orte, an denen die „Versorgung (...) den Subjekten selbst zu überantworten (sei)" (Winkler 1988, S. 281). In ganz ähnlicher Weise wird in den Lebensbewältigungsprogrammen von einer gesellschaftlichen Gestaltung gesprochen, die ihre Quelle in der „Gegenmacht des Menschen" habe (Böhnisch 1996, S. 255). Manche Autoren erhoffen sich von sozialpädagogischen Interventionsprozessen noch sehr viel umfassendere Einflussmöglichkeiten. Das Engagement Sozialer Arbeit solle demnach grundlegend neue Vereinbarungen zur Gestaltung des Sozialen erbringen. Kommunalpädagogische Entwürfe identifizieren etwa in einer „kommunikative(n) Gegenmacht“ ein mögliches Instrument, das sozialpädagogisch mobilisiert werden könne, um die „Eigendynamik des wirtschaftlichen und administrativen Handlungssystems“ zu begrenzen (Richter 1998, S. 226). Bildungsidealistische Perspektiven beschreiben Soziale Arbeit als eine Geburtshelferin von Subjektivität (*Mäeutik*), als eine institutionalisierte Hoffnung, dass die „Erde wirklich das Zuhause der Menschheit“ werde (Sünker 1989, S. 159; Hervorh. im Orig.).

Unabhängig davon, in welche Form Soziale Arbeit als Gesellschaftskritikerin gekleidet wird, können sozialpädagogische Aktivitäten solange als Hinweise darauf gelesen werden, wie ungenügend die Umsetzung des Integrationsversprechens geschieht, solange eine Überbrückung von wirtschaftlichen Bereichen und politischer Organisation (Castel) durch den Aufbau und Erhalt eines sozialen Sektors in sozialstaatlicher Form bestehen bleibt (vgl. Kap. 1).

Gerät die wohlfahrtsstaatliche Vereinbarung allerdings selbst unter politischen Legitimationsdruck, wie dies seit Mitte der 1970er Jahre und in verschärfter Weise seit Ende der 1990er Jahre für die bundesrepublikanischen Zusammenhänge festzustellen ist, wird einer derartigen gesellschaftskritischen Positionierung Sozialer Arbeit im Sinne Mollenhauers der Boden entzogen. Denn skandalisierbar sind Formen sozialer Desintegration nur solange die Übereinkunft zur kollektiven Risikokalkulation gültig bleibt.

Doch nicht nur Desintegrationsanalysen setzen die Gültigkeit eines sozialen Integrationsversprechens voraus. Auch radikal-gesellschaftskritische Einwände gegenüber der institutionellen Ausprägung eines wohlfahrtsstaatlichen Arrangements (*Sozialstaat*) sind nur vor diesem Hintergrund formulierbar. Denn *auf dessen Basis* kann fleißig über seine Erweiterung nachgedacht werden, sei es in neo-kantianischer, reformpädagogischer, antipädagogischer und mancher neomarxistischer oder gemeinschaftserzieherischer Variante. Angesichts neo-sozialer Transformationen wohlfahrtsstaatlicher Arrangements zeigt sich allerdings, wie zahnlos diese idealistischen und „Jenseits“-orientierten Konzepte bleiben (müssen). Sie verfallen aktuell entweder in relativ hilflose Verteidigungskämpfe des bisher zwar Vorausgesetzten, aber nur als Zwischenstadium betrachteten sozialstaatlichen Institutionengefüges (vgl. Butterwegge 2004) oder halten ebenso verzweifelt an subjektidealistischen Überzeugungen fest, womit neo-sozialen Strategien – gewollt oder ungewollt – eher zugearbeitet wird, als dass ihr Bestreben, kollektive Risikokalkulation zu unterminieren, bekämpft werden könnte (vgl. Beiträge in Elsen u.a. 2000). Die Kriterien einer zukünftigen „freien Gesellschaft“ buchstabieren dagegen längst andere im Anschluss an neo-liberale Strategien aus (vgl. Hombach 1998; Hayek [1960] 1991, S. 89ff.).

Soziale Arbeit ist in ihrer bisherigen integrationsorientierten Form Teil der pädagogischen Ausprägung des wohlfahrtsstaatlichen Arrangements. Sozialpädagogische Interventionen vollziehen sich demnach personenbezogen. Die sozialstaatliche Aufgabenstellung an Soziale Arbeit lautet demnach: Aktivierung vorhandener Kräfte, um mit der Wiederermöglichung deren Gebrauchs eine Integration der Nutzer zu erreichen. Diese Aufgabenstellung wurde lange Zeit dahingehend gedeutet, dass der *Personenbezug als pädagogischer Bezug* zu realisieren sei.

Demgegenüber wendeten staatstheoretische Vergewisserungen seit den 1960er Jahren ein, Soziale Arbeit stelle eine *vergesellschaftete Sozialisationsinstanz* dar (vgl. Blanke/Sachße 1978), die gerade nicht auf einen *personalen pädagogischen Bezug* beschränkt werden könne: „die sozialpädagogische Aktion richtet sich nicht unmittelbar auf den zu Erziehenden, sondern von vornherein und prinzipiell auf das sozialpädagogische Feld, in dem er sich befindet, bzw. strukturiert dieses Feld erst als ein sozialpädagogisches“ (Mollenhauer [1964] 1993, S. 23). Diese Überlegungen wurden innerhalb antipädagogischer Konzeptionen zu der bereits zitierten Annahme zugespitzt, nicht der Fall, sondern das Feld sei sozialpädagogisch zu bestellen. Der Feldbezug wird somit zum Gegenentwurf einer (sozial)pädagogischen Einzelfallorientierung erklärt (vgl. Hinte/Litges/Springer 1999). Eine derartige Radikalisierung des Feldbezugs kann allerdings nicht überzeugen, da eine solche Sichtweise den Personen- und damit Fallbezug und insofern den Fokus sozialpädagogischer Interventionsweisen negiert (vgl. Schippmann 2002). Fallorientierung und Feldbezug stellen keine Dichotomien dar, sondern sind als miteinander verschränkte konzeptionelle Strategiemuster Sozialer Arbeit zu betrachten, wie die Rekonstruktion der Thematisierungsweisen einer *Nahraumorientierung* in dieser Studie verdeutlichen konnte.

Die Raffinesse neo-sozialer Strategien besteht nun darin, dass sie Feldbezug *und* Fallorientierung realisieren. Einerseits sollen staatliche Instanzen Entwicklungsmöglichkeiten anbieten: „Wenn ihr bereit seid, euer Leben in die eigene Hand zu nehmen, bieten wir euch Projekte an, die anzupacken sich lohnt – und wir halten euch den Rücken frei“ (Hombach 1998, S. 69). Andererseits wird in den Fällen, in denen es den Betroffenen nicht gelingt oder gelingen kann, das „eigene Leben in die Hand zu nehmen“ eine gezielte fallbezogene Intervention gefordert. Fürsorgliche Minimalversorgungsprogramme und aktivierende Zwangsmaßnahmen sollen an die „wirklich Bedürftigen“ vermittelt werden. In ihrem REFORMVORSCHLAG verdeutlichen die Mitarbeiterinnen des Münchner Instituts für Wirtschaftsforschung (IFO) die Qualität dieser „Fallarbeit“ mit Verweis auf die US-amerikanischen „Welfare to work“-Strategien: „Wer nicht arbeitet, muss sich mit äußerst geringen Sozialleistungen (*Food stamps* usw.) begnügen.“ (Sinn u.a. 2002, S. 16; Hervorh. im Orig.). Die Brutalität dieser Vorgehensweisen wird explizit eingestanden, ohne diese kalkulierte Existenzbedrohung für Tausende von Gesellschaftsmitglieder weiter zu problematisieren: „30% der ehemaligen Sozialhilfeempfänger fanden keine Arbeit. Sie sind die Verlierer der amerikanischen Sozialhilfereform“ (Sinn u.a. 2002, S. 17). Neo-soziale Programme setzen also auf Fallorientierung und Feldbezug – allerdings entweder auf das eine *oder* das andere. Welches der beiden Muster Anwendung findet oder dominiert, wird abhängig gemacht von der spezifischen Situation und den jeweiligen Nutzergruppen. Der Feldbezug wird neo-sozial zum *situationsspezifischen Eingriff* und die Fallorientierung zur *zielgruppenspezifischen Intervention.*

Aktivierende Politikstrategien sollen nicht mehr Leistungen garantieren, sondern nur noch Unterstützung subjektiver Lebensgestaltung gewährleisten. Kann diese allerdings nicht in der Weise erbracht werden, wie dies verlangt wird, sollen die Einzelnen dazu gezwungen werden – oder sie müssen sich auf ein ungemütliches Leben in Armut einrichten. Dass damit das bisherige wohlfahrtsstaatliche Integrationsversprechen zurück genommen wird, verheimlichen die Protagonisten aktueller Aktivierungspolitiken nicht: „Nur langfristig haben sie (die prekär Beschäftigten, F.K.) die Chance, einen expandierenden ‚Niedriglohnsektor' für gering qualifizierte Arbeit zugunsten einer Beschäftigung mit höheren Qualifikationsanforderungen wieder zu verlassen" (Sinn u.a. 2002, S. 5). Staatliche Maßnahmen dürften sich „eben nicht mehr in Verteilung erschöpfen, sondern positiv der Befähigung, der Aktivierung zur Selbstverantwortung dienen", begründet Hombach die Aufkündigung kollektiver Risikokalkulation (Hombach 1998, S. 70). Statt dem wohlfahrtsstaatlichen Sicherungsstaat soll ein neo-sozialer Gewährleistungsstaat auf- und ausgebaut werden.

Die damit verbundene sozialpädagogische Aufgabenstellung lautet deshalb auch nicht mehr, „Selbsttätigkeit zu unterstützen, die Spontaneität zu fördern und zu ermöglichen, Ordnungen im Spiel der Gruppenkräfte entstehen zu lassen, Rollen zu lernen, Aufgaben zu übernehmen und zu verantworten" (Mollenhauer [1964] 1993, S. 24). Sozialer Arbeit wird demgegenüber zum *aktivierungspädagogischen* Transformationsriemen neo-sozialer Anforderungen. Sie soll den Nutzerinnen die neue Botschaft verkünden, dass der Einzelne sein Leben gestalten könne, wie er wolle – allerdings auf eigene Kosten. Die Aufgabe Sozialer Arbeit lautet daher inzwischen: „Handlungsdruck statt Übernahmegarantie" (Esch/Hilbert/Stöbe-Blossey 2001, S. 522).

Fehlende Integrationsleistungen werden aus neo-sozialer Perspektive nicht mehr als verfehlte oder unzureichende soziale Teilhabesicherung thematisiert, sondern deren Realisierung in die subjektive Verantwortung einzelner Personen oder Lebensgemeinschaften übergeben. Neo-soziale Aktivierungsstrategien brechen mit wohlfahrtsstaatlichen Integrationsprogrammen, da diese als der Grund für die „blockierte Gesellschaft" angesehen werden, die es dringend zu (re)aktivieren gelte (Hombach 1998, S. 25ff.).

Institutionelle Ausprägung findet dieses autoritativ re-formulierte Prinzip einer Hilfe zur Selbsthilfe, diese „Aktivierende Sozialpolitik", in einem neuen *Staatsmodell*, das seit der zweiten Hälfte der 1990er Jahre ausgearbeitet wird: das Modell eines „Aktivierenden Staates" (Hombach 1998, S. 59ff.; vgl. Bandemer 1995; Bandemer/Hilbert 1998; Behrens 1999). Von diesem neuen „Staat" solle nicht mehr verlangt werden, an allen Stellen selbst aktiv zu sein, sondern er solle sich auf die Aufgabe konzentrieren, die „Gesellschaft" zu aktivieren (vgl. Bandemer 1995, S. 58ff.). Denn das Gemeinwohl sei zu einer „Summe durchsetzungsfähiger Partikularinteressen" verkommen, wodurch allgemeine „Reformwiderstände und -blockaden" produziert würden. Der Staat werde durch die verschiedensten Lobbygruppen in seiner Handlungsfähigkeit begrenzt und sei „neuen gesellschaftlichen Herausforderungen (...nur noch) mit zusätzlichen Institutionen und Finanzen begegnet" (Lamping/Schridde/Plaß/Blanke 2002, S. 27f.). Das habe zur aktuellen Finanzkrise öffentlicher Kassen und zur fehlenden Modernisierung des Verhältnisses von „Staat und Gesellschaft" geführt. Daher sei nun dringend eine „Aufgabenentlastung des Staates durch Differenzierung verschiedener Verantwortlichkeiten" geboten (Lamping/Schridde/Plaß/Blanke 2002, S. 28). Diese „Verantwortungsdifferenzierung" soll in Form aktivierender Maßnahmen realisiert werden: „Der bis dato allzuständige Staat sieht sich heute immer weniger in der Lage, seine gestaltenden, leistenden und wohlfahrtsorientierten Funktionen umfassend wahrnehmen und dafür allein Verantwortung tragen zu können" (Behrens 1999, S. 47f.).

Neo-soziale Regierungsprogramme schlagen also ein radikal anderes Arrangement des Sozialen vor. Diese Neuprogrammierung des Sozialen wurde im Rahmen der vorliegenden Gouvernementalität Sozialer Arbeit auf der Ebene politischer Rationalitäten analysiert. Im zweiten, materialanalytischen Teil dieser diskursanalytischen Studie wurde deutlich, wie die veränderten Denkweisen innerhalb der Debatten um Kinder- und Jugendhilfe aktuell bereits dynamisiert werden.

Die veränderten Regierungsprogramme sind allerdings keineswegs Hinweise zur Neugestaltung des Sozialen geblieben, sondern schreiben sich merklich in die sozialen Praktiken ein.

Das sozialstaatliche Sicherungssystem, wie es bis Anfang der 1960er Jahre in der Bundesrepublik installiert wurde, wird aus organisationstheoretischer Perspektive als ein dreifach gegliedertes System beschrieben: *Sozialversicherung*, *Versorgung* und *Fürsorge* (vgl. Ortmann 2002; Witterstätter 2000; Kap. 1). Kinder- und Jugendhilfe wird in dieser Systematik im letztgenannten Feld der Fürsorge eingeordnet. Fürsorgeleistungen sind durch ihre Nachrangigkeit gegenüber anderen Sozialleistungen, das heißt auch den Versicherungs- und Versorgungsleistungen, gekennzeichnet. Voraussetzung für einen Fürsorgeanspruch ist der Nachweis einer individuellen Notlage, die durch Vertreter der Sozialbürokratie aufgenommen und bestätigt wird (*Bedarfsprinzip*). Im vorgeschlagenen neo-sozialen Neuarrangement des Sozialen erfährt dieses Fürsorgeprinzip gegenüber den bisher vorrangigen Sozialversicherungsprinzipien eine immense Aufwertung.[9] Herausragendes Beispiel

9 Dementsprechend fordert der Präsident des Bundesverbandes der Deutschen Industrie (BDI) im September 2004 den Ausstieg bundesrepublikanischer Arbeitgeber aus der Finanzierung sozialer Sicherungssysteme (vgl. Frankfurter Rundschau vom 16. Sepetember 2004).

dafür sind die aktuellen Entwicklungen im Bereich der Erwerbslosenhilfe (vgl. Spindler 2003; Trube 2003; Völker 2001). Während Sozialversicherungsansprüche im Fall der Erwerbslosigkeit aufgrund der Mitgliedschaft in der Gruppe der Versicherten bedarfsunabhängige Sach- und Geldleistungen garantierten – wenn auch nur für die erwerbstätigen Personen –, wird dies nun verweigert, wenn sich Nutzer nicht regelmäßig Beratungsangeboten stellen, sich der Diagnostizierung und Kategorisierung von Persönlichkeitsmerkmalen entziehen oder fachfremde Berufsangebote, eine Anstellung in einer kommunalen Beschäftigungsgesellschaft oder ein Beschäftigungsverhältnis unter Tarif ablehnen.

Institutionell erfährt damit die für die Fürsorgebereiche strukturierende Subsidiaritätslogik eine generelle Aufwertung, wenn auch in neuer Form. Diese „neue Subsidiarität" zeigt sich in der *Privatisierung* bisher öffentlich verfasster sozialstaatlicher Leistungen (vgl. Clarke 2001; Otto/Schnurr 2000). Privater Vorsorge wird prinzipiell der Vorrang vor staatlicher Sicherung eingeräumt. „Wo Schutz des Individuums gegen soziale Risiken war, (...) soll individuelle Risikovorsorge in gesellschaftlichem Interesse werden" (Lessenich 2003[1], S. 89). Staatliche Instanzen sollen sich, folgt man der neo-sozialen Programmatik, künftig auf Steuerungstätigkeiten beschränken.

Neo-soziale Programmierungen zielen allerdings keineswegs nur auf eine Veränderung von Organisationsweisen. Es gehe nicht nur darum, Aufgaben neu zu verteilen, sondern vor allem diese Aufgaben *in anderer Form* zu erbringen. Das heiße für die Erbringungsorganisationen, sie sollten weg kommen „von der Trägerschaft von Einrichtungen und Diensten – hin zu einer Betonung ihrer Rolle als Moderatoren und koordinierenden Förder- und Planungsinstanzen" (Lamping/Schridde/Plaß/Blanke 2002, S. 25). Was damit gemeint ist, konkretisiert Karl-Josef Laumann in einem Thesenpapier für die Bundestagsfraktion von Christlich Demokratischer Union und Christlich Sozialer Union zur REFORM DER ARBEITSLOSEN- UND SOZIALHILFE im April 2001: notwendig sei eine „Art fürsorglicher Belagerung", denn es müsse verhindert werden, „dass sich Menschen dauerhaft in der Sozialhilfe einrichten". Ein solch „eingerichtetes Leben" bedeutete für ein Ehepaar im Jahr 2001 ein Leben zu leben mit durchschnittlich knapp über EUR 1000 im Monat. Nach dem Berechnungsmaßstab der OECD-Skalen „richten" sich diese Personen also in einem Leben in materieller Armut „ein".

Unter These vier des Fraktionspapiers wird die Motivation für die aktuellen Aktivierungspolitiken noch einmal sehr deutlich gemacht. Dort heißt es nach dem einführenden Hinweis, dass nur noch der einen „ungeschmälerten Anspruch auf Hilfe hat (...), der nachweist, dass er entweder arbeitet, eine gemeinnützige Tätigkeit verrichtet, sich qualifiziert oder aus gesundheitlichen Gründen nicht arbeitsfähig ist", Sozialhilfeempfängern sei „heute schon jede Arbeit zumutbar, zu der er körperlich und geistig in der Lage ist. (...) Anders beim Arbeitslosenhilfeempfänger. Dieser kann eine Arbeit ablehnen, wenn er den Verdienst deutlich unter dem seines vorher ausgeübten Berufes liegt oder die Anfahrtszeit zur Arbeit zu lang ist. Diese Ungleichbehandlung ist nicht gerechtfertigt".[10] Ein erstaunliches „Gerechtigkeitsverständnis" wird hier an den Tag gelegt: Ungleich werde vorgegangen, weil einer bestimmten Gruppe „exklusiv" steuerfinanzierte Fürsorgeleistungen, gekoppelt an ein höheres Maß an Freiheitsrechten zur Verfügung gestellt würden, so die Laumannsche Deutung. Der Analyse, dass eine Ungleichbehandlung von Sozialhilfeempfängern gegenüber den Beziehern von Arbeitslosenhilfe vorliegt, scheint nichts weiter hinzuzufügen zu sein. Denn seit langem weisen Rechtswissenschaftler und Bürgerrechtler darauf hin, dass mit einem Bezug von Hilfe zum Lebensunterhalt grundrechtliche Einbußen verbunden sind, die sich hinsichtlich des Datenschutzes in den letzten Jahren noch verschärft haben. Allerdings fordert Laumann auf Basis seiner Diagnose keineswegs eine Gleichbehandlung von Sozialhilfeempfängerinnen, das heißt die volle Gewährung sozialer Sicherungs- und liberaler Freiheitsrechte, wie des Rechts auf den Schutz des Privaten für alle Bürger. Laumann plädiert vielmehr dafür, in Zukunft nur einen Anspruch in Höhe des Sozialhilfeniveaus für beide Gruppen bereit zu stellen. Gleichbehandlung heißt somit für ihn, beide Gruppen gleichermaßen in ihrer sozialen Teilhabe zu begrenzen. Der SACHVERSTÄNDIGENRAT ZUR BEGUTACHTUNG DER GESAMTWIRTSCHAFTLICHEN ENTWICKLUNG expliziert Ende 2002 nicht nur, wozu ein solches Programm *systematischer Prekarisierung* dienen soll, sondern stellt auch ein Beispiel dafür da, mit welcher rasanten Geschwindigkeit aktuell die Zuspitzung neo-sozialer Forderungen vonstatten geht. Denn hier wird nicht mehr nur auf eine Aktivierung der Erwerbslosen gepocht, sondern eine generelle Reduzierung der Bezugshöhen öffentlicher Fürsorgeleistungen gefordert:[11] „Um den Anreiz zu erhöhen, aus der Sozialhilfe auf den ersten Arbeitsmarkt zu wechseln, sollte der Regelsatz für arbeitsfähige Sozialhilfebezieher abgesenkt werden (...). Diejenigen, die auf dem ersten Arbeitsmarkt keine Stelle finden können, müssen ihre Arbeitskraft kommunalen Beschäftigungsagenturen zur Verfügung stellen, um das bisherige Leistungsniveau zu halten" (Gutachten des Sachverständigen Rates, November 2002, S. 394).

Soziale Sicherung wollen neo-soziale Strategen nicht nur von einer Überprüfung individuellen Bedarfs abhängig machen, das heißt das Fürsorgeprinzip zum dominierenden Sicherungsprinzip erheben. Vielmehr wird den staatlichen Institutionen insgesamt eine *erzieherische* Aufgabe zugeschrieben, wie bereits angedeutet wurde. Denn da Hilfe nur noch „demjenigen (gebühre), der gemäß seiner eigenen Leistungsfähigkeit alle Anstrengungen aufbietet, sich selbst zu helfen", müssen alle anderen dementsprechend erzogen werden (Sinn u.a. 2002, S. 4). Die „Klientel" sei „fürsorglich zu belagern".

10 Derartige Einschätzungen zeigen sich als weitgehender parteiübergreifender Konsens, zumindest auf der Ebene politischer Funktionäre, wie die Einschätzung von Dorothee Freudenberg, einer für soziale Sicherungsfragen zuständigen Vertreterin der Grün-Alternative-Liste Hamburg im September 1999 zeigt: „Wer arbeitsfähig ist, soll für seine ergänzende Sozialhilfe auch eine Gegenleistung erbringen, das ist zumutbar".

11 Der Regelsatz einer Hilfe zum Lebensunterhalt lag 2002 durchschnittlich bei knapp unter EUR 300 pro Monat für eine Einzelperson.

Ein herausragendes Beispiel für derartige aktivierungspädagogische Strategien bietet der Themenschwerpunkt, den das Nachrichtenmagazin STERN im November 2002 unter der Überschrift „Wer hier lebt, hat verloren" auf 12 großflächig bebilderten Seiten über den „Verfall" einer scheinbar wachsenden Zahl von Wohnquartieren aufbietet (Stern vom 07.11.2002). Der stellvertretende Leiter des Deutschen Instituts für Urbanistik, einer der maßgeblichen Initiatoren des Bundesprogramms SOZIALE STADT, Rolf-Peter Löhr, wird in diesem Beitrag mit folgenden Worten zitiert: „In den Problemgebieten spürt man, welche Kultur der Abhängigkeit der Sozialstaat geschaffen hat. Dort leben manche Leute schon in der dritten Generation von Sozialhilfe – dort herrscht Sozialhilfeadel – die wissen gar nicht mehr, wie das ist, morgens aufstehen, sich rasieren, vernünftig anziehen und zur Arbeit fahren". Marginalisierte Bevölkerungsgruppen seien demnach nicht nur in der Weise zu aktivieren, wie dies sozialpädagogische Konzeptionen im Rahmen wohlfahrtsstaatlicher Arrangements des Sozialen vorsahen, könnte man ergänzen, sondern durchaus unter Verwendung eines „gewissen Zwangs" zu Verhaltensveränderungen zu bewegen (vgl. Kap. 8.4). Dieser Zwang äußerst sich aktuell vor allem in Form einer generalisierten Prekarisierungs-Drohung. Wer nicht vorsorgt oder in einem doch eingetretenen Notfall, wie einer Phase der Erwerbslosigkeit, nicht bereit ist, allen staatlichen Aktivierungsauflagen nachzukommen, werde sich bald mit bedrohlichen Lebenssituationen abfinden müssen: eingeschlossen in marginalisierten Stadtteilen, deren tragischer Alltag im Beitrag des STERNS drastisch vermittelt werden soll. Die Ordnung im Quartier kann nur noch mit extremen Mitteln aufrecht erhalten werden, erzählt ein Revolver in der Hand des dargestellten Hausmeisters. Welche „Verhältnisse" drohen würden, wenn nicht einmal solch rigide Kontrollmaßnahmen in diesen „benachteiligten Stadtteilen" unternommen würden, soll vermutlich das vorausgehende Bild aus einer Wohnung des Ihme-Zentrums in Hannover verdeutlichen. Die Bildunterschrift erläutert, hier sitze ein Bewohner zwischen Junkie-Besteck und leeren Getränkedosen in einer unaufgeräumten, dreckigen Wohnung im 13. Stock, eingeschlossen in seiner Lebenswelt.

Die Darstellung dieser „Verwahrlosung" geschieht durchaus mit Bezug auf soziale Ordnungspolitiken, also *kontextabhängig*, wenn Löhr auf eine sozialstaatliche Produktion der dargestellten „Abhängigkeiten" verweist. Allerdings bleibt dieser soziale Zusammenhang nur benannt – eine für neosoziale Argumentationen typische Vorgehensweise. Denn diese Einsicht spielt in seinen weiteren Ausführungen keine Rolle mehr. Vielmehr werden diese Bevölkerungsgruppen im nächsten Satz als privilegierte Gruppen markiert („adlig"), die auf Kosten anderer lebten – wie der Erste Stand auf Kosten des Dritten und Vierten Standes im ausgehenden 18. Jahrhundert. Menschliche Notlagen werden nicht mehr mit den herrschenden Gestaltungsweisen des Sozialen in Verbindung gebracht, sondern mit subjektiven Verhaltensweisen und Lebensstilen der betroffenen Gesellschaftsmitglieder. Zwar habe die sozialstaatliche Sicherung die Menschen erst in die „Abhängigkeit" gebracht, aber nun hätten sich die Betroffenen darin „eingerichtet" und wüssten gar nicht mehr, wie ein bürgerliches Leben zu führen sei. Das Problem sei somit ein Problem subjektiver Lebensstile geworden, wofür nicht mehr staatliche Instanzen verantwortlich erklärt werden könnten.

In ähnlicher Weise argumentiert die bereits vorgestellte JUGENDHILFE-EFFEKTE-STUDIE. Verhaltensmuster, die man auch hier mit Bezug auf einen sozialen Kontext präsentiert, sollen nach Ansicht der Autoren mit ausschließlich kontext-unabhängigen Maßnahmen bearbeitet werden, nämlich *verhaltensverändernden Individualinterventionen*.

Macht- und Herrschaftsverhältnisse haben im wohlfahrtsstaatlichen wie im aktuell entstehenden neo-sozialen Arrangement des Sozialen beschränkte Teilhabemöglichkeiten für bestimmte Bevölkerungsgruppen zur Folge. Die Identifizierung sozialer Teilhabebeschränkungen führt neo-soziale Regierungsstrategen allerdings nicht mehr zur Ausformulierung eines staatlichen Substitutionsauftrags, sondern zur Beanstandung der damit verbundenen *Symptomatik* den Betroffenen gegenüber. Ihre Verhaltensweisen werden diagnostiziert (*Sozialkartographie*) und als Therapie wird ihnen eine *verhaltenstrainierende* Erziehungsmaßnahme (*Verhaltenstraining*) verordnet (vgl. Kap. 7).

Der so genannten Schulmedizin wird häufig unterstellt, auf Basis ungesicherter Kausalitätsannahmen Therapieformen festzulegen. Dennoch wird einem Kopfwehpatienten, der durch seine Krankheit häufig in seiner Erwerbstätigkeit eingeschränkt ist, zumeist im ersten Zugriff ein Kopfschmerzmittel verabreicht – im weiteren Behandlungsprozess wird dann unter Umständen ein individuell abgestimmtes physiologisches wie psychologisches Therapiekonzept erarbeitet. Wohlfahrtsstaatliche Alimentationen wirken oft wie die schnell verabreichte Kopfschmerztablette ohne eine eingehende und systematische Fallanamnese durchgeführt zu haben.

Neo-soziale Regierungsweisen wollen nun nicht mal mehr Tabletten verabreichen, geschweige denn diese Medikamente über ein gesetzliches Krankenkassensystem (re)finanzieren. Stattdessen sollen den Betroffenen in Erziehungsprogrammen ihre „ungesunden Lebensstile" ausgetrieben werden. Dies geschieht – weiter im Bild gesprochen – ganz unabhängig davon, ob der fehlende Schlaf, der sich unter Umständen seit dem Bezug einer (billigeren) Wohnung direkt an einer großen Einfallsstrasse, deutlich verschlechtert hat, etwas mit den Symptomen zu tun haben könnte. Eine solche Wohnlage ließe sich zwar als Konsequenz eines geringen Einkommens in Kombination mit einem immer stärker stratifizierten Wohnungsmarkt relativ einsichtig erklären. Kurzfristige Folge könnte dann die Bereitstellung einer öffentlich subventionierten Wohnmöglichkeit für den Betroffenen sein, mittelfristig vielleicht eine kommunal finanzierte Lärmschutzmaßnahme und ein regulierender Eingriff in die Preispolitik des WOhnungsmarktes. Langfristig wäre über eine Umkehrung urbaner Entmischungsprozesse und verkehrspolitische Alternativen zum Individualverkehr nachzudenken. Doch solche Überlegungen spielen für neo-soziale Protagonistinnen keine Rolle (mehr). Stattdessen wird dem Einzelnen in solch einem Fall eine verhaltensverändernde Trainingsmaßnahme angedient: statt Kopfwehtablette gibt's nun ein Schlaftraining, an dem der Betroffene teilzunehmen hat, sonst verfällt jeder Unterstützungsanspruch. Weist der Betroffene darauf hin, dass unter Umständen die Wohnlage einen entscheidenden Einfluss auf seine Schlafgewohnheiten habe und diese wiederum ein Grund seiner Schmerzen sein könnten, welche ihn vom Schlafen abhielten – skizziert er also einen Zusammenhang, der nicht durch ein Schlaftraining zu beheben ist, wird ihm im besten Fall empfohlen, sich eine neue Wohnung zu suchen. Dafür wünsche man ihm viel Erfolg. Häufiger noch wird ihm mit dem Argument begegnet werden, der Einzug in diese Wohnung sei nun wirklich seine persönliche Entscheidung gewesen und es gehe ja nun nicht um die Wohnung, sondern um seinen Job. Man könne aufgrund seiner Symptomatik sehr genau analysieren, wie der Sachverhalt sich darstelle und die international erprobten Klassifikationsschemata sähen für einen solchen Fall eindeutige Interventionsweisen vor. Damit müsse er sich abfinden. Der Versuch einer weiteren Entgegnung auf diesen Hinweis – der Wohnungsmarkt habe ihm die Wahl einer ruhigeren Wohnlage quasi unmöglich gemacht und eine Trennung dazu hin einen schnellen Umzug erfordert – werden dann vermutlich dazu führen, dass dem Betroffenen noch einmal versichert wird, man wisse, was in seinem Fall gut ist, darauf könne er vertrauen. Außerdem mache man ihm nur ein Angebot. Er könne sich selbstverständlich auch gegen dieses entscheiden. Er wisse ja nun um die damit verbundenen Folgen.

Derartige aktivierungspädagogische Vorgehensweisen sind Pädagogen keineswegs fremd – zumindest wenn sie über ein gewisses historisches Wissen verfügen. Denn ein aktivierungspädagogisches Vorgehen könnte man beispielsweise mit Worten aus der ALLGEMEINEN PÄDAGOGIK Wilhelm Flitners zu rechtfertigen suchen: „Der Erziehende ist verpflichtet, Macht auszuüben; der zukünftige Erwachsene im Kind fordert das und verurteilt den Schwächling, der an seiner Erziehungsaufgabe scheitert" (Flitner 1962, S. 174). Denn genau in dieser Weise sprechen neo-soziale Aktivierungsprogramme von den Nutzerinnen: staatliche Instanzen hätten es nicht mehr mit „(potenziellen) Erwachsenen", sondern mit „(potenziellen) Kindern" zu tun, wie Benedikt Sturzenhecker zusammenfasst (Sturzenhecker 2003, S. 389f; vgl. Dahme/Wohlfahrt 2003, S. 94).

Aktivierungspädagogik zielt allerdings nicht ausschließlich auf offensichtlich marginalisierte Bevölkerungsgruppen, wie der Hinweis auf die Dynamisierung einer generalisierten Prekarisierungs-Drohung bereits deutlich machte. Klaus Dörner hat mit Bezug auf die aktuellen Aktivierungsstrategien in Gesundheitsbereichen bemerkt, dass diese Entwicklungen eine „noch nicht existierende Bevölkerungsgruppe, nämlich die der ‚Noch-Nicht-Kranken" begründet (Frankfurter Rundschau vom 22. November 2003). Diese Einschätzung lässt sich für andere Felder sozialer Sicherung verallgemeinern. Jede und jeder hat sich inzwischen – abhängig von der jeweiligen Lebenssituation – als Teil ganz unterschiedlicher „Noch-Nicht-Gruppen" zu begreifen und wird diesen von staatlichen Instanzen zugeordnet: seien es die „Noch-Nicht-Arbeitslosen", „Noch-Nicht-Geschiedenen", „Noch-Nicht-Pensionierten", „Noch-Nicht-Suchtabhängigen" oder „Noch-

Nicht-Delinquenten". Der permanente *Noch-Nicht-Zustand* ist Aufforderung an den Einzelnen seiner *subjektiven Selbstsorge* aufmerksam und engagiert nachzukommen. Individuelle wie kollektive Subjekte werden als „Noch-Nicht-Aktivierte" ausgewiesen, um ihnen eine permanente Aktivierung zu verordnen. Nur wenn man sich den drohenden Zustand deutlich vor Augen führe, mit dem sich diejenigen konfrontiert sehen, die nicht genügend vorgesorgt hatten, könne man möglichen zukünftigen Gefahren bereits heute aus dem Weg gehen. Wer sich nicht für derartige „Vorsorgemaßnahmen" aktivieren lasse, dazu nicht in der Lage sei oder trotz Vorsorgemaßnahmen leider mit Teilhabebeschränkungen konfrontiert werde, müsse mit diesen Konsequenzen seines Tuns zurecht kommen und könne nicht „nachträglich" öffentliche Hilfestellungen einfordern.

„Unsere Gesellschaft ist nicht nur auf Rechten aufgebaut. Es gehören auch Pflichten dazu", erklärt der nordrhein-westfälische Ministerpräsident Clement auf einem außerordentlichen Parteitag der Sozialdemokratischen Partei Deutschlands im Mai 1998 die seines Erachtens notwendigen aktivierungspädagogischen Vorgehensweisen. Staatliche Instanzen seien für „vermeidbare Handlungsfolgen" nicht weiter zuständig. Warum solle die Allgemeinheit für die immensen Kosten, die beispielsweise die medizinische Behandlung eines „Raucherbeins" mit sich bringe, aufkommen? Schließlich habe sich der Betroffenen fürs Rauchen selbst entschieden.

Staatliche Instanzen sollen sich daher auf die Sicherung erreichter und weiter steigerbarer Lebensqualität konzentrieren.

Die kollektive Risikokalkulation, die sich sozialstaatlich in den Instrumenten zentralstaatlicher Planung manifestiert (*Bildungs-* und *Sozialplanung*), wird nun Nutzerinnen und Erbringern überlassen – allerdings auf Kosten eines nicht unbeträchtlichen Teils bisher gültiger Teilhaberechte. Thomas Brunst bringt dieses neo-soziale *Freisetzungsparadoxon* am Beispiel der Videoüberwachung öffentlicher Räume auf den Punkt. Zwar soll das „subjektive Sicherheitsgefühl in der Bevölkerung fortan darüber entscheiden, wo Kameras wachen" (Brunst 2004). Doch gleichzeitig „bestimmen (...) verantwortliche PolitikerInnen zusammen mit VertreterInnen der Wirtschaft, wo sich die BürgerInnen unsicher fühlen" (Brunst 2004).

Risikokalkulation wird flexibilisiert und subjektiver Verantwortung anheim gestellt, staatlich planbare Sicherung zum unerwünschten – als hinderlich und ineffizient deklarierten – Eingriff. Gleichzeitig kommt staatlichen Instanzen nun die Definitionsmacht über die erlaubten Subjektivierungsweisen zu. Zwar ist jedem potenziell alles erlaubt – solange sie mit den Konsequenzen zurecht kommt. Während sich allerdings soziale Sicherungsinstanzen im wohlfahrtsstaatlichen Arrangement des Sozialen an universellen Normalitätsmustern orientierten, werden neo-soziale Inklusionsstrategien an situations- und gruppenspezifischen Normalitätsmodellen ausgerichtet (*sektorale Inklusion*). Die erforderliche *Lebensgestaltungskompetenz*, die Fähigkeit Einzelner also, je nach Situation und Gruppenzugehörigkeit unterschiedlich agieren zu können, wird gefordert oder den Beteiligten nahe gelegt, den eigenen Aktionsradius auf die ihr bekannten Milieuräume zu beschränken. Wer sich in einem unbekannten Umfeld bewegt, muss mit Sanktionen rechnen.

Der „Sozialstaat", die institutionelle Ausprägung des wohlfahrtsstaatlichen Arrangements, steht neoliberalen „Freiheitskonzepten", dem ideologischen Kerngerüst neo-sozialer Strategien, im Weg. Dieser Hinweis sollte jedoch nicht vorschnell dahingehend gedeutet werden, staatliche Interventionsweisen würden generell zurückgewiesen. Statt des wohlfahrtsstaatlichen Konzepts eines Ressourcenausgleichs sollen staatliche Instanzen inzwischen *Chancennutzung* gewährleisten: *Chancengerechtigkeit* statt *Umverteilungsgerechtigkeit*, Vorsorge statt Sicherung, lauten die neo-soziale Formeln. Friedrich Hayek folgerte in seiner neo-liberalen VERFASSUNG DER FREIHEIT für die staatlichen Sicherungssysteme bereits Ende der 1950er Jahre, was sich aktuell materialisiert: „Es ist auch zu erwarten, daß die Verfügbarkeit dieser Unterstützung manche verleiten wird, solche Vorsorge gegen Notfälle, die sie hätten treffen sollen, zu verabsäumen. Es scheint daher nur folgerichtig, daß von jenen, die einen Anspruch auf Unterstützung in Umständen haben, für die sie hätten vorsorgen können, verlangt wird, solche Vorkehrungen selbst zu treffen" (Hayek [1960] 1991, S. 362). Die Aufgabe öffentlicher Infrastrukturangebote sei eine aktivierungspädagogische, nämlich die Belebung menschlicher Handlungsfähigkeiten, die Überführung einer als abhängig markierten Lebensführung in einen reaktionsfähigen Zustand subjektiver Selbstführung. „Verantwortung muß, um wirkungsvoll zu sein, persönliche Verantwortung sein. In einer freien Gesellschaft kann es keine kollektive Verantwortlichkeit der Mitglieder einer Gruppe als solcher geben" (Hayek [1960] 1991, S. 102).

Neo-soziale Vorschläge zur Neuprogrammierung des Sozialen suggerieren somit, einen Weg in das „Reich der Freiheit" weisen zu können. (Staatliches) Fremdregieren werde hinfällig, die Freiheit des Einzelnen in dem Moment greifbar (Selbstregierung), in dem die VERFASSUNG DER FREIHEIT verabschiedet werde (vgl. Hayek [1960] 1991). Ihr Erfolg ist nicht zuletzt das Ergebnis ihrer semantischen und konzeptionellen Anknüpfungen Sozialstaatskritiken der 1970er und 1980er Jahre (vgl. Kap. 3.3). Eigenverantwortung, subjektive Selbstführung wird der Vorrang vor staatlicher Intervention eingeräumt, darin sind sich Neo-Liberale mit Sozialstaatskritikern relativ einig. Allerdings ist die neo-soziale Version des Primats der Selbstführung in ganz anderer Weise konnotiert als sich dies die Protagonisten sozialstaatskritischer Einwände in den 1970er und 80er Jahre erhofft hatten, wenn die öffentliche Unterstützung aktuell zunehmend auf die Forderung und Beförderung privater Verantwortlichkeit beschränkt wird.

Einrichtungen und Fachkräfte Sozialer Arbeit finden sich damit aktuell in einer paradoxalen Situation wieder: Neo-soziale Programme versprechen ihnen im Rahmen des neuen aktivierungspädagogischen Staatsmodells eine ungekannte *öffentliche Anerkennung* und drohen Sozialer Arbeit doch gleichzeitig mit ihrer *Marginalisierung*. Denn Sozialer Arbeit geht die wohlfahrtsstaatliche Orientierung an universellen Integrationsmustern zunehmend verlustig. Gleichzeitig verspricht ihr ein Rollenwechsel hin zur *staat-*

lichen Aktivierungsinstanz eine höhere Einflussnahme als jemals zuvor. Allerdings bewerben sich noch eine ganze Reihe weiterer Kandidatinnen auf den neuen Job einer „Ober-Aktiviererin", denen so manche Beobachter auch größere Chancen zurechnen als der Sozialen Arbeit: unter anderen eine „präventionsorientierte" Polizei, „Personal-Service-Agenturen", „Jobcenter" und „kommunale Beschäftigungsgesellschaften" oder die im Aufbau befindlichen „Ganztagsschulen".

Dieser Sachverhalt könnte nun die Schlussfolgerung nahe legen, Soziale Arbeit müsse sich professionspolitisch deutlich positionieren, um die möglich gewordene gesellschaftliche Anerkennung trotz der harten Konkurrenz zu erreichen. Oder wie es Vicky White mit Blick auf die Entwicklung Sozialer Arbeit in Großbritannien formuliert: „Die weitere Existenz der Sozialen Arbeit hängt davon ab, ob es ihr gelingen wird, sich in Zukunft in neuer Form und so darzustellen, dass sie ihre Bedeutung für die Erreichung der Ziele nachweist, die der neue Managerialismus vorgibt" (White 2003, S. 433).

Ein derartiger Versuch der Stärkung professionspolitischer Einflussmöglichkeiten gerät allerdings in die Gefahr, ebenso wie neo-soziale Programme verkürzt funktionalistisch zu argumentieren. Gelten neo-sozialen Strategen privatwirtschaftlich-kaufmännische Effizienz- und Effektivitätskriterien als sine qua non, dienen kritischen Einwänden häufig gerade Hinweise auf deren mittel- und langfristige Ineffizienz und Ineffektivität als Bezugsfolie. Dem „widersprüchliche(n) Szenario", in dem sich Soziale Arbeit als Teil der sozialstaatlichen Ausprägung angesichts neo-sozialer Transformationsprozesse aktuell befindet (Galuske 2002, S. 353), kann in Form von Wirksamkeits- und Sparsamkeitsdiskussionen aber nur sehr unzureichend begegnet werden. Das Beispiel funktionalistischer Einwände gegen die in manchen Bundesländern wiedereingeführte geschlossene Unterbringung von Jugendlichen zeigt, dass nicht Effizienz- und Effektivitätsfragen an sich entscheidend sind für die Durchsetzungsmächtigkeit Einzelner – aktuell der neo-sozialen – Strategien.[12] Entscheidend ist vielmehr die diesen Strategien inhärente Weltdeutung. Mit Ineffizienz oder Ineffektivitätseinwänden, wie im Fall der Wiedereinführung geschlossener Unterbringung wird höchstens neo-sozialen Postulaten der „Ideologiefreiheit", des „Sachzwangs" und einer verstärkt notwendigen Reglementierung zugearbeitet.

---

12 Der BUNDESVERBAND PRIVATER TRÄGER DER FREIEN KINDER-, JUGEND- UND SOZIALHILFE schreibt in seiner Stellungnahme zur Wiedereinführung der „geschlossenen Unterbringung" im Dezember 2002: „Der VPK verkennt nicht das Dilemma, dass derzeit keine oder zumindest keine ausreichenden adäquaten Leistungsangebote für ein besonders schwieriges und auffälliges Klientel der Jugendhilfe vorhanden sind. Diesem Klientel ist aber nicht mit geschlossener Unterbringung geeignet zu begegnen, sondern für diesen Personenkreis besteht die Notwendigkeit von besonderen pädagogisch-fachlichen Konzepten, deren Entwicklung und Ausbau qualifiziert voranzutreiben ist. Diese zwar kostenintensiven Angebote sind *effizienter und effektiver* als geschlossene Unterbringungen" (vgl: VPK-Bundesverband e.V., Dezember 2002 (Quelle: www.vpk.de/mitteilungen/positionen/15122002.html; Hervorh., F.K.).

Denn in welcher Weise auch immer eine Systemlogik vorausgesetzt wird – neo-liberal als Nachtwächterstaat, neo-konservativ als patriarchaler Verantwortungsstaat oder in einer linksliberalen Variante eines fortgeschrittenen Wohlfahrtsstaatsmodells – funktionalistische Argumentationen treten den Akteuren mit der Aufforderung gegenüber, ihre Auseinandersetzungen um eine inhaltliche Bestimmung ihrer Handlungsweisen zu beenden, denn die Sachverhalte seien zu akzeptieren: „Hören Sie auf zu diskutieren, so stehen die Dinge nun mal". Was die Dinge meinen – Globalisierung, Begabung oder Kapitalismus – wird nicht problematisiert und soll auch nicht problematisiert werden: „Der Aufforderungscharakter der Rede von Sachzwang modifiziert (...) ihren Inhalt" (Vobruba 1983, S. 34). Allerdings gibt es weder das wohlfahrtsstaatliche Arrangement, noch dessen neo-soziale, neo-konservative oder neue linksliberale Transformationen „ideologiefrei". Denn auch diese vorausgesetzten „Dinge" sind „innerhalb einer Versammlung aufgetaucht, in der eine Diskussion geführt wird, die zu einem gemeinsamen Urteil gelangen muß" (Latour 2001, S. 83).

Notwendig erscheint deshalb vielmehr eine *transparente* Positionierung *innerhalb* politischer Kämpfe. Dafür sind die historisch-spezifischen Regierungsprogramme, aktuell also die neo-sozialen, ihrem suggerierten „Ideologiefreiheitsgewand" zu entkleiden, um damit die überdeckten – neo-liberalen – Überzeugungen eines patriarchalen Staats, restaurativer Gemeinschaftsvorstellungen und kontextunabhängiger Lebensgestaltungsmöglichkeiten zu dechiffrieren. Dazu wollte die vorliegende Gouvernementalität Sozialer Arbeit einen Beitrag leisten.

Auf dieser Basis stellt sich einer Sozialarbeits- und Jugendhilfeforschung dann dieselbe – bisher zumeist vernachlässigte – Aufgabe, die in jüngster Zeit für die Sozialpolitikforschung insgesamt eingefordert wird (vgl. Lessenich 2003^{2}), nämlich ihre Beschränkung auf Funktionalitätsfragen und damit ihre bisherige „Distanz zu politischen Kämpfen" aufzugeben (Nullmeier 2003, S. 407).

Michael Krätke, auf den Stephan Lessenich in seinen Schlussfolgerungen zur POLITIK IM WOHLFAHRTSSTAAT Bezug nimmt, weist in seinen Überlegungen zur SOZIALPOLITIK IM WOHLFAHRTSSTAAT darauf hin, dass jede Sozialpolitik insofern eine *Politische Theorie* impliziere (vgl. Krätke 1990, S. 676). Denn in jeder Sozialpolitik „gehe es nicht nur um technische Zweckmäßigkeit, sondern vor allem um die ‚regulativen Wertmaßstäbe" (ebd.). Gleichzeitig würden „die Wertmaßstäbe des ganzen Unternehmens nicht offen begründet und propagiert", weshalb dieser immer nur halbe Freunde und halbe Feinde finde (ebd.). An dieses Argument anschließend fordert Lessenich die Ausarbeitung und Verteidigung einer *Politischen Theorie des Wohlfahrtsstaats*. Gerade angesichts der aktuellen neo-sozialen Transformationsbestrebungen zeige sich, wie problematisch es sei, dass das bisherige wohlfahrtsstaatliche Programm nicht explizit positioniert wurde: „(...) gerade in der Krise, in ihrer Gefährdung, wird der Eigenwert von Institutionen sichtbar, der dann unter Umständen – und in paradoxer Weise – *gegen die Institutionen selbst* verteidigt werden muss" (Lessenich 2003[2], S. 426; Hervorh. im Orig.). Soziale Sicherungsstrukturen und damit auch sozialpädagogische Interventionsmaßnahmen sind als Ausprägung eines generalisierten Anspruchs auf soziale Sicherheits- *und* Freiheitsrechte zu verteidigen, respektlose und nicht-partizipative Eingriffe zu skandalisieren und Normalisierungsprozesse permanent als solche zu dechiffrieren. Allerdings sind diese Wertmaßstäbe nicht systematisch analytisch zu konstruieren, sondern auf Basis einer Politischen theorie des Sozialen politisch zu erkämpfen und zu verteidigen.

Eine Politische Theorie des Wohlfahrtsstaats beschreibt somit das Projekt einer skeptischen Legitimation kollektiver Sicherung. Eine solche Politische Theorie des Wohlfahrtsstaats und damit auch eine Politische Theorie Sozialer Arbeit erfordert Analysen historisch-spezifischer Subjektivierungsweisen. Diese *Zeitgeschichten der Wahrheit* sind in politische Kämpfe einzuspeisen, um die historische Spezifik der sozialstaatlichen Institutionalisierung, der wohlfahrtsstaatlichen Programmierung und nun der neo-sozialen Transformationen nachvollziehbar zu machen.

Die hier vorgestellte Gouvernementalität Sozialer Arbeit bietet insofern eine Ausgangsbasis für das Projekt einer Politischen Theorie Sozialer Arbeit an. Ziel ist ein systematisches Argumentationsangebot zur skeptischen Legitimation kollektiver sozialer Sicherungssysteme in ihrer pädagogischen Ausprägung. Basis eines solchen Projektes sind Analysen normativer Gehalte der aktuellen politischen Rationalitäten und Technologien in den Feldern Sozialer Arbeit (vgl. Lang/Sauer 1998, S. 74; Klinger 1998, S. 37). Erfordert eine Politische Theorie des Wohlfahrtsstaats Analysen, um die Objektivität des Sozialen zu rekonstruieren, lautet die Aufgabe für eine Politische Theorie Sozialer Arbeit, zu erfassen, wie die Pädagogik zum Sozialen kam und sich dieses Verhältnis aktuell materialisiert.

Nochmals: Aus einer Politischen Theorie wird keine systematisch-gültige Funktionsbestimmung Sozialer Arbeit abzuleiten sein, wie dies konstruktivistische Theorieprojekte suggerieren – seien sie nun handlungsrationalistisch, ökonomistisch oder systemfunktionalistisch grundgelegt. Das Projekt einer Politischen Theorie Sozialer Arbeit muss daher grundlegend sowohl von einer *Soziologie Sozialer Arbeit*, die sich als externes Theorieangebot begreift (vgl. Bommes/Scherr 2000), als auch von scholastischen Projekten einer *Theorie Sozialer Arbeit* unterschieden werden (vgl. Reyer 2001). Die mit der Diffusion kollektiver Risikokalkulation schwindende Profilierung wissenschaftlicher Expertise sollte gerade zu einem solchen Projekt achtsamerer Wissenschaft motivieren und im Umkehrschluss auch nicht dazu (ver)führen, dass Analysen zu politischen Beratungsprogrammen mutieren (vgl. Stehr 2003).

Motivation eines Engagement für eine Politische Theorie Sozialer Arbeit könnte die schmerzhafte Erfahrung sein, die aktuell stellvertretend ehemalige Akteurinnen der Heimrevolten, der Frauenbewegung oder der Gemeinwesenarbeit machen (vgl. Kap. 3.6). Denn neo-soziale Regierungsprogramme zeichnen sich durch die Integration der vormals gesellschaftskritischen Einwände aus, wie am Beispiel der Kinder- und Jugendhilfe im zweiten Teil dieser Studie gezeigt wurde (vgl. Boltanski/Chiapello 2003, S. 476ff.). Die Akteure in den Feldern Sozialer Arbeit sollten aber gerade *angesichts* dieser Erfahrungen motiviert sein, permanent das „Gefüge der Macht innerhalb der Konstruktion von (...B)etroffenen“ zu dechiffrieren und zu problematisieren und nicht in politische Depression verfallen, dass die alten Dualismen sich als nicht tragfähig erwiesen haben (Massey 2003, S. 45). Soziale Arbeit sollte sich gerade in Kenntnisnahme eines Feldes der Unablässigkeit von Fremd- und Selbstführung aufgefordert sehen, aktiv und vehement in die Prozesse symbolischer Einschließung (Inszenierungs- und Symbolisierungsstrategien) einzugreifen.

Denn, so könnte man die Motivationsformel einer Politischen Theorie des Wohlfahrtsstaats in den Worten John Clarkes zuspitzen: „Ich möchte für das streiten, was der Wohlfahrtsstaat sein könnte“.

Legende zur Materialanalyse

1. Siglenliste

Ba	„InfoService für Kinder- und Jugendhilfe in Baden" (INFORMATIONEN AUS DEM LANDESJUGENDAMT) des Landeswohlfahrtsverbandes Baden
Br	„LANDESJUGENDAMT-INFO" des Landesjugendamt Brandenburg
By	MITTEILUNGSBLATT des Bayerischen Landesjugendamtes
HB	„SPIELRÄUME" des Amtes für Soziale Dienste, Freie Hansestadt Bremen
He	Mitteilungen des Landesjugendamtes Hessen (LJA-INFO)
HH	„STICHWORT:JUGENDHILFE in Hamburg" der Behörde für Schule, Jugend und Berufsbildung – Amt für Jugend
Rl	„JUGENDHILFEREPORT Informationen aus dem Landesjugendamt Rheinland" des Landschaftsverbandes Rheinland
RP	„LANDESJUGENDAMT-INFO" des Landesamtes für Soziales, Jugend und Versorgung des Landes Rheinland-Pfalz, Landesjugendamt
SA	„INFORMATIONSBLATT Landesjugendamt" des Landesamtes für Versorgung und Soziales des Landes Sachsen-Anhalt
Sl	„RUNDBRIEF" des saarländischen Landesjugendamtes, Landesamt für Jugend, Soziales und Versorgung, Saarland
Sn	„MITTEILUNGSBLATT" des Sächsischen Landesjugendamt
Th	„Informationen" (LANDESJUGENDAMT-INFO) des Landesamtes für Soziales und Familie Thüringen, Abteilung 5: Landesjugendamt
WH	„LANDESJUGENDAMT-INFO" des Landeswohlfahrtsverband Württemberg-Hohenzollern

2. Materialkennung

Muster: **XX 122; 33,4**

XX	Kennung des herausgebenden LJAs
122	1: Heftnummer, 22: Kennung des Jahrgangs
33	Seitenkennung
4	Kennung der Textspalte

Beispiel: **Br 199; 24,2**

Br	„LANDESJUGENDAMT-INFO" des Landesjugendamt Brandenburg
199	Erste Ausgabe aus dem Jahr 1999
24	Seite 24
2	Spalte 2

3. Kennungen der (Kinder-) und Jugendberichte

BT-Drucksache V/302	Bericht der Bundesregierung über die Lage der Jugend und über die Bestrebungen auf dem Gebiet der Jugendhilfe gemäß § 25 Abs. 2 des Gesetzes für Jugendwohlfahrt (1. Jugendbericht)
BT-Drucksache V/2453	Bericht über die Lage der Jugend und die Bestrebungen auf dem Gebiet der Jugendhilfe gemäß § 25 Abs. 2 des Jugendwohlfahrtsgesetzes (2. Jugendbericht)
BT-Drucksache 2/16338	Bericht über Bestrebungen und Leistungen der Jugendhilfe gemäß § 25 Abs. 2 des Jugendwohlfahrtsgesetzes (3. Jugendbericht)
BT-Drucksache 8/2110	Sozialisationsprobleme der arbeitenden Jugend in der Bundesrepublik Deutschland. Konsequenzen für Jugendhilfe und Jugendpolitik (4. Jugendbericht)
BT-Drucksache 8/3685	Bericht über Bestrebungen und Leistungen der Jugendhilfe (5. Jugendbericht)
BT-Drucksache 10/1007	Verbesserung der Chancengleichheit von Mädchen in der Bundesrepublik Deutschland (6. Jugendbericht)
BT-Drucksache 10/6730	Jugendhilfe und Familie – die Entwicklung familienunterstützender Leistungen und ihre Perspektiven (7. Jugendbericht)
BT-Drucksache 11/6576	Bericht über Bestrebungen und Leistungen der Jugendhilfe (8. Jugendbericht)
BT-Drucksache 13/70	Bericht über die Situation der Kinder und Jugendlichen und die Entwicklungen der Jugendhilfe in den neuen Bundesländern (9. Jugendbericht)
BT-Drucksache 13/11368	Bericht über die Lebenssituation von Kindern und die Leistungen der Kinderhilfen in Deutschland (10. Kinder- und Jugendbericht)
BT-Drucksache 14/8181	Bericht über die Lebenssituation junger Menschen und die Leistungen der Kinder- und Jugendhilfe in Deutschland (11. Kinder- und Jugendbericht)

Literatur

Adorno, Theodor W.: Zu Subjekt und Objekt, in: ders.: Stichworte: kritische Modelle 2, Frankfurt a.M. 1969, S. 151-168. [Adorno 1969[1]]

Adorno, Theodor W.: Marginalien zu Theorie und Praxis, in: ders.: Stichworte. Kritische Modelle 2, Frankfurt a.M. 1969, S. 169-191. [Adorno 1969[2]]

Adorno, Theodor W.: Anmerkungen zum philosophischen Denken, in: Stichworte: kritische Modelle 2, Frankfurt a.M. 1969, S. 11-19. [Adorno 1969[3]]

Adorno, Theodor W.: Negative Dialektik, Frankfurt a.M. 1975.

Adorno, Theodor W./Horkheimer, Max: Dialektik der Aufklärung: philosophische Fragmente [1944] 1988.

Albrecht, Günther: Soziologische Erklärungsansätze individueller Gewalt und ihre empirische Bewährung, in: Heitmeyer, Wilhelm/Hagan, John (Hg.): Internationales Handbuch der Gewaltforschung, Opladen 2002, S. 763-818.

Andresen, Sabine/Bader, Meike Sophia: Wege aus dem Jahrhundert des Kindes: Tradition und Utopie bei Ellen Key, Neuwied/Kriftel 1998.

Angerhausen, Susanne: Patienten als Bürger stärken Mehr Beteiligung für ein besseres Gesundheitswesen, in: Blätter der Wohlfahrtspflege, Heft 6, 2002, S. 217-230.

Arendt, Hannah: Macht und Gewalt, München 1998 (13. Auflage).

Aristoteles: Politik, München 1968.

Autorenkollektiv: Ahlheim u.a.: Gefesselte Jugend: Fürsorgeerziehung im Kapitalismus, Frankfurt a.M. 1972 (2. Auflage).

Bandemer, Stephan von/Hilbert, Josef: Vom expandierenden zum aktivierenden Staat, in: Bandemer, Stephan von/Blanke, Bernhard/Nullmeier, Frank/Wewer, Göttrik (Hg.): Handbuch zur Verwaltungsreform, Opladen 1998, S. 25-32.

Barlösius, Eva: Die Macht der Repräsentation, in: Dies./Hans-Peter Müller/Steffi Sigmund (Hg.): Gesellschaftsbilder im Umbruch. Soziologische Perspektiven in Deutschland, Opladen 2001.

Battaille, Georges: Die Souveränität, in: ders.: Die psychologische Struktur des Faschismus. Die Souveränität, München 1997, S. 45-72.

Bäuerle, Wolfgang: Sozialarbeit und Gesellschaft, Weinheim/Berlin/Basel 1970.

Bauman, Zygmunt: Ansichten der Postmoderne, Hamburg 1995.

Bauman, Zygmunt: Vom Nutzen der Soziologie, Frankfurt a.M. [1990] 2000.

Bäumer, Gertrud: Die historischen und sozialen Voraussetzungen der Sozialpädagogik und die Entwicklung ihrer Theorie, in: Nohl, Hermann/Pallat, Ludwig (Hg.): Handbuch der Pädagogik, Fünfter Band, Langensalza 1929, S. 3-17. [Bäumer 1929[1]]

Bäumer, Gertrud: Das Jugendwohlfahrtswesen, in: Nohl, Hermann/Pallat, Ludwig (Hg.): Handbuch der Pädagogik, Fünfter Band, Langensalza 1929, S. 18-26. [Bäumer 1929[2]]
Bäumer, Gertrud: Sinn und Formen geistiger Führung, Berlin 1930.
Baumert, Jürgen/Artelt, Cordula/Klieme, Eckhart/Neubrand, Michael/Prenzel, Manfred/Schiefele, Ulrich/Schneider, Wolfgang/Schümer, Gundel/Stanat, Petra/Tillmann,Klaus-Jürgen/Weiß, Manfred (Hg.): Pisa 2000: ein differenzierter Blick auf die Länder der Bundesrepublik Deutschland. Zusammenfassung zentraler Befunde, Berlin 2003 (Max-Planck-Institut für Bildungsforschung).
Baumert, Jürgen/Klieme, Eckhart/Neubrand, Michael/Prenzel, Manfred/Schiefele, Ulrich/Schneider, Wolfgang/Stanat, Petra/Tillmann, Klaus-Jürgen/Weiß, Manfred (Deutsches PISA-Konsortium) (Hg.): Pisa 2000: Basiskompetenzen von Schülerinnen und Schülern im internationalen Vergleich, Opladen 2001.
Bäumler, Christoph: Theologische Implikationen in der kritischen Bildungstheorie Heinz-Joachim Heydorns, in: Euler, Peter/Pongratz, Ludwig A. (Hg.): Kritische Bildungstheorie: zur Aktualität Heinz-Joachim Heydorns, Weinheim 1995, S. 75-86.
Beck, Ulrich, Risikogesellschaft: auf dem Weg in eine andere Moderne, Frankfurt a.M. 1986.
Becker, Helmut: Die Logik der Strategie: eine Diskursanalyse der politischen Philosophie Michel Foucaults, Frankfurt a.M. 1981.
Becker, Helmut/Eigenbrodt, Jörg/May, May: Pfadfinderheime, Teestube, Straßenleben. Jugendliche Cliquen und ihre Sozialräume. Frankfurt a.M. 1984.
Becker, Helmut/Hafemann, Helmut/May, Michael: „Das ist unser Haus, aber ...“ - Raumstruktur und Raumaneignung im Jugendzentrum, Frankfurt a.M. 1984.
Beckmann, Christof/Otto, Hans-Uwe/Richter, Martina/Schrödter, Mark (Hg.): Qualität in der Sozialen Arbeit: zwischen Nutzerinteresse und Kostenkontrolle, Wiesbaden 2004.
Behrens, Fritz: Der aktivierende Staat: von der Allzuständigkeit zur Selbstregierung, in: Alemann, Ulrich/Heinze, Rolf G./Wehrhöfer, Ulrich (Hg.): Bürgergesellschaft und Gemeinwohl: Analyse. Diskussion. Praxis, Opladen 1999, S. 47-59.
Benjamin, Walter: Einbahnstraße, Frankfurt a.M. 1972.
Benner, Dietrich: Hauptströmungen der Erziehungswissenschaft: eine Systematik traditioneller und moderner Theorien, München 1973.
Bergemann, Paul: Aphorismen zur sozialen Pädagogik, Leipzig 1899.
Berger, Peter L./Luckmann, Thomas: Die gesellschaftliche Konstruktion der Wirklichkeit, Frankfurt a.M. [1966] 2000 (17. Auflage).
Bernfeld, Siegfried: Das Massenproblem in der sozialistischen Pädagogik, in: ders.: Ausgewählte Schriften, Band 3, Darmstadt 1970, S. 919-931.

Bernfeld, Siegfried: Sisyphos oder die Grenzen der Erziehung. Frankfurt a.M. [1925] 1973.

Bien, Günther: Das Theorie-Praxis-Problem und die politische Philosophie bei Platon und Aristoteles, in: Philosophisches Jahrbuch 1969, S. 264-314.

Birkhölzer, Karl: Formen und Reichweite lokaler Ökonomien, in: Ihmig, Harald (Hg.): Wochenmarkt und Weltmarkt: kommunale Alternativen zum globalen Kapital, Bielefeld 2000, S. 56-88.

Blair, Tony/Schröder, Gerhard: Der Weg nach vorne für Europas Sozialdemokraten. Ein Vorschlag, in: Blätter für deutsche und internationale Politik, 44. Jg., Heft 7, 1999, S. 888-896.

Blanke, Thomas/Sachße, Christoph: Theorie der Sozialarbeit, in: Gaertner, Adrian/Sachße, Christoph (Hg.): Politische Produktivität, Frankfurt a.M./New York 1978, S. 15-58.

Bloch, Ernst: Freiheit und Ordnung: Abriß der Sozialutopien, Frankfurt a.M. [1959] 1986.

Böhnisch, Lothar: Der Sozialstaat und seine Pädagogik: sozialpolitische Anleitungen zur Sozialarbeit, Neuwied/Darmstadt 1982.

Böhnisch, Lothar: Pädagogische Soziologie: eine Einführung, Weinheim/München 1996.

Böhnisch, Lothar: Lebensbewältigung. Ein sozialpolitisch inspiriertes Paradigma für die Soziale Arbeit, in: Thole, Werner (Hg.): Grundriss Soziale Arbeit: ein einführendes Handbuch, Opladen 2002, S. 199-213.

Böhnisch, Lothar/Arnold, Helmut/Schröer, Wolfgang: Sozialpolitik: eine sozialwissenschaftliche Einführung, Weinheim/München 1999.

Böhnisch, Lothar/Lösch, Hans: Das Handlungsverständnis des Sozialarbeiters und seine institutionelle Determination, in: Otto, Hans-Uwe/Schneider, Siegfried (Hg.): Gesellschaftliche Perspektiven der Sozialarbeit, Band 2, Darmstadt 1973, S. 21-40.

Böhnisch, Lothar/Münchmeier, Richard: Pädagogik des Jugendraums. Zur Begründung und Praxis einer sozialräumlichen Jugendpädagogik. Weinheim/München 1993.

Böhnisch, Lothar/Scheffold, Werner: Lebensbewältigung: soziale und pädagogische Verständigungen an den Grenzen der Wohlfahrtsgesellschaft, Weinheim/München 1985 .

Böhnisch, Lothar/Schröer, Wolfgang: Pädagogik und Arbeitsgesellschaft: historische Grundlagen und theoretische Ansätze für eine soziapolitische reflexive Pädagogik, Weinheim/München 2001.

Böhnisch, Lothar/Schröer, Wolfgang: Die soziale Bürgergesellschaft: zur Einbindung des Sozialpolitischen in den zivilgesellschaftlichen Diskurs, Weinheim/München 2002.

Boeßenecker, Karl-Heinz: Privatisierung und Ausgliederung im Sozialsektor: ein Balanceakt zwischen Neuer Steuerung und Subsidiarität, in: ders./Trube, Achim/Wohlfahrt, Norbert (Hg.): Privatisierung im Sozi-

alsektor: Rahmenbedingungen, Verlaufsformen und Probleme der Ausgliederung sozialer Dienste, Münster 2000, S. 80-94.
Bolay, Eberhard/Trieb, Bernhard: Verkehrte Subjektivität: Kritik der individuellen Ich-Identität, Frankfurt a.M./New York 1988.
Bolle, Rainer: Jean-Jacques Rousseau: das Prinzip der Vervollkommnung des Menschen durch Erziehung und die Frage nach dem Zusammenhang von Freiheit, Glück und Identität, Münster/New York 1995.
Böllert, Karin: Zwischen Intervention und Prävention: eine andere Funktionsbestimmung sozialer Arbeit, Neuwied/Kriftel/Berlin 1995.
Böllert, Karin: Prävention und Intervention, in: Otto, Hans-Uwe/Thiersch, Hans (Hg.): Handbuch Sozialarbeit/Sozialpädagogik, Neuwied/Kriftel 2001, S. 1394-1398.
Boltanski, Luc/Chiapello, Éve: Der neue Geist des Kapitalismus, Konstanz 2003.
Bommes, Michael: Migration und Sprachverhalten, Wiesbaden 1993.
Bommes, Michael/Scherr, Albert: Soziologie der Sozialen Arbeit: eine Einführung in Formen und Funktionen organisierter Hilfe, Weinheim/München 2000.
Bourdieu, Pierre: Ökonomisches Kapital - Kulturelles Kapital - Soziales Kapital, in: ders.: Die verborgenen Mechanismen der Macht. Schriften zur Politik & Kultur 1, Hamburg 1992, S. 49-79.
Bourdieu, Pierre: Leçon sur la leçon, in: ders.: Sozialer Raum und „Klassen". Leçon sur la leçon. 2 Vorlesungen, Frankfurt a.M. 1995 (3. Auflage), S. 47- 81.
Bourdieu, Pierre: Praktische Vernunft: zur Theorie des Handelns, Frankfurt a.M. 1998.
Bourdieu, Pierre: Sozialer Sinn: Kritik der theoretischen Vernunft, Frankfurt a.M. 1999 (3. Auflage).
Braunmühl, Ekkehard: Antipädagogik: Studien zur Abschaffung der Erziehung, Weinheim/München 1976 (2. Auflage).
Braunmühl, Ekkehard: Zeit für Kinder. Theorie und Praxis von Kinderfeindlichkeit, Kinderfreundlichkeit, Kinderschutz. Zur Beseitigung der Unsicherheit im Umgang mit Kindern. Ein Lernbuch, Frankfurt a.M. 1978.
Bröckling, Ulrich: Totale Mobilmachung. Menschenführung im Qualitäts- und Selbstmanagement, in: ders./Krasmann, Susanne/Lemke, Thomas (Hg.): Gouvernementalität der Gegenwart: Studien zur Ökonomisierung des Sozialen, Frankfurt a.M. 2000, S. 131-167.
Bröckling, Ulrich: Das demokratisierte Panopticon: Subjektivierung und Kontrolle im 360°-Feedback, in: Honneth, Axel/Saar, Martin (Hg.): Michel Foucault: Zwischenbilanz einer Rezeption. Frankfurter Foucault-Konferenz 2001, Frankfurt a.M. 2003, S. 77-93.
Brömme, Norbert/Strasser, Hermann: Gespaltene Bürgergesellschaft?, Die ungleichen Folgen des Strukturwandels von Engagement und Partizipation, in: Aus Politik und Zeitgeschichte, B25-26, 2001, S. 6-14.

Brumlik, Micha: Advokatorische Ethik: zur Legitimation pädagogischer Eingriffe, Bielefeld 1992.
Brumlik, Micha: Soziale Arbeit: funktionale Erfordernisse, ideologische Selbstmißverständnisse und vergessene Traditionen, in: Benner, Dietrich/Tenorth, Heinz-Elmar (Hg.): Bildungsprozesse und Erziehungsverhältnisse im 20. Jahrhundert: praktische Entwicklungen und Formen der Reflexion im historischen Kontext. (Zeitschrift für Pädagogik, 42. Beiheft), Weinheim/Basel 2000, S. 186-211.
Brumlik, Micha: Bildung und Glück: Versuch einer Theorie der Tugenden, Berlin/Wien 2002.
Brunkhorst, Hauke: Sozialarbeit als Ordnungsmacht: zwischen Modernisierungsparadoxien und wachsendem Verständigungsbedarf, in: Olk, Thomas/Otto, Hans-Uwe (Hg.): Soziale Dienste im Wandel, Band 2, Neuwied/Kriftel 1989, S. 199-224.
Brunkhorst, Hauke: Solidarität: von der Bürgerfreundschaft zur globalen Rechtsgenossenschaft, Frankfurt a.M. 2002.
Brunst, Thomas: Öffentliche Videoüberwachung wird privatisiert, Links-Netz, April 2004, www.links-netz.de/K_texte/K_brunst_video.html.
BT-Drucksache 14/8900: Abschlussbericht der Enquete-Kommission „Zukunft des Bürgerschaftlichen Engagements : Bürgerschaftliches Engagement: auf dem Weg in eine zukunftsfähige Bürgergesellschaft“, 3. Juni 2002.
Bublitz, Hannelore: Foucaults Archäologie des kulturellen Unbewußten: zum Wissensarchiv und Wissensbegeheren moderner Gesellschaften, Frankfurt a.M./New York 1999.
Bublitz, Hannelore: Differenz und Integration: zur diskursanalytischen Rekonstruktion der Regelstrukturen sozialer Wirklichkeit, in: Keller, Reiner/Hirseland, Andreas/Schneider, Werner/Viehöver, Willy (Hg.): Handbuch Sozialwissenschaftliche Diskursanalyse, Band 1: Theorien und Methoden, Opladen 2001, S. 225-260.
Bublitz, Hannelore: Diskurs, Bielefeld 2003.
Bundesministerium für Familie, Senioren, Frauen und Jugend, Abteilung Kinder und Jugend (BMFSFJ) 2000: Entwicklung und Chancen junger Menschen in sozialen Brennpunkten (E&C). Berlin [BMFSFJ 2000]
Butler, Judith: Körper von Gewicht: die diskursiven Grenzen des Geschlechts, Frankfurt a.M. 1997.
Butler, Judith: Noch einmal: Körper und Macht, in: Honneth, Axel/Saar, Martin (Hg.): Michel Foucault: Zwischenbilanz einer Rezeption. Frankfurter Foucault-Konferenz 2001, Frankfurt a.M. 2003, S. 52-67.
Butterwegge, Christoph: Der Sozialstaat in der Kritik, in: Ossietzky, Heft 2, 2004 [Quelle: www.sopos.org/aufsaetze/403224bfd7cf5/1.phtml, Stand: Mai 2004]
Caplan, Gerald: Principles of Preventive Psychiatry, London/New York 1964.

Castel, Robert: Von der Gefährlichkeit zum Risiko, in: Wambach, Max (Hg.): Der Mensch als Risiko: zur Logik von Prävention und Früherkennung, Frankfurt a.M. 1983, S. 51-74.

Castel, Robert: Die Metamorphosen der sozialen Frage: eine Chronik der Lohnarbeit, Konstanz 2000.

Chassé, Karl-August: Armut nach dem Wirtschaftswunder: Lebensweisen und Sozialpolitik, Frankfurt a.M. 1988.

Clarke, John: Dissolving the Public Realm? Chapel Hill 2001 (unveröffentl. Vortragsmanuskript. Quelle: www.unc.edu/depts/anthro/talks/clarke.PDF).

Coelen, Thomas: Pädagogik als „Geständniswissenschaft"? Zum Ort der Erziehung bei Foucault, Frankfurt a.M. 1996.

Coelen, Thomas/Otto, Hans-Uwe (Hg.): Grundbegriffe der Ganztagsbildung: zur Integration von formeller und nicht-formeller Bildung, Wiesbaden 2004.

Coleman, James S.: Grundlagen der Sozialtheorie, München 1991.

Cremer-Schäfer, Helga: Nicht Person, nicht Struktur: soziale Situation! Bewältigungsstrategien sozialer Ausschließung, in: Kessl, Fabian/Otto, Hans-Uwe (Hg.): Soziale Arbeit und Soziales Kapital, Wiesbaden 2004.

Dahme, Heinz-Jürgen/Otto, Hans-Uwe/Trube, Achim/Wohlfahrt, Norbert (Hg.): Soziale Arbeit für den aktivierenden Staat, Opladen 2003.

Dahme, Heinz-Jürgen/Wohlfahrt, Norbert: Aktivierender Staat: ein neues sozialpolitisches Leitbild und seine Konsequenzen für die soziale Arbeit, in: Neue Praxis, 32. Jg., Heft 1, 2002, S. 10-32.

Dahme, Heinz-Jürgen/Wohlfahrt, Norbert: Soziale Dienste auf dem Weg in die Sozialwirtschaft. Auswirkungen der ‚Neuen Steuerung' auf die freien Träger und Konsequenzen für die Soziale Arbeit, in: Widersprüche, 23. Jg., Heft 90, 2003, S. 41-56. [Dahme/Wohlfahrt 2003[1]]

Dahme, Heinz-Jürgen/Wohlfahrt, Norbert: Aktivierungspolitik und der Umbau des Sozialstaates: gesellschaftliche Modernisierung durch angebotsorientierte Sozialpolitik, in: Dahme, Heinz-Jürgen/Otto, Hans-Uwe/Trube, Achim/Wohlfahrt, Norbert (Hg.): Soziale Arbeit für den aktivierenden Staat, Opladen 2003, S. 75-100. [Dahme/Wohlfahrt 2003[2]]

Dahme, Heinz-Jürgen/Wohlfahrt, Norbert (Hg.): Aktivierende Soziale Arbeit: Theorie - Handlungsfelder - Praxis, Hohengehren 2004.

Deleuze, Gilles: Der Aufstieg des Sozialen, in: Donzelot, Jacques: Die Ordnung der Familie, Frankfurt a.M. 1980, S. 244-252.

Deleuze, Gilles: Foucault , Frankfurt a.M. 1997 (3. Auflage).

Demirovic, Alex: Nicos Poulantzas: eine kritische Auseinandersetzung, Hamburg 1987.

Demirovic, Alex: Regulation und Hegemonie, in: ders./Krebs, Hans-Peter/Sablowski, Thomas (Hg.): Hegemonie und Staat. Kapitalistische Regulation als Projekt und Prozeß, Münster 1992, S. 128-157.

Demirovic, Alex: Revolution und Freiheit. Zum Problem der radikalen Transformation bei Arendt und Adorno, in: Auer, Dirk/Rensmann,

Lars/Schulze Wessel, Julia (Hg.): Arendt und Adorno, Frankfurt a.M. 2003, S. 260-285.
Derrida, Jacques: Die Schrift und die Differenz, Frankfurt a.M. 1972.
Detel, Wolfgang: Macht, Moral, Wissen: Foucault und die klassische Antike, Frankfurt a.M. 1998.
Deuber-Mankowsky, Astrid: Lara Croft: Modell, Medium, Cyberheldin, Frankfurt a.M. 2001.
Deutsche Shell (Hg.): Jugend 2002: zwischen pragmatischem Idealismus und robustem Materialismus, Frankfurt a. M. 2002.
Dewe, Bernd/Otto, Hans-Uwe: Profession, in: Thiersch, Hans/Otto, Hans-Uwe (Hg.): Handbuch Sozialarbeit/Sozialpädagogik, Neuwied/Kriftel 2001, S. 1399-1423.
Dohmen, Günther: Das informelle Lernen: die internationale Erschließung einer bisher vernachlässigten Grundform menschlichen Lernens für das lebenslange Lernen aller, Berlin (Bundesministerium für Bildung und Forschung) 2001.
Donabedian, Avedis: The definition of quality and approaches to its assessment and monitoring, Vol. 1, Ann Arbor (Health Administration Press) 1980.
Donzelot:, Jacques: Die Ordnung der Familie, Frankfurt a.M. 1980.
Dreyfus, Hubert L./Rabinow, Paul: Michel Foucault: jenseits von Strukturalismus und Hermeneutik, Frankfurt a.M. 1994 (2. Auflage).
Dudek, Peter: Grenzen der Erziehung im 20. Jahrhundert: Allmacht und Ohnmacht der Erziehung im pädagogischen Diskurs, Bad Heilbrunn 1999.
Durkheim, Emile: Über sozialen Arbeitsteilung: Studie über die Organisation höherer Gesellschaften, Frankfurt a.M. [1893] 1996 (2. Auflage).
Dyrberg, Torben Bech: Diskursanalyse als postmoderne politische Theorie, in: Butler, Judith (Hg.): Das Undarstellbare der Politik: zur Hegemonietheorie Ernesto Laclaus, Wien 1998, S. 23-51.
Eagleton, Terry: Ideologie: eine Einführung, Stuttgart/Weimar 1993.
Elschenbroich, Donata: Weltwissen der Siebenjährigen: wie Kinder die Welt entdecken können, München 2001.
Elsen, Susanne/Ries, Heinz/Löns, Nikola/Homfeldt, Hans-Günther (Hg.): Sozialen Wandel gestalten - Lernen für die Zivilgesellschaft, Neuwied/Kriftel 2000.
Elsen, Susanne: Gemeinwesenökonomie - eine Antwort auf Arbeitslosigkeit, Armut und soziale Ausgrenzung? Soziale Arbeit, Gemeinwesenarbeit und Gemeinwesenökonomie im Zeitalter der Globalisierung. Neuwied/Kriftel 1998.
Engels, Friedrich: Der Ursprung der Familie, des Privateigentums und des Staats, MEW, Ausgewählte Schriften II, Berlin [1884] 1983, S. 155-301.
Ericson, Richard/Barry, Dean/Doyle, Aaron: The moral hazards of neoliberalism: lessons form the private insurance industry, in: Economy and Society, Vol. 29, No. 4, 2000, S. 532-557.

Esch, Karin/Hilbert, Josef/Stöbe-Blossey, Sybille: Der aktivierende Staat - Konzept, Potentiale und Entwicklungstrends am Beispiel der Jugendhilfe, in: Heinze, Rolf G./Olk, Thomas (Hg.): Bürgerengagement in Deutschland; Bestandsaufnahmen und Perspektiven, Opladen 2001, S. 519-547.

Etzioni, Amitai: Die Entdeckung des Gemeinwesens: Ansprüche, Verantwortlichkeiten und das Programm des Kommunitarismus, Stuttgart 1995 [Original: The Spirit of Community. Rights, Responsibilities, and the Communitarian Agenda, New York (Crown Publishers) 1993].

Etzioni, Amitai: Jeder nur sich selbst der Nächste? In der Erziehung Werte vermitteln, Freiburg 2001.

Euchner, Walter: Egoismus und Gemeinwohl: Studien zur Geschichte der bürgerlichen Philosophie, Frankfurt a.M. 1973.

Europäische Kommission: Some implications of human and social capital building in the knowledge society for employment and social inclusion policies, Brüssel 2002.

Evers, Adalbert/Nowotny, Helga: Über den Umgang mit Unsicherheit: die Entdeckung der Gestaltbarkeit von Gesellschaft, Frankfurt a.M. 1987.

Evers, Adalbert/Olk, Thomas (Hg.): Wohlfahrtspluralismus. Vom Wohlfahrtsstaat zur Wohlfahrtsgesellschaft, Opladen 1996.

Ewald, François: Der Vorsorgestaat, Frankfurt a.M. 1993.

Fach, Wolfgang: Die Regierung der Freiheit, Frankfurt a.M. 2003.

Fichte, Johann Gottlieb: Grundlage der gesamten Wissenschaftslehre, in: Fichtes Werke, Band 1: Zur theoretischen Philosophie I, Berlin 1971, S. 83- 328.

Fink-Eitel, Hinrich: Michel Foucault zur Einführung, Hamburg 1997 (3. Auflage).

Flitner, Wilhelm: Allgemeine Pädagogik, Stuttgart 1962 (8. Auflage).

Flösser, Gaby/Otto, Hans-Uwe/Tillmann, Klaus-Jürgen (Hg.): Schule und Jugendhilfe. Neuorientierung im deutsch-deutschen Übergang, Opladen 1996.

Forst, Rainer: Kontexte der Gerechtigkeit, Frankfurt 1994.

Foucault, Michel: Die Ordnung der Dinge: eine Archäologie der Humanwissenschaften, Frankfurt a.M. [1966] 1974.

Foucault, Michel: Straftheorien und Strafinstitutionen, in: Kremer-Marietti, Angele: Michel Foucault - der Archäologe des Wissens, Frankfurt a.M. 1976, S. 198-202.

Foucault, Michel: Mächte und Strategien, Antwort auf Fragen der Zeitschrift „Les revoltes logiques", in: ders.: Dispositive der Macht, Berlin 1978, S. 199-216. [Foucault 1978[1]]

Foucault, Michel: Wahrheit und Macht, in: ders.: Dispositive der Macht, Berlin 1978, S. 21-54. [Foucault 1978[2]]

Foucault, Michel: Historisches Wissen der Kämpfe und Macht, Vorlesung vom 7. Januar 1976, in: ders.: Dispositive der Macht, Berlin 1978, S. 55-74. [Foucault 1978[3]]

Foucault, Michel: Ein Spiel um die Psychoanalyse. Gespräch mit Angehörigen des Departement de Psychanalyse der Universität Paris/Vincennes, in: ders.: Dispositive der Macht, Berlin 1978, S. 118-175. [Foucault 1978[4]]

Foucault, Michel: Archäologie des Wissens, Frankfurt a.M. 1981.

Foucault, Michel: Freiheit und Selbstsorge (Gespräch mit Helmut Becker u.a. am 20. Januar 1984), in: Becker, Helmut/Wolfstetter, Lothar (Hg.): Freiheit und Selbstsorge, Frankfurt a.M. 1985, S. 9-28.

Foucault, Michel: Was ist Kritik?, Berlin 1992.

Foucault Michel: Technologien des Selbst, in: Martin, Luther H./Gutman, Huck/Hutton, Patrick (Hg.): Technologien des Selbst, Frankfurt a.M. 1993, S. 24-62.

Foucault, Michel: Politik und Ethik, in: Deutsche Zeitschrift für Philosophie, 42. Jg., Heft 4, 1994, S. 703-708. [Foucault 1994[1]]

Foucault, Michel: Überwachen und Strafen: die Geburt des Gefängnisses, Frankfurt a.M. 1994. [Foucault 1994[2]]

Foucault, Michel: Das Subjekt und die Macht, in: Dreyfus, Hubert L./Rabinow, Paul: Michel Foucault: jenseits von Strukturalismus und Hermeneutik, Frankfurt a.M. 1994 (2. Auflage), S. 243-261. [Foucault 1994[3]]

Foucault, Michel: Der Wille zum Wissen: Sexualität und Wahrheit, Band 1, Frankfurt a.M. 1999 (11. Auflage). [Foucault 1999[1]]

Foucault, Michel: In Verteidigung der Gesellschaft: Vorlesungen am Collège de France (1975-1976), Frankfurt a.M. 1999. [Foucault 1999[2]]

Foucault, Michel: Der Gebrauch der Lüste: Sexualität und Wahrheit, Band 2, Frankfurt a.M. [1984] 2000 (6. Auflage). [Foucault 2000[1]]

Foucault, Michel: Die ‚Gouvernementalität', in: Bröckling, Ulrich/Krasmann, Susanne/Lemke, Thomas (Hg.): Gouvernementalität der Gegenwart: Studien zur Ökonomisierung des Sozialen, Frankfurt a.M. 2000, S. 41-67. [Foucault 2000[2]]

Foucault, Michel: Staatsphobie, in: Bröckling, Ulrich/Krasmann, Susanne/Lemke, Thomas (Hg.): Gouvernementalität der Gegenwart: Studien zur Ökonomisierung des Sozialen, Frankfurt a.M. 2000, S. 68-71. [Foucault 2000[3]]

Foucault, Michel: Die Ordnung des Diskurses, Frankfurt a.M. 2001 (8. Auflage).

Foucault, Michel: Seine eigene Kultur in die Falle locken, in: ders.: Schriften in vier Bänden. Dits et Ecrits. Band II, 1970-1975, Frankfurt a.M. [1972] 2002, S. 476-477.

Foucault, Michel: Die Anormalen, Vorlesungen am Collège de France (1974-1975), Frankfurt a.M. 2003. [Foucault 2003[1]]

Foucault, Michel: Der Diskurs darf nicht gehalten werden für..., in: ders.: Schriften in vier Bänden. Dits et Ecrits. Band III, 1976-1979, Frankfurt a.M. 2003, S. 164-165. [Foucault 2003[2]]

Frehsee, Detlev: Kriminalität als Metasymbol für eine neue Ordnung der Stadt. Bürgerrechte als Privileg, Jugend als Störfaktor, in: Breyvogel, Wilfried (Hg.): Stadt, Jugendkulturen und Kriminalität, Bonn 1998, S. 130-152.

Freitag, Walburga: Contergan - eine genealogische Studie des Zusammenhangs wissenschaftlicher Diskurse und biographischer Erfahrungen, Universität Bielefeld 2003 (Dissertationsschrift).

Fretschner, Rainer/Hilbert, Josef/Stöbe-Blossey, Sybille: Der aktivierende Staat und seine Implikationen für die soziale Arbeit, in: Dahme, Heinz-Jürgen/Otto, Hans-Uwe/Trube, Achim/Wohlfahrt, Norbert (Hg.): Soziale Arbeit für den aktivierenden Staat, Opladen 2003, S. 37-56.

Friedman, Milton: Kapitalismus und Freiheit, München 1976.

Fröbel, Friedrich: Über Wesen und Begriff der Erziehung [1821], in: ders.: Ausgewählte pädagogische Schriften, Paderborn 1965: 5-16.

Galuske, Michael: Flexible Sozialpädagogik: Elemente einer Theorie Sozialer Arbeit in der modernen Arbeitsgesellschaft, Weinheim/München 2002.

Gamm, Hans-Jochen: Führen und Verführung: Pädagogik des Nationalsozialismus; eine Quellensammlung, Frankfurt a.M./New York 1984.

Gängler, Hans: Sozialpädagogisch inszenierte Gemeinschaften, in: Henseler, Joachim/Reyer, Jürgen (Hg.): Sozialpädagogik und Gemeinschaft: historische Beiträge zur Rekonstruktion eines konstitutiven Verhältnisses, Hohengehren 2000, S. 204-216.

Ganßmann, Heiner: Politische Ökonomie des Sozialstaats, Münster 2000.

Garland, David: ‚Governmentality' and the Problem of Crime, in: Smandych, Russell C. (ed.): Governable Spaces: Readings on Governmentality and Crime Control, Aldershot (Asghate/Dartmouth) 1999, S. 15-43.

Gerhard, Ute/Schwarzer, Alice/Slupik, Vera (Hg.): Auf Kosten der Frauen. Frauenrechte im Sozialstaat. Weinheim/Basel 1988.

Gewerkschaftliche Monatshefte, 50. Jg., Heft 6, 1999.

Giddens, Anthony: Die Konstitution der Gesellschaft: Grundzüge einer Theorie der Strukturierung, Frankfurt/New York 1997 (3. Auflage). [Giddens 1997^1]

Giddens, Anthony: Jenseits von links und rechts, Frankfurt a.M. 1997. [Giddens 1997^2]

Giesecke, Hermann: Pluralistische Sozialisation und das Verhältnis von Schule und Sozialpädagogik, in: Deutsche Jugend, 21.Jg., Heft 8, 1973, S. 351- 360

Giesecke, Hermann: Ganztagsschule und außerschulische Jugendbildung, in: Deutsche Jugend, 50. Jg., Heft 10, 2002, S. 440-447.

Gilbert, Neil: Dienstleistungskontrakte: Strategien und Risiken, in: Otto, Hans-Uwe/Schnurr, Stefan (Hg.): Privatisierung und Wettbewerb in der Jugendhilfe: marktorientierte Modernisierungsstrategien in internationaler Perspektive, Neuwied/Kriftel 2000, S. 143-154.

Gilbert, Neil/Gilbert, Barbara: The Enabling State. Modern Welfare Capitalism in America, New York (Oxford University Press) 1989.

Gordon, Colin: Governmental rationality: An Introduction, in: Burchell, Graham/Gordon, Colin/Miller, Peter (eds.): The Foucault Effect: studies in governmentality, London/Toronto/Sydney/Tokyo/Singapore (Harvester Wheatsheaf) 1991, S. 1-52.

Gramsci, Antonio: Gefängnishefte, Band 6, Hamburg 1996.

Gräser, Marcus: Eine neue Sicht auf die Geschichte der Jugendfürsorge? Bemerkungen zu Uwe Uhlendorffs Frage nach dem Revisionsbedarf in der Geschichtsschreibung der Jugendfürsorge, in : Neue Praxis, 21. Jg., Heft 6, 2001, S. 613-619.

Graßl, Anton: Jugendpflege und Schule, in: Deutsche Jugend, 2. Jg., Heft 3, 1954, S. 107ff.

Groß, Melanie: Von riot grrrls, Cyberfeminism und Kommunikationsguerilla - Postfemistische Strategien, in: Widersprüche 23. Jg, Heft 87, 2003, S. 81-91.

Habermas, Jürgen: Theorie des kommunikativen Handelns, Band 2: zur Kritik der funktionalistischen Vernunft, Frankfurt a.M. 1981.

Habermas, Jürgen: Die neue Unübersichtlichkeit: kleine politische Schriften V, Frankfurt a.M. 1985.

Habermas, Jürgen; Der philosophische Diskurs der Moderne, Frankfurt a.M. 1998 (6. Auflage).

Haferkamp, Heinrich: Von der „Entzauberung des Staates“ zur „Wiederkehr des Leviathans“? Anmerkungen zu Anthony Giddens‘ Analyse des Nationalstaats, in: Prokla, 22. Jg., Heft 22, 1992, S. 262-285.

Handler, Joel F.: Down from Bureaucracy: the ambiguity of privatization and empowerment, Princeton (Princeton University Press) 1996.

Haraway, Donna: „Situated Knowledges: The Science Question in Feminism and the Privilege of Partial Perspective“, in: Feminist Studies, Volume 14, Issue 3, 1988, S. 575-599.

Harms, Gerd/Purmann, Reinald/Werder, Lutz von: Alternative Pädagogik oder Reformbürokratie, in: Sozialmagazin, 3. Jg., Heft 3, 1978, S. 18-21.

Hasenclever, Christa: Jugendhilfe und Jugendgesetzgebung seit 1900, Göttingen 1978.

Hauskeller, Christine: Das paradoxe Subjekt: Unterwerfung und Widerstand bei Judith Butler und Michel Foucault, Tübingen 2000.

Hayek, Friedrich A.: Die Verfassung der Freiheit, Tübingen [1960] 1991 (3.Auflage).

Hayek, Friedrich A.: The Road to Serfdom, London (Routlegde and Kegan Paul) 1979.

Heitmeyer, Wilhelm: Jugend, Staat und Gewalt in der politischen Risikogesellschaft, in: ders./Möller, Kurt/Sünker, Heinz (Hg.): Jugend - Staat - Gewalt: politische Sozialisation von Jugendlichen, Jugendpolitik und politische Bildung, Weinheim/München 1992 (2. Auflage), S. 11-46.

Henseler, Joachim: Wie das Soziale in die Pädagogik kam: zur Theoriegeschichte universitärer Sozialpädagogik am Beispiel Paul Natorps und Herman Nohls, Weinheim/München 2000.

Herbart, Johann Friedrich: Sämtliche Werke, Aalen 1964.

Hering, Sabine/Münchmeier, Richard: Geschichte der Sozialen Arbeit: eine Einführung, Weinheim/München 2000.

Heydorn, Heinz-Joachim: Über den Widerspruch von Bildung und Herrschaft, Frankfurt a.M. 1970.

Hinte, Wolfgang: Non-direktive Pädagogik: eine Einführung in Grundlagen und Praxis des selbstbestimmten Lernens, Opladen 1980.

Hinte, Wolfgang: Flexible Hilfen zur Erziehung statt differenzierter Spezialdienste, in: ders/Litges, Gerhard/Springer, Werner: Soziale Dienste: Vom Fall zum Feld. Soziale Räume statt Verwaltungsbezirke, Berlin 1999, S. 87–107.

Hinte, Wolfgang: Zwischen Lebenswelt und Bürokratie - Erfahrungen aus der Stadtteilbezogenen Sozialen Arbeit, in: ders./Lüttringhaus, Maria/Oelschlägel, Dieter: Grundlagen und Standards der Gemeinwesenarbeit: ein Reader für Studium, Lehre und Praxis, Münster 2001, S. 120-127.

Hinte, Wolfgang/Litges, Gerhard/Springer, Werner: Soziale Dienste: Vom Fall zum Feld. Soziale Räume statt Verwaltungsbezirke, Berlin 1999.

Hinte, Wolfgang/Lüttringhaus, Maria/Oelschlägel, Dieter: Grundlagen und Standards der Gemeinwesenarbeit : ein Reader für Studium, Lehre und Praxis, Münster 2001.

Hinte, Wolfgang: Zwischen Lebenswelt und Bürokratie - Erfahrungen aus der Stadtteilbezogenen Sozialen Arbeit, in: ders./Lüttringhaus, Maria/Oelschlägel, Dieter: Grundlagen und Standards der Gemeinwesenarbeit: ein Reader für Studium, Lehre und Praxis, Münster 2001, S. 120-127.

Hitzler, Ronald/Reichertz, Jo/Schröer, Norbert (Hg.): Hermeneutische Wissenssoziologie: Standpunkt zur Theorie der Interpretation, Konstanz 1999.

Hombach, Bodo: Aufbruch: die Politik der neuen Mitte, München 1998.

Honig, Michael-Sebastian: Pädagogische Qualität als erziehungswissenschaftliches Problem, in: Neue Praxis, 32. Jg., Heft 3, 2002, S. 216-230.

Honneth, Axel: Kritik der Macht. Reflexionsstufen einer kritischen Gesellschaftstheorie, Frankfurt a.M. 1985.

Honneth, Axel (Hg.): Kommunitarismus: eine Debatte über die moralischen Grundlagen moderner Gesellschaften, Frankfurt a.M./New York 1995.

Horkheimer, Max: Traditionelle und kritische Theorie: vier Aufsätze, Frankfurt a.M. 1970.

Horkheimer, Max: Materialismus und Metaphysik [1933], in: ders.: Gesammelte Schriften, Band 3: Schriften 1931-1936, Frankfurt a.M. 1988, S. 70-105.

Hörster, Reinhard: Normale Regulierung der Delinquenz und Sozialpädagogik: methodologische Überlegungen zur Analyse einer diskursiven Praxis in pädagogischer Absicht, Frankfurt a.M. 1993 (unveröff. Habilitationsschrift).

Horx, Matthias: Smart Capitalism: das Ende der Ausbeutung, Frankfurt a.M. 2001.

Hummel, Konrad: Öffnet die Altersheime! Gemeinwesenorientierte, ganzheitliche Sozialarbeit mit alten Menschen, Weinheim/Basel 1988 (3. Auflage).

Illich, Ivan: Selbstbegrenzung: eine politische Kritik der Technik, Hamburg 1975.

Jäger, Siegfried: Kritische Diskursanalyse: eine Einführung, Duisburg 1999 (2. Auflage).

Janze, Nicole/Pothmann, Jens: Modernisierung der Heimerziehung: Mythos oder Reaität? Entwicklungen in der Heimerziehung im Spiegel statistischer Befunde, in: Struck, Norbert/Galuske, Michael/Thole, Werner (Hg.): Reform der Heimerziehung, Opladen 2002.

Jaspers, Karl: Was ist Erziehung? Ein Lesebuch, München 1977.

Jordan, Erwin/Sengling, Dieter: Jugendhilfe: Einführung in Geschichte und Handlungsfelder, Organisationsformen und gesellschaftliche Problemlagen, Weinheim/München 1994 (3. Auflage).

Kant, Immanuel: Was ist Aufklärung, in: Berlinische Monatsschrift, Zwölftes Stück, December 1784, S. 481-494.

Karstedt, Susanne: „Linking Social Capital". Überlegungen zur institutionellen Dimension des Sozialkapitals, in: Kessl, Fabian/Otto, Hans-Uwe (Hg.): Soziale Arbeit und Soziales Kapital, Wiesbaden 2004.

Katz, Alfred: Staatsrecht: Grundkurs im öffentlichen Recht, Heidelberg 1987 (8.Auflage).

Kaufmann, Franz-Xaver: Sozialpolitik und Sozialstaat: Soziologische Analyse, Opladen 2002.

Kebir, Sabine: Gramscis Zivilgesellschaft: Alltag, Ökonomie, Kultur, Politik, Hamburg 1991.

Keller, Reiner: Wissenssoziologische Diskursanalyse, in: ders./Hirseland, Andreas/Schneider, Werner/Viehöver, Willy (Hg.): Handbuch Sozialwissenschaftliche Diskursanalyse, Band 1: Theorien und Methoden, Opladen 2001, S. 113-143.

Kessl, Fabian: Ökonomisierung, in: Schröer, Wolfgang/Struck, Norbert/Wolff, Mechthild (Hg.): Handbuch Kinder- und Jugendhilfe, Weinheim/München 2002, S. 1113-1128.

Kessl, Fabian: Sozialer Raum als Fall?, in: Thole, Werner/Galuske, Michael (Hg.): Zwischen Biographiearbeit und Sozialmanagement. Neuere Entwicklungen in der sozialpädagogischen Methodendiskussion, Opladen, 2004 (i.E.).

Kessl, Fabian/Krasmann, Susanne: Sozialpolitische Programmierungen, in: Kessl, Fabian/Maurer, Susanne/Reutlinger, Christian/Frey, Oliver (Hg.): Handbuch Sozialraum, Wiesbaden 2005 (i.E.).

Kessl, Fabian/Maurer, Susanne: Soziale Arbeit, in: Kessl, Fabian/Maurer, Susanne/Reutlinger, Christian/Frey, Oliver (Hg.): Handbuch Sozialraum, Wiesbaden 2005 (i.E.).

Keupp, Heiner: Eine Gesellschaft der Ichlinge? Zum bürgerschaftlichen Engagement von Heranwachsenden, München (Sozialpädagogisches Institut im SOS-Kinderdorf) 2000.

Key, Ellen: Das Jahrhundert des Kindes. Weinheim/Basel 1991.

Kiefl, Walter/Lamnek, Siegfried: Qualitative Methoden in der Marktforschung, in: Planung und Analyse, 11. Jg., Heft 11/12, 1984, S. 474-480.

Klatetzki, Thomas: Flexible Erziehungshilfen. Ein Organisationskonzept in der Diskussion, Münster 1995.

Klinger, Cornelia: Liberalismus - Marxismus - Postmoderne, in: Hornscheidt, Anja/Jähnert, Gabriele/Schlicher, Annette (Hg.): Kritische Differenzen - Geteilte Perspektiven. Zum Verhältnis von Feminismus und Postmoderne.

Klumker, Christian Jasper: Kinderfürsorge und Erziehung, in: Thole, Werner/Galuske, Michael/Gängler, Hans (Hg.): KlassikerInnen der Sozialen Arbeit: sozialpädagogische Texte aus zwei Jahrhunderten - ein Lesebuch, Neuwied/Kriftel 1998, S. 199-219.

Knoblauch, Hubert: Zwischen System und Subjekt? Unterschiede und Überschneidungen zwischen Systemtheorie und Sozialkonstruktivismus, in: Hitzler, Ronald/Reichertz, Jo/Schröer, Norbert (Hg.): Hermeneutische Wissenssoziologie: Standpunkte zur Theorie der Interpretation, Konstanz 1999, S. 213-235.

Koch, Josef u.a.: Mehr Flexibilität, Integration und Sozialraumbezug in den erzieherischen Hilfen: Zwischenergebnisse aus dem Bundesmodellprojekt Integra. Frankfurt a.M. 2002.

Kogon, Eugen: Der SS-Staat: das System der deutschen Konzentrationslager, München 1974.

Köpp, Christina/Neumann, Sascha: Sozialpädagogische Qualität: problembezogene Analysen zur Konzeptualisierung eine Modells, Weinheim/München 2003.

Krasmann, Susanne: Die Kriminalität der Gesellschaft. Zur Gouvernementalität der Gegenwart, Konstanz 2003.

Krätke, Michael: Sozialpolitik im Wohlfahrtsstaat, in: Das Argument, 32. Jg., Heft 5, 1990, S. 675-692.

Krölls, Albert: Die Ökonomisierung der Sozialarbeit. Die Reform des Sozialstaates und der Zeitgeist der Standortpflege in Wissenschaft und Berufspraxis, in: Lindenberg, Michael (Hg.): Von der Sorge zur Härte: kritische Beiträge zur Ökonomisierung Sozialer Arbeit, Bielefeld 2000, S. 55-87.

Krölls, Albert: Die Sozialraumbudgetierung aus jugendhilfepolitischer und jugendrechtlicher Sicht. Ein rechtswidriges Sparprogramm mit fragwürdigem jugendhilfepolitischem Nutzen, in: Merten, Roland (Hg.): Sozialraumorientierung: zwischen fachlicher Innovation und rechtlicher Machbarkeit, Weinheim/München 2002, S. 183-201.

Kronauer, Martin: Exklusion: die Gefährdung des Sozialen im hoch entwickelten Kapitalismus, Frankfurt a.M./New York 2002.

Kunstreich, Timm: Grundkurs Soziale Arbeit: sieben Blicke auf Geschichte und Gegenwart Sozialer Arbeit, Band 1: Blicke auf die Jahre 1850, 1890, 1925 und 1935, Hamburg 1997.

Kunstreich, Timm: Transversale Ökonomien, in: Ihmig, Harald (Hg.): Wochenmarkt und Weltmarkt: kommunale Alternativen zum globalen Kapital, Bielefeld 2000, S. 116-124.

Kunstreich, Timm: Sozialgenossenschaften aus der Sicht der Sozialen Arbeit (unveröffentl. Vortragsmanuskript), Fachtagung „Sozialgenossenschaften und Soziale Arbeit“, Hamburg, 6. Dezember 2002.

Kunstreich, Timm: Neo-Diagnostik - Modernisierung klinischer Professionalität? Exposé für ein ‚Methodenheft‘ der Widersprüche, in: Widersprüche, 23. Jg., Heft 88, 2003, S. 7-10.

Kunstreich, Timm/Müller, Burkhard/Heiner, Maja/Meinhold, Marianne: Diagnose und/oder Dialog? Ein Briefwechsel, in: Widersprüche, 23. Jg., Heft 88, 2003, S. 11-31.

Laclau, Ernesto/Mouffe, Chantal: Hegemonie und radikale Demokratie: zur Dekonstruktion des Marxismus, Wien 2000 (2. Auflage).

Laclau, Ernesto: Emanzipation und Differenz, Wien 2002.

Lamping, Wolfram/Schridde, Henning/Plaß, Stefan/Blanke, Bernhard: Der Aktivierende Staat: Positionen, Begriffe, Strategien, Bonn (Friedrich-Ebert-Stiftung) 2002.

Landolt, Patricia: Eine Abwägung der Grenzen Sozialen Kapitals: Lehren aus den transnationalen Gemeinde-Initiativen El Salvadors, in: Kessl, Fabian/Otto, Hans-Uwe (Hg.): Soziale Arbeit und Soziales Kapital, Wiesbaden 2004.

Lang, Sabine/Sauer, Birgit: Postmoderner Feminismus und politische Praxis, in: Hornscheidt, Anja/Jähnert, Gabriele/Schlicher, Annette (Hg.): Kritische Differenzen - Geteilte Perspektiven. Zum Verhältnis von Feminismus und Postmoderne, Darmstadt 1998, S. 74-92.

Läpple, Dieter: Gesellschaftszentriertes Raumkonzept, in: Wentz, Martin (Hg.): Stadt-Räume, Frankfurt a.M./New York 1991, S. 35-46.

Latour, Bruno: Das Parlament der Dinge: für eine politische Ökologie, Frankfurt a.M. 2001.

Lefebvre, Henri: Metaphilosophische Prolegomena, Frankfurt a.M. 1975.

Lehne, Werner: Zu den Konstruktionsprinzipien der polizeilichen Kriminalstatistik am Beispiel der Jugendkriminalität, in: Breyvogel, Wilfried (Hg.): Stadt, Jugendkulturen und Kriminalität, Bonn 1998, S. 153-171.

Lemke, Thomas: Eine Kritik der politischen Vernunft: Foucaults Analyse der modernen Gouvernmentalität, Berlin/Hamburg 1997.

Lemke, Thomas: Der Kopf des Königs - Recht, Disziplin und Regierung bei Foucault, in: Berliner Journal für Soziologie, Heft 3, 1999, S. 415-434.

Lemke, Thomas: Neoliberalismus, Staat und Selbsttechnologien, Ein kritischer Überblick über die governmentality studies, in: Politische Vierteljahresschrift, 41. Jg., Heft 1, 2000, S. 31-47.

Lenhardt, Gero/Offe, Claus: Staatstheorie und Sozialpolitik, in: Ferber, Christian/Kaufmann, Franz-Xaver (Hg.): Soziologie und Sozialpolitik, Kölner Zeitschrift für Soziologie und Sozialpsychologie, Sonderheft 19, 1977, S. 98-127.

Lessenich, Stephan: Soziale Subjektivität: die neue Regierung der Gesellschaft, in: Mittelweg 36, 12. Jg., Heft 4, 2003, S. 80-93. [Lessenich 2003[1]]

Lessenich, Stephan: Schluss: Wohlfahrtsstaatliche Semantiken - Politik im Wohlfahrtsstaat, in: ders. (Hg.): Wohlfahrtsstaatliche Grundbegriffe: historische und aktuelle Diskurse, Frankfurt a.M./New York 2003, S. 419-426. [Lessenich 2003[2]]

Lindenberg, Michael/Peters, Lutz (Hg.): Die gelebte Hoffnung der Gemeinwesenökonomie, Bielefeld 2004.

Link, Jürgen: Versuch über den Normalismus: wie Normalität produziert wird, Opladen 1997.

Luckmann, Thomas: Wirklichkeiten: individuelle Konstitution und gesellschaftliche Konstruktion, in: Hitzler, Ronald/Reichertz, Jo/Schröer, Norbert (Hg.): Hermeneutische Wissenssoziologie: Standpunkte zur Theorie der Interpretation, Konstanz 1999, S. 17-28.

Lüders, Christian/Winkler, Michael: Sozialpädagogik - auf dem Weg zu ihrer Normalität. zur Einführung in den Themenschwerpunkt, in: Zeitschrift für Pädagogik, 38. Jg., Heft 3, 1992, S. 359-370.

Maas, Udo: Soziale Arbeit als Verwaltungshandeln: systematische Grundlegung für Studium und Praxis, Weinheim/München 1996 (2. Auflage).

Marcuse, Herbert: Ideen zu einer kritischen Theorie der Gesellschaft, Frankfurt a.M. 1969.

Marx, Karl: Das Kapital I, MEW, Band 23, Berlin [1867] 1962.

Marx, Karl: Die Deutsche Ideologie, MEW, Band 3, Berlin [1845/46] 1990.

Marx, Karl: Ökonomisch-philosophische Manuskripte aus dem Jahre 1844, MEW Ergänzungsband 1, [1844] 1968, S. 465-588.

Marx, Karl/Engels, Friedrich: Manifest der Kommunistischen Partei, Berlin [1848] 1987.

Massey, Doreen: Raum und Politik, in: Gebhardt, Hans/Reuber, Paul/Wolkersdorfer, Günter (Hg.): Kulturgeographie. Aktuelle Ansätze und Entwicklungen, Heidelberg/Berlin 2003.

May, Michael: Zur politischen Produktivität Sozialer Arbeit, in: Pfaffenberger, Hand/Scherr, Albert/Sorg, Richard (Hg.): Von der Wissenschaft des Sozialwesens: Standort und Entwicklungschancen der Sozialpädagogik/Sozialarbeitswissenschaft, Rostock 2000, S. 243-261.

Meinhold, Marianne: „Wir behandeln Situationen - nicht Personen". Über Möglichkeiten, situationsbezogene Verfahren anzuwenden am Beispiel des Familienzentrums Melbourne, in: Müller, Siegfried/Otto, Hans-Uwe/Peter, Hilmar/Sünker, Heinz (Hg.): Handlungskompetenz in der Sozialarbeit/Sozialpädagogik, Band 1: Interventionsmuster und Praxisanalysen, Bielefeld 1982, S. 165-183.

Meinhold, Marianne: Über Einzelfallhilfe und Case Management, in: Thole, Werner (Hg.): Grundriss Soziale Arbeit; ein einführendes Handbuch, Opladen 2002, S. 509-521.

Mennicke, Carl: Wesen und pädagogische Bedeutung der Jugendbewegung, in: Die Erziehung, 1. Jahrgang, 1926, S. 263-268.

Mennicke, Carl: Sozialpädagogik: Grundlagen, Formen und Mittel der Gemeinschaftserziehung, Weinheim [1937] 2001.

Merchel, Joachim (Hg.): Qualität in der Jugendhilfe, Münster 1998.

Merten, Roland: Autonomie der Sozialen Arbeit: zur Funktionsbestimmung als Profession und Disziplin, Weinheim/München 1997.

Messmer, Heinz: Kostensteuerung oder fachliche Indikation - Heimerziehung im Spannungsfeld divergierender Rationalitäten, in: Widersprüche, 23. Jg., Heft 90, 2003, S. 25-40.

Meves, Christa: Mut zum Erziehen: Erfahrungen aus der psychagogischen Praxis, Hamburg 1970.

Mezger, Erika/West, Klaus-W. (Hg.): Aktivierender Sozialstaat und politisches Handeln, Marburg 2000.

Miller, Peter/Rose, Nikolas: Das ökonomische Leben regieren, in: Donzelot, Jacques/Meuret, Denis/Miller, Peter/Rose, Nikolas (Hg.): Zur Genealogie der Regulation: Anschlüsse an Michel Foucault, Mainz 1994, S. 54-108.

Mohl, Robert von: Die Polizei-Wissenschaft nach den Grundsätzen des Rechtsstaates, Band 2, Tübingen 1844.

Mollenhauer, Klaus: Einführung in die Sozialpädagogik: Probleme und Begriffe der Jugendhilfe, Weinheim/Basel [1964] 1993 (10. Auflage).

Montag, Warren: Denken an den Grenzen der Gegenwart: der neuen Spinoza, in: Subtropen, Nr. 28, 2. Juli 2003, S. 5-6.

Montessori, Maria: Grundlagen meiner Pädagogik und weitere Aufsätze zur Anthropologie und Didaktik, Heidelberg 1968.

Möser, Sigrid: Kompetenzen und Anforderungen an MitarbeiterInnen und integrierte Hilfen, in: Forum Erziehungshilfen, 1. Jg., Heft 1, 1996, S. 11-14.

Moser, Tilmann: Gleiche Chance für alle?, in: Der Sozialarbeiter, Heft 3/4, 1970, S. 3-13.

Muetzelfeldt, Michael: Organisational Restructuring and Devolutionist Doctrine: Organisation as Strategic Control, in: Marceau, Jane (ed.): Reworking the World Organisations, Technologies, and Culture in Comparative Perspective, Berlin/New York (de Gruyter) 1992, S. 295-316.

Müller, Cathren: Neoliberalismus als Selbstführung. Anmerkungen zu den „Governmentality Studies", in: Das Argument, 45. Jg., Heft 1, 2003, S. 98-106.

Müller, Siegfried/Otto, Hans-Uwe: Gesellschaftliche Bedingungen und Funktionsprobleme soziale Arbeit im Kontext staatlichen Handelns, in: Neue Praxis, 20. Jg., Sonderheft, 1980, S. 5-29.

Müller, Siegfried/Olk, Thomas/Otto, Hans-Uwe: Kommunale Sozialarbeitspolitik, in: Peters, Friedhelm (Hg.): Gemeinwesenarbeit im Kontext lokaler Sozialpolitik, Bielefeld 1983, S. 133-152.

Müller, Siegfried/Otto, Hans-Uwe (Hg.): Verstehen oder Kolonialisieren? Grundprobleme sozialpädagogischen Handelns, Bielefeld 1984.

Münchmeier, Richard: Geschichte der Sozialen Arbeit, in: Harney, Klaus/Krüger, Heinz-Hermann: Einführung in die Geschichte der Erziehungswissenschaft und der Erziehungswirklichkeit, Opladen 1997, S. 271-309.

Münchmeier, Richard/Otto, Hans-Uwe/Rabe-Kleberg, Ursula (Hg.): Jugendhilfe und Lebenskompetenz: Kinder- und Jugendhilfe vor neuen Aufgaben, Opladen 2002.

Münder, Johannes: Familien- und Jugendrecht: eine sozialwissenschaftlich orientierte Einführung, Band 2: Kinder- und Jugendhilferecht, Neuwied/Kriftel 2000 (4. Auflage).

Münkler, Herfried: Ehre, Amt und Engagement. Wie kann die knappe Ressource Bürgersinn gesichert werden?, in: Forschungsjournal Neue Soziale Bewegungen, 13. Jg., Heft 2, 2000, S. 22-32.

Natorp, Paul: Platos Staat und die Idee der Sozialpädagogik [1895], in: ders.: Gesammelte Abhandlungen zur Sozialpädagogik, Stuttgart 1907, S. 1-36.

Natorp, Paul: Sozialpädagogik: Theorie der Willenserziehung auf der Grundlage der Gemeinschaft, Stuttgart [1899] 1925.

Nauerth, Matthias: Neue Steuerungen in der Praxis: Von Nutzenkalkül und Fremdbestimmung der Sozialen Arbeit, in: Widersprüche, 23. Jg., Heft 90, 2003, S. 9-23.

Negt, Oskar/Kluge, Alexander: Öffentlichkeit und Erfahrung: zur Organisationsanalyse von bürgerlicher und proletarischer Öffentlichkeit, Frankfurt a.M. 1974.

Niemeyer, Christian: 100 Jahre Wandervogel - ein Grund zur Freude?, in: Neue Praxis, 31. Jg., Heft 6, 2001, S. 557-572.

Nietzsche, Friedrich: Jenseits von Gut und Böse, in: ders.: Kritische Studienausgabe, München 1999, S. 9-243.

Noack, Winfried: Gemeinwesenarbeit: ein Lehr- und Arbeitsbuch, Freiburg 1999.

Nohl, Hermann: Das Verhältnis der Generationen in der Pädagogik [1914], in: ders.: Pädagogische Aufsätze, Berlin/Leipzig 1929 (2.Auflage), S. 111-120. [Nohl 1914[1]]

Nohl, Hermann: Die pädagogischen Gegensätze [1914], in: ders.: Pädagogische Aufsätze, Berlin/Leipzig 1929 (2. Auflage), S. 100-110. [Nohl 1914[2]]
Nohl, Hermann: Die geistige Welt Pestalozzis [1927], in: ders.: Pädagogische Aufsätze, Berlin/Leipzig 1929 (2. Auflage), S. 65-75.
Nullmeier, Frank: Anerkennung: Auf dem Weg zu einem kulturalen Sozialstaatsverständnis?, in: Lessenich, Stephan (Hg.): Wohlfahrtsstaatliche Grundbegriffe: historische und aktuelle Diskurse, Frankfurt a.M./New York 2003, S. 395-417.
Oelerich, Gertrud: Zum Verhältnis von Jugendhilfe zur Schule. Systematische Restrukturierung und empirische Analyse inter-institutioneller Beziehungen, Heidelberg 1998 (Dissertationsschrift).
Olk, Thomas: Abschied vom Experten, Sozialarbeit auf dem Weg zu einer alternativen Professionalität, Weinheim/München 1986.
Olk, Thomas: Der ‚aktivierende Staat'. Perspektiven einer lebenslagenbezogenen Sozialpolitik für Kinder, Jugendliche, Frauen und ältere Menschen, in: Müller, Siegfried/Sünker, Heinz/Olk, Thomas/Böllert, Karin (Hg.): Soziale Arbeit: gesellschaftliche Bedingungen und professionelle Perspektiven, Neuwied/Kriftel 2000, S. 99-118. [Olk 2000[1]]
Olk, Thomas: Strukturelle und fachliche Konsequenzen der Sozialraumorientierung in der Jugendhilfe, in: BMFSJ/JSB (Hg.): Sozialraumorientierung und neue Finanzierungsformen, Bonn 2000. [Olk 2000[2]]
O'Malley, Pat/Weir, Lorna/Shearing, Clifford: Governmentality, criticism, politics, in: Economy and Society, Vol. 26, No.4, S. 137-155.
Ortmann, Friedrich: Organisation und Verwaltung des „Sozialen", in: Thole, Werner (Hg.): Grundriss Soziale Arbeit: eine einführendes Handbuch, Opladen 2002, S. 403-414.
Osborne, Thomas: Techniken und Subjekte: von den „Governmentality Studies" zu den „Studies of Governmentality", in: Mitteilungen des Instituts für Wissenschaft und Kunst, 56. Jg., Heft 2/3, 2001, S. 12-16.
Otto, Hans-Uwe: Professionalisierung und gesellschaftliche Neuorientierung - zur Transformation des beruflichen Handelns in der Sozialarbeit, in: ders./Schneider, Siegfried (Hg.): Gesellschaftliche Perspektiven der Sozialarbeit, Zweiter Halbband, Neuwied/Berlin 1973, S. 247-261.
Otto, Hans-Uwe: Sozialraumorientierung in der Sozialen Arbeit. Interview von Benedikt Sturzenhecker und Fabian Kessl. In: Unsere Jugend, 54. Jg., Heft 9, 2002, S. 375-380.
Otto, Hans-Uwe: Was wird aus den Armen? Die begründete Angst vor dem Absturz: Ausgrenzung, Armut und schwarze Pädagogik, in: Neue Praxis, 33. Jg., Heft 2, 2003, S. 253-256.
Otto, Hans-Uwe/Rauschenbach, Thomas (Hg.): Die andere Seite der Bildung: Zum Verhältnis von formellen und informellen Bildungsprozessen, Wiesbaden 2004.

Otto, Hans-Uwe/Schnurr, Stefan (Hg.): Privatisierung und Wettbewerb in der Jugendhilfe: marktorientierte Modernisierungsstrategien in internationaler Perspektive, Neuwied/Kriftel 2000.
Otto, Hans-Uwe/Seelmeyer, Udo: Soziale Arbeit und Gesellschaft. Anstöße zu einer Neuorientierung der Debatte um Normativität und Normalität, in: Hering, Sabine/Urban, Ulrike (Hg.): „Liebe allein genügt nicht". Historische und systematische Dimensionen der Sozialpädagogik, Opladen 2004, S. 45-63.
Otto, Hans-Uwe/Sünker, Heinz: Nationalsozialismus, Volksgemeinschaftsideologie und soziale Arbeit, in: dies. (Hg.): Soziale Arbeit und Faschismus, Frankfurt a.M. 1989, S. 7-35.
Pankoke, Eckart: Sociale Bewegung - sociale Frage - sociale Politik: Grundfragen der deutschen „Sozialwissenschaft" im 19. Jahrhundert, Stuttgart 1971.
Panzer, Werner/Stahl, Claus D.: Drogengefährdete Jugendliche - eine Aufgabe für die Sozialpädagogik, in: Sozialpädagogik, 14. Jg., Heft 1, 1972, S. 16-19.
Pestalozzi, Johann Hinrich: Brief an einen Freund über seinen Aufenthalt in Stanz, in: Sämtliche Werke, Band 13, Berlin/Leipzig [1799] 1932, S. 3-32.
Pestalozzi, Johann Hinrich: Wie Gertrud ihre Kinder lehrt: ein Versuch den Müttern Anleitung zu geben, ihre Kinder selbst zu unterrichten, in Briefen, Bad Heilbrunn [1801] 1974.
Pestalozzi, Johann Hinrich: Schwanengesang, in: ders.: Sämtliche Werke, Band 28: Schriften aus den Jahren 1826-1827, Zürich 1976, S. 53-286.
Pestalozzi, Johann Hinrich: Briefe an Herrn Niklaus Emanuel Tscharner über Erziehung der armen Landjugend, in: ders.: Auswahl aus seinen Schriften, Band 2: soziale, wirtschaftliche, politische Themen, Bern/Stuttgart [1777] 1979, S. 13-32.
Peters, Helge: Soziale Probleme und soziale Kontrolle, Wiesbaden 2002.
Peukert, Detlev J.K.: Grenzen der Sozialdisziplinierung: Aufstieg und Krise der deutschen Jugendfürsorge von 1878 bis 1932, Köln 1986.
Pfaffenberger, Hans: Das Theorie- und Methodenproblem der sozialpädagogischen und sozialen Arbeit, in: Röhrs, Hermann (Hg.): Die Sozialpädagogik und ihre Theorie, Frankfurt a.M. 1968, S. 53-65.
Platon: Politeia, in: ders.: Sämtliche Werke, Band 3, Hamburg 1988.
Plößer, Melanie: Dekonstruktion ~ Feminismus ~ Pädagogik. Universität Bielefeld 2004 (Dissertationsschrift).
Pothmann, Jens: Belastungen von Lebenslagen und Jugendhilfeleistungen, in: Forum Jugendhilfe, 4. Jg., Heft 3, 2001, S. 51-54.
Pothmann, Jens/Schilling, Matthias: Entwicklung und Stand der Hilfen zur Erziehung in Nordrhein-Westfalen, HzE-Bericht 1999, Dortmund 2001.
Poulantzas, Nicos: Staatstheorie: politischer Überbau, Ideologie, sozialistische Demokratie, Hamburg 1978.

Projektgruppe „Netzwerke im Stadtteil - Wissenschaftliche Begleitung von E&C“: Grenzen des Sozialraums. Wege aus dem Container: Perspektiven für Soziale Arbeit, Opladen 2004.

Pross, Harry: Jugend, Eros, Politik: Die Geschichte der deutschen Jugendverbände, Köln 1964.

Pühl, Katharina: Geschlechterpolitik im Neoliberalismus, in: Widerspruch, 23. Jg., Heft 44, 2003, S. 61-72.

Rabinow, Paul: Anthropologie der Vernunft: Studien zu Wissenschaft und Lebensführung, Frankfurt a.M. 2004.

Raithel, Jürgen: Risikoverhalten im Jugendalter. Geschlechts- und risikoqualitätsspezifische Aspekte jugendlichen Risikoverhaltens, in: Neue Praxis, 32. Jg., Heft 4, 2002, S. 381-390

Rauschenbach, Thomas/Treptow, Rainer: Sozialpädagogische Reflexivität und gesellschaftliche Rationalität. Überlegungen zur Konstitution sozialpädagogischen Handelns, in: Müller, Siegfried/Otto, Hans-Uwe/Peter, Hilmar/Sünker, Heinz (Hg.): Handlungskompetenz in der Sozialarbeit/Sozialpädagogik II: theoretische Konzepte und gesellschaftliche Strukturen, Bielefeld 1984, S. 21-71.

Rauschenbach, Thomas: Soziale Arbeit und soziales Risiko, in: ders./Gängler, Hans (Hg.): Soziale Arbeit und Erziehung in der Risikogesellschaft, Neuwied/Kriftel/Berlin 1992, S. 25-60.

Rawls, John: Theory of Justice, Cambridge (Belknap Press) 1971 [dt.: Eine Theorie der Gerechtigkeit, Frankfurt a.M. 1975].

Rehmann, Jan: Vom Gefängnis zur moderne Seele: Foucaults ‚Überwachen und Strafen‘ neu besichtigt, in: Das Argument, 45. Jahrgang, Heft 1, 2003, S. 63-81.

Reitz, Tilman: Die Sorge um sich und niemand anderen, in: Das Argument, 45. Jahrgang, Heft 1, 2003, S. 82-97.

Reutlinger, Christian: Unsichtbare Bewältigungskarten von Jugendlichen in gespaltenen Städten. Sozialpädagogik des Jugendraumes aus sozialgeographischer Perspektive, Technische Universität Dresden 2001 (Dissertationsschrift). [Quelle: http://hsss.slub-dresden.de/hsss/servlet/hsss.urlmapping.MappingServlet?id=1014891521046-2341]

Reyer, Jürgen: Der Theorieverlust der Sozialpädagogik: Verfallsgeschichte oder Diversifizierung? Eine historische Rekonstruktion, in: Zeitschrift für Pädagogik, 47. Jg., Heft 5, 2001, S. 641-660.

Richter, Arnd: Die Jagd nach Identität: Ideen zu einer postmodernen Bildungsphilosophie auf der Grundlage einer Kritik an humanistischen identitätsgeprägten Bildungsvorstellungen der Moderne, Oldenburg 1997.

Richter, Helmut/Coelen, Thomas (Hg.): Jugendberichterstattung: Politik, Forschung, Praxis, Weinheim 1997.

Richter, Helmut: Sozialpädagogik - Pädagogik des Sozialen: Grundlegungen - Institutionen - Perspektiven der Jugendbildung, Frankfurt a.M./Berlin/Bern/New York/Paris/Wien 1998.

Richter, Martina: Zur (Neu)Ordnung des Familialen, in: Widersprüche, 24. Jg., Heft 92, 2004.

Ritsert, Jürgen: Einführung in die Logik der Sozialwissenschaften, Münster 1996.

Ritsert, Jürgen: Gesellschaft: ein unergründlicher Grundbegriff der Soziologie, Frankfurt a.M./New York 2000.

Rose, Nikolas: Government, authority and expertise in advanced liberalism, in: Economy and Society Vol. 22, No. 3, 1993, S. 283-299.

Rose, Nikolas: Powers of Freedom: reframing political thought, Cambridge (Cambridge University Press) 1999.

Rose, Nikolas: Tod des Sozialen: eine Neubestimmung der Grenzen des Regierens, in: Bröckling, Ulrich/Krasmann, Susanne/Lemke, Thomas (Hg.): Gouvernementalität der Gegenwart: Studien zur Ökonomisierung des Sozialen, Frankfurt a.M. 2000, S. 72-109. [Original: Rose, Nikolas: The Death of the Social? Refiguring the Territory of Government, in: Economy and Society, Vol. 25, No. 3, 1996, S. 327-356.]

Roß, Lutz: Der allmähliche Ausstieg aus der Ratlosigkeit: ein Praxis-Theorie-Versuch, in: Sozialmagazin, 3. Jg., Heft 4, 1978, S. 15-29.

Rousseau, Jean-Jacques: Emil oder über die Erziehung, Paderborn u.a. [1762] 1995 (12. Auflage).

Saar, Martin: Genealogie und Subjektivität, in: Honneth, Axel/Saar, Martin (Hg.): Michel Foucault: Zwischenbilanz einer Rezeption. Frankfurter Foucault-Konferenz 2001, Frankfurt a.M. 2003, S. 157-177.

Sachße, Christoph/Tennstedt, Florian: Armenfürsorge, soziale Fürsorge, Sozialarbeit, in: Berg, Christa (Hg.): Handbuch der deutschen Bildungsgeschichte. Band 4, S. 1870-1918: von der Reichsgründung bis zum Ende des Ersten Weltkrieges, München 1991, S. 411-440.

Sachße, Christoph/Tennstedt, Florian: Geschichte der Armenfürsorge in Deutschland: vom Spätmittelalter bis zum Ersten Weltkrieg, Stuttgart/Berlin/Köln/Mainz 1980.

Santen, Eric van: ‚Output' und ‚outcome' der Implementierung Neuer Steuerung. Empirische Befunde zu den Erscheinungsformen und Folgen der Neuen Steuerung in der Kinder- und Jugendhilfe, in: Neue Praxis, 28. Jg., Heft 1, 1998, S. 36-49.

Sartori, Giovanni: Demokratietheorie, Darmstadt 1992.

Schaarschuch, Andreas: Zwischen Regulation und Reproduktion: gesellschaftliche Modernisierung und die Perspektiven sozialer Arbeit, Bielefeld 1990.

Schaarschuch, Andreas: Das demokratische Potential Sozialer Arbeit, in: Sünker, Heinz (Hg.): Theorie, Politik und Praxis Sozialer Arbeit: Einführungen in Diskurse und Handlungsfelder der Sozialarbeit/Sozialpädagogik, Bielefeld 1995, S. 48-70.

Schaarschuch, Andreas: Am langen Arm: Formwandel des Staates, Staatstheorie und Soziale Arbeit im entwickelten Kapitalismus, in: Homfeldt, Hans-Günther/Schulze-Krüdener, Jürgen (Hg.): Handlungsfelder der Sozialen Arbeit, Band 3, Stuttgart 2003, S. 36-65.

Schellhorn, Walter (Hg.): SGB VIII/KJHG - Sozialgesetzbuch Achtes Buch Kinder- und Jugendhilfe, Neuwied/Kriftel 2000.

Schelsky, Helmut: Der selbstständige und der betreute Mensche: politische Schriften und Kommentare, Stuttgart 1976.

Scherpner, Hans: Theorie der Fürsorge, Göttingen 1962.

Scherrer, Christoph: Eine diskursanalytische Kritik der Regulationstheorie, in: Prokla, 25. Jg., Heft 3, 1995, S. 457-482.

Schilling, Otto: Die soziale Frage, München 1931.

Schmidt, Manfred: Demokratietheorien: eine Einführung, Opladen 1997.

Schmidt, Manfred G.: Sozialpolitik in Deutschland: historische Entwicklung und internationaler Vergleich, Opladen 1998.

Schmidt, Martin/Schneider, Karsten/Hohm, Erika/Pickartz, Andrea/Macsenaere, Michael/Petermann, Franz/Flosdorf, Peter/Hölzl, Heinrich/Knab, Eckart: Effekte erzieherischer Hilfen und ihre Hintergründe, Stuttgart 2002.

Schmidt-Semisch, Henning: Selber schuld. Skizzen versicherungsmathematischer Gerechtigkeit, in: Bröckling, Ulrich/Krasmann, Susanne/Lemke, Thomas (Hg.): Gouvernementalität der Gegenwart: Studien zur Ökonomisierung des Sozialen, Frankfurt a.M. 2000, S. 168-193.

Schmidt-Semisch, Henning: Kriminalität als Risiko: Schadenmanagement zwischen Strafrecht und Versicherung, München 2002.

Schröder, Gerhard: Die zivile Bürgergesellschaft, in: Süddeutsche Zeitung vom 24. März 2000.

Schroer, Markus: Das Individuum der Gesellschaft: synchrone und diachrone Theorieperspektiven, Frankfurt a.M. 2001.

Schröer, Wolfgang: Sozialpädagogik und die soziale Frage: der Mensch im Zeitalter des Kapitalismus um 1900, Weinheim/München 1999.

Schütte, Stefan: Soziale Netzwerke als räumliche Orientierungssysteme: Konstruktionen von Raum und Lokalität der Wäscher von Banaras, Saarbrücken 2003.

Schui, Herbert/Blankenburg, Stephanie: Neoliberalismus: Theorie, Gegner, Praxis, Hamburg 2002.

Sengling, Dieter: Die Situation Jugendlicher in der heutigen Gesellschaft und Möglichkeiten der Jugendhilfe, junge Menschen zu Initiative und Eigenverantwortlichkeit anzuregen, in: Petersen, Käthe: Selbsthilfe und ihre Aktivierung durch die Soziale Arbeit. Gesamtbericht über den 68. Deutschen Fürsorgetag 1976 in Dortmund, 10.-12. November 1976 (Schriften des Deutschen Vereins für öffentliche und private Fürsorge), Frankfurt a.M. 1976, S. 22-31.

Sennett, Richard: Respekt im Zeitalter der Ungleichheit, Berlin 2002.

Sinn, Hans-Werner/Holzner, Christian/Meister, Wolfgang/Ochel, Wolfgang/Werding, Martin: Aktivierende Sozialhilfe: Ein Weg zu mehr Beschäftigung und Wachstum, in: IFO Schnelldienst, 55. Jg., Heft 9, 2002, S. 3-52.
Smith, Adam: Der Wohlstand der Nationen: eine Untersuchung seiner Natur und seiner Ursachen, München 1998 [1776] (5.Auflage).
Spindler, Helga: Aktivierende Ansätze in der Sozialhilfe, in: Dahme, Heinz-Jürgen/Otto, Hans-Uwe/Trube, Achim/Wohlfahrt, Norbert (Hg.): Soziale Arbeit für den aktivierenden Staat, Opladen 2003, S. 225-246.
Stehr, Nico: Wissenspolitik: die Überwachung des Wissens, Frankfurt a.M. 2003.
Stein, Lorenz von: Die Geschichte der socialen Bewegungen in Frankreich von 1789 bis auf unsere Tage, Leipzig 1850.
Stein, Lorenz von: Proletariat und Gesellschaft, München 1971 [1948].
Stenson, Kevin: Social work discourse and the social work interview, in: Economy and Society, Vol. 22, No. 1, 1993, S. 42-76.
Stiefel, Marie-Luise: Reform der Erziehungshilfen in Stuttgart, in: Merten, Roland (Hg.): Sozialraumorientierung. Zwischen fachlicher Innovation und rechtlicher Machbarkeit, Weinheim/München 2002, S. 55-67.
Sturzenhecker, Benedikt: Aktivierende Jugendarbeit?, in: Dahme, Heinz-Jürgen/Otto, Hans-Uwe/Trube, Achim/Wohlfahrt, Norbert (Hg.): Soziale Arbeit für den aktivierenden Staat, Opladen 2003, S. 381-390.
Sünker, Heinz: Bildung, Alltag und Subjektivität: Elemente zu einer Theorie der Sozialpädagogik, Weinheim 1989.
Sünker, Heinz: Theoretische Ansätze, gesellschaftspolitische Kontexte und professionelle Perspektiven Sozialer Arbeit, in: ders. (Hg.): Theorie, Politik und Praxis Sozialer Arbeit: Einführungen in Diskurse und Handlungsfelder der Sozialarbeit/Sozialpädagogik, Bielefeld 1995, S. 72-99.
Sünker, Heinz: Soziale Arbeit und Gesellschaftspolitik. Politisches Mandat als konstitutives Moment moderner Sozialarbeit, in: Merten, Roland (Hg.): Hat Soziale Arbeit ein politisches Mandat? Positionen zu einem strittigen Thema, Opladen 2001, S. 71-86.
Tenorth, Heinz-Elmar: „Reformpädagogik". Ein erneuter Versuch, ein erstaunliches Phänomen zu verstehen, in. Zeitschrift für Pädagogik, 40. Jg., Heft 4, 1994, S. 585-606.
Thiersch, Hans: Alltagshandeln und Sozialpädagogik, in: Neue Praxis, 25. Jg., Heft 3, 1995, S. 215-234.
Thiersch, Hans: Lebensweltorientierte Soziale Arbeit: Aufgaben der Praxis im sozialen Wandel, Weinheim/München [1992] 2000. [Thiersch 2000[1]]
Thiersch, Hans: Sozialpädagogik und Erziehungswissenschaft, in: Böhme, Peter/Heil, Ragnar/Kessl, Fabian/Landhäußer, Sandra/Reinke, Thilo (Hg.): Von der Notwendigkeit der Erziehungswissenschaft: Begründungsversuche und Reflexionen, Neuwied/Kriftel 2000, S. 77-92. [Thiersch 2000[2]]

Thiersch, Hans: Positionsbestimmungen der Sozialen Arbeit: Gesellschaftspolitik, Theorie und Ausbildung, Weinheim/München 2002.

Treptow, Rainer (Hg.): Internationaler Vergleich und Soziale Arbeit, Rheinfelden 1996.

Treptow, Rainer: Raub der Utopie: Zukunftskonzepte bei Schütz und Bloch. Kritik der Alltagspädagogik, Bielefeld 1985.

Tröhler, Daniel: Pädagogische Historiographie und Kontext, in: Zeitschrift für pädagogische Historiographie, 7. Jg., Heft 1, 2001, S. 26-34.

Trotha, Trutz: Ethnomethodologie und abweichendes Verhalten. Anmerkungen zum Konzept des „Reaktionsdeppen", in: Kriminologisches Journal, 9. Jg., Heft 1, 1977, S. 98-115.

Trube, Achim: Vom Wohlfahrtsstaat zum Workfarestate - Sozialpolitik zwischen Neujustierung und Umstrukturierung, in: Dahme, Heinz-Jürgen/Otto, Hans-Uwe/Trube, Achim/Wohlfahrt, Norbert (Hg.): Soziale Arbeit für den aktivierenden Staat, Opladen 2003, S. 177-203.

Uhlendorff, Uwe: Geschichte des Jugendamtes: Entwicklungslinien öffentlicher Jugendhilfe 1871 bis 1929, Weinheim/Basel/Berlin 2003.

Uhlendorff, Uwe: Ist die Geschichte der Jugendhilfe revisionsbedürftig?, in: Neue Praxis, 31. Jg., Heft 1, 2001, S. 40-51.

Vahsen, Friedhelm: Einführung in die Sozialpädagogik: bildungspolitische und theoretische Ansätze, Stuttgart u.a. 1975.

Vobruba, Georg: Prävention durch Selbstkontrolle, in: Wambach, Max (Hg.): Der Mensch als Risiko: zur Logik von Prävention und Früherkennung, Frankfurt a.M. 1983, S. 29-47.

Vogel, Martin Rudolf: Sozialpädagogik und Sozialarbeit in der heutigen Gesellschaft, in: Mollenhauer, Klaus (Hg.): Zur Bestimmung von Sozialpädagogik und Sozialarbeit in der Gegenwart, Weinheim 1966, S. 67-85.

Völker, Wolfgang: Veränderte sozialpolitische Rahmenbedingungen der Arbeit mit Arbeitslosen, unveröffentl. Vortragsmanuskript, 4. Bundeskongress Soziale Arbeit, Symposium: Arbeit mit Arbeitslosen zwischen Bildungssystem und Arbeitsmarkt, Wiesbaden/Mainz 20. - 22.09.2001.

Walters, William: The „active society", in: Policy and Politics. Vol. 25, No. 3, 1997, S. 221-234.

Walther, Andreas: Varianten zwischen Erpressung und Empowerment. Für eine Erweiterung des Diskurses zum aktivierenden Statt im internationalen Vergleich, in: Neue Praxis, 33. Jg., Heft 3/4, 2003, S. 288-305.

Walzer, Michael: Kritik und Gemeinsinn, Frankfurt a.M. 1993.

Walzer, Michael: Die kommunitaristische Kritik am Liberalismus, in: Honneth, Axel (Hg.): Kommunitarismus: eine Debatte über die moralischen Grundlagen moderner Gesellschaften, Frankfurt a.M./New York 1995, S. 157-180.

Walzer, Michael: Die Tugend des Augenmaßes: über das Verhältnis von Gesellschaftskritik und Gesellschaftstheorie, in: Wenzel, Uwe Justus

(Hg.): Der kritische Blick: über intellektuelle Tätigkeiten und Tugenden, Frankfurt a.M. 2002, S. 25-38.
Weber, Beate: Stadtentwicklung mit den Bürgerinnen und Bürgern - Entwicklungspotentiale der Zivilgesellschaft am Beispiel Heidelberg?, in: Schmals, Klaus M./Heinelt, Hubert (Hg.): Zivile Gesellschaft: Entwicklung, Defizite und Potentiale, Opladen 1997, S. 59-79.
Wehler, Hans-Ulrich: Deutsche Gesellschaftsgeschichte, Band 3. Von der ‚Deutschen Doppelrevolution' bis zum Beginn des Ersten Weltkrieges: 1849-1914, München 1995.
Welsch, Wolfgang: Vernunft: die zeitgenössische Vernunftkritik und das Konzept der transversalen Vernunft, Frankfurt a.M. 1996.
Wenzel, Hermann: Führungsstil und Heimstruktur. Gründe für die Misere der Heimerziehung, in: Sozialpädagogik, 6. Jg., Heft 5, 1964, S. 194-205.
White, Vicky: Drei Modi des Managements sozialer Arbeit, in: Dahme, Heinz-Jürgen/Otto, Hans-Uwe/Trube, Achim/Wohlfahrt, Norbert (Hg.): Soziale Arbeit für den Aktivierenden Staat, Opladen 2003, S. 419-435.
Wichern, Johann H.: Familienerziehung zu Hause und in der Anstalt, in: Färber, Ruth: Der Erzieher Wichern in Selbstzeugnissen, Lüneburg 1949, S. 19-26.
Wiese, Helmut: Jugendpflege in der Schule?. in: Deutsche Jugend, 9. Jg., Heft 2, 1961, S. 61-66.
Winkler, Michael: Stichworte zur Antipädagogik: Elemente einer historisch-systematischen Kritik, Stuttgart 1982.
Winkler, Michael: Eine Theorie der Sozialpädagogik: über Erziehung als Rekonstruktion der Subjektivität, Stuttgart 1988.
Winkler, Michael: Modernisierungsrisiken. Folgen für den Begriff der Sozialpädagogik, in: Rauschenbach, Thomas/Gängler, Hans (Hg.): Soziale Arbeit und Erziehung in der Risikogesellschaft, Neuwied/Kriftel/Berlin 1992, S. 61-80.
Winkler, Michael: Flexible Systeme - ein Tanz zur Melodie moderner Gesellschaften?, in: Forum Erziehungshilfen, 1. Jg., Heft 1, 1996, S. 14-18.
Witterstätter, Kurt: Soziale Sicherung: eine Einführung für Sozialarbeiter/Sozialpädagogen mit Fallbeispielen, Neuwied/Kriftel 2000 (5. Auflage).
Wolff, Mechthild: Integrierte Erziehungshilfen: eine exemplarische Studie über neue Konzepte in der Jugendhilfe, Weinheim/München 2000.
Woog, Astrid: Soziale Arbeit in Familien: theoretische und empirische Ansätze zur Entwicklung einer pädagogischen Handlungslehre, Weinheim/München 1998.
Ziegler, Holger: Jugendhilfe als Prävention: die Refiguration sozialer Hilfe und Herrschaft in fortgeschritten liberalen Gesellschaftsformationen, Universität Bielefeld 2004 (Dissertationsschrift). [Quelle: http://bieson.ub.uni-bielefeld.de/volltexte/2004/533]
Žižek, Slavoj: Pest der Phantasmen. Die Effizienz des Phantasmatischen in den neuen Medien, Wien 1997.